dtv

Der Zusammenbruch des NS-Staates und die Errichtung des Besatzungsregimes durch die Sieger des Zweiten Weltkrieges erschienen zunächst als Schreckenszeit, in der Fremde über Deutschland bestimmten und das Land zerstückelten. Begriffe wie »Trümmerzeit« und »Zusammenbruchgesellschaft« wurden geprägt, und sie beschreiben den desolaten Zustand in der Nachkriegszeit. Die Notwendigkeit einer Konferenz der Siegermächte USA, Großbritannien und der Sowjetunion ergab sich, um gemeinsame Ziele für die Deutschlandpolitik festzulegen. Es wurden Vorbereitungen für eine letzte Kriegskonferenz der Großen Drei getroffen. Als Konferenzort einigte man sich auf Berlin. In der zerstörten Stadt fanden sich keine geeigneten Räume. Deshalb traf man sich im nahe gelegenen Potsdamer Schloss Cecilienhof. Die vom 17. Juli bis 2. August 1945 dauernde Zusammenkunft von Churchill, Stalin und Truman ging als Potsdamer Konferenz in die Geschichte ein. Die offizielle Verlautbarung der Sowjetunion zu den Ergebnissen lautete, dass sie »überzeugend dafür sprechen, dass die erreichten Vereinbarungen zu den wichtigsten Fragen der Nachkriegsentwicklung, den Weg der weiteren Zusammenarbeit sowohl der Großmächte als auch der anderen freiheitsliebenden Völker vorzeichnen«.

Prof. Dr. Wolfgang Benz ist Leiter des Zentrums für Antisemitismusforschung an der Technischen Universität Berlin sowie Autor und Herausgeber zahlreicher Veröffentlichungen zur deutschen Geschichte im 20. Jahrhundert und Träger des Geschwister-Scholl-Preises.

Wolfgang Benz

Potsdam 1945

Besatzungsherrschaft und Neuaufbau im Vier-Zonen-Deutschland

Deutscher Taschenbuch Verlag

Die Originalausgabe erschien 1986 (3. Auflage 1994) in der Reihe ›Deutsche Geschichte der neuesten Zeit vom 19. Jahrhundert bis zur Gegenwart‹, herausgegeben von Martin Broszat, Wolfgang Benz und Hermann Graml in Zusammenarbeit mit dem Institut für Zeitgeschichte, München.

Originalausgabe
Dezember 1986
4., aktualisierte Neuausgabe April 2005

www.dtv.de

Umschlagkonzept: Balk & Brumshagen
Umschlagfoto: © Corbis/Bettmann
Gesamtherstellung: Druckerei C. H. Beck, Nördlingen
Gedruckt auf säurefreiem, chlorfrei gebleichtem Papier
Printed in Germany · ISBN 3-423-34230-7

Inhalt

Das Thema

Der Zusammenbruch des NS-Staats und die Errichtung des Besatzungsregimes durch die vier großen Sieger des Zweiten Weltkriegs erscheinen bei flüchtigem Blick als Chaos, als Schrekkenszeit, in der Fremde über Deutschland bestimmten, sein Territorium zerstückelten, Millionen Menschen ihrer Heimat beraubten, Produkte deutschen Fleißes zu ihrer Beute machten, Rachejustiz gegen »Kriegsverbrecher« übten, mit Ingrimm belächelte Anstrengungen zur »Entnazifizierung« und vielgeschmähte Versuche zur Demokratisierung – Umerziehung – der Gesellschaft unternahmen.

Begriffe wie »Trümmerzeit« und »Zusammenbruchgesellschaft« wurden geprägt, um Situation, Bewußtsein und soziale Zustände zu beschreiben: Die Verwüstung der deutschen Städte wie Köln, von der ein britischer Reporter im März 1945 schrieb, ohne den Dom würde keiner die Stadt wieder erkennen, der sie vor dem Krieg gekannt hätte. Die Bilanz für Köln, eine der am schlimmsten zerstörten Städte, lautete: 53000 Kriegstote von ehemals 768000 Einwohnern, nämlich 20000 Opfer des Bombenkriegs, 17000 Wehrmachtsgefallene, 16000 Vermißte. Mehr als drei Viertel der Wohnungen in Köln waren vernichtet, und der Trümmerschutt, hätte man ihn zu einem Block aufgeschichtet, würde die Domtürme fast um das Doppelte überragt haben.

Zur Zustandsbeschreibung Nachkriegsdeutschlands gehören die weitgehend zerstörte oder gelähmte Infrastruktur und die zusammengebrochene Energieversorgung. 20 Millionen Menschen in Deutschland hatten längere Zeit weder Gas noch Strom noch Wasser zur Verfügung. Fast alle Brücken über die großen deutschen Flüsse waren zerstört, der Personen- und Güterverkehr kam zum Stillstand, die Post funktionierte nicht mehr, Nachrichten gab es in den ersten Wochen nur aus alliierter Hand: Deutsche Zeitungen waren verboten, und die Rundfunkstationen dienten der Verlautbarung von Befehlen der Besatzungsmächte. Nach der Volkszählung vom Oktober 1946 waren fast 10 Millionen Menschen aus den verlorenen Ostgebieten und aus Ungarn, Jugoslawien, der Tschechoslowakei, Rumänien in das Gebiet der vier Besatzungszonen geflohen oder dorthin vertrieben (»umgesiedelt«) worden, und der Zustrom hielt noch an. Die Flüchtlingsfrage, die zunächst ein Ernährungs-, Wohnungs- und Arbeitsmarktproblem war, wurde dadurch komplizierter, daß die französische Zone auch hier eine Sonderrolle spielte, weil die französische Militärregierung nur eine verschwindend kleine Quote Vertriebener in ihrem Hoheitsgebiet aufnahm.

Die Beschreibung der ersten Nachkriegszeit droht häufig in schlichter Schwarzweißmalerei zu erstarren, wobei Hunger und Not der Besiegten mit der Güte oder Rachgier der Sieger kontrastiert werden. Für erstere stehen etwa die 9,5 Millionen CARE-Pakete im Wert von 362 Millionen Mark, die vom Konsortium amerikanischer Hilfsorganisationen (Cooperative for American Remittances to Europe) in der Nachkriegszeit nach Deutschland geschickt wurden. Beispiele für die Bösartigkeit der Sieger liefern die Exzesse der Roten Armee und die Reparationspraktiken der sowjetischen Besatzungsmacht. Noch nicht ausgeschöpfte Themen der Sozial- und Kulturgeschichte der Besatzungszeit sind die Integration der Heimatvertriebenen oder »Displaced Persons«, die als ehemalige, vom NS-Staat rekrutierte Fremd- und Zwangsarbeiter oder entlassene KZ-Häftlinge in eine Freiheit versetzt wurden, mit der sie ohne Heimat noch nichts Rechtes anfangen konnten. Stoff für historische Betrachtung liefern auch noch lange die Existenzprobleme in der archaischen Naturalwirtschaft, für die Begriffe wie Schwarzer Markt und Lebensmittelkarten, Hamstern und Kompensieren stehen.

Die Beschäftigung mit dem Besatzungsalltag, zu dem außer Not und Elend die Wiederaufbauleistungen und der kulturelle Neubeginn gehörten, enthüllt aber nur einen Teil der historischen Wahrheit und verleitete manche Betrachter zur Annahme, es habe eine »Stunde Null« gegeben. Die Realität der ersten beiden Besatzungsjahre stimmt damit jedoch nicht überein. Trotz des Chaos auf vielen Gebieten waren auch diese Jahre keine Zeit der Gestaltlosigkeit. Die politischen Strukturen, die fort- und wiederauflebten, die durch Machtspruch der Alliierten entstanden – wobei auch die Potsdamer Konferenz nur als Höhepunkt einer Entwicklung zu begreifen ist – oder die sich in deutscher Initiative entwickelten, sind Gegenstand dieses Buches.

I. Schicksale 1945

Mathildes Heimkehr aus Prag

Mathilde, Tochter eines gutsituierten Nürnberger Kaufmanns, war ein bißchen naiv, aber unternehmungslustig. Als Achtzehnjährige hatte sie sich im Herbst 1938 nach dem Abitur freiwillig zum Reichsarbeitsdienst nach Ostpreußen gemeldet. Ab 1. April 1939 war sie »Arbeitsmaid« bei Tilsit, am damaligen äußersten Ende Deutschlands. In Masuren erlebte sie, 20 Kilometer von der polnischen Grenze entfernt, den Beginn des Zweiten Weltkriegs. Die Schrecken des Kriegs, brennende Dörfer, fliehende Menschen, erfuhr Mathilde damals noch nicht am eigenen Leibe. Sie kehrte ins Elternhaus zurück und half dem Vater im Geschäft. Mathilde wollte aber ihren eigenen Beruf haben und Medizinisch-Technische Assistentin werden. Nach vielen Bewerbungen und Auswahlprüfungen wurde sie 1943 ins »Reichsausleselager« nach Wolfratshausen einberufen, wo die endgültige Entscheidung fiel, wer zur MTA-Ausbildung zugelassen wurde. Mathilde hatte Glück und nach drei Absagen von überfüllten Ausbildungsstätten erhielt sie einen Studienplatz an der staatlich anerkannten Lehranstalt für Medizinisch-Technische Assistentinnen an der Deutschen Karls-Universität Prag.

Mathildes Eltern war es etwas bang; Prag lag zwar staatsrechtlich gesehen nicht im Ausland, aber exotisch war das »Reichsprotektorat Böhmen und Mähren« mit seinem halbkolonialen Status doch. Da aber ein Zimmer mit Familienanschluß bei einer in Prag lebenden Nürnberger Familie gefunden wurde, reiste Mathilde im April 1943 beruhigt ab. Das Verwirrende an Prag, die Zweisprachigkeit, die Kontraste im Auftreten deutscher Obrigkeit gegenüber tschechischen Patrioten, die auf das Ende des deutschen Regiments hofften und warteten, trat gegenüber den Annehmlichkeiten der Goldenen Stadt schnell in den Hintergrund. Noch waren die Lebensmittelrationen größer als im Reich, als Zuschlag gab es sogar monatlich 100 Gramm Pralinen, in Prag wurde auch erstklassig Theater gespielt, nicht zuletzt wegen der Schauspieler, die in Berlin ausgebombt waren und in Prag Zuflucht gefunden hatten. Im Rudolphinum dirigierte Josef Keilberth die Deutsche Philharmonie – ein Orchester von hohem Rang, dessen Musiker sich nach Flucht und

Vertreibung zu Beginn des Jahres 1946 als Bamberger Symphoniker neu formierten.

Mathilde und die anderen jungen Mädchen des MTA-Kurses an der Inneren Medizinischen Klinik der Karls-Universität genossen das Leben wie in Friedenszeiten, bis auch auf Prag, Anfang 1945, die ersten Bomben fielen. Am 26. März 1945 bestand Mathilde das Examen, am Tag darauf wurde sie als Röntgenassistentin ans Lazarett nach Königgrätz verpflichtet. Hier, bei Königgrätz, das bald wieder Hradec Králové heißen sollte, hatten 1866 die Preußen über Österreicher und Sachsen gesiegt und damit die »deutsche Frage« zugunsten einer »kleindeutschen« Lösung unter preußischer Hegemonie (ohne die Deutschen im Habsburgerstaat) entschieden. Die Königgrätzer Kasernen hatten später der tschechoslowakischen Armee gedient, schließlich richtete die deutsche Wehrmacht darin ein riesiges Lazarett ein. Es wurde Tag und Nacht operiert (und vor allem amputiert), die Front rückte näher, am 2. Mai kam die Nachricht vom Tod Hitlers im Radio, wenige Tage danach begann die Evakuierung.

Der Lazarettbus, der auch Mathilde in die Heimat bringen sollte, verließ die Stadt, während die Panzer der Roten Armee einfuhren. Weit kam der Bus nicht, er wurde von Tschechen angehalten. Die ausgeplünderten Insassen setzten die Reise zu Fuß fort. Es ging das Gerücht, wer bis zum Abend des nächsten Tages die Grenze bei Tabor erreiche, werde von den Amerikanern nach Westen durchgelassen. Es war ein Gerücht, die 80 Kilometer Entfernung waren aber auch nicht zu schaffen. Mathilde fand sich wieder als Mitglied eines Trecks aus ungefähr 800 Personen, Frauen, Kinder, alte Männer, verwundete Soldaten in zerlumpter Uniform ohne Achselstücke und sonstige Abzeichen. Die meisten kamen aus Schlesien und befanden sich schon seit Wochen auf der Flucht vor der Roten Armee.

Sowjetische Soldaten benutzten die andere Seite der gleichen Straße und beim Überholen des Flüchtlingszugs holten sie sich die Frauen heraus, die sie dann mißhandelt liegen ließen. Mathilde betete immer wieder verzweifelt: »Alles, nur das nicht«, und sie blieb wie durch ein Wunder verschont, auch nachts, wenn die Russen mit Taschenlampen die jämmerlichen Biwaks unter freiem Himmel nach Frauen durchkämmten.

Arg waren der Hunger und die Beschimpfungen – »Hitlerhure« und ärgeres –, die das 24jährige Mädchen auf dem Fußmarsch durch die Tschechoslowakei erdulden mußte. Die Plätze auf den Pferdewagen waren ein für allemal besetzt; gerade, daß Mathilde manchmal den Rucksack für ein Stück Weg aufladen durfte. Die Freundin aus dem Königgrätzer Lazarett hatte sie am zweiten Tag verloren. Einer Nachrichtenhelferin aus Schlesien, die den Weg ins Ungewisse nicht mehr weitergehen wollte, sprach Mathilde Mut zu. Sie zogen gemeinsam weiter, bis sie bei Freistadt die Grenze erreichten. Vor kurzem wären sie hier auf »großdeutschem« Boden gewesen, jetzt war aus der annektierten »Ostmark« wieder Österreich geworden.

Von den um Nahrung bettelnden Flüchtlingen wollten die Bewohner der Dörfer nichts wissen. Es waren ihrer auch zu viele. Mathilde schloß sich einer fünfköpfigen Familie aus Olmütz an. Sie verließen den Treck und nisteten sich in einem leeren Haus ein, das zuvor Fremdarbeiter bewohnt hatten. Die beiden Frauen gingen zum Hamstern in die Dörfer, ergatterten hier ein Stück Brot, dort ein paar Kartoffeln oder Rüben, die übrigen Familienmitglieder sammelten Holz zum Kochen. Die Olmützer wären am liebsten dort in Niederösterreich geblieben, aber Mathilde wollte weiter und überredete ihre »Familie« zum Aufbruch. An der Donau, in der Nähe des ehemaligen Konzentrationslagers Mauthausen bei Linz, trafen sie auf die Amerikaner, von denen man sich Wunderdinge erzählte. Weibliche Gunstbeweise konnten sie mit Schokolade und anderen Herrlichkeiten belohnen; manche, die zur erhofften Entmutigung der Rotarmisten den Abweiseruf »Maschin kaputt – Syphilis!« gebraucht hatten, lernten rasch Einladenderes auf englisch zu sagen. Mathilde und ihre Freundin brachen zu einem Abendspaziergang mit Tom und Bill auf. Sie bekamen Schokolade ohne Gegenleistung, ihr Äußeres war nach den Wochen auf der Landstraße eher abschreckend, jedenfalls mehr Mitleid als Begehrlichkeit erregend.

Weiter donauaufwärts trafen Mathilde und ihre »Familie« eine ungarische Gräfin, die mit etlichem Gesinde und geretteter Habe auf der Flucht war. Die Gräfin besaß sogar einen Kahn, und mit diesem wurde die Heimkehr nach Bayern am anderen Ufer der Donau bewerkstelligt. Im Morgengrauen eines schönen Junitages setzten sie über; der offizielle Grenzübertritt wäre mit wochenlangem Warten, mit endlosen bürokratischen Prozeduren verbunden gewesen. Auf der bayerischen Seite der Donau verbargen sich die Flüchtlinge tagsüber im Wald, in der Nacht marschierten sie so lange in westlicher Richtung, bis sie sicher waren, die Grenzlinie hinter sich zu haben, daß sie nicht wieder zurückgeschickt würden zu irgendeinem wartenden Treck auf österreichischem Gebiet. Ein Milchauto nahm Mathilde und ihre fünf Begleiter – die schlesische Nachrichtenhelferin hatte sich vor der Donauüberquerung gefürchtet und war zurückgeblieben – mit bis nach Regensburg. Dort kletterten sie in einen Güterzug, der irgendwann Richtung Nürnberg abfuhr.

Dreizehn Wochen nach dem Aufbruch in Königgrätz stand Mathilde am 3. August 1945 vor ihrem Elternhaus. Es war wunderbarerweise unzerstört. In die Freude der Eltern mischte sich freilich bald ein Wermutstropfen, weil Mathildes Adoptivfamilie vom Treck untergebracht werden mußte. Ein Jahr lang blieben die Olmützer bei Mathildes Eltern wohnen. Wenig später fand sich auch die Tochter von Mathildes Prager Gastgebern in Nürnberg ein. Sie hatte in Würzburg Medizin studiert, bis der Bombenangriff am 16. März 1945 ihren Studienplatz vernichtet hatte. Sie zog in das Zimmer von Mathildes Bruder, über dessen Verbleib man bis zum Herbst 1945 nichts wußte. Er war im Februar 1945 Leutnant geworden und im April in britische Gefangenschaft geraten; im Februar 1948 wurde er aus dem Kriegsgefangenenlager für Offiziere in Featherstone bei Newcastle in die Heimat entlassen.

Die Heimkehr in eine bürgerliche Existenz, wie sie Mathilde vorfand, war im Sommer 1945 ein Privileg. Der Alltag bestand für sehr viele Bewohner der großen Städte im Vegetieren zwischen Trümmerschutt, in Kellern unter den zerbombten Häusern. Es gab kaum eine Familie, in der nicht über das Schicksal mindestens eines Angehörigen Ungewißheit herrschte: Gefallen? In Kriegsgefangenschaft? Irgendwo auf dem Weg in ein Zuhause, das es nicht mehr gab?

Viele Kriegsheimkehrer wußten buchstäblich nicht, wohin sie sich wenden sollten, nachdem sie mit der Heimat im Sudetenland, in Ostpreußen, in Schlesien oder in einem der früheren deutschen Siedlungsgebiete in Ost- oder Südosteuropa Haus und Hof, Arbeitsplatz und Existenzgrundlage verloren hatten. Für sie begann die Nachkriegszeit mit der Suche nach der Familie, die irgendwo im Westen ein Unterkommen gefunden hatte, meist zwangsweise eingewiesen in die Wohnung Fremder, aus denen selten Freunde wurden. Zu verschieden waren die Sitten und Gebräuche von Einheimischen und Flüchtlingen, und das Verhältnis der Zwangsgemeinschaften auf engem Raum war natürlicherweise eher von Gefühlen der Abneigung als von solidarischer Herzlichkeit bestimmt. Es war eines der größten

Wunder der Nachkriegszeit, daß trotzdem den Flüchtlingen und Vertriebenen die Fremde zur neuen Heimat wurde, daß die Integration der Menschen aus den ehemaligen Ostgebieten im Laufe einer einzigen Generation möglich war.

Ein Nationalsozialist im Kriege

Erich Hansen kam 1917 als Sohn eines begeistert national denkenden Lehrers, der schon 1927 den Weg zur NSDAP gefunden hatte, in Kiel zur Welt. Erich wurde sehr streng erzogen. Der Dreizehnjährige gründete mit einigen Gleichgesinnten eine HJ-Schar, deren Aktivitäten aus Geländespielen, »militärischen« Übungen und Kulthandlungen im HJ-Heim (einem ausgedienten Hühnerstall hinter der Schule) bestanden. Öffentlich politisch wurde Erichs Betätigung in der »Hitlerjugend« erstmals am 17. Juli 1932, als bei der spektakulären Demonstration der SA in Altona, deren Zweck in der Provokation der dortigen Kommunisten bestand, auch 500 HJ-Mitglieder mitmarschierten. Der Altonaer Blutsonntag endete nach erbittertem Kampf zwischen Nazis und Kommunisten mit 17 Toten und fast hundert Verletzten, es war einer der Höhepunkte der bürgerkriegsartigen Auseinandersetzungen am Ende der Weimarer Republik. Das Demonstrations- und Uniformverbot der Reichsregierung half wenig. Die politische Fanatisierung war nicht mehr aufzuhalten.

Am 2. Oktober 1932 nahm Erich am Reichsjugendtag der HJ in Potsdam teil, wo Hitler mehr als 100000 Jugendliche seiner Partei begeisterte. Der 30. Januar 1933 wurde als Tag der Machtergreifung in der Familie Hansen wie ein Feiertag begangen. Das Hitlerbild war mit Blumen geschmückt, der Vater freute sich als »Alter Kämpfer« auf die wahrscheinlich günstigen Auswirkungen auf seine Karriere (er hoffte nicht vergebens), und Erich träumte von einer großen Zukunft im Dienste der nationalsozialistischen Bewegung.

Diese Träume des HJ-Fähnleinführers Erich Hansen standen in der Folgezeit der Entfaltung besonderer schulischer Leistungen etwas im Wege. In der Obersekunda des Gymnasiums wurde dem inzwischen Siebzehnjährigen nahegelegt, die Schule zu verlassen. Für die politisch-militärische Karriere im nationalsozialistischen Deutschland, die Erich vorschwebte, war das Abitur auch keine notwendige Voraussetzung, und so befolgte Erich den Rat seiner Lehrer. Im Januar 1936 meldete er sich beim SS-Abschnitt Flensburg. Er wollte SS-Führer werden, am liebsten Offizier in der SS-Verfügungstruppe, die später als Waffen-SS bekannt wurde. Weil er für diese Truppe, die neben dem Heer existierte und von den Militärs als Reserve toleriert, vom »Reichsführer SS« Heinrich Himmler als Elitetruppe zu Hitlers unmittelbarer Verfügung konzipiert wurde, zu kurz war (ein Zentimeter fehlte Erich zum Gardemaß Einmeterachtzig), wurde er zurückgestellt. Ab Mai 1936 tat Erich Hansen – zur Überbrückung – Dienst beim SD-Abschnitt Kiel, wohin ihn sein Vater vermittelt hatte. Vater Hansen war, als Träger des Goldenen Parteiabzeichens und inzwischen bei der Schulbehörde im Rang eines Oberregierungsrats tätig, ein Mann von Einfluß. Der SD (die Abkürzung stand für »Sicherheitsdienst«) war der NSDAP- interne Geheimdienst, der zusammen mit der Sicherheitspolizei (Sipo) und der Geheimen Staatspolizei (Gestapo) dem Reichsführer SS unterstand. Intern waren die Aufgaben des SD mit »Gegnerermittlung« umschrieben, während der Gestapo die »Gegnerbekämpfung« oblag.

Erich lernte beim SD Schreibmaschineschreiben und das Führen einer Registratur, Fechten und Pistolenschießen. Nach einem Jahr wurde er als Führeranwärter zu einem Schulungskurs zur Führerschule des SD kommandiert. Er war für den leitenden Dienst qualifiziert. Nach dem erfolgreichen Besuch der Führerschule Bernau bei Berlin stand die Offizierslaufbahn in der SS oder ein Universitätsstudium offen. Erich bestand die Prüfungen. Die nächste Etappe war freilich der Arbeitsdienst, der seit 1935 Pflicht für jeden jungen Deutschen war. Die Pflicht mußten vor allem die jungen Männer vor ihrem Militärdienst erfüllen (der weibliche Arbeitsdienst kam über die organisatorischen Anfangsschwierigkeiten nie so recht hinaus). Die Arbeitsdienstpflicht dauerte ein halbes Jahr; Erich Hansen wurde am 1. April 1939 eingezogen, er sollte den Arbeitsdienst auf der Insel Sylt absolvieren. Zum Polenfeldzug wurde seine Arbeitsdienstabteilung bewaffnet, als Angehöriger einer Gewehrkompanie durfte er im September 1939 im Gefolge der deutschen Wehrmacht mit in Polen einmarschieren.

Im Oktober 1939 erhielt Erich Hansen dann die Einberufung zum Ersatzbataillon »Germania« der Waffen-SS zur Grundausbildung in Hamburg. Im Mai 1940 war er wieder Kriegsteilnehmer im Westen gegen Holland, Belgien und Frankreich, wo er im Juni durch einen Granatsplitter an der linken Hand verwundet wurde. Nach dem Genesungsaufenthalt in der Heimat kam er, jetzt als Ausbilder, mit einem Marschbataillon wieder nach Holland. In Arnheim wurden »germanische Freiwillige« aus Holland, Norwegen und Dänemark für die SS-Division »Wiking« ausgebildet. Für die Bewerbung um einen Führungsposten in einer SS-Junkerschule, wie sie Erich Hansen vorhatte, brauchte er aber mehr Frontbewährung, und deshalb meldete er sich im Herbst 1941 zur Ostfront nach Rußland, und er kam zur SS-Totenkopfdivision, die südlich von Leningrad operierte. Die Division rekrutierte sich ursprünglich aus Bewachungsmannschaften der Konzentrationslager, daher kam auch ihr Name. Daß der Divisionskommandeur Theodor Eicke Kommandant des KZ Dachau gewesen war, wollten die meisten Angehörigen seiner Einheit, die sich auch im Rahmen der Waffen-SS als Elite verstand, allerdings nicht wissen oder wahrhaben.

Hansen bewährte sich in einer Aufklärungsabteilung so hervorragend, daß er zur Junkerschule nach Bad Tölz kommandiert wurde, um Offizier zu werden. Nur noch ein Einsatz war davor zu absolvieren. Das war am 20. Oktober 1941, als Erich Hansen auf den Waldaihöhen zum Krüppel geschossen wurde: ein Steckschuß in der Brust, ein Treffer im rechten Oberschenkel, ein Oberarmdurchschuß. Im Feldlazarett Demjansk wurde ihm das rechte Bein abgenommen, gleichzeitig wurde Hansen zum SS-Oberscharführer, das entsprach dem Oberfeldwebel bei der Wehrmacht, befördert und wenig später nach Rastenburg in Ostpreußen ausgeflogen. Von da aus ging es mit dem Lazarettzug ins Rheinland. Nach weiteren Stationen und dramatischen Operationen wurde ihm in einem großen Krankenhaus, das in einem Kloster eingerichtet worden war und 2000 Leidensgenossen beherbergte, eine Prothese angepaßt.

Erich Hansen, dessen Lebensgeister wiederkehrten, verlobte sich im Sommer 1942 mit einem Mädchen, das er in Hamburg bei der Grundausbildung kennengelernt hatte; Erika war inzwischen zur Wehrmacht in Nordfrankreich als Helferin dienstverpflichtet worden. Ihren Heimaturlaub benützte sie dazu, Erichs Aufenthaltsort aufzuspüren. Die Verlobung war schlicht, der Bräutigam war 24 Jahre alt, die Braut war 19 und mußte wieder nach Frankreich zurück. Der beinamputierte Erich Hansen kam zu einem SS-Genesenden-Bataillon, wo über seine weitere Verwendung entschieden werden sollte.

Hansen wollte wieder zum SD und wurde im Frühjahr 1943

nach Breslau versetzt, auch seine Verlobte fand dort beim SD-Leitabschnitt eine Stelle als Sekretärin. Hier in Breslau überfielen den Nationalsozialisten und SS-Mann Hansen im Dezember 1944 erstmals Zweifel. Ein Kamerad aus der Anfangszeit, der ihn als Fronturlauber besuchte, war in Auschwitz gewesen (nicht als Akteur, sondern als Kompaniechef in einer Panzerabteilung der SS-Division Wiking, deren Fahrzeuge dort überholt wurden). Hansen wollte aber noch nicht glauben, was er über den organisierten Judenmord erfuhr.

Wenig später, als die Rote Armee unaufhaltsam auf die schlesische Hauptstadt Breslau marschierte, Erika Hansen hatte die Stadt mit zwei Koffern Richtung Westen verlassen, schrieb Erichs Vater, er glaube nicht mehr an den Sieg der deutschen Waffen, auch nicht mehr an Adolf Hitler. Dessen Bild, das die Familie seit 1925 besaß, hatte der alte Hansen zum Zeichen der Ablösung zertrampelt, wie Erich von der Mutter erfuhr. Als der Kampf um Breslau begann, wurde Hansen zusammen mit anderen Kriegsuntauglichen seiner Dienststelle verlegt. Über mehrere Stationen kam er nach Hamburg und zuletzt zum Ausgangspunkt, zur SD-Heimatdienststelle nach Kiel. Erich Hansen hatte es, als der Krieg zu Ende ging, zum SS-Offizier gebracht (sein Rang entsprach dem eines Leutnants in der Wehrmacht), er war mit etlichen Auszeichnungen dekoriert, hatte ein Bein und ziemlich viele Illusionen verloren.

Am 6. Mai rückten britische Truppen in Hansens Heimatort ein. Um den 27jährigen ehemaligen SD-Mann, der Waffen, Uniform und Papiere vorsorglich beseitigt hatte, kümmerte sich zunächst niemand. Erst vier Monate nach dem Zusammenbruch erschienen zwei britische Soldaten in seiner Wohnung, erkundigten sich nach seiner militärischen Vergangenheit und nahmen ihn, als seine Identität geklärt war, fest. Erich Hansen, dessen junge Frau ein Kind erwartete, kam erst ins Internierungslager Barkelsby bei Eckernförde. Unter den 300 Gefangenen gab es Prominente wie den Großherzog von Mecklenburg, hohe SS- und SA-Führer, Beamte aus den Berliner Ministerien, die während der Götterdämmerung des Dritten Reiches in Scharen nach Schleswig-Holstein gekommen waren. Nach drei Wochen ging es weiter ins Hauptinternierungslager Gadeland bei Neumünster, das in einer leerstehenden Fabrik eingerichtet worden war und 10000 Internierte aufnahm: ehemalige Nationalsozialisten und Inhaber öffentlicher Stellungen vom Rat aufwärts, Großkaufleute aus Hamburg, höhere Militärs usw.

Das Leben war nicht besonders schlecht im Internierungslager, vom morgendlichen Zählappell abgesehen blieben die Gefangenen sich selbst überlassen, die Verpflegung war mal besser und mal schlechter, es gab einen florierenden Schwarzen Markt, auf dem, wie draußen auch, Zigaretten gegen Brot, Alkohol gegen Kleidung und fast alles mögliche andere erworben werden konnte. Es ging sauber und ordentlich zu im Lager, die Internierten wurden nicht mißhandelt, aber den Sinn ihres Aufenthalts sahen sie auch nicht recht ein. Hier sollten ja die Nazis von den Mitläufern geschieden werden, die harmlosen Fälle sollten, nachdem sie die Entnazifizierungsprozedur hinter sich hatten, entlassen, die Kriegsverbrecher vor Gericht gestellt werden. Die Internierung diente der Untersuchung und Klärung; Läuterung und Reue stellte sich in der Regel nicht ein. Auch nicht bei Erich Hansen, den allerdings ein besonderer persönlicher Schicksalsschlag traf. Sein erstes Kind, im September 1945 geboren, starb infolge eines Unglücks. Der Vater erhielt Urlaub, um in Begleitung eines britischen Bewachers an der Beerdigung teilnehmen zu können.

Im April 1946 wurde Hansen, nachdem die Entnazifizierungskommission ihn in die Gruppe IV (Mitläufer) eingestuft hatte, entlassen. Er mußte sich ein halbes Jahr lang noch täglich bei der Polizei melden, dann war er ein freier Mann. Für einen Schwerkriegsbeschädigten ohne Beruf sah die Zukunft freilich ziemlich düster aus. In einer stillgelegten Bäckerei etablierte sich Erich Hansen zusammen mit zwei anderen Kriegsversehrten; mit Hilfe des Roten Kreuzes, das den Raum vermittelte und Werkzeug sowie Material stellte, begannen die drei Männer aus Holz und Blech Spielzeug zu basteln.

Solches Kunstgewerbe florierte in den ersten Nachkriegsjahren. Mit dem Geld, das die Bastler für die Kasperlpuppen, Holztiere, Blechlampen usw. erhielten, war zwar nicht viel anzufangen, aber viele Kunden zahlten mit Zigaretten oder Lebensmitteln. Der Backofen brachte Hansen auf die Idee, Keramik herzustellen, und bis zur Währungsreform im Juni 1948 wurden in der Werkstatt Teller, Vasen, Schalen und Nachtgeschirre getöpfert, alles Waren, an denen Bedarf herrschte. Ab 1948, als sich die Warenlager des Handels füllten, weil wieder gutes Geld da war, ging das Töpfergeschäft schlechter.

Aber da war Erich Hansen auch schon wieder politisch aktiv. Er engagierte sich in einem Kreis, der sich »Gemeinschaft der Kriegsgeneration« nannte, bei den Gemeindewahlen in Schleswig-Holstein als politische Partei auftrat und auch, da die Vereinigung mit dem »Verband Deutscher Soldaten« kooperierte, einigen Erfolg hatte. Die »Gemeinschaft der Kriegsgeneration«, die von einer ominösen »Bruderschaft« ehemaliger engagierter Nationalsozialisten inspiriert und initiiert worden war, propagierte nicht mehr die alten Ziele, aber etliches aus dem ideologischen Arsenal der Vergangenheit wirkte natürlich fort. Eliten-Bewußtsein, ins Europäische gewendeter Nationalismus, die fortlebenden Ideale von »Volksgemeinschaft« und »Führertum«, das waren Grundsätze, die propagiert wurden und die die alten Kämpfer ins neue demokratische Zeitalter hinüberretten wollten. Die Bewegung verlief sich allmählich, die meisten Anhänger fanden Anschluß an potentere Gruppierungen, nämlich an die bürgerlichen Parteien der Nachkriegszeit. Erich Hansen wurde schließlich Lokalredakteur der Heimatzeitung. Seine nationalsozialistischen Ideale hatte er überwunden, endgültig freilich erst nach Auseinandersetzungen mit seinen Söhnen, in denen das Problem des Völkermordes an den Juden und wieviel der ehemalige SS-Mann Erich Hansen davon gewußt hatte, die Hauptrolle spielte.

Die Entnazifizierung eines Landgerichtsdirektors

Landgerichtsdirektor Doktor Alfons Steinhübler war ein ungewöhnlich tüchtiger Jurist. Er hatte im März 1945 seinen 47. Geburtstag gefeiert, und er konnte damals schon auf eine schöne Karriere zurückblicken. Als Sohn eines Verwaltungsbeamten im mittleren Dienst war er im Fränkischen geboren und aufgewachsen, von der Schulbank weg wurde er nach dem Abitur 1916 zum Kriegsdienst eingezogen, erhielt 1918 noch das Eiserne Kreuz und das bayerische Militärverdienstkreuz (beides II. Klasse) und studierte anschließend an der Münchner Universität. Die Referendarprüfung legte er Anfang der zwanziger Jahre ab, und beim Assessorexamen war er unter 400 Kandidaten der beste. Solchen »Einserjuristen« stand die Laufbahn als Ministerialbeamter zu. Dr. Steinhübler kam also ins Bayerische Staatsministerium der Justiz, wo er wegen seiner Tüchtigkeit verhältnismäßig früh den Rang eines Oberregierungsrats erhielt. Als guter Katholik hatte Dr. Steinhübler bis 1933 die Bayerische Volkspartei gewählt, und nach 1933 kein Bedürfnis verspürt, der NSDAP beizutreten.

Die Anpassung an die neuen Verhältnisse vollzog er im September 1933 durch den Beitritt zum Nationalsozialistischen Rechtswahrerbund, im Mai des folgenden Jahres trat er auch der NS-Volkswohlfahrt bei, später wurde er auch noch zahlendes Mitglied im NS-Fliegerkorps. Das galt für Nichtnazis im öffentlichen Dienst als Minimum an Anpassung, um vermeintliche Karrierenachteile, vor allem die befürchtete Nichtbeförderung, abzuwenden. Als 1935 im Zuge der Gleichschaltung der Länder das bayerische Justizministerium aufgelöst wurde, durfte Dr. Steinhübler seine Karriere im Reichsjustizministerium fortsetzen. Ende 1937 mußte er, weil er der NSDAP immer noch nicht beigetreten war (die Mehrzahl seiner Berufskollegen hatte diesen Schritt, wenn nicht als »Märzgefallene« im Frühjahr 1933, so doch spätestens ab 1937 nach der Lockerung der Aufnahmesperre bereits getan), den Ministerialdienst quittieren. Das war aber durchaus nicht mit Unannehmlichkeiten verbunden, eher im Gegenteil. Dr. Alfons Steinhübler wurde Landgerichtsdirektor in einer großen süddeutschen Stadt. Er amtete als Vorsitzender einer Zivilkammer und war außerdem Stellvertreter des Landgerichtspräsidenten. Mit Strafsachen hatte Dr. Steinhübler nichts zu tun.

Ende 1939 ließ der Staatssekretär im Reichsjustizministerium Franz Schlegelberger, der selbst erst kürzlich Parteigenosse geworden war, den Landgerichtsdirektor Dr. Steinhübler kommen und eröffnete ihm, daß er der Partei beitreten müsse, sonst kämen weitere Beförderungen nicht mehr in Frage. Die Stellung eines Landgerichtsdirektors war zwar für einen Mann von 40 Jahren eine ebenso ehrenvolle wie hochdotierte Position, die andere viel später und die meisten nie erreichten, sie wäre also auch als Endstation der Karriere glanzvoll gewesen. Den tüchtigen Dr. Steinhübler schreckte aber die Aussicht, nicht mehr weiterzukommen doch sehr, und Staatssekretär Schlegelberger tat ein übriges, drohte gar, die schöne Landgerichtsdirektorenstelle sei möglicherweise auch gefährdet, jedenfalls wurde Dr. Steinhübler 1940 Parteigenosse. Und betätigte sich, zähneknirschend, in der Folgezeit auf Drängen des zuständigen NSDAP-Blockleiters sogar ein bißchen aktiv, indem er in der Nachbarschaft Mitgliedsbeiträge kassierte. Im Februar 1941 wurde Dr. Steinhübler wieder Soldat, er kam zur Flak im »Heimatkriegsgebiet« und wurde bis Kriegsende zum Hauptmann der Reserve befördert.

Die Mitgliedschaft in der NSDAP hatte Dr. Steinhübler vergessen, als er den berüchtigten Fragebogen für die amerikanische Militärregierung ausfüllen mußte. Das war im Oktober 1945. Dr. Steinhübler war inzwischen Privatier, denn er war wegen seines hohen Beamtenrangs und wegen der NSDAP-Mitgliedschaft wie zahlreiche Kollegen mit ähnlicher Karriere automatisch aus dem Dienst entfernt worden. Und zwar ohne Bezüge. Die Möglichkeit der Wiederanstellung hing vom Ausgang des Entnazifizierungsverfahrens ab, auf das sich Dr. Steinhübler jetzt vorbereitete.

Im November 1945 wurde ihm eröffnet, daß sich ein Brief des Sicherheitsdienstes des Reichsführers SS vom August 1944 gefunden habe, der eine Beurteilung Dr. Steinhüblers, leider auch seine NSDAP-Mitgliedsnummer, enthielt. Für den Zeitpunkt, zu dem es abgefaßt worden war, klang das Zeugnis durchaus zufriedenstellend. Jetzt, fünf Vierteljahre später und im Besitz der Militärregierung, war dieses Dokument eher unerfreulich. Dr. Steinhübler machte aber das Beste daraus. Zwar stand in dem Brief, daß er bei Beförderungen vor seinem Parteieintritt überraschend stark bevorzugt wurde, aber die Bemerkung, daß deswegen ein weiterer beruflicher Aufstieg Dr. Steinhüblers nicht veranlaßt sein dürfte, ließ sich in die Verteidigung gut einbauen. Auch der Satz, daß er auf höheres Betreiben 1940 zur NSDAP gestoßen war, wobei es scheine, »daß dieser Schritt weniger aus innerer Überzeugung und dem Willen, sich nunmehr rückhaltlos für die Bewegung einzusetzen« erfolgte »als mit Rücksicht auf die sonst gefährdete berufliche Laufbahn« – auch dieser Satz konnte im Herbst 1945 ins Positive gewendet werden. Die Bindung an die katholische Kirche sei wohl der Grund, hatte seinerzeit der SS-Obersturmbannführer beim SD geurteilt, »warum er so spät den Anschluß an die Bewegung gesucht hat«. Genau das sei ja der beste Beweis, daß er eigentlich kein Nazi, geschweige denn ein Aktivist gewesen sei, machte Dr. Steinhübler gegenüber der Klageschrift dann auch geltend.

Der Beitritt zur NSDAP in später Stunde konnte natürlich auch ehrenhafte Gründe haben. Dafür lieferte der Ortsbauernführer von Heiderlingen noch im Jahre 1943 ein Beispiel. Als treuer Sohn der katholischen Kirche und angesehener Mann war er bei der Fronleichnamsprozession 1943 einer der vier Träger des Himmels, unter dem der Geistliche mit dem Allerheiligsten einherschritt. Ein Jüngling in HJ-Uniform, der mit unfrommen Gedanken die Prozession betrachtete, spie just vor dem geistlichen Herrn in den Staub, um solchermaßen seine nationalsozialistische Verachtung für Pfaffen und Pfaffenknechte zu zeigen. Den frommen Bauern packte gewaltiger Zorn, er ließ den Himmel stehen, wurde des Jünglings in Uniform habhaft und verabreichte ihm eine Maulschelle, deren Urgewalt auch noch Sachschaden verursachte, als der Geohrfeigte mitsamt dem Zaun, gegen den er taumelte, im Abseits landete.

Die Prozession zog unter Gebet und Gesang weiter, der Aufenthalt hatte nur Augenblicke gedauert, während denen Geistlichkeit und Honorable erstarrt in andere Richtungen schauten. Für den Ortsbauernführer hatte die Sache freilich ein Nachspiel. Die HJ-Führung nahm den Vorfall krumm, Ungemach stand ins Haus. Abgewehrt wurde es durch den Beitritt zur NSDAP im Jahre 1943. Das Motiv war quasi von öffentlichem Interesse gewesen und im lokalen Umfeld auch so verstanden worden, vor dem Zusammenbruch des NS-Regimes ebenso wie danach.

Der Landgerichtsdirektor Dr. Steinhübler tat sich etwas schwerer als jener Ortsbauernführer. Es hatten sich nämlich noch andere Dokumente gefunden, die mindestens peinlich waren. Eine dienstliche Beurteilung aus dem Jahre 1939 enthielt Wertungen wie die, er sei »befähigt, im Bereich der Justizverwaltung als Träger nationalsozialistischer Gesinnung führend zu wirken«, er sei für jede leitende Stelle ungewöhnlich geeignet, denn »seine Zielsicherheit und seine Festigkeit lassen eine Führernatur erkennen«. Dr. Steinhübler sollte befördert werden, und zwar zum Reichsanwalt und Generalstaatsanwalt; aber es erwies sich nachträglich betrachtet im doppelten Sinn als Glücksfall, daß die Beförderung unterblieb. Verhindert hatte sie wohl die Partei: obwohl Steinhübler im Juni 1940 seinen Vorgesetzten gemeldet hatte, daß er »mit der Wahrnehmung der Aufgaben eines Blockleiters betraut« worden sei, erschien sein nationalsozialistischer Eifer zu gering. Der Vorteil der Nichtbeförderung lag darin, daß Dr. Steinhübler Vorsitzender seiner Zivilkammer blieb und mit der Strafjustiz nicht in Berührung kam. Und Dr. Steinhübler konnte zweitens geltend machen, er sei von Beförderungen ausgeschlossen worden, woraus ihm finanzielle Nachteile erwachsen seien, die er dann auch vorrechnete.

Im September 1946 erhielt Dr. Steinhübler die Klageschrift für sein Spruchkammerverfahren. Er sollte als Belasteter belangt werden. Weil das die Wiedereinstellung in den Justizdienst mindestens verzögert hätte – Dr. Steinhübler war seit Sommer 1945 ohne Beschäftigung und ohne Gehalt –, wehrte er sich nach Kräften. Er brachte »Persilscheine« bei, in denen ihm Bekannte, die unbelastet waren, bestätigten, daß seine Haltung im Dritten Reich über jeden Zweifel erhaben gewesen sei. Das Sammeln von »Persilscheinen« war zu jener Zeit eine der wichtigsten Beschäftigungen; sie wurden zu Dutzenden den Spruchkammern eingereicht und aus Menschenfreundlichkeit von Pfarrern, ehemals Verfolgten des NS-Regimes und gegenüber dem Nationalsozialismus standhaft gebliebenen Honoratioren mehr oder weniger blindlings ausgestellt. Im Falle Dr. Steinhübler las sich das dann, in einer von drei Nachbarn unterschriebenen eidesstattlichen Erklärung, folgendermaßen: »Er hat nie das Leben des deutschen Volkes auf eine Politik der militärischen Gewalt auszurichten gesucht, ist nie für die Beherrschung fremder Völker, ihre Ausnutzung oder Verschleppung eingetreten oder verantwortlich gewesen und hat nie die Aufrüstung gefördert«. Das war dem Wortlaut des »Gesetzes zur Befreiung vom Nationalsozialismus« nachempfunden und entsprach im übrigen wohl auch der Wahrheit.

Dr. Steinhübler selbst erhob Einwendungen gegen die Klageschrift und begründete eingehend, daß er zum Eintritt in die NSDAP erpreßt worden sei. Er bat, allenfalls als Mitläufer verurteilt zu werden, denn es könne unmöglich der Sinn der Entnazifizierung sein, »jetzt erst einen Mann zum Nazi oder gar zum Aktivisten zu stempeln, der bis zum Zusammenbruch des Nationalsozialismus sich stets und allgemein als Nichtparteigenosse gefühlt, bezeichnet und benommen hat. Ich kann nicht glauben, daß mir die Spruchkammer dieses tragische Schicksal bereiten will.«

Die Spruchkammer schloß sich den Argumenten Dr. Steinhüblers an und erklärte ihn im März 1947 für »entlastet«. Die Kosten übernahm die Staatskasse. In der Begründung des Spruchs hieß es, aus den Unterlagen und Zeugenaussagen gehe hervor, »daß der Betroffene niemals ein Nazi gewesen ist, daß er vielmehr trotz seiner formellen Anwartschaft sich nicht nur passiv verhalten, sondern nach dem Maß seiner Kräfte aktiv Widerstand gegen die Nazigewaltherrschaft geleistet und dadurch ganz erhebliche Nachteile erlitten hat, und es ist hervorzuheben, daß wenn wir nur solche aufrechten und mutigen Männer gehabt hätten, es heute um Deutschland besser bestellt und unser Vaterland von den Greueln der Nazi verschont geblieben wäre. Dieser hervorragende Mann, der sich nicht unterkriegen ließ, war natürlich nicht nur von den Nazi sondern auch von neidigen Kollegen gehaßt.«

Das war ein schöner, herzeigbarer Spruch, und Dr. Steinhübler war ganz zufrieden. Er konnte es um so mehr sein, als die Spruchkammer im April 1947 in einem Ergänzungsbeschluß auch noch feststellte, daß er durch seinen Widerstand gegen den Nationalsozialismus seit 1933 beträchtlichen Schaden erlitten hatte, der auf mindestens 20000 Reichsmark zu beziffern sei. Dr. Steinhübler hatte die Spruchkammer davon überzeugen können, daß die »Entfernung aus der Ministeriallaufbahn eine finanzielle Einbuße von 85 Mark monatlich (so hoch war die »Ministerialzulage« gewesen) bedeutete. Das sei noch ärger gewesen als eine Strafversetzung, fand die Kammer. Weiteren Verlust, der auf 13000 Reichsmark berechnet wurde, hatte Dr. Steinhübler dadurch, daß er 1933 den nebenamtlichen Posten als Geschäftsführer seiner Selbsthilfeeinrichtung des Richterstandes aufgeben mußte. Da hatte er 900 RM jährlich verdient und war angeblich vom NS-Rechtswahrerbund – dem er freilich bald selbst angehörte – verdrängt worden. Er habe das Abonnement des ›Völkischen Beobachters‹ im Rahmen der von ihm betreuten Einrichtung verweigert. Die Kammer wertete es als Widerstand und schrieb es ihm aufs Haben-Konto. Außerdem war die Spruchkammer nach nochmaliger eingehender Prüfung zum Schluß gekommen, daß auch unterbliebene Beförderungen als Nachteile gewertet werden müßten. Er wäre in seiner Laufbahn viel weiter gekommen, »wenn ihn eben nicht das Naziregime benachteiligt hätte«. Die Tatsache, daß Dr. Steinhüblers Haus im Jahre 1944 bei einem Luftangriff zerstört wurde, hatte die Kammer freundlicherweise ebenfalls zu seinen Gunsten gebucht, obwohl da kein direkter Zusammenhang zur Karriere oder zur politischen Gesinnung bestand.

Jetzt mußte Dr. Steinhübler nur noch bangen, ob die Militärregierung mit dem Spruch auch einverstanden wäre. Sie war es. Ende Juli 1947 kam die erlösende Nachricht, daß der Wiederbeschäftigung nichts mehr im Wege stehe. Am 1. September 1947 wurde Landgerichtsdirektor Dr. Steinhübler wieder eingestellt, allerdings nicht mehr an seiner früheren Wirkungsstätte und in minderer Stellung, nämlich als Erster Staatsanwalt.

Die Entnazifizierung eines höheren Beamten, der kein eigentlicher Nazi, aber auch kein eigentlicher Gegner des Nationalsozialismus gewesen war, eines Mannes halt, der in erster Linie seiner Karriere lebte, war abgeschlossen. Oder schien es nur so? Der öffentliche Kläger hielt nämlich die Entscheidung der Spruchkammer für verfehlt und beantragte beim Ministerium für politische Befreiung die Überprüfung des Falles Dr. Steinhübler. Im Oktober 1949 wurde tatsächlich vom Kassationshof im Ministerium der Spruchkammerentscheid vom März 1947 kassiert und ein neues Verfahren angeordnet. Es ging nur um die eher akademische Frage, ob Dr. Steinhübler weiterhin als »entlastet« gelten oder mit dem Makel des »Mitläufers« gekennzeichnet würde. Sein Schrecken war gleichwohl riesengroß, drohte doch erneuter Einkommensverlust und möglicherweise gar eine Geldbuße im neuen Spruchkammerverfahren. Dr. Steinhübler machte schnell die notwendige Eingabe, wies in bewegten Worten darauf hin, daß die Wiederaufrollung seiner Denazifizierung für ihn ganz besonders hart sei und bat dringend, in Berücksichtigung seiner besonderen Umstände den Fall »gütigst einer raschen Entscheidung zuzuführen«. Dem wurde umgehend durch den Einstellungsbeschluß im November 1949 entsprochen. Dr. Steinhübler konnte im Justizdienst bleiben und seiner Tüchtigkeit entsprechend wieder zügig befördert werden: Bald war er Oberstaatsanwalt, dann Präsident des Landgerichts und zehn Jahre nach dem Neubeginn genoß er wieder die Zulage, die Beamten im Ministerialdienst gewährt wird. Anfang der sechziger Jahre trat der Ministerialdirektor Dr. Steinhübler dann in den wohlverdienten Ruhestand.

Seine Entnazifizierungsakten waren längst verstaubt, als vergessenes Relikt aus grauer Vorzeit in der Registratur einer Behörde. In den Akten befand sich ein Gutachten des richterlichen Vorprüfungsausschusses über Dr. Steinhübler vom Sommer 1946. Darin hieß es, zu seinen Ungunsten spreche der Mangel an Charakterfestigkeit, den er durch seinen Parteieintritt aus eigennützigen Gründen gezeigt habe, und in einer leitenden Stellung erscheine er nicht mehr möglich und auch nicht tragbar.

II. Besatzungsherrschaft und Neuaufbau

1. Die Kriegsziele der Anti-Hitler-Koalition

Durch den Überfall auf Polen am 1. September 1939 war das Deutsche Reich in den Kriegszustand mit Großbritannien und Frankreich geraten, aber auch Australien, Indien, Neuseeland, Südafrika und Kanada waren seit September 1939 als Mitglieder des britischen Commonwealth Kriegsgegner von Hitler-Deutschland. Bis zum Frühjahr 1945, als Argentinien am 27. März in den Krieg eintrat, war die Zahl der Staaten, die sich im Kriegszustand mit Deutschland befanden, auf mehr als fünfzig angewachsen. Mit einer einzigen Ausnahme befanden sich zuletzt auch die ehemaligen Verbündeten des Dritten Reiches unter dessen Gegnern, nämlich Italien ab Oktober 1943, Rumänien ab August 1944, Bulgarien einen Monat später, Ungarn im Dezember 1944. Sogar die neutrale Türkei hatte am 1. März 1945 Deutschland noch den Krieg erklärt, und Finnland, das mit deutscher Hilfe gegen die Sowjetunion gekämpft hatte, sandte am 3. März eine Kriegserklärung nach Berlin, die rückwirkend ab 15. September 1944 galt. Deutschlands letzter Verbündeter, das Kaiserreich Japan, blieb schließlich auch als letztes Land auf der Verliererseite kämpfend übrig, bis es durch die Atombomben auf Hiroshima und Nagasaki im August 1945 zur Kapitulation gezwungen wurde. In Europa schwiegen, als Japan kapitulierte, die Waffen schon drei Monate lang.

Aber auch ohne den Abfall der Freunde und Verbündeten war die Zahl der Feinde Deutschlands seit dem »Blitzkrieg« gegen Polen ständig angewachsen. Im April und Mai 1940 hatte die deutsche Wehrmacht die Nachbarn im Norden und Westen – erst Norwegen und Dänemark, dann die Niederlande, Belgien und Luxemburg – überfallen und wie Frankreich besetzt. Im Frühjahr 1941 marschierten deutsche Soldaten gegen Jugoslawien und Griechenland. Die entscheidenden Stationen waren aber der deutsche Überraschungsangriff auf die Sowjetunion am 22. Juni 1941 und die deutsche Kriegserklärung gegen die Vereinigten Staaten am 11. Dezember 1941.

Freilich standen die USA politisch, ideologisch und materiell längst auf der Seite der Alliierten. Das hatte Präsident Roosevelt auch gegenüber aller Welt klargestellt, als er am 12. August

1941 zusammen mit dem britischen Premierminister Winston S. Churchill das Dokument unterzeichnete, das unter dem Namen Atlantik-Charta zum Grundsatzpapier der internationalen Politik nach dem Kriege werden sollte. Roosevelt und Churchill, die sich an Bord des amerikanischen Schlachtschiffs »Augusta« vor der Küste Neufundlands getroffen hatten, propagierten in der Charta die Prinzipien, von denen sie eine bessere Zukunft für die ganze Welt erhofften und die Leitlinien der Politik beider Länder sein sollten: Keine territorialen Veränderungen, die nicht mit dem freien Willen der betroffenen Völker übereinstimmten, Selbstbestimmungsrecht über die Regierungsform für alle Völker einschließlich der Wiederherstellung dieser Rechte in den Ländern, in denen sie den Völkern gewaltsam genommen wurden, freier und gleicher Zugang aller Nationen zum Handel und zu den Rohstoffen der Welt, engste Zusammenarbeit aller Staaten auf wirtschaftlichem Gebiet mit dem Ziel des ökonomischen und sozialen Fortschritts. »Nach der endgültigen Vernichtung der Nazityrannei«, so begann der sechste Absatz der Erklärung, hofften der amerikanische Präsident und der britische Premier »auf einen Frieden, der allen Nationen die Möglichkeit bietet, innerhalb der eigenen Grenzen sicher zu leben, und der allen Menschen die Sicherheit gibt, in ihren Ländern frei von Not und Furcht zu leben.«[1]

In der Atlantik-Charta waren Absichten und Ziele einer künftigen globalen Friedensordnung und ihrer Sicherung umrissen, das Papier war das erste Gründungsdokument der UNO (deren Inauguralkonferenz im April 1945 in San Francisco zusammentrat), die Atlantik-Charta bildete aber auch das Grundkonzept der Anti-Hitler-Koalition. Hatte es zunächst so geschienen, als wäre die Erklärung vom August 1941 nicht nur gegen das Deutsche Reich und Japan gerichtet, sondern auch gegen die Sowjetunion (die Selbstbestimmungspostulate waren in diesem Sinne jedenfalls interpretierbar), so wurden die Zweifel zerstreut, als Moskau sich am 24. September der Kundgebung Roosevelts und Churchills anschloß. Zwar hatte die Sowjetunion zu erkennen gegeben, daß die Leitsätze der Charta den Notwendigkeiten bestimmter Länder entsprechend modifi-

[1] Gemeinsame Erklärung Roosevelts und Churchills (Atlantik-Charta) vom 14. 8. 1941 (unterzeichnet am 12. 8. 1941), Text in: Foreign Relations of the United States. Diplomatic Papers (künftig zit.: FRUS) 1941. Bd. 1, Washington 1958, S. 367f.; deutsch in: Europa-Archiv 1 (1946/47), S. 359.

ziert werden müßten, aber auch in London hatte Churchill vor dem Unterhaus konstatiert, daß das Dokument für die britischen Kolonien nicht gelte. Die edlen Absichten waren also eingeschränkt, aber zur Bekräftigung übereinstimmender Ziele der Anti-Hitler-Koalition taugte das Papier allemal, und das wurde am 1. Januar 1942 feierlich bekräftigt, als Vertreter von 26 Staaten in Washington den »Pakt der Vereinten Nationen«[2] unterzeichneten, in dem die Atlantik-Charta verbindlich erklärt wurde und in dem sie sich verpflichteten, keinen Separatfrieden mit Deutschland oder Japan abzuschließen.

Fast zur gleichen Zeit, Mitte Dezember 1941, formulierte Stalin gegenüber dem britischen Außenminister Eden in Moskau die sowjetischen Vorstellungen und Ziele über die Behandlung Deutschlands nach dem Kriege und über die künftigen Grenzen in Mitteleuropa. Die Wiederherstellung Österreichs als selbständiger Staat, die Rückgabe der Sudetengebiete an die ebenfalls wiederherzustellende Tschechoslowakei erschienen ebenso selbstverständlich wie das Ziel, den territorialen Zustand der von Deutschland angegriffenen und besetzten Länder grundsätzlich zu restituieren. Freilich mit Ausnahmen: Die Gebietserwerbungen aus der Zeit des Hitler-Stalin-Pakts wollte Stalin nicht rückgängig machen. Das betraf zum einen die baltischen Staaten Estland, Lettland und Litauen, die 1940 der Sowjetunion einverleibt worden waren, und zum anderen Polen, das 1939 zwischen dem Deutschen Reich und der Sowjetunion aufgeteilt worden war. Die ostpolnischen Gebiete, die damals der ukrainischen und der belorussischen Sowjetrepublik zugeschlagen worden waren, sollten nicht an den wieder zu errichtenden polnischen Staat zurückfallen. Die »richtige« Ostgrenze Polens war in Stalins Verständnis die »Curzon-Linie«, also die nach dem britischen Außenminister von 1919 benannte, von der polnischen Regierung nie anerkannte Demarkationslinie zwischen Rußland und Polen. Diese Grenze trennte nach polnischem Verständnis wesentliche Bestandteile der polnischen Nation und über drei Millionen Menschen von Polen ab. Entlang der Curzon-Linie hatten Hitler und Stalin im September 1939 das Land geteilt. Als Kompensation sollte Polen nach dem Ende des Krieges Ostpreußen von Deutschland erhalten.

In den drei Zusammenkünften, die Stalin im Dezember 1941

[2] Deutscher Wortlaut des »Washington-Pakts« vom 1. 1. 1942, ebd.

mit dem britischen Außenminister hatte[3], artikulierte er auch einige andere territoriale Interessen (zu Lasten Finnlands und Rumäniens), wesentlich war jedoch der Gedanke, Deutschland nach seiner Niederlage zu zerschlagen, Teile davon abzutrennen und zu verselbständigen, etwa das Rheinland oder auch Bayern.

Die britische Regierung verhielt sich den sowjetischen Forderungen gegenüber ablehnend oder hinhaltend – die Behandlung Deutschlands nach dem Krieg stand in London noch nicht zur Debatte und die russische Westgrenze und deren strategische Absicherung würde dereinst ein Thema der Friedenskonferenz sein. Der britische Premier erinnerte an die Atlantik-Charta und an die Verpflichtung gegenüber den Vereinigten Staaten, kein Geheim- oder Sonderabkommen einzugehen, wie sie Stalin als Bestandteil eines sowjetisch-britischen Bündnisses vorschlug, und Churchill telegrafierte seinem Außenminister am 20. Dezember 1941 nach Moskau, das Hauptziel der Kriegsanstrengungen bleibe »die Verhütung eines abermaligen deutschen Ausbruches. Die Trennung Preußens von Süddeutschland und die territoriale Gestaltung Preußens gehören zu den größten der zu entscheidenden Probleme. Doch all das muß einer Zukunft überlassen bleiben, die ungewiß ist und vermutlich noch in weiter Ferne liegt. Vorerst gilt es, den Krieg durch harte, unablässige Anstrengung zu gewinnen. Heute derartige Fragen in der Öffentlichkeit aufzuwerfen, würde nur alle Deutschen um Hitler scharen.«[4]

Trotz der ablehnenden Haltung Londons gegenüber den sowjetischen Wünschen, die von Anfang an die Beziehungen in der Anti-Hitler-Koalition belastete und die in der Folgezeit dann weder in London noch in Washington durchgehalten werden konnte, blieben seit der Jahreswende 1941/42 zwei entscheidende Elemente der alliierten Kriegszielpolitik in der Debatte: Das Nachkriegsschicksal Deutschlands würde mit der Entscheidung über Polens endgültige Gestalt verknüpft sein, und die territoriale Integrität des Deutschen Reiches würde, ganz abgesehen davon, daß alle Erwerbungen aufgrund nationalsozialistischer Politik oder Gewalt hinfällig wären, zur Dis-

[3] Bericht Edens aus Moskau, 5. 1. 1942, bei Winston S. Churchill, Der Zweite Weltkrieg. Bern 1940, Bd. 3, 2. Buch, S. 294f.; vgl. Earl of Avon, The Eden Memoirs. The Reckoning. London 1965, S. 289ff.

[4] Wolfgang Marienfeld, Konferenzen über Deutschland. Die alliierte Deutschlandplanung und -politik 1941–1949. Hannover 1962, S. 43f.

position stehen. Die Zeit der Aufteilungspläne war angebrochen[5].

In Washington war man zunächst über die als unverfroren empfundenen Territorialforderungen Stalins empört – der Chef der Sowjetunion wollte ja trotz seiner Zustimmung zur Atlantik-Charta die Früchte der Freundschaft mit Hitler, die Erwerbungen von 1939 bis 1941 ohne Rücksicht auf das feierlich propagierte Selbstbestimmungsrecht der Völker behalten. Ebenso bestimmt wie London hatte Washington daher die sowjetische Idee, Europa in Interessensphären hegemonialer Ausprägung aufzuteilen, zurückgewiesen, aber diese Haltung änderte sich schon bald. Unter dem Eindruck der noch ungebrochenen Kraftentfaltung der deutschen Armeen und in der Furcht vor einem Separatfrieden zwischen Stalin und Hitler waren zuerst die britischen (im Frühjahr 1942) und dann auch die amerikanischen Politiker bereit, die sowjetischen Kriegsziele zähneknirschend zu tolerieren. Ein Friedensschluß zwischen Moskau und Berlin sah in damaliger britisch-amerikanischer Sicht nicht ganz so unwahrscheinlich aus, wie das nachträglich erscheinen mag. Jedenfalls waren solche Überlegungen Indizien für das Mißtrauen, das in der Anti-Hitler-Koalition herrschte.

Im Januar 1943 trafen sich Roosevelt und Churchill in Casablanca. Bei der Konferenz waren die Chefs der anglo-amerikanischen Generalstäbe, der Flotten und Luftflotten anwesend; auf der Tagesordnung stand die Planung der Invasion in die von den Achsenmächten noch beherrschte »Festung Europa«. Beschlossen wurde, britischen Forderungen entsprechend und den sowjetischen Wunsch nach der eigentlichen zweiten Front im Westen – in Frankreich – negierend, die Landung in Sizilien im Sommer 1943. Stalin war nach Casablanca eingeladen, fühlte sich aber als sowjetischer Oberbefehlshaber unabkömmlich: Die Schlacht um Stalingrad ging zur Zeit der Casablanca-Konferenz ihrem Ende zu. Die deutsche 6. Armee war hier an der Wolga seit November 1942 eingekesselt, nach dem gescheiterten Entsatzversuch vom Dezember und Hitlers Verbot eines Ausbruchs oder der Kapitulation entschied sich Ende Januar 1943 ihr Schicksal im immer enger werdenden Kessel von Stalingrad. 146000 deutsche Soldaten waren gefallen, 90000 gerie-

[5] Vgl. Hermann Graml, Die Alliierten und die Teilung Deutschlands. Konflikte und Entscheidungen 1941–1948. Frankfurt 1985, S. 17ff.

ten in sowjetische Gefangenschaft (von ihnen kehrten nach dem Krieg noch etwa 6000 in die Heimat zurück).

In Stalingrad hatte sich, wie von Stalin erstrebt, das Blatt zugunsten der Sowjetunion gewendet. Die Durchhalteparolen, die in Deutschland als Reaktion auf den Schock an der Ostfront einsetzten – Goebbels' Aufruf zum »totalen Krieg« im Berliner Sportpalast wurde am 18. Februar inszeniert[6] –, waren auch als Antwort auf ein Konferenzergebnis von Casablanca gedacht. Roosevelt hatte in einer Pressekonferenz am 24. Januar 1943 die Formel von der »bedingungslosen Kapitulation« (unconditional surrender) verkündet[7], die man von Deutschland und den anderen Staaten der Achse, Italien und Japan, verlangen werde. Gemeint war, daß die Alliierten bis zur vollständigen Niederlage Hitlers und seiner Verbündeten kämpfen würden, daß keinerlei politische Verpflichtungen den Besiegten gegenüber eingegangen würden und daß keine nationalsozialistische Nachfolgeregierung des Hitlerregimes verhandlungsfähig sein würde. Stalin schloß sich der Casablanca-Formel etwas zögernd an (die sowjetische Politik differenzierte mindestens propagandistisch zwischen dem deutschen Volk und dem NS-Regime).

Hinter der Forderung nach bedingungsloser Kapitulation, gegen die namentlich in Großbritannien, aber auch in den USA Bedenken erhoben wurden, weil sie ja durchaus kriegsverlängernd wirken und verzweifelte Patrioten um Hitler scharen und zur äußersten Anstrengung anstacheln konnte, standen mehrere Argumentationslinien. Roosevelt war davon überzeugt, am Ende des Zweiten Weltkriegs müßten die Deutschen mit äußerster Konsequenz zum Eingeständnis ihrer Niederlage gezwungen werden. Die Möglichkeit, die Niederlage wie 1918 zu verleugnen oder zu verdrängen, dürfe sich nicht wiederholen. Die Dolchstoßlegende und die Trostlüge »Im Felde unbesiegt« hatten nach dem Ersten Weltkrieg bei der Revisionspolitik, die Hitler dann zum katastrophalen Höhepunkt trieb, eine wesentliche Rolle gespielt[8].

Die Casablanca-Formel sollte aber auch als Kitt der Anti-

[6] Vgl. Helmut Heiber (Hrsg.), Goebbels-Reden. Bd. 2: 1939–1945. Düsseldorf 1972, S. 172–208.

[7] Vgl. Hans-Adolf Jacobsen, Der Weg zur Teilung der Welt. Politik und Strategie 1939–1945. Koblenz, Bonn 1977, S. 300f.

[8] Alfred Vagts, Unconditional Surrender – Vor und nach 1943. In: Vierteljahrshefte für Zeitgeschichte (künftig zit.: VfZ) 7 (1959), S. 280–309.

Hitler-Allianz dienen, das Mißtrauen ihrer Partner zerstreuen und vor allem Stalin wegen der so lange ausbleibenden zweiten Front gegen Deutschland beschwichtigen. Für Roosevelt war die Forderung nach bedingungsloser Kapitulation nichts anderes als logisch und aus dem politischen Denken der Amerikaner verständlich. Die große und einzige eigene Kriegserfahrung im Lande, der Bürgerkrieg, hatte nicht anders als mit der vollständigen Unterwerfung der unterlegenen Südstaaten enden können, und noch einmal, wie nach dem Ersten Weltkrieg, gewissermaßen um die Früchte der Anstrengungen und Opfer auf dem fernen europäischen Kriegsschauplatz geprellt werden wollten Roosevelt und mit ihm die Mehrheit der Amerikaner nicht.

Ähnlich wie Wilson im Ersten Weltkrieg für eine anschließende allgemeine Friedensordnung gekämpft hatte, war Roosevelts oberstes Kriegsziel die Idee der globalen Friedens- und Interessensicherung durch das Instrument der Vereinten Nationen. Zur Errichtung dieser Organisation war Handlungsfreiheit ohne Vorbedingungen erforderlich, und je eindeutiger die Niederlage der Aggressoren in Deutschland, Japan und Italien sein würde, desto besser würde das für die Errichtung der Nachkriegsordnung sein[9].

Ab Frühjahr 1943 wurde in den Hauptstädten der Alliierten geplant, welche Maßnahmen gegen Deutschland nach der Kapitulation (die nach Kriegslage nur eine Frage der Zeit sein konnte) ergriffen werden sollten. So vage die Überlegungen auch noch waren, so stand doch fest, daß Deutschland nach Kriegsende von alliierten Truppen besetzt sein würde, die garantieren sollten, daß – anders als nach dem Ersten Weltkrieg – das deutsche Kriegspotential zerschlagen und jegliche Möglichkeit zu künftigen, von Deutschland entfachten Kriegen beseitigt werden würde. Von Bestrafung der »schuldigen barbarischen Führer« und Vergeltung war ab Frühjahr 1943 ebenfalls die Rede. Churchill kündigte im Juni 1943 an, daß die Maßnahmen getroffen würden, »die notwendig sind, um die Welt davor zu bewahren, noch einmal durch die abgefeimten Machenschaften und räuberischen Überfälle solcher Leute in Raserei, Zerrüttung und Todesnacht gestürzt zu werden. Es bedeutet nicht und kann niemals bedeuten, daß wir unsere siegreichen Waffen durch Unmenschlichkeit oder schiere Rachlust beflecken sol-

[9] Vgl. Graml, Die Alliierten, S. 21 f.

len.«[10] Churchill nannte die Maßnahmen, die seiner Meinung nach ergriffen werden sollten und über die Einigkeit zwischen Moskau, London und Washington bestehe, nämlich die Aufteilung Deutschlands in mehrere Staaten unter endgültiger Abtrennung von Ostpreußen und der deutschen Gebiete östlich der Oder. Preußen würde zerschlagen und das Ruhrgebiet sowie die anderen Zentren der Kohle- und Stahlproduktion müßten dem Einfluß Preußens entzogen werden.

Über Preußen, das eine dominierende Stellung in Deutschland hatte, das als Bundesstaat seit Bismarcks Zeiten drei Fünftel des Territoriums des Deutschen Reiches einnahm, auf dem nach der Volkszählung vom Juni 1933 fast 40 Millionen Menschen lebten, während das ganze Deutsche Reich 66 Millionen Einwohner hatte, wurde auf seiten der Alliierten überhaupt viel nachgedacht. Auf der Konferenz in Washington im Mai 1943 debattierten Churchill und Roosevelt über das Lieblingsprojekt des britischen Premiers, eine Donauföderation (bestehend aus Süddeutschland, Österreich und Ungarn) mit Wien als Hauptstadt. Das setzte die Trennung Preußens von Deutschland bzw. die Zerschlagung Preußens in mehrere Teile voraus[11]. In Quebec erörterten dann im August des gleichen Jahres die Außenminister der beiden Westmächte die Aufteilung Deutschlands in mehrere unabhängige Staaten.

Vom 19. bis 30. Oktober 1943 konferierten in Moskau die Außenminister der Anti-Hitler-Koalition. Molotow, Eden und Hull verständigten sich auf Grundzüge der Deutschlandpolitik, die zum Teil später sogar realisiert wurden: Das Gebiet des Deutschen Reiches wurde als das Territorium innerhalb der Grenzen vom 1. Januar 1937 definiert. Das bedeutete, Österreich und alle anderen annektierten Gebiete würden nach der Kapitulation nicht mehr zu Deutschland gehören, das unter Besetzung durch sowjetische, britische und amerikanische Truppen käme. Die Regierungsgewalt in Deutschland sollte von einer interalliierten Kontrollkommission übernommen werden. Deren vordringliche Aufgabe würde die Entmilitarisierung, Entnazifizierung und Demokratisierung sein. Deutschlands Kriegsindustrie sollte zerstört werden, und zur Wiedergutmachung des durch Deutschland angerichteten Schadens

[10] Winston S. Churchill, Reden 1943. Vorwärts zum Sieg. Zürich 1948, S. 221 (Churchill-Reden, Bd. 4).

[11] Vgl. Marienfeld, Konferenzen, S. 83.

müßten Reparationsleistungen erbracht werden. Dieses Programm basierte im wesentlichen auf amerikanischen Vorschlägen, denen Eden und Molotow zugestimmt hatten. Die Details sollten von einem ständigen Ausschuß, der »European Advisory Commission« (EAC) ausgearbeitet werden. Die Kommission nahm ihren Sitz in London und machte sich im Januar 1944 an die Arbeit, »die im Zusammenhang mit der Beendigung der Feindseligkeiten auftauchenden europäischen Fragen zu untersuchen und den drei Regierungen entsprechende Empfehlungen vorzulegen«[12].

Das Kommuniqué über die Beratungen der drei Außenminister in Moskau enthielt auch eine bemerkenswerte Ankündigung, die in der Form einer feierlichen gemeinsamen Erklärung von Roosevelt, Churchill und Stalin am 1. November 1943 publiziert wurde. Die Proklamation handelte von Grausamkeiten, Massakern und Massenexekutionen in den von Deutschland besetzten Ländern Europas. Die Brutalität der Naziherrschaft sei nichts Neues und alle Völker oder Länder unter deutscher Gewalt hätten darunter gelitten, neu sei aber – und das warf auch Licht auf die beginnende Agonie der deutschen Herrschaft –, daß die vor den alliierten Befreiungsarmeen zurückweichenden »Hitleriten und Hunnen ihre unbarmherzigen Grausamkeiten verdoppeln«. Mit besonderer Deutlichkeit werde dies durch ungeheure Verbrechen auf dem Gebiete der Sowjetunion in Frankreich und Italien bewiesen. Gemeint waren die unmenschlichen und völkerrechtswidrigen Vergeltungsaktionen der deutschen Truppen, vor allem der SS, gegenüber Resistance, Partisanen und unschuldigen Zivilisten. Geiselmorde wie in Lidice stehen für solche Greueltaten. (Für die Ermordung von mehr als 4000 polnischen Offizieren, die im April 1943 in einem Massengrab im Wald von Katyn bei Smolensk entdeckt wurden, war die Sowjetregierung verantwortlich, aber auch dieser Fall wurde dem deutschen Schuldkonto angelastet.) Im Namen der Vereinten Nationen ließen die Regierungschefs der drei Großmächte erklären, wie die Bestrafung der Schuldigen aussehen sollte:

»Sobald irgendeiner in Deutschland gebildeten Regierung ein Waffenstillstand gewährt werden wird, werden jene deutschen

[12] Vgl. Hans-Günter Kowalski, Die »European Advisory Commission« als Instrument alliierter Deutschlandplanung 1943–1945. In: VfZ 19 (1971), S. 261 bis 293.

Offiziere, Soldaten und Mitglieder der Nazipartei, die für die obigen Grausamkeiten, Massaker und Exekutionen verantwortlich gewesen sind oder an ihnen zustimmend teilgehabt haben, nach den Ländern zurückgeschickt werden, in denen ihre abscheulichen Taten ausgeführt wurden, um gemäß den Gesetzen dieser befreiten Länder und der freien Regierungen, welche in ihnen errichtet werden, vor Gericht gestellt und bestraft zu werden ... So werden Deutsche, die an Massenerschießungen von polnischen Offizieren oder an der Exekution von französischen, holländischen, belgischen oder norwegischen Geiseln oder kretischen Bauern teilnahmen oder die teilgehabt haben an den Blutbädern unter dem polnischen Volk oder in den Gebieten der Sowjetunion, die jetzt vom Feinde reingefegt sind, damit rechnen müssen, daß sie an den Schauplatz ihrer Verbrechen zurückgebracht und an Ort und Stelle von den Völkern abgeurteilt werden, denen sie Gewalt angetan haben. Mögen sich diejenigen, die ihre Hand bisher nicht mit unschuldigem Blut besudelt haben, davor hüten, sich den Reihen der Schuldigen beizugesellen, denn mit aller Sicherheit werden die drei alliierten Mächte sie bis an die äußersten Enden der Welt verfolgen und sie ihren Anklägern ausliefern, damit Gerechtigkeit geschehe.«

Und dann folgte noch eine Ankündigung, die, als sie im Nürnberger Hauptkriegsverbrecherprozeß vor alliiertem Tribunal 1945/46 verwirklicht wurde, Rechtsgeschichte machte: »Die obige Erklärung erfolgt mit Vorbehalt der Rechte gegenüber den deutschen Verbrechern, deren Vergehen keine bestimmte örtliche Beschränkung haben; sie werden durch gemeinsames Urteil der Regierungen der Verbündeten bestraft werden.«[13]

In Teheran, wo vom 28. November bis 1. Dezember 1943 Roosevelt, Churchill und Stalin erstmals gemeinsam am Konferenztisch saßen, war auch, nebenbei und ziemlich allgemein, aber jetzt ganz offiziell, von der Möglichkeit die Rede, Polen nach Westen zu schieben, also die sowjetischen Ansprüche auf polnisches Gebiet im Osten durch deutsche Abtretungen an Polen im Westen zu kompensieren. Auf der Teheraner Konferenz, die in der dortigen sowjetischen Botschaft stattfand,

[13] Declaration of German Atrocities. In: FRUS 1943, Bd. 1. Washington 1963, S. 768f.; deutscher Text in: Gottfried Zieger, Die Teheran-Konferenz 1943. Hannover 1967, S. 184f.

zeichneten sich auch die Konturen eines zerstückelten Deutschland ab, jedoch blieb noch alles in der Schwebe. Roosevelt dachte daran, Deutschland in fünf selbständige Staaten aufzugliedern und weitere Gebiete, nämlich Kiel, den Nord-Ostsee-Kanal und Hamburg sowie die schwerindustriellen Gebiete an der Ruhr und an der Saar unter internationale Verwaltung zu stellen. Churchill propagierte wieder seine Lieblingsideen der Trennung Preußens vom übrigen Deutschland und der Errichtung einer bayerisch-österreichisch-ungarischen Föderation entlang der Donau. Stalin schien Zurückhaltung zu üben – es sei verfrüht, über sowjetische Forderungen zu sprechen –, aber er versicherte sich der Zustimmung der Westalliierten gegenüber seinen Polen-Plänen und zur sowjetischen Forderung auf das ostpreußische Königsberg (wegen des eisfreien Hafens) nebst Umgebung[14].

In London war inzwischen die European Advisory Commission an der Arbeit. Es war ein Kollegium von drei Berufsdiplomaten, die von den Außenministerien der drei Großmächte ihre Instruktion erhielten. Moskau und Washington hatten ihre Botschafter in London zu EAC-Mitgliedern bestimmt, Großbritannien war durch William Strang, Assistant Under Secretary of State im Foreign Office vertreten. Der Amerikaner, John G. Winant, war ein persönlicher Freund Roosevelts, der Russe, Fedor T. Gusew, galt als schwierig, extrem humorlos und eher undiplomatisch im Verhandeln. Die EAC errichtete ein anteilig besetztes Sekretariat und einige Unterausschüsse und hielt bis August 1945 20 formelle und 97 informelle Sitzungen ab. Formal gesehen waren die bis zum Sommer 1945 dauernden Beratungen der European Advisory Commission Gespräche auf Botschafterebene der drei Großmächte, materiell hatten die EAC-Beschlüsse aber beträchtliche Bedeutung. Ab Ende November 1944 war auch Frankreich in der EAC vertreten. Über die Grundstruktur der Besetzung und Verwaltung Deutschlands hatten sich aber im Laufe des Jahres 1944 schon die Vertreter der Sowjetunion, der USA und Großbritanniens geeinigt.

Im Juli 1944 hatten sie den Entwurf der Kapitulationsurkunde fertiggestellt und den Regierungen in Washington, Moskau und London zur Genehmigung unterbreitet. Der Entwurf, der am Ende des Krieges schließlich in der Schublade bleiben sollte,

[14] FRUS, The Conferences at Cairo and Teheran 1943. Washington 1961, S. 482ff.

bestand aus drei Teilen, der Präambel, mit der Deutschland die vollständige Niederlage uneingeschränkt anerkennen sollte, der zweite Teil enthielt die militärisch erforderlichen Details über die Einstellung der Feindseligkeiten, und im dritten Teil wurde die allgemeine politische Qualität der Unterwerfung konstatiert. Er hatte folgenden Wortlaut:

»a) Die Vereinigten Staaten von Amerika, das Vereinigte Königreich und die Union der Sozialistischen Sowjetrepubliken erhalten höchste Autorität in bezug auf Deutschland. In Ausübung solcher Autorität werden sie solche Schritte einschließlich der vollständigen Entwaffnung und Demilitarisierung Deutschlands unternehmen, wie sie von ihnen für zukünftigen Frieden und Sicherheit für erforderlich erachtet werden.

b) Die Alliierten Vertreter werden zusätzliche politische, administrative, wirtschaftliche, finanzielle, militärische und andere Erfordernisse, die sich aus der Kapitulation Deutschlands ergeben, durchführen. Die Alliierten Vertreter oder Personen oder Dienststellen, die ordnungsgemäß dazu befugt sind, in deren Vollmacht zu handeln, werden Proklamationen, Befehle, Verordnungen und Anweisungen herausgeben zu dem Zweck, solche zusätzlichen Erfordernisse niederzulegen und den anderen Bestimmungen der gegenwärtigen Urkunde Wirkung zu verschaffen. Die Deutsche Regierung, das Deutsche Oberkommando, alle deutschen Behörden und das deutsche Volk sollen bedingungslos die Anweisungen der Alliierten Vertreter ausführen und sollen sich vollkommen den Proklamationen, Befehlen, Verordnungen und Anweisungen unterwerfen.«[15]

Im Zonenprotokoll der EAC vom 12. September 1944 war fixiert, wie Deutschland innerhalb seiner Grenzen vom 31. Dezember 1937 zum Zwecke der Besetzung in drei Zonen gegliedert werden sollte. Die Einteilung folgte im wesentlichen britischen Plänen; sie sah drei der Bevölkerungszahl nach etwa gleich große Gebiete vor (die sowjetische Zone war der Fläche nach dadurch fast genauso groß wie das von Engländern und Amerikanern zu besetzende Gebiet). Im übrigen entsprachen die Grenzlinien zwischen der östlichen, der nordwestlichen (britischen) und südwestlichen (amerikanischen) Zone schon exakt der späteren Demarkation zwischen den beiden deut-

[15] Entwurf der Kapitulationsurkunde vom 25. 7. 1944. In: FRUS, The Conferences at Malta and Yalta 1945. Washington 1955, S. 110f.; deutsche Ausgabe: Die Konferenzen von Malta und Jalta. Düsseldorf o. J. (1957), S. 110f.

schen Staaten Bundesrepublik und DDR, wenn man die Gebiete, die unter sowjetische und polnische Hoheit fallen sollten – Ostpreußen, Danzig, Schlesien, Pommern –, von der unter russische Besatzung fallenden Ostzone abzog. Im September 1944 stand auch fest, daß Berlin, in Sektoren geteilt, als besonderes Territorium durch eine gemeinsame »Kommandatura« von den Alliierten kollektiv verwaltet werden sollte.

Wenig später, am 14. November 1944, unterzeichneten die drei EAC-Delegierten auch den Entwurf eines Abkommens über den Kontrollmechanismus, dem Deutschland nach dem alliierten Sieg unterworfen werden sollte. Vorgesehen war – und so wurde es dann auch praktiziert –, daß die Oberkommandierenden der alliierten Streitkräfte in ihrer jeweiligen Zone allein die höchste Autorität haben sollten. Gemeinsam sollten sie zuständig sein in Angelegenheiten, die Deutschland als Ganzes betrafen. Die Lenkungsbehörde als gemeinsame Körperschaft der Oberkommandierenden sollte der Alliierte Kontrollrat sein, der voraussichtlich in Berlin seinen Sitz haben würde. Mit diesen Beschlüssen der EAC war der Rahmen und der technische Mechanismus der Besatzungsherrschaft, wie sie unmittelbar nach der Kapitulation Deutschlands errichtet werden sollte, konstruiert worden, nichts weiter. Monate später, als die EAC-Entwürfe Realität wurden, bestand die wesentlichste Änderung darin, daß statt der drei vorgesehenen vier Besatzungsmächte in Deutschland präsent waren, nachdem für Frankreich ein Stück aus der Südwest-Zone der Amerikaner abgeschnitten und ein vierter Sektor in Berlin eingerichtet worden war[16].

Die Pläne, was politisch aus Deutschland werden sollte, ob es nun in Einzelstaaten aufgelöst oder in Form eines Staatenbundes föderalisiert werden, ob es entindustrialisiert und agrarisiert werden oder ob seine Bodenschätze und das deutsche Schwerindustriepotential auf Dauer unter fremde Verwaltung kommen sollten – die Deutschlandpläne waren ebenso unscharf wie disparat. Aber es waren nicht nur die Vorstellungen, denn Pläne konnte man sie kaum nennen, die sich voneinander unterschieden, auch in London und in Washington propagierten die militärischen Planungsstäbe andere Ideen als die Beamten des jeweiligen Außenministeriums oder die Berater des US-Präsidenten.

[16] Londoner Zonenprotokoll der EAC vom 12. 9. 1944 und Ergänzungsabkommen vom 14. 11. 1944. Ebd. S. 118ff. (englischer Text) bzw. S. 104ff. (deutscher Text).

So entstand im August und September 1944 in Washington der nach dem Finanzminister Henry Morgenthau benannte Deutschlandplan, nach dem u. a. eine nahezu totale Demontage der Industrie und die Umwandlung Deutschlands in ein Agrarland durchgeführt werden sollte. Der Morgenthau-Plan war ein Reflex auf Überlegungen im US-Außenministerium und bei den militärischen Stäben, die zu jener Zeit Instruktionen für die Besatzungstruppen entworfen hatten. Ebenso wie die deutschlandpolitischen Konzepte des State Department – festgelegt in der »Denkschrift über Deutschland« vom Sommer 1944 – erschien das geplante »Handbuch für die Militärregierung in Deutschland«, das die militärischen Stäbe verantworteten, den Falken in der Umgebung Roosevelts nicht als ausreichend hart gegenüber Deutschland[17].

Der Morgenthau-Plan enthielt in 14 Punkten die Quintessenz der Maximalziele gegen Deutschland: vollständige Entmilitarisierung, Abtrennung der Ostgebiete und der Saar, Rheingrenze, Aufteilung Restdeutschlands in zwei unabhängige Staaten, Entindustrialisierung, politische Dezentralisation, Kontrolle der Wirtschaft. Er blieb aber eine Episode. Außenminister Cordell Hull und Kriegsminister Stimson opponierten so heftig und erfolgreich, daß der Plan, obwohl Roosevelt ihn paraphiert hatte und Churchill ihn bei der zweiten Quebec-Konferenz (11. bis 19. September 1944) widerwillig zustimmend zur Kenntnis genommen hatte, am 1. Oktober schon wieder begraben war. Ein offizielles Dokument der amerikanischen Politik war er nie gewesen und in der Öffentlichkeit war er auch mißbilligt worden; Wirkung hatte der Morgenthau-Plan natürlich doch, aber vor allem als Legende, und mit wachsender Entfernung von der Zeit und den Umständen seiner Entstehung erschien er immer gefährlicher und brauchbarer als Propagandawaffe gegen die USA[18].

Ähnlich war auch die Bedeutung der berühmten Direktive JCS 1067, die von den Vereinigten Stabschefs (Joint Chiefs of Staff) des amerikanischen Heeres, der Marine und der Luftwaffe 1944 entworfen worden war. Unter der Überschrift »Grund-

[17] Texte der Memoranden in FRUS, Malta and Yalta, S. 134 ff. (deutsche Ausgabe, S. 125 ff.).

[18] Henry Morgenthau, Germany is our problem. New York 1945; vgl. John Morton Blum, Deutschland ein Ackerland? Morgenthau und die amerikanische Kriegspolitik 1941–1945. Aus den Morgenthau-Tagebüchern. Düsseldorf 1968; H. G. Gelber, Der Morgenthau-Plan. In: VfZ 13 (1965), S. 372–402.

legende Ziele der Militärregierung in Deutschland« hieß es in diesem Dokument, das in seiner letzten Version schließlich die Arbeitsanweisung für den Oberbefehlshaber der US-Zone war:

»a) Es muß den Deutschen klargemacht werden, daß Deutschlands rücksichtslose Kriegführung und der fanatische Widerstand der Nazis die deutsche Wirtschaft zerstört und Chaos und Leiden unvermeidlich gemacht haben, und daß sie nicht der Verantwortung für das entgehen können, was sie selbst auf sich geladen haben.

b) Deutschland wird nicht besetzt zum Zwecke seiner Befreiung, sondern als ein besiegter Feindstaat. Ihr Ziel ist nicht die Unterdrückung, sondern die Besetzung Deutschlands, um gewisse wichtige alliierte Absichten zu verwirklichen. Bei der Durchführung der Besetzung und Verwaltung müssen Sie gerecht, aber fest und unnahbar sein. Die Verbrüderung mit deutschen Beamten und der Bevölkerung werden Sie streng unterbinden.

c) Das Hauptziel der Alliierten ist es, Deutschland daran zu hindern, je wieder eine Bedrohung des Weltfriedens zu werden. Wichtige Schritte zur Erreichung dieses Zieles sind die Ausschaltung des Nazismus und des Militarismus in jeder Form, die sofortige Verhaftung der Kriegsverbrecher zum Zwecke der Bestrafung, die industrielle Abrüstung und Entmilitarisierung Deutschlands mit langfristiger Kontrolle des deutschen Kriegspotentials und die Vorbereitungen zu einem späteren Wiederaufbau des deutschen politischen Lebens auf demokratischer Grundlage.

d) Andere alliierte Ziele sind die Durchführung des Reparations- und Rückerstattungsprogramms, Nothilfe für die durch den Naziangriff verwüsteten Länder und die Betreuung und Rückführung der Kriegsgefangenen und Verschleppten der Mitgliedstaaten der Vereinten Nationen.«[19]

Die Direktive erhielt Ende April 1945 in der 6. Fassung ihre endgültige Form. Präsident Truman billigte sie am 10. Mai 1945, formell in Kraft war sie strenggenommen nur ein paar Wochen lang im Sommer 1945, bis zum Ende der Potsdamer Konferenz. Aber auch bei JCS 1067 war die Wirkung lange anhaltend, wegen des strengen Tones, wegen des Morgenthau-Geistes, der in vielen Formulierungen anklang, wegen der glei-

[19] Deutscher Text der Direktive JCS 1067 u.a. in: W. Cornides/H. Volle, Um den Frieden mit Deutschland. Oberursel/Ts. 1948, S. 58ff.

chen Entstehungszeit der beiden Dokumente. Die Direktive war aber kein Deutschlandplan, sondern lediglich eine Arbeitsanweisung für den Chef der amerikanischen Besatzungstruppen, und dies ausdrücklich auch nur für die erste Zeit nach der deutschen Niederlage. In der Einleitung hieß es deutlich genug, daß die Direktive »keine endgültige Festlegung der Politik unserer Regierung bezüglich der Behandlung Deutschlands in der Nachkriegswelt darstelle«.

Für einen weiteren Programmpunkt, der in den Überlegungen der Morgenthau-Gruppe ebenfalls zentrale Bedeutung hatte, war auf der Krimkonferenz im Februar 1945 sogar ein eigener interalliierter Ausschuß gegründet worden: für das Problem der Aufteilung Deutschlands. Aber die Zeit der Zerstückelungspläne war eigentlich schon wieder vorbei. Stalin hatte offenbar schon 1944 das Interesse daran verloren, Deutschland auf diese Art zu schwächen und auf Dauer niederzuhalten. Es lag auf der Hand, daß ein zwar um die Ostgebiete zugunsten Polens und der Sowjetunion verkleinertes, im übrigen aber einheitliches Restdeutschland sowjetischer Politik die besseren Möglichkeiten zur Einflußnahme (und zur Gewinnung von Reparationen) bieten würde als ein Bündel von Kleinstaaten, die danach streben würden, sich in die Rolle von Satelliten Frankreichs, Großbritanniens und der USA zu begeben.

Im Livadia-Palais, einer 1911 im Renaissance-Stil erbauten ehemaligen Sommerresidenz der russischen Zaren bei Jalta auf der Halbinsel Krim, hielten die »Großen Drei« vom 4. bis 11. Februar 1945 ihre zweite und letzte Konferenz vor dem Ende des Krieges in Europa. Roosevelt und Churchill waren aus Malta, wo sie eine bilaterale Vorkonferenz veranstaltet hatten, mit Flugzeugen in Begleitung eines Stabes von insgesamt 700 Mitarbeitern angereist. Das Livadia-Palais zeigte noch, ebenso wie die Umgebung, bis hin zum fast ganz zerstörten Sewastopol, die Spuren deutscher Besetzung und der Verwüstungen, die die Wehrmacht beim Rückzug angerichtet hatte. Das Livadia-Palais selbst war für die amerikanische Delegation, die dort residierte, notdürftig instand gesetzt und wieder möbliert worden. Im Ballsaal fanden die acht Plenarsitzungen der Konferenz statt, Besprechungen im kleineren Kreis – der Außenminister oder der Militärs untereinander – hatten andere Schauplätze der an Villen und Palästen reichen ehemaligen »Riviera« der mondänen Gesellschaft der Zarenzeit. Das Hauptquartier der britischen Delegation befand sich in der »Villa Woronzow«, etwa 12

Kilometer von Livadia entfernt, Stalin, der mit der Eisenbahn aus Moskau angereist war, residierte etwa gleich weit entfernt in der »Villa Koreiz«[20].

Stalin ging es in Jalta vor allem darum, Ost- und Südosteuropa weitgehend als Interessensphäre der Sowjetunion anerkannt zu erhalten oder, weil Churchill so stark bremste, doch wenigstens auslegungsfähige Formeln hinsichtlich Polens (Forderung nach Zustimmung zur Curzon-Linie als Ost- und der Oder-Neiße-Linie als Westgrenze) und der sowjetischen Rolle gegenüber den Balkanstaaten festschreiben zu lassen. Ferner war Stalin an der Festsetzung der Reparationssummen interessiert, die Deutschland auferlegt werden (sein Vorschlag: 20 Milliarden US-Dollar) und am Anteil, den die UdSSR erhalten sollte. Stalin verlangte 10 Milliarden Dollar; diese Forderung war in Jalta noch theoretisch zu erörtern, ein halbes Jahr später in Potsdam trug das stereotype Zehnmilliardenpostulat schon erheblich zur Verschlechterung der Beziehungen der Sowjetunion zu den Westmächten bei.

Des amerikanischen Präsidenten Roosevelt Anliegen bei der Jalta-Konferenz bestand vor allem darin, von Stalin die Zusage zum Kriegseintritt gegen Japan (nach der Niederlage Deutschlands) zu erlangen, er wollte sich aber auch der Kooperation der Sowjetunion bei der Etablierung der Vereinten Nationen versichern. Die Gründung einer dauerhaften Friedensorganisation war ja seit der Atlantik-Charta von 1941 das feierlich deklarierte wichtigste Kriegsziel aller Alliierten. Und drittens wollte Roosevelt, ebenso wie Churchill, den Expansionsdrang der Sowjets in Ost- und Südosteuropa in einer Art freundschaftlichen Mißtrauens nicht ganz außer Kontrolle geraten lassen.

Die Verhandlungen in Jalta waren, weil die westlichen Verbündeten dem östlichen Partner mißtrauten, weil so viele Wechsel auf eine ungewisse Zukunft ausgestellt werden mußten und weil die Interessen der Beteiligten und ihrer verschiedenen Klientel so differierten, ziemlich chaotisch, und die Tragweite etlicher Beschlüsse oder Verabredungen sollte sich erst viel später herausstellen. Etwa die verhängnisvollen Konsequenzen für Hunderttausende von Sowjetbürgern, die im Gefolge der deutschen Wehrmacht – freiwillig oder unfreiwillig – ihre Heimat verlassen hatten und die nach dem 8. Mai 1945 durch Repatriie-

[20] The President's Log at Yalta. In: FRUS, Malta and Yalta, S. 549f. (deutsche Ausgabe, S. 513f.).

rungskommissionen, ob sie wollten oder nicht, in die Sowjetunion gebracht wurden, wo auf die meisten düstere Geschicke warteten.

Rclcvant für Deutschland oder was davon übrigbleiben sollte war der Beschluß der großen Drei, die vollständige Entwaffnung und Entmilitarisierung Deutschlands sicherzustellen und dem besiegten Gegner hohe Reparationen aufzuerlegen. Und von erheblicher Bedeutung war auch das Übereinkommen, Frankreich (das hieß, dessen provisorische Regierung unter General de Gaulle, die im Herbst 1944 zuerst von den Westmächten und etwas später auch vom Kreml anerkannt worden war) als vierte Macht zur Teilnahme an der alliierten Kontrolle Deutschlands einzuladen und den Franzosen eine eigene Besatzungszone einzuräumen. Die französische Besatzungszone sollte im Südwesten aus dem amerikanischen und dem britischen Okkupationsgebiet herausgeschnitten werden, die sowjetische Zone würde unverändert bleiben.

Nach dem militärischen Zusammenbruch im Juni 1940 war die nördliche Hälfte Frankreichs von deutschen Truppen okkupiert geblieben, im November 1942 wurde auch der Süden besetzt; während in Vichy die Regierung Petain von Hitlers Gnaden amtierte, organisierte General de Gaulle in England den Widerstand gegen die deutsche Besatzung und die Petain-Regierung. De Gaulle setzte sich gegen Rivalen in der eigenen Reihe schließlich durch und wurde 1943 Präsident des Comité Français de Liberation Nationale, aus dem 1944 die provisorische Regierung der befreiten Republik Frankreich hervorging. Wie ein Regierungschef hatte sich de Gaulle aber auch vorher betragen; nicht nur wegen der Rivalität zwischen ihm und General Giraud waren die Franzosen unbequeme Bundesgenossen im Lager der westlichen Alliierten. Den Anspruch, als Großmacht respektiert zu werden, hatten sie trotz Niederlage, Besetzung und faktischer Ohnmacht nie aufgegeben. Die Anerkennung der Regierung de Gaulle, die im August 1944 feierlich ins befreite Paris eingezogen war, durch die Alliierten und die Aufnahme eines französischen Vertreters in die EAC war eine freundliche Geste seitens der Alliierten, die für das Nachkriegsschicksal Deutschlands aber folgenreich wurde. In London gab es einen zusätzlichen Grund, Frankreich wieder zum Status einer großen Macht zu verhelfen: die Sorge vor einem sowjetischen Übergewicht in einem Europa, aus dem sich die Amerikaner vermutlich wieder zurückziehen würden.

Seit Herbst 1944 verfolgte General de Gaulle mit äußerster Energie das Ziel, die Großmachtstellung der französischen Nation wiederherzustellen, und zwar noch vor der endgültigen Niederlage des Deutschen Reiches. Um die Demütigung von fast vier Kriegsjahren unter deutscher Okkupation zu überwinden, wollte de Gaulle einen möglichst großen Anteil an der Eroberung und Besetzung deutschen Territoriums haben, ein Ziel, das die französischen Divisionen mit Hilfe amerikanischer Ausrüstung und britisch-amerikanischer Duldung, unter deren Oberbefehl sie kämpften, einigermaßen erreichten. Die politischen Absichten und Ziele der Franzosen gegenüber Deutschland kristallisierten sich in Forderungen, die bis Anfang 1946 ohne Konkretisierung der Einzelheiten und ohne konstruktive Detailplanung artikuliert wurden.

Die vier Hauptziele, die de Gaulle seit dem Sommer 1944 anderthalb Jahre lang propagierte, hießen: Das Deutsche Reich sollte föderalisiert, also in autonome Bestandteile zerlegt werden, das Rheinland sollte französischen Sicherheitsinteressen zuliebe ganz von Deutschland abgetrennt werden, das Ruhrgebiet sollte unter internationale Kontrolle kommen, das Saargebiet mit seinen Kohlegruben Frankreich an- oder eingegliedert werden. Mit der Sowjetunion gab es gewisse Berührungspunkte und gemeinsame Interessen. Wenn de Gaulle bei seinem Moskauaufenthalt im Dezember 1944 die Oder-Neiße-Linie als künftige deutsche Ostgrenze akzeptierte, so erhoffte er von Stalin die Anerkennung der Rheingrenze im Westen, und die internationale Ruhrkontrolle (unter sowjetischer Beteiligung) war für den Kreml ein ebenfalls erstrebenswertes Ziel[21].

Trotzdem hielt sich Stalin de Gaulle gegenüber bedeckt. Er telegrafierte Churchill, die Begegnung mit dem französischen General habe Gelegenheit für einen »freundschaftlichen Meinungsaustausch geboten. Im Verlauf des Gesprächs warf General de Gaulle, wie ich erwartet hatte, zwei große Themen auf – die französische Grenze am Rhein und den Abschluß eines französisch-sowjetischen Beistandspaktes nach dem Muster des englisch-sowjetischen Vertrages. Zu einer französischen Grenze am Rhein habe ich dem Sinne nach erklärt, daß die Angelegenheit nicht ohne Wissen und Zustimmung unserer Hauptver-

[21] Vgl. Raymond Poidevin, Die französische Deutschlandpolitik 1943–1949. In: Claus Scharf/Hans-Jürgen Schröder (Hrsg.), Die Deutschlandpolitik Frankreichs und die Französische Zone 1945–1949. Wiesbaden 1983, S. 15–25.

bündeten entschieden werden kann, deren Streitkräfte auf französischem Boden einen Befreiungskampf gegen die Deutschen führen. Ich habe die Schwierigkeit des Problems nachdrücklich betont.« Und Churchill antwortete zwei Tage später in einer »dringenden, persönlichen und streng geheimen Botschaft« an Stalin, daß es gegen einen französisch-sowjetischen Beistandspakt natürlich keinerlei Einwände gebe. Gegen die übrigen Absichten de Gaulles hatte der britische Premier aber erhebliche Bedenken: »Die Frage einer Verlegung der französischen Ostgrenze an das linke Rheinufer beziehungsweise die Bildung einer rheinisch-westfälischen Provinz unter internationaler Kontrolle sollte, zusammen mit den anderen Lösungsmöglichkeiten, bis zu einer Regelung durch die Friedenskonferenz zurückgestellt werden.« Es gebe jedoch keinen Hinderungsgrund, beim Dreiertreffen auf der Krim das Problem einer Lösung näher zu bringen, auch wenn Frankreich auf Wunsch des amerikanischen Präsidenten an der Konferenz nicht teilnehme[22].

Die weitreichenden französischen Pläne erwiesen sich dann gerade deshalb zum großen Teil als illusionär, weil Frankreich im Konsortium der Großmächte allenfalls als Juniorpartner betrachtet wurde. Ebenso wie zum Gipfeltreffen in Jalta im Februar wurde de Gaulle dann auch nicht nach Potsdam im Juli 1945 eingeladen. Das Bewußtsein, nur als Größe zweiten Ranges betrachtet und behandelt zu werden, kränkte in Paris ungemein.

Die Aufteilungs- und Zerstückelungspläne veralteten in der Endphase des Krieges ziemlich rasch. Ein britischer Planungsstab war schon im Herbst 1944 zu dem Ergebnis gekommen, daß eine politische Zergliederung Deutschlands dessen Wirtschaftskraft so schwächen würde, daß mit ernsten Problemen zu rechnen sei, nämlich der Abhängigkeit der neuen Staatsgebilde von anderen Ländern, dem Absinken des Lebensstandards, wodurch die Unabhängigkeit der neuen Staaten in Gefahr geriete, der Reduzierung der deutschen Leistungsfähigkeit im Hinblick auf Reparationen. Zu den wichtigsten Argumenten der britischen Experten gehörte folgende Überlegung: »Eine Zerstückelung würde eine Verarmung Deutschlands zur Folge haben, die Erholung der ganzen Welt von den Kriegsschäden ver-

[22] Telegrammwechsel Stalin – Churchill vom 3. und 5. 12. 1944. In: Die Unheilige Allianz. Stalins Briefwechsel mit Churchill 1941–1945. Reinbek 1964, S. 337f.

langsamen und somit auf lange Sicht auch den britischen Wirtschaftsinteressen schaden.«[23]

Der britische Schatzkanzler Anderson hatte sich Anfang März 1945 mit ausgesprochener Skepsis gegenüber den Konferenzergebnissen von Jalta gegen Aufteilungstendenzen gewandt; auch er führte ökonomische Gründe an, als er in seinem Memorandum schrieb, nach seiner Auffassung könne Großbritannien entweder eine Reparations- oder eine Zerstückelungspolitik verfolgen, aber bestimmt nicht beides auf einmal. Er hatte sich für Reparationen entschieden: »Eine brauchbare Reparationspolitik muß Deutschland einige Aussicht auf ein Existenzminimum lassen und, solange Reparationsleistungen verlangt werden, auch Aussichten auf ein gewisses Maß an Exporten zum Ausgleich für die erforderlichen Importe. Nur wenn die deutsche Wirtschaft insgesamt zu Reparationsleistungen herangezogen wird, ist eine Reparationen größeren Umfangs vorsehende Politik, die diese Bedingungen erfüllt, möglich.«[24]

Die Absicht, Deutschland zu zergliedern, wie sie auf der Teheraner Gipfelkonferenz der Anti-Hitler-Koalition propagiert und auf der Krimkonferenz scheinbar bekräftigt und durch die Einsetzung der entsprechenden Kommission institutionalisiert worden war, wurde tatsächlich schon im Frühjahr 1945, noch vor der Kapitulation des Dritten Reiches, begraben bzw. zur bloßen Drohung herabstilisiert. Wollte Stalin die deutsche Kuh, von der so viel Milch erwartet wurde, nicht schlachten, so wollten sich die ökonomisch denkenden Politiker in Washington und London doch auch nicht ins eigene Fleisch schneiden: Eine kontrollierte deutsche Industrie würde bei gleichzeitiger Entwaffnung und Entmilitarisierung Deutschlands sowohl Sicherheit garantieren als auch den britischen Wirtschaftsinteressen entsprechen. Davon versuchte der britische Außenminister Eden die Nur-Revanchepolitiker zu überzeugen; eine Handvoll deutscher Kleinstaaten würde ökonomisch für die Sieger des Weltkrieges ein Ballast und politisch eine Irredenta sein, beides zusammen würde für die erhoffte neue Ordnung Europas eine schwer erträgliche Hypothek bilden.

[23] Deutscher Auszug aus dem Memorandum des Economic and Industrial Planning Staff, 2. 9. 1944, bei Jacobsen, Weg zur Teilung der Welt, S. 395f.

[24] Reparationen und Politische Zerstückelung Deutschlands. Memorandum des britischen Schatzkanzlers, 7. 3. 1945. Ebd., S. 404–407.

2. Der Zusammenbruch des NS-Staates und die bedingungslose Kapitulation

Die amerikanischen, britischen und sowjetischen Generalstäbler waren sich in Jalta einig, daß die Niederlage Deutschlands frühestens um den 1. Juli, spätestens Ende des Jahres 1945 Tatsache sein würde[1]. Die Annahmen beruhten auf britischen Beratungen, die im Januar 1945 das militärische Ende des Deutschen Reichs im günstigsten, jedoch als unwahrscheinlich angesehenen Fall für Mitte April, im »einigermaßen günstigen Fall« Ende Juni und im »ungünstigen Fall«, wenn nämlich der russische Vormarsch vor Oberschlesien zum Stillstand käme und im Westen die alliierte Frühjahrsoffensive (u.a. wegen der angenommenen qualitativen Überlegenheit deutscher Panzer und Düsenflugzeuge) steckenbleibe, Anfang November 1945[2]. Die Amerikaner waren jedoch noch vorsichtiger als die Briten und vermuteten das Kriegsende rein rechnerisch am 31. Dezember 1945.

Der deutsche Zusammenbruch war freilich, als die Alliierten dies planten und rechneten, schon weit fortgeschritten. Den »totalen Krieg« zu führen, den Hitlers Propagandaminister Goebbels im Februar 1943 ausgerufen hatte, waren die Alliierten je länger desto mehr in der Lage als Deutschland, das im September 1944 alle »waffenfähigen Männer« kaum ausgebildet und kläglich ausgerüstet zum »Volkssturm«, zum letzten Aufgebot, rufen mußte. »Totaler Krieg« wurde seit 1942 von der britischen und der amerikanischen Luftwaffe gegen deutsche Städte geführt. Sie teilten sich die Arbeit, das Bomber-Command der Royal Air Force kam nachts, die United States Army Air Forces flogen ihre Bombenlast am Tage. Insgesamt waren es 1,35 Millionen Tonnen Bomben, die über dem Reichsgebiet abgeworfen wurden, der größere Teil davon auf Städte. Die Flächenbombardements gegen deutsche Städte waren militärisch ebenso sinnlos, wie es die Angriffe der deutschen Luftwaffe gegen London im Jahre 1940 waren. Sie waren ebenso sinnlos wie der Einsatz der deutschen V-Waffen gegen London oder Antwerpen, aber sie hatten unvergleichbare Ergebnisse. Noch in den letzten Wochen des Krieges sanken Städte in Schutt und

[1] Vgl. Protokoll der Sitzung der vereinigten Stabschefs in Jalta, 5. 2. 1945. In: Malta und Jalta, S. 568.

[2] Memorandum der britischen Stabschefs, 30. 1. 1945. Ebd., S. 446–448.

Asche, Hunderttausende kamen im Inferno um, Hunderttausende wurden obdachlos. Am 3. Februar 1945 forderte ein amerikanischer Luftangriff auf Berlin 22000 Todesopfer, am 13./14. Februar wurde Dresden vernichtet (35000 Tote), am 16. März ging Würzburg in einem Großangriff zu über 85 Prozent zugrunde (etwa 4000 Tote). Mitte April wurde Potsdam zerstört (5000 Tote). Die erstrebte Wirkung, durch die Zerstörung der Moral und des Durchhaltewillens den Krieg zu verkürzen, stellte sich aber nicht ein und konnte auch kaum erzielt werden, weil die psychische Verfassung der Zivilisten in Dresden und Würzburg, Hildesheim, Stuttgart, Heilbronn und den anderen zerbombten Städten bei den Anstrengungen des NS-Regimes in letzter Stunde keine Rolle spielte.

In seiner letzten Rundfunkrede an das deutsche Volk, am 30. Januar 1945, erklärte Hitler, »das grauenhafte Schicksal«, das sich im Osten abspiele, werde »mit äußersten Anstrengungen von uns am Ende trotz aller Rückschläge und harten Prüfungen abgewehrt und gemeistert werden«[3]. Drei Wochen später, am 24. Februar 1945, ließ Hitler in München eine Proklamation verlesen, die er aus Anlaß des 25. Gründungsjubiläums der NSDAP verfaßt hatte und die mit der Prophezeiung, daß das Deutsche Reich am Ende doch siegen werde, schloß: »Unser Volk hat im Laufe seiner nunmehr zweitausendjährigen Geschichte so viele furchtbare Zeiten überstanden, daß wir keinen Zweifel darüber haben dürfen, daß wir auch der jetzigen Not Herr werden! Wenn die Heimat weiterhin ihre Pflicht so wie jetzt erfüllt, ja sich in ihrem Willen, das Höchste zu leisten, noch steigert, wenn der Frontsoldat an der tapferen Heimat sich ein Beispiel nimmt und sein ganzes Leben einsetzt für diese seine Heimat, dann wird eine ganze Welt an uns zerschellen!«[4] Bis zuletzt predigte auch Goebbels die Illusion des Durchhaltens und beschwor die Hoffnung auf kriegsentscheidende Wunder.

So wurde Roosevelts Tod am 12. April 1945 in die schiefe Parallele zu des großen Preußenkönigs Friedrich II. Schicksalswende im Siebenjährigen Krieg nach dem Tode der Zarin Elisabeth im Januar 1762 gerückt, als Hitlers Propagandaminister Goebbels frohlockte, das Haupt der feindlichen Verschwörung

[3] Hitlers Rundfunkansprache vom 30. 1. 1945. In: Max Domarus (Hrsg.), Hitler. Reden und Proklamationen 1932–1945. Bd. 2, Würzburg 1963, S. 2195 f.

[4] Text ebd., S. 2205.

sei vom Schicksal zerschmettert worden, und zwar vom gleichen Schicksal, das Hitler beim Attentat der Offiziere am 20. Juli 1944 beschützt habe. Das war am 19. April gewesen, am Vorabend von Hitlers 56. Geburtstag. Es war nicht nur die letzte der alljährlichen Feierstunden zum Führergeburtstag, sondern Goebbels' letzte öffentliche Rede überhaupt. Der Preußenkönig spielte eine große Rolle in der nationalsozialistischen Propaganda, sein Beispiel hatte Goebbels dem deutschen Volk auch bei der Rundfunkansprache am 28. Februar 1945 vor Augen gehalten, im Rahmen eines ebenso offiziellen wie grotesken Überblicks über die Kriegslage: »Ein Friedrich II. mußte *sieben* lange, bittere Jahre um sein und seines Staates nacktes Leben kämpfen, manchmal unter den aussichtslosesten Bedingungen. Und *wie* oft hat er in bitterem, verletztem Stolz gegen das Schicksal gehadert, das ihn aber doch nur schlug und peinigte, um ihn am Ende zu den ganz Großen in der Geschichte zu erheben und aus dem kleinen, armen und verfolgten Preußen die Keimzelle des neuen deutschen Reiches zu machen, das heute – auf jenes einzigen Königs heroischer Leistung fußend – um die geistige Führung unseres Kontinents kämpft.«[5]

Der Durchhaltepropaganda half das Regime durch drakonische Maßnahmen und Befehle nach. Am 15. Februar wurden so in »feindbedrohten Reichsteilen« Standgerichte eingeführt, die den Kampfwillen der Bevölkerung durch Todesurteile stählen sollten. Diese Mechanismen funktionierten bis in die letzten Tage des Krieges, und als letzter Propagandatrick wurde im April 1945 die Fama einer nationalsozialistischen Partisanenorganisation verbreitet. Diese »Werwölfe« haben tatsächlich gar nicht existiert, wenn man von ganz vereinzelten Aktionen fanatisierter und verzweifelter Nazis absieht. Die psychologische Wirkung der realiter nicht vorhandenen Werwölfe auf die alliierten Truppen war aber beträchtlich, und es dauerte noch lange über die Kapitulation hinaus, bis auch die Besatzungssoldaten glaubten, daß keine Nationalsozialisten mehr in ihrem Rücken lauerten.

Aber stärker als die verzweifelten Durchhaltebefehle und Propagandagesten des untergehenden Hitlerregimes wirkten die Taten, die im Namen des Nationalsozialismus verübt wurden, die mit »Kriegführung« nicht das geringste zu tun hatten,

[5] Helmut Heiber (Hrsg.), Goebbels-Reden. Bd. 2: 1939–1945. Düsseldorf 1972, S. 436.

und deren Spuren den alliierten Soldaten zu Augenschein kamen. Bei der Einnahme Straßburgs am 23. November 1944 fielen den Alliierten in der »Reichsuniversität«, im Institut des Anatomieprofessors August Hirt, Leichenteile und Reste einer dubiosen Skelett- und Schädelsammlung in die Hände. Es war die Hinterlassenschaft eines der grauenhaften Projekte, die pervertierte Wissenschaftler unter der Ägide der SS betrieben hatten. In Straßburg waren Häftlinge aus Konzentrationslagern planmäßig ermordet worden, weil man ihre Skelette zu anatomischen und höchst zweifelhaften rasseanthropologischen Studien verwenden wollte[6].

Die Wirkung der Entdeckung von Straßburg in der Öffentlichkeit der alliierten Staaten war enorm. Im Juli 1944 hatte die Rote Armee in Polen bei der Befreiung des Vernichtungslagers Lublin-Majdanek erstmals die Überreste einer nationalsozialistischen Vernichtungsmaschinerie entdeckt. Obwohl die SS in Majdanek die Spuren ihres organisierten Mordens zu verwischen versucht hatte und obwohl dort nicht mehr viele Häftlinge zurückgeblieben waren, wurden hier und dann immer weitere schreckliche Geheimnisse des NS-Regimes vor aller Welt offenbar. In Auschwitz fanden die Soldaten der Roten Armee am frühen Nachmittag des 27. Januar 1945 noch etwa 8000 Häftlinge vor. Einen großen Teil der Lagerakten hatte die SS verbrannt, die Krematorien im Vernichtungslager Birkenau (Auschwitz II) waren gesprengt, Zehntausende von Häftlingen waren unter entsetzlichen Umständen ins Reichsinnere evakuiert worden.

Im Laufe der folgenden drei Monate, während die NS-Herrschaft zusammenbrach und ihr immer kleiner werdendes Territorium von alliierten Truppen erobert wurde, wiederholte sich das Entsetzen der Eroberer, bis die letzten Konzentrationslager befreit waren: Am 11. April kamen die Amerikaner nach Buchenwald bei Weimar, vier Tage später befreiten die Engländer Bergen-Belsen. Sie fanden Zustände vor, die sich der Beschreibung entziehen, für rund 14000 Menschen kam jede Hilfe zu spät, sie starben noch in den Wochen nach ihrer Befreiung an

[6] Vgl. Alexander Mitscherlich/Fred Mielke, Wissenschaft ohne Menschlichkeit. Medizinische und eugenische Irrwege unter Diktatur, Bürokratie und Krieg. Heidelberg 1949, S. 165ff.; Michael H. Kater, Das »Ahnenerbe« der SS 1935–1945. Ein Beitrag zur Kulturpolitik des Dritten Reiches. Stuttgart 1974, S. 245ff.

Entkräftung, Fleckfieber, Hunger. In Dachau, dessen 33000 Häftlinge am 29. April von der US-Army befreit wurden, bot sich den Amerikanern der Anblick eines Güterzugs mit Tausenden von Leichen Ende eines Evakuierungstransports aus Buchenwald.

Solche und ähnliche Spuren nationalsozialistischer Herrschaft machten auf der alliierten Seite einen Eindruck, den sich die meisten Deutschen – zumal die Unschuldigen – kaum vorstellen konnten. Schon in Jalta, als das Ausmaß der nationalsozialistischen Verbrechen noch nicht voll überschaubar war, zeigte sich Roosevelt am 4. Februar im Gespräch mit Stalin von dem wenigen, was er als Folgen deutschen Besatzungsregimes auf der Krim persönlich gesehen hatte, stark berührt. Der Diplomat Charles Bohlen, der dolmetschte, hat protokolliert: »Der Präsident stellte fest, daß er über das Ausmaß der von den Deutschen auf der Krim angerichteten Zerstörung sehr beeindruckt sei und daß er aus diesem Grunde jetzt den Deutschen gegenüber viel blutdürstiger sei als noch vor einem Jahr ... Marschall Stalin entgegnete darauf, daß gerade wegen des vielen ehrlichen Blutvergießens in der Bekämpfung der Deutschen nunmehr jedermann noch blutdürstiger sei, als dies vor einem Jahr der Fall war. Er fügte noch hinzu, daß die auf der Krim angerichtete Zerstörung gering sei im Vergleich mit der Zerstörung, die in der Ukraine angerichtet worden sei ... Die Deutschen seien eben Wilde und verfolgten anscheinend die schöpferische Arbeit der Menschen mit einem sadistischen Haß.«[7] Wenn die Sieger das Bedürfnis zu strafen und den Wunsch, die Deutschen zu erziehen, hatten, so waren ihnen dafür auch Gründe geliefert worden.

Im Herbst 1944, fünf Jahre nach dem Beginn des Krieges, standen gegnerische Armeen im Osten und im Westen an den alten Grenzen des Deutschen Reiches. Am 21. Oktober wurde die erste deutsche Großstadt besetzt: die Amerikaner hatten Aachen eingenommen. Die Ardennen-Offensive, Mitte Dezember 1944 gestartet, brachte für ein paar Tage der deutschen Wehrmacht den letzten Überraschungserfolg. Aber der Terraingewinn war nicht zu halten, und wenig später wurden auch die letzten Kräfte und Reserven der deutschen Luftwaffe in

[7] Bohlen-Protokoll der Sitzung Roosevelt – Stalin, 4. 2. 1945. In: Malta und Jalta, S. 534f.

einem verlustreichen Angriff auf alliierte Flugplätze in den Niederlanden, in Belgien und Nordfrankreich am Neujahrstag 1945 verbraucht.

Die Aufgabe der deutschen Kriegsmarine besteht jetzt nur noch darin, Flüchtlinge aus der Danziger Bucht und aus Pommern über die Ostsee westwärts zu transportieren. Deutsche Divisionen stehen noch – bis zum Ende – in Dänemark und Norwegen, in Norditalien, in Jugoslawien und der Tschechoslowakei, auf den englischen Kanalinseln, in ein paar »Festungen« in Holland und Frankreich. Die Großoffensive der Roten Armee, die am 12. Januar 1945 beginnt, zeigt rasch die tatsächlichen Kräfteverhältnisse und wird zum Anfang des endgültigen militärischen Zerfalls. Ende Januar überschreiten die sowjetischen Verbände die Oder, Ostpreußen ist vom Deutschen Reich abgeschnitten, das oberschlesische Industrierevier geht verloren, Mitte Februar ist Breslau eingeschlossen, wenig später beginnt auch im Westen die letzte große Offensive der Alliierten. Anfang März ist das ganze linke Rheinufer von Emmerich bis Koblenz in der Hand britischer, kanadischer, amerikanischer Verbände. Am 7. März fällt den Amerikanern in Remagen die unzerstörte Rheinbrücke in die Hand, ihre Sprengung durch deutsche Pioniere, wie von Hitler für alle Rheinbrücken angeordnet, mißlingt. Die Amerikaner – selbst überrascht über den so schnell nicht eingeplanten Erfolg – bauen den ersten Brückenkopf auf dem rechten Ufer des Rheins.

In der letzten Märzwoche beginnt im Westen der Vorstoß über den Rhein, während sich im Osten die Rote Armee zum Übergang über die Oder rüstet. Jetzt ist das Innere des Reiches bedroht, die Hauptstadt Berlin, wo sich Hitler im Bunker seiner Reichskanzlei verkrochen hat, gerät in den Bereich der sowjetischen Artillerie. Die Lage ist aussichtslos, aber die deutsche Kriegsmaschinerie läuft weiter. Hitler ernennt und entläßt Generäle, verleiht Orden und Auszeichnungen, empfängt (am 20. März) »kampfbewährte« Hitlerjungen, mit denen er sich filmen läßt, er befiehlt und phantasiert, von hysterischen Anfällen und Depressionen unterbrochen, den Endsieg. Merkwürdigerweise gelingt es ihm immer noch, andere, wenn nicht zu überzeugen, so doch mitzureißen. Sogar Männer wie der Generaloberst Ritter von Greim, der am 26. April unter abenteuerlichen Umständen ins eingeschlossene Berlin geflogen war, glaubten nach Unterredungen mit Hitler wieder an die vielbeschworene Vorsehung und den letztlichen Sieg, der in der Reichshauptstadt erkämpft werden sollte[8].

Ende März war, aus kaum ausgebildeten und kaum ausgerüsteten 17- bis 19jährigen noch eine neue deutsche Armee aufgestellt worden, die zunächst den Ruhrkessel – 21 deutsche Divisionen, die im Ruhrgebiet eingeschlossen waren – befreien sollte. Das war nicht mehr notwendig, denn nach der Aufspaltung des Kessels in zwei Teile kapitulierten die deutschen Truppen schrittweise bis zum 18. April. Die Alliierten machten 325000 Gefangene, darunter 30 Generäle.

Die Bedrohung des Ruhrgebiets hatte Hitler am 19. März zu seinem berüchtigten Nero-Befehl veranlaßt. »Der Kampf um die Existenz unseres Volkes« zwinge zur Zerstörung aller »militärischen, Verkehrs-, Nachrichten-, Industrie- und Versorgungsanlagen sowie Sachwerte innerhalb des Reichsgebietes«, die dem Gegner zur Kriegführung nützlich sein könnten. Im Klartext hieß das, die deutschen Truppen sollten beim Rückzug ins Innere des Reichs ohne Rücksicht auf irgendwelche Verluste eine Wüste, verbrannte Erde hinterlassen. Einer der treuesten Paladine Hitlers, sein Architekt und Rüstungsminister Albert Speer, war klug genug, wenigstens jetzt die Zeichen der Zeit zu beachten. Er versuchte, mäßigend auf den Diktator einzuwirken, und er tat das in seiner Macht Stehende, um die Ausführung des Nero-Befehls zu behindern oder abzumildern, wodurch, wie er vor dem Nürnberger Tribunal und später immer wieder betonte, Industrie- und Verkehrsanlagen und andere Werte dem deutschen Volke für die Nachkriegszeit gerettet wurden. Dem Bilde Speers in den Augen der Nachwelt hat die späte Erkenntnis viel genützt.

Speer war es auch, der Hitlers Gedankengänge, die der Politik der verbrannten Erde im eigenen Land zugrunde lagen, überlieferte. Am 18. März hatte Speer eine Denkschrift, die Hitler nie las, überreicht, in der er dafür plädierte, angesichts des verlorenen Kriegs die künftige Lebensbasis des deutschen Volkes – Vorräte, Versorgungseinrichtungen und andere Güter – nicht zu vernichten. Hitler entgegnete, wenn der Krieg verlorengehe, sei auch das deutsche Volk verloren. Es sei nicht notwendig, »auf die Grundlagen, die das deutsche Volk zu seinem primitiv-

[8] Hugh R. Trevor-Roper, Hitlers letzte Tage. Zürich 1948, S. 142f.; vgl. Marschall Wassilij Tschuikow, Das Ende des Dritten Reiches. München 1966, S. 154ff.

sten Weiterleben braucht, Rücksicht zu nehmen. Im Gegenteil ist es besser, selbst diese Dinge zu zerstören. Denn das Volk hat sich als das schwächere erwiesen, und dem stärkeren Ostvolk gehört ausschließlich die Zukunft. Was nach diesem Kampf übrigbleibt, sind ohnehin nur die Minderwertigen, denn die Guten sind gefallen.«[9] Solch sozialdarwinistischer Zynismus lag in der Konsequenz der nationalsozialistischen Ideologie, bizarr war daran lediglich die geänderte Stoßrichtung gegen das eigene Volk.

Die militärischen Erfolge der Anti-Hitler-Koalition waren von politischer Zurückhaltung im Umgang miteinander begleitet; das in Jalta bekundete Einvernehmen war auf westlicher Seite von zunehmendem Mißtrauen gegenüber den sowjetischen Absichten, zumal in der Polenfrage, getrübt. Das zeigte sich Ende März bei den Operationsplänen General Eisenhowers, des Oberbefehlshabers der westalliierten Verbände. Nach der Einkesselung des Ruhrgebiets wollte Eisenhower zunächst durch Mitteldeutschland zur Elbe vorstoßen, dort die Rote Armee treffen und Deutschland in zwei Teile spalten. Anschließend sollten die Briten unter Montgomery nordwärts auf Hamburg und Lübeck vordringen, um den deutschen Verbänden in Dänemark und Norwegen den Rückzug abzuschneiden, während eine dritte Armeegruppe südostwärts marschieren sollte, um im oberösterreichischen Donautal die sowjetische Armee zu treffen und die von den Nazis als »Alpenfestung« gedachten letzten Bastionen im süddeutschen Raum zu besetzen. Diesen Operationsplan hatte Eisenhower in Unkenntnis der atmosphärischen Trübungen zwischen Washington/London und Moskau auch Stalin (als dem Oberbefehlshaber der Roten Armee) mitgeteilt – zum Ärger Churchills, wie sich bald herausstellte. Der britische Premier beschwerte sich bei Roosevelt, Eisenhower habe seine Kompetenzen überschritten, denn in der Schlußphase des Krieges komme den militärischen Operationen auch erhebliche politische Bedeutung zu. Churchill wollte der Roten Armee die Eroberung Berlins nicht allein überlassen und plädierte deshalb für den unverzüglichen Vormarsch der Armeegruppe Montgomery auf Berlin und nach Norddeutschland. Das sollte auch den Nebeneffekt haben, die Ostseehäfen zu gewinnen.

Politisch kam es Churchill jetzt aber vor allem darauf an, daß

[9] Albert Speer, Erinnerungen. Berlin 1969, S. 446.

die westlichen Alliierten möglichst viel deutsches Territorium besetzten – genau dieses Ziel hatten die sowjetischen Verbündeten aber auch. Der amerikanische Oberbefehlshaber fand für seine Pläne den Beifall Stalins, und gegen die Kritik der Politiker in London und Washington setzten sich Eisenhower und seine Stabschefs durch, weil ihr Plan den schnelleren Sieg vorsah und ebenso die Verhinderung der (zu Unrecht gefürchteten) »Alpenfestung« als schwer einnehmbarer letzter Rückzugsposition der Nationalsozialisten im Süden des Reichs.

Am 11. April erreichten die Westalliierten die Elbe, zwei Tage später eroberte die Rote Armee Wien. Am 18. und 19. April nahmen die Amerikaner Magdeburg und Leipzig, an Hitlers Geburtstag, am 20. April, fiel Nürnberg, die »Stadt der Reichsparteitage«, nach heftigem Straßenkampf, der von NSDAP-Funktionären organisiert worden war. Am 22. April marschierten die Franzosen in Stuttgart ein. Am 16. April hatte der sowjetische Vormarsch auf die Reichshauptstadt begonnen; bereits fünf Tage später schlugen die ersten Granaten der sowjetischen Artillerie im Stadtzentrum ein, am 25. April war Berlin eingeschlossen. An diesem 25. April reichten in Torgau an der Elbe Soldaten der 69. US-Infanteriedivision den Waffenbrüdern von der 58. sowjetischen Gardedivision die Hände (vormittags, als sie aufeinandertrafen mit inoffizieller Herzlichkeit, nachmittags, als die Szene für die Fotografen und Wochenschauen wiederholt wurde, mit offiziellem Jubel).

Mit dem Zusammentreffen in Torgau war das Gebiet des Deutschen Reiches in zwei Teile – die Militärs sprachen vom »Nordraum« und vom »Südraum« – getrennt. Torgau war ein historischer Ort, hier hatte Friedrich der Große 185 Jahre zuvor einen großen Sieg über die Österreicher errungen, der eine der Stationen Preußens auf dem Weg zur europäischen Großmacht gebildet hatte. Der 25. April wurde noch in anderer Beziehung zum historischen Datum; an diesem Tag fand in San Francisco die Gründung der Vereinten Nationen statt: Zur Verwirklichung von Präsident Roosevelts Lieblingsidee hatten sich Delegierte von 50 Staaten versammelt, um den Grundstein zu der Organisation zu legen, die künftig eine Welt ohne Krieg garantieren sollte.

Während der militärische Zusammenbruch an allen Fronten im Gange war, wobei der Sinn der Operationen im Osten nur noch darin bestand, möglichst vielen der Millionen Menschen, die vor der Roten Armee auf der Flucht waren, den Weg in den

Westen offenzuhalten, vollzog sich der politische Zusammenbruch des Dritten Reiches in den Formen des Satyrspiels.

Am 15. April, als sich die Querteilung des Reichsgebiets durch den alliierten Vormarsch abzeichnete, diktierte Hitler einen Führerbefehl, der »für den Fall einer Unterbrechung der Landverbindung in Mitteldeutschland« den Großadmiral Dönitz als Oberbefehlshaber im Nordraum und Generalfeldmarschall Kesselring als Oberbefehlshaber für den Südraum einsetzte; gleichzeitig erließ er eine Proklamation an die »Soldaten der deutschen Ostfront«, also vor allem an die Verteidiger Berlins, in der im gewohnten Stil vom letzten Ansturm des »jüdisch-bolschewistischen Todfeinds«, der in einem Blutbad erstickt werde, die Rede war und prophezeit wurde, daß »im Augenblick, in dem das Schicksal den größten Kriegsverbrecher aller Zeiten von der Erde genommen« habe, sich die Wende dieses Krieges entscheiden werde[10].

Daß auch seine treuesten Paladine nicht mehr daran glaubten, zeigte sich bald. Hermann Göring, der sich auf dem Obersalzberg bei Berchtesgaden befand, telegrafierte am 23. April nach Berlin, ob er jetzt die Nachfolge Hitlers antreten dürfe, wie es in einem geheimen Erlaß vom Juni 1941 vorgesehen war. Hitler tobte schrecklich und gab den Befehl, Reichsmarschall Göring, bis dahin zweiter Mann im Dritten Reich, verhaften zu lassen. Am Nachmittag des 28. April war im britischen Rundfunk zu hören, daß Heinrich Himmler, als Herr über die SS und die Polizei, Reichsminister des Innern und Befehlshaber des Ersatzheeres wohl der mächtigste Mann nach Hitler, mit dem Grafen Bernadotte, dem Vizepräsidenten des Schwedischen Roten Kreuzes, verhandelt habe. In Lübeck hatte Himmler den Grafen gebeten, ein Kapitulationsangebot an die Westmächte zu überbringen[11]. Himmler hatte sich mit der Behauptung, Hitler sei krank oder möglicherweise schon tot, zu seinen Kapitulationsverhandlungen zu legitimieren versucht. Ebenso wie der Reichsmarschall wurde der Reichsführer SS daher im politischen Testament, das Hitler in den Morgenstunden des 29. April 1945 diktierte, feierlich aus der NSDAP ausgestoßen und aller Staatsämter entkleidet: »Göring und Himmler haben durch geheime Verhandlungen mit dem Feinde, die sie ohne mein Wissen und gegen meinen Willen abhielten, sowie durch

[10] Text in: Domarus, Hitler, Bd. 2, S. 2223.
[11] Vgl. Walter Schellenberg, Memoiren. Köln 1956, S. 359ff.

den Versuch, entgegen dem Gesetz die Macht im Staate an sich zu reißen, dem Lande und dem gesamten Volk unabsehbaren Schaden zugefügt, gänzlich abgesehen von der Treulosigkeit gegenüber meiner Person. Um dem deutschen Volk eine aus ehrenhaften Männern zusammengesetzte Regierung zu geben, die die Verpflichtung erfüllt, den Krieg mit allen Mitteln weiter fortzusetzen, ernenne ich als Führer der Nation folgende Mitglieder des neuen Kabinetts.«[12] Es folgten die Namen derer, die Hitler seiner Nachfolge für würdig hielt: Großadmiral Dönitz sollte Reichspräsident, Kriegsminister und Oberbefehlshaber der Marine sein, Goebbels Reichskanzler werden und Getreue wie Bormann, die Gauleiter Seyß-Inquart, Giesler, Hanke sollten ebenso wie die Fachleute Schwerin-Krosigk (Finanzen), Thierack (Justiz) in der Nachfolgeregierung bleiben.

Das Testament trat in Kraft, als sich am Nachmittag des 30. April 1945 Hitler im Bunker der Reichskanzlei erschoß. Am Abend des gleichen Tages beging auch der designierte Reichskanzler Goebbels Selbstmord. Die anderen Insassen des Hitlerbunkers, unter ihnen Martin Bormann, suchten das Heil nach ihres »Führers« Tod in der Flucht irgendwohin durch die russischen Linien. Am äußersten Ende des Nordraums, zuerst im Marinehauptquartier, das aus Baracken am Plöner See bestand, aber gute Nachrichtenverbindungen hatte, dann, ab 2. Mai, in Flensburg, amtierte nun der Chef der deutschen Kriegsmarine als Nachfolger Hitlers. Dönitz war durch Funkspruch von seiner neuen Würde verständigt worden und hatte als erste Tat, da der Tod Hitlers nicht gleichzeitig gemeldet wurde, ein Ergebenheitstelegramm an seinen Vorgänger geschickt: »Mein Führer! Meine Treue zu Ihnen wird unabdingbar sein. Ich werde daher weiter alle Versuche unternehmen, um Sie in Berlin zu entsetzen. Wenn das Schicksal mich dennoch zwingt, als der von Ihnen bestimmte Nachfolger das Deutsche Reich zu führen, so werde ich diesen Krieg so zu Ende führen, wie es der einmalige Heldenkampf des deutschen Volkes verlangt.«[13]

Wie ernst der Großadmiral diese Phrasen gemeint hatte, bleibt unerheblich, tatsächlich blieb ihm und seiner »Reichsregierung« gar nichts anderes zu tun übrig, als die deutsche Kapi-

[12] Hitlers politisches Testament, 29. 4. 1945. In: Die Niederlage 1945. Aus dem Kriegstagebuch des Oberkommandos der Wehrmacht. Hrsg. von Percy Ernst Schramm, München 1962, S. 413–417.

[13] Telegramm Dönitz an Führerhauptquartier, 1. 5. 1945. Ebd., S. 419.

tulation zu vollziehen. Aber die Zeit der Illusionen war noch nicht vorbei. In etlichen Köpfen spukte die fixe Idee einer Kapitulation nur gegenüber dem Westen, der dann den Schutz der Deutschen vor der Sowjetunion übernehmen oder gar gemeinsam mit den Resten der deutschen Armeen gleich weiter gen Osten marschieren würde, um den Bolschewismus auszurotten. Das waren törichte Rettungsphantasien, an die sich im Frühjahr 1945 aber, je aussichtsloser die Situation wurde, diejenigen desto hartnäckiger klammerten, deren Spiel ausgespielt war. Der merkwürdigste Protagonist der Idee einer einseitigen Kapitulation war Heinrich Himmler, der deshalb von Hitler noch verstoßen wurde, weil er in der Nacht vom 23. zum 24. April über den Grafen Bernadotte ein Friedensangebot an die Westmächte gerichtet hatte. Deren Reaktion war unmißverständlich. Churchill und der neue US-Präsident Truman unterrichteten Moskau unverzüglich; im Telegramm des britischen Premiers an Stalin stand zu lesen, daß nichts anderes als eine bedingungslose Kapitulation gegenüber den drei Großmächten gleichzeitig in Frage komme: »Nach unserer Meinung sollte Himmler mitgeteilt werden, daß sich die deutschen Streitkräfte, als einzelne Soldaten oder in Formationen, überall den alliierten Truppen oder den am Ort befindlichen alliierten Vertretern ergeben sollen. Solange dies nicht geschieht, wird der Angriff der Alliierten von allen Seiten und auf allen Kriegsschauplätzen, wo der Widerstand anhält, mit aller Macht fortgesetzt.«[14]

Auch Hitlers Außenminister Ribbentrop hatte Anfang 1945 Pläne für ein Zusammengehen mit den Westmächten geschmiedet, und Graf Schwerin von Krosigk, der politische Kopf der Regierung Dönitz, hoffte gleichzeitig auf das Auseinanderbrechen der Anti-Hitler-Koalition, auf eine Intervention des Papstes bei den Westmächten zugunsten Deutschlands und Polens sowie auf Verhandlungen mit dem Westen, die deutscherseits von Männern wie etwa Franz von Papen, dem Reichskanzler von 1932 und Steigbügelhalter Hitlers geführt werden sollten. Daß solche Leute für die Alliierten – ganz abgesehen von deren gegenseitiger Bündnistreue – ebensowenig als Gesprächspartner akzeptiert worden wären wie der Herr über die Konzentrationslager und die SS, Heinrich Himmler, dessen waren sich die Plänemacher auf deutscher Seite nicht bewußt. Auch Goebbels setzte im Frühjahr 1945 Hoffnungen auf das baldige

[14] Churchill an Stalin, 25. 4. 1945. In: Die unheilige Allianz, S. 395.

Ende des alliierten Bündnisses, bis dahin müsse Deutschland durchhalten, und was er als Propagandachef des Regimes dazu tun konnte, tat er bis zuletzt. Seine Haßkampagnen gegen die Sowjetunion und den Bolschewismus hatten Wirkung lange über seinen Tod und das Ende der NS-Ära hinaus. Goebbels predigte bis zuletzt den Gedanken des Kreuzzugs gegen Osten, bei dem jetzt der Westen als Partner gewonnen werden sollte. Mit Graf Schwerin von Krosigk war er sich einig, daß mit den Westmächten verhandelt werden müsse. Wenn London sich so abweisend verhalte, dann sei das vor allem die Schuld Ribbentrops, den sie gemeinsam herzlich verachteten[15].

Obwohl Dönitz den posthumen Befehl Hitlers, den Krieg bis zum Untergang an allen Fronten weiterzuführen, so nicht ausführen mochte, verstand er sich zunächst doch auch nicht nur als Konkursverwalter, der lediglich die Kapitulation vorbereiten und vollziehen sollte. Er fühlte sich durchaus als Führer der Nation und oberster Kriegsherr, als er am 1. Mai, einen Tag vor dem Fall Berlins, einen Tagesbefehl an die deutsche Wehrmacht erließ, der mit Worten hymnischer Verehrung für den »gefallenen« Hitler begann. »Getreu seiner großen Idee, die Völker Europas vor dem Bolschewismus zu bewahren«, habe er »den Heldentod« gefunden und sei als »einer der größten Helden deutscher Geschichte« dahingegangen. Seine Absichten beschrieb der neue Oberbefehlshaber dann als den Willen, »den Kampf gegen die Bolschewisten so lange fortzusetzen, bis die kämpfenden Truppen und bis die Hunderttausende von Familien des deutschen Ostraums vor der Versklavung und der Vernichtung gerettet sind«. Gegen Engländer und Amerikaner müsse er – Dönitz – »den Kampf so weit und so lange fortsetzen, wie sie mich in der Durchführung des Kampfes gegen die Bolschewisten hindern«. In diesem Stile ging es weiter bis zur Übertragung des Hitler geleisteten Treueeids auf den neuen Führer[16].

Dönitz, der als Chef der U-Boot-Flotte und (ab Januar 1943) Oberbefehlshaber der Kriegsmarine nicht zur engeren Umgebung Hitlers gehört hatte und nie politische Ambitionen erkennen ließ, also den durchschnittlichen Typ des hohen Militärs im

[15] Marlis G. Steinert, Die 23 Tage der Regierung Dönitz. Düsseldorf, Wien 1967, S. 22f.

[16] Walter Lüdde-Neurath, Regierung Dönitz. Die letzten Tage des Dritten Reiches. 5. Aufl. Leoni am Starnberger See 1981, S. 133.

NS-Staat verkörperte, verfolgte Anfang Mai 1945 das Ziel, durch Teilkapitulationen im Westen gegenüber den Amerikanern und Briten Zeit im Osten zu gewinnen, um möglichst vielen Menschen – zivilen Flüchtlingen wie Soldaten – die Flucht aus der Reichweite der Roten Armee zu ermöglichen. Beraten von Graf Schwerin von Krosigk und Albert Speer bildete Dönitz in den ersten Maitagen eine »geschäftsführende Reichsregierung«, deren Zusammensetzung von der Ministerliste, die Hitler hinterlassen hatte, deutlich abwich. Vermieden waren allzu exponierte Nazis, andererseits blieben Männer wie Seldte (Arbeit), Dorpmüller (Verkehr), Backe (Ernährung) im Amt, weil sie als tüchtige Fachleute nationalkonservativer Gesinnung galten, oder wie Speer (Wirtschaft) und Stuckart (Inneres) als Nationalsozialisten in letzter Minute patriotischen Reformeifer empfanden[17]. Mit dem Titel eines »Leitenden Ministers« war Graf Schwerin von Krosigk, der als Reichsfinanzminister seit 1932 schon den beiden Vorgängern Hitlers, Papen und Schleicher, gedient hatte und seither ununterbrochen im Amt war, de facto Regierungschef und Außenminister. Die alten und neuen Minister und Staatssekretäre sowie ihre Beamten und sonstiges Büropersonal, daneben die militärischen Spitzen des Rests vom Deutschen Reich amteten ab 3. Mai im Haus der Standortverwaltung der Marineschule in Flensburg-Mürwik, das als Regierungsgebäude diente und auch so bezeichnet wurde, obwohl es nichts mehr zu regieren gab.

Einige hatte man von der Teilnahme ausdrücklich ausgeschlossen, obwohl sie, wie andere Minister und Funktionäre Ende April aus Berlin nach Schleswig-Holstein entwichen, ihre Dienste zur Verfügung stellten oder sich Dönitz aufzudrängen versuchten. Der schwierigste Fall war Himmler, der sich für unentbehrlich hielt, den die Dönitz-Regierung aber ganz allmählich fallen ließ. Himmler, der ja bereits von Hitler verstoßen worden war, hatte Dönitz erst dazu bewegen wollen, ihn die Rolle des zweiten Mannes im Staat spielen zu lassen; zur Erleichterung von Dönitz und dessen Ratgebern hatte er sich immerhin mit dem politischen Testament Hitlers abgefunden und nicht gewaltsam mit Hilfe seiner SS die Führernachfolge erzwungen. Nach mehreren Zusammenkünften trennte sich Dönitz am Spätnachmittag des 6. Mai endgültig von Himmler. Im Dienst-Tagebuch wurde protokolliert: »Entlassung Reichs-

[17] Steinert, Die 23 Tage, S. 158f.

führer SS. Großadmiral verzichtet auf seine Dienste als Innenminister, Chef des Ersatzheeres und der Polizei und betrachtet hiermit sämtliche Bindungen zwischen ihm und der jetzigen Regierung als gelöst.«[18]

Mit der förmlichen Entlassung war eine Art Hausverbot verbunden, denn Himmler war bedeutet worden, daß er sich im Regierungsgebäude nicht mehr sehen lassen solle. Der kurz zuvor noch mächtigste Mann im Reich, dem als Chef der Waffen-SS auch eine eigene Armee von fast einer Million Soldaten unterstand – eine Armee, die neben der Wehrmacht existierte und von deren Oberkommando keine Weisungen empfing – irrte die folgenden Tage als Soldat verkleidet unter falschem Namen umher, geriet schließlich in britische Gefangenschaft und vergiftete sich, als seine Identität entdeckt wurde, am 23. Mai in Lüneburg.

Auf ähnlich klägliche Art wollten auch andere Würdenträger in der Zeit der Götterdämmerung das Weite suchen. Joachim von Ribbentrop verbarg sich unter falschem Namen in Hamburg, wo er erst am 14. Juni in einer Pension verhaftet wurde. Alfred Rosenberg, der einstige Chefideologe des Nationalsozialismus und Reichsminister für die besetzten Ostgebiete, lag in Mürwik im Kriegslazarett, weil er sich in Trunkenheit das Bein verstaucht hatte (Dönitz hatte auch ihm Hausverbot erteilt). Dort wurde er am 18. Mai von britischen Truppen gefangengenommen. Der ehemalige Reichsminister für Wissenschaft, Erziehung und Volksbildung, Bernhard Rust, lag in einem anderen Krankenhaus, wo er sich das Leben nahm.

In Flensburg befand sich, da Dönitz seit 1. Mai 1945 nicht nur Staatsoberhaupt, sondern auch Oberbefehlshaber der deutschen Streitkräfte war, auch das Oberkommando der Wehrmacht (OKW), mit ihm die ranghöchsten Offiziere, der Chef des OKW, Generalfeldmarschall Wilhelm Keitel, der Chef des Wehrmachtführungsstabes, Generaloberst Alfred Jodl, und der Chef der Kriegsmarine, Generaladmiral Hans-Georg von Friedeburg.

Im Laufe des 2. Mai gewann das Konzept von Dönitz Gestalt, die Gesamtkapitulation zu vermeiden und statt dessen Teilkapitulationen im Westen anzubieten. Der Rausch vom Führertum des 1. Mai war offenbar verflogen, der zweite Tag nach Hitlers Ende stand im Zeichen nüchterner Beurteilung der Situation

[18] Dönitz-Tagebuch, 6. 5. 1945. In: Die Niederlage 1945, S. 431 f.

und der verbleibenden Möglichkeiten. Militärisch sei die Lage hoffnungslos, konstatierten Dönitz und seine Berater, Hauptziel müsse es sein, »möglichst viel deutsche Menschen vor der Vernichtung durch den Bolschewismus zu retten«. Soweit die Angelsachsen dieses Ziel behinderten, müsse auch gegen sie weitergekämpft werden, alle militärischen und politischen Aktivitäten hätten der Erhaltung des deutschen »Volkstums« zu dienen: »Da hieran der Russe keinerlei Interesse hat, im Gegenteil seine Vernichtung anstrebt, ist dem Osten gegenüber Fortsetzung des Kampfes mit allen Mitteln erforderlich. Einstellung des Kampfes gegenüber den Angelsachsen jedoch erwünscht, um bei der Aussichtslosigkeit weitere Opfer durch Bombenterror und fortschreitende Kampfzonen zu ersparen.« Der Durchführung dieses Ziels stand allerdings, wie man in Flensburg bedauerte, die Forderung der Alliierten nach der bedingungslosen Gesamtkapitulation entgegen. Trotzdem beabsichtigte Dönitz eine Kapitulation nur vor dem Westen, und zwar, weil sie insgesamt politisch nicht möglich war, im Zuge von Teilkapitulationen einzelner Verbände[19].

Ohne Kontakt mit der Dönitz-Regierung, aber ganz im Sinne dieser Strategie war eine solche Teilkapitulation bereits erfolgt, nämlich die der deutschen Truppen in Italien, die am 29. April im alliierten Hauptquartier in Caserta unterzeichnet wurde und am 2. Mai in Kraft trat. Zwei Tage später folgte eine Kapitulation, die Generaladmiral von Friedeburg im Auftrag von Dönitz mit dem britischen Feldmarschall Montgomery aushandelte: Montgomery hatte, nach Rücksprache mit dem Oberkommandierenden im Westen, General Eisenhower, zugesagt, die Kapitulation der deutschen Truppen in Holland, Nordwestdeutschland (Friesland und Schleswig-Holstein) und Dänemark anzunehmen. Amerikaner und Briten betrachteten dies als »taktische Kapitulation« im Felde, die sie trotz der Absprachen mit der Sowjetunion annehmen konnten, das sowjetische Oberkommando wurde aber sogleich verständigt. Montgomery hatte sich jedoch strikt geweigert, die Kapitulation deutscher Verbände anzunehmen, die gegen die Rote Armee kämpften, und der britische General hatte auch Verhandlungen über die Lage der Zivilbevölkerung abgelehnt. (Friedeburg hatte die Situation der Flüchtlinge im angrenzenden Mecklenburg geschildert und für den Plan geworben, möglichst viele davon, und natürlich auch

[19] Ebd., S. 420f.

Soldaten, ins britisch-amerikanische Okkupationsgebiet entkommen zu lassen.) Die Strategie des Großadmirals Dönitz erwies sich als undurchführbar, und auch auf Zeitgewinn ließ sich kaum noch hoffen.

An diesem 4. Mai, an dem Friedeburg nach der Kapitulation vor Montgomery nach Reims ins Hauptquartier Eisenhowers flog, um über weitere Teilkapitulationen im Westen zu verhandeln, endeten auch die Kämpfe östlich der Elbe. Zwei deutsche Armeen, begleitet von zivilen Flüchtlingstrecks aus den deutschen Ostgebieten, drängten nach Westen. Das Überschreiten der Elbe wurde ihnen von den Amerikanern verwehrt. Die Annahme der Kapitulation dieser Truppen, die gegen die Rote Armee gekämpft hatten, wäre nämlich ein unfreundlicher Akt gegen den Bündnispartner gewesen. Tatsächlich hatte Stalin seinen Ärger über die Verhandlungen, die der deutschen Kapitulation in Italien vorangegangen waren, nicht verborgen und bei Roosevelt protestiert, weil er sie als einen Versuch der Nazis, die Anti-Hitler-Koalition zu stören, ansah[20].

General Eisenhower, zu dessen Hauptquartier in Reims der deutsche Unterhändler Friedeburg am 4. Mai unterwegs war, verständigte daher sofort das sowjetische Oberkommando, um weitere Verstimmungen zu vermeiden, und bat um die Anwesenheit von Vertretern der Roten Armee bei der bevorstehenden Zeremonie der Unterzeichnung der Kapitulationsurkunde. Eisenhower wollte die Deutschen vor der Unterschrift gar nicht sehen, Verhandlungen hatte der Oberbefehlshaber ausdrücklich ausgeschlossen; was mitzuteilen war, sollten sein Stabschef, General Bedell Smith, und der britische General Strong erledigen.

Als Friedeburg am späten Nachmittag des 5. Mai in Reims eintraf, wurde ihm eröffnet, daß nur die Gesamtkapitulation aller deutschen Streitkräfte an allen Fronten in Frage komme. Dazu war Friedeburg, der ja nur das Waffenstrecken im Westen einleiten sollte, aber nicht bevollmächtigt. Die Bedingungen Eisenhowers wurden daher auf Umwegen Dönitz übermittelt. Nur zwei Alternativen gab es: entweder den Befehl, auf allen Kriegsschauplätzen gleichzeitig und bedingungslos zu kapitulieren, oder Vertreter des Oberkommandos der Wehrmacht zu entsenden zur Unterzeichnung der bedingungslosen Gesamtkapitulation.

In Flensburg hielt man am Vormittag des 6. Mai diese

[20] Steinert, Die 23 Tage, S. 194.

Forderung noch für unannehmbar. Dönitz wollte, in falscher Einschätzung seiner Möglichkeiten, Eisenhower davon überzeugen, daß eine Gesamtkapitulation nicht möglich sei, weil er die deutschen Soldaten im Osten nicht den Russen ausliefern könne. Der Auftrag, dieses in Reims vorzutragen, fiel an den Generaloberst Jodl. Er flog in Begleitung von Montgomerys Stabschef ins Hauptquartier Eisenhowers, wo er am Abend des 6. Mai eintraf. Als Minimalziel sollte er, wenn die Gesamtkapitulation schon unvermeidlich war, wenigstens Zeit gewinnen. Mit der Unterzeichnung sollten die Kampfhandlungen aufhören, aber die deutschen Truppen noch zwei oder gar vier Tage lang Bewegungsfreiheit haben, um sich westwärts absetzen zu können. Aber Eisenhower blieb unerbittlich und ließ Jodl mitteilen, wenn er nicht unverzüglich kapituliere, würden die Verhandlungen abgebrochen, der Durchgang deutscher Flüchtlinge durch die anglo-amerikanischen Linien verhindert und der Bombenkrieg fortgesetzt. Eine halbe Stunde Bedenkzeit blieb Jodl, der nach Flensburg funkte, er sehe keinen Ausweg mehr als die Kapitulation oder das Chaos. Bei Dönitz, der am Abend die Nachricht empfing, wurde bis kurz nach Mitternacht konferiert. Der Standpunkt Eisenhowers sei eine absolute Erpressung, aber wenn Jodl, als heftigster Gegner der Gesamtkapitulation, keinen anderen Ausweg mehr sehe, gebe es wohl wirklich keine Chance mehr. Die Kapitulation sollte am 9. Mai 1945 um 0.00 Uhr in Kraft treten, das ließ als Strohhalm, an den man sich klammerte, noch etwa 48 Stunden Zeit für Absetzbewegungen deutscher Soldaten im Osten. Jodl erhielt also die notwendige Vollmacht[21].

In den frühen Morgenstunden des 7. Mai, um 2.41 Uhr, unterschrieb Jodl im Namen des deutschen Oberkommandos die Urkunde über die bedingungslose Kapitulation aller deutschen Streitkräfte gegenüber dem Obersten Befehlshaber der Alliierten Expeditionsstreitkräfte und gleichzeitig gegenüber dem Oberkommando der Sowjettruppen. Für die Gegenseite unterzeichneten der Amerikaner Smith und der Russe Susloparow sowie, als Zeuge, der Generalmajor der französischen Armee, Sevez. Um 23.01 MEZ am 8. Mai trat die Kapitulation an allen Fronten in Kraft.

In anderer Besetzung wurde die Zeremonie im sowjetischen

[21] Vgl. Dwight D. Eisenhower, Kreuzzug in Europa. Amsterdam 1948, S. 485f.; Harry C. Butcher, Drei Jahre mit Eisenhower. Bern 1946, S. 821ff.

Hauptquartier wiederholt, damit auch nicht der geringste Zweifel darüber bestehen konnte, daß die deutschen Waffen gegenüber dem Osten ebenso bedingungslos gestreckt wurden wie gegenüber dem Westen. Gegenwart und Unterschrift des Generals Susloparow in Reims hätten das zwar auch garantiert, aber auf sowjetischer Seite bestand ein gewisser Nachholbedarf aus politischen Gründen, außerdem würde das Kapitulationsritual, wenn es auf deutschem Boden im Hauptquartier des Generals Schukow in Berlin-Karlshorst wiederholt wurde, eine zusätzlich psychologische und moralische Wirkung haben, und schließlich sollte der Unterzeichnungsakt formeller als in Reims gestaltet werden. Entsprechend waren die diplomatischen Schwierigkeiten und Diskussionen unter den Alliierten. Stundenlang, bis nach Mitternacht des 8. Mai, wurde konferiert, wer auf alliierter Seite das Dokument unterschreiben würde. Regeln internationaler und militärischer Courtoisie waren dabei ebenso zu beachten wie Rangunterschiede und Prestigebedürfnisse. Auf deutscher Seite unterschrieben in Karlshorst Generalfeldmarschall Keitel sowie Friedeburg für die Marine und Hans-Jürgen Stumpff für die Luftwaffe.

Die Urkunden, die in Reims und in Karlshorst, im Text fast identisch, zur Unterschrift vorgelegt wurden, regelten in knappen Sätzen lediglich das militärisch Notwendige[22]. Die Kapitulationsdokumente, mit deren Ausarbeitung sich die European Advisory Commission in London monatelang beschäftigt hatte, waren im entscheidenden Augenblick in Reims nicht zur Hand gewesen, aber den militärischen Bedürfnissen genügte der in Eisenhowers Hauptquartier entworfene Text vollauf[23], und über die Konsequenzen bestanden auch auf deutscher Seite keine Illusionen mehr.

Dönitz gab über den Flensburger Sender am Mittag des 8. Mai die Kapitulation bekannt. Mit der Besetzung liege die Verfügungsgewalt in Deutschland nun bei den Besatzungsmächten, und es liege auch in ihrer Hand, ob er und die von ihm bestellte Reichsregierung noch tätig sein könnten. Die Alliierten schienen zunächst jedoch kaum Notiz zu nehmen von der »Reichs-

[22] Text der Kapitulationsurkunden in: Die Niederlage 1945, S. 450ff.; vgl. Bericht des US-Majors Fritz E. Oppenheimer über die Reise des OKW Keitel nach Berlin zur Unterzeichnung der Kapitulationsurkunde am 8./9. Mai 1945. In: Manfred Overesch, Deutschland 1945–1949. Königstein, Düsseldorf 1979, S. 177–181.

[23] Steinert, Die 23 Tage, S. 201 ff.

regierung« in Flensburg. Am 8. Mai konferierte Dönitz mit seinen Ratgebern, was nun zu tun sei. Nach vollzogener Kapitulation bestand eigentlich keine Möglichkeit zu politischem Wirken mehr. Sorgfältig erwogen die Herren in Flensburg daher die Gründe für und gegen ihren freiwilligen Rücktritt. Für das Abtreten sprachen u. a. die totale Besetzung Deutschlands, das Fehlen von Handlungsmöglichkeiten und Chancen zur freien Willensäußerung, aber auch die Tatsache, daß das Volk vor allem glücklich über das Kriegsende war und kaum Kenntnis hatte von der Flensburger »Regierung«, die überdies ahnungsvoll befürchtete, von den Alliierten der Lächerlichkeit preisgegeben zu werden, wogegen »persönliche Ehre und Ehre des Reiches« einen »Abgang in Würde« verlangten. Aber auch Gründe gegen den Rücktritt wurden zusammengetragen, unter ihnen an erster Stelle der »Reichsgedanke« und die Vermutung, die Spitze müsse bleiben, da sonst die Gefahr des Chaos bestünde. Um dieses zu vermeiden, sei die überregionale Steuerung vieler Fragen – am wichtigsten: Ernährung, Verkehr, Wirtschaft, Versorgung der Kriegsopfer – notwendig. (Dem stand freilich die eigene Überzeugung der Politiker in Flensburg gegenüber, daß man weder Wirkungsmöglichkeit noch Handlungsspielraum habe.) In den Phantasien des 8. Mai spielten auch die Überlegungen eine Rolle, daß die politische Lage bald ein »starkes Restdeutschland« erwünscht sein lasse oder gar der ernsthaft protokollierte Gedanke, der Großadmiral als »Spitze des Reiches« sei »ein Ziel und Ideal für die Jugend«[24].

Sie ließen die Frage ihres Rücktritts dann in der Schwebe und beschäftigten sich in den folgenden Tagen mit Besprechungen über die Lage, entwarfen Memoranden für die Zukunft, gaben sich dabei allerlei Illusionen hin und unterhielten sich auf gewohnte Weise so gut es ging, etwa durch die feierliche Verleihung des Eichenlaubs an Generaloberst Jodl am 10. Mai oder in Erörterungen über die »Verunstaltung von Führerbildern« durch »Feindangehörige« am 12. Mai.

Es gab aber auch Grund zum Staunen, als berichtet wurde, das russische Auftreten gegenüber der Zivilbevölkerung sei anscheinend maßvoll und zurückhaltend. Die Erklärung dazu lag für die Dönitz-Regierung freilich nahe: Das Verhalten sei Taktik, den Russen würde es in dem von ihnen besetzten Teil Deutschlands ein leichtes sein, erträgliche Lebensbedingungen

[24] Dönitz-Tagebuch, 8. 5. 1945. In: Die Niederlage 1945, S. 433 ff.

zu schaffen, weil das Gebiet entvölkert sei und die Ernährungsbasis für ganz Deutschland darstelle. Im Westen drohe dagegen durch Übervölkerung Hunger und Chaos, das bilde den Nährboden für den Kommunismus, darauf komme es Stalin wohl an[25].

Der Spuk in Flensburg dauerte noch bis zum 23. Mai. Die Alliierten hatten inzwischen Notiz genommen von der dortigen Regierungstätigkeit und Dönitz das Gelände der Marineschule als Hoheitsgebiet, als Enklave im besetzten Deutschland gelassen. Nach der Kapitulation war in Flensburg eine gemischte »Alliierte Kontrollkommission beim OKW« installiert worden, die die loyale Erfüllung der Kapitulationsbedingungen überwachte.

Am 13. Mai wurde Feldmarschall Keitel verhaftet. Am 23. Mai lösten die Alliierten die Dönitz-Regierung auf und machten ihre Mitglieder zu Kriegsgefangenen. Über die entsetzliche Unwürdigkeit des Vorgangs waren sich die betroffenen Deutschen in großer Erbitterung einig. Nicht nur, daß die Offiziere der Alliierten das Ende der Dönitz-Regierung zum Spektakel machten und Fotografen mitgebracht hatten, um den Auszug aus dem Regierungsgebäude bildlich zu dokumentieren, die Gepäck- und Leibesvisitationen bereiteten den empfindsamen Militärs ebenso wie den Ministern und Beamten große Pein. Besonderes Ungemach stieß Dönitz zu, der sich am 26. Mai offiziell beim britischen Oberbefehlshaber Montgomery beklagte, daß man bei der Verhaftung nicht nur auf seinen Rang – ob als Großadmiral oder als Staatsoberhaupt ließ er offen – keine Rücksicht genommen hatte, sondern sich auch an seinem privaten Eigentum vergriffen habe: Bei der Gepäckdurchsuchung war sein Marschallstab verschwunden[26].

Nach dieser Farce gab es keine Instanz in Deutschland mehr, die im Namen des Deutschen Reiches sprechen oder gar handeln konnte. So kümmerlich die Legitimation der Dönitz-Regierung war, weil sie sich juristisch und moralisch von Hitler ableitete – in den nächsten Jahren gab es überhaupt keine von Deutschen bestellte Spitze für die Reste des Deutschen Reiches

[25] Dönitz-Tagebuch, 9. 5. 1945 und 12. 5. 1945. Ebd., S. 437 und 442. Vgl. Lutz Graf Schwerin von Krosigk, Es geschah in Deutschland. Tübingen, Stuttgart 1951, S. 364–380.

[26] Schreiben Dönitz an Montgomery, 26. 5. 1945. In: Lüdde-Neurath, Regierung Dönitz, S. 162; vgl. Lutz Graf Schwerin von Krosigk, Memoiren. Stuttgart 1977, S. 242–253.

mehr, ja es stellte sich die Frage, ob Deutschland als Staat überhaupt noch existierte.

3. Die Errichtung der Besatzungsherrschaft

Mit der Beseitigung der Dönitz-Regierung war juristisch ein Zustand politischen Vakuums, des Fehlens jeglicher staatlichen Autorität in Deutschland eingetreten. Das Problem war freilich für die Politiker der Siegerstaaten (und später für die Staatsrechtsgelehrten) von größerem Interesse als für die Deutschen, die mit der Not des Augenblicks mehr als beschäftigt waren. Die Großstädte waren Trümmerhaufen, unter dem Schutt lagen noch Opfer des Bombenkriegs, Verkehrsverbindungen und Verkehrsmittel waren weitgehend zerstört, Hunger und Obdachlosigkeit, Flüchtlingstrecks aus dem Osten, die Sorge um vermißte Familienangehörige bestimmten den deutschen Alltag im Mai 1945 und ebenso in den folgenden Monaten. Das Regieren und Verwalten war Sache der Sieger, die im Begriff waren, Deutschland zu besetzen und sich einzurichten. Das bedeutete, daß der Wohnraum für die Deutschen noch einmal knapper wurde, denn die Besatzungstruppen, die militärischen Stäbe wie die lokalen Militärregierungen, die in jeder größeren Stadt etabliert wurden, brauchten viel Platz, der durch die Requirierung intakter Gebäude gewonnen wurde. Requiriert wurden aber auch Menschen, und das waren die Neuanfänge von Verwaltung und Regierung auf der untersten Ebene in Deutschland.

Das ging im amerikanisch okkupierten Gebiet nicht sehr viel anders zu als im russisch besetzten. Die Alliierten fahndeten nach Leuten, deren demokratische Gesinnung in der Zeit vor Hitlers Machtantritt bewiesen war. So erschien in Klein-Machnow bei Berlin ein russischer Offizier an einer Wohnungstür, las von einem Zettel einen Namen ab, fragte »Du Lemmer?«, erkundigte sich dann, »Vorname Ernst?«, erfragte nach abermaliger Konsultation des Zettels den Beruf (»Journalist«) und sprach, nachdem die Identität des ehemaligen Reichstagsabgeordneten, Gewerkschafters und späteren Bundesministers geklärt war, »Gutt. Karascho. Du Bürgermeister«[1]. Ähnlich,

[1] Ernst Lemmer, Manches war doch anders. Erinnerungen eines deutschen Demokraten. Frankfurt a.M. 1968, S. 220.

wenngleich meist weniger drastisch, wurde in der US-Zone deutsches Personal rekrutiert. In der Regel ließ der Chef der Militärregierung, der auch mit Listen möglicher Kandidaten ausgerüstet war, den Pfarrer und eventuell auch andere Honorable kommen, fragte sie nach geeigneten – also nicht durch Mitgliedschaft in der NSDAP belasteten – Personen, überprüfte diese möglichst gründlich und setzte sie dann als Verwaltungsspitzen auf Widerruf ein. Die Einsetzung dieser Männer (und gelegentlich auch Frauen) auf der kommunalen Ebene änderte natürlich nichts an der politischen Ohnmacht und am staatsrechtlichen Vakuum, das der Kapitulation und dem Verschwinden der Dönitz-Regierung ins Gefangenenlager folgte.

Am 5. Juni 1945 endete dieser Zustand, als die Sieger öffentlich bekanntmachten, daß die oberste Regierungsgewalt in Deutschland von Vertretern der vier alliierten Mächte übernommen sei und von ihnen gemeinsam ausgeübt werde.

Die »Erklärung in Anbetracht der Niederlage Deutschlands« trug die Unterschrift der vier jetzt in Deutschland mächtigsten Männer, der Oberbefehlshaber General Eisenhower (USA), Marschall Schukow (UdSSR), Feldmarschall Montgomery (Großbritannien) und General de Lattre de Tassigny (Frankreich). Sie hatten sich in einem Landhaus am Stadtrand von Berlin getroffen[2], um im Namen ihrer Regierungen neben einigen anderen Dokumenten diese »Berliner Deklaration« zu unterzeichnen, die dann in den drei künftig in und für Deutschland maßgebenden Sprachen englisch, russisch, französisch und außerdem, damit die Bevölkerung verstand, was gemeint war, auch in deutsch (jetzt eine Art Eingeborenendialekt, der nur hilfsweise benutzt wurde) veröffentlicht wurde.

Das Dokument ersetzte in gewissem Maß die feierliche Kapitulationsurkunde, an der die alliierten Diplomaten in der EAC in London so lange gearbeitet hatten, die aber im entscheidenden Moment in Reims vergessen worden war. Folgerichtig wurden in der Berliner Deklaration des 5. Juni die Bedingungen der militärischen Kapitulation wiederholt, ehe in noch allgemeiner Form die Maßnahmen angekündigt wurden, die den Deutschen bevorstanden, wie Abrüstung und Entmilitarisierung, Verhaftung der Naziführer und Kriegsverbrecher und »zusätz-

[2] William H. Hale, Die Konferenz der Oberbefehlshaber. In: Ernst Deuerlein (Hrsg.), Potsdam 1945. Quellen zur Konferenz der »Großen Drei«. München 1963, S. 58f.

liche politische, verwaltungsmäßige, wirtschaftliche, finanzielle, militärische und sonstige Forderungen«, die die Vertreter der Alliierten den Deutschen aufzuerlegen gedachten, die aber noch nicht näher beschrieben waren. Der entscheidende Satz war allerdings, daß die Regierungen in Washington, London, Moskau und Paris die Hoheitsrechte über Deutschland übernommen hatten »einschließlich aller Befugnisse der deutschen Regierung, des Oberkommandos der Wehrmacht und der Regierungen, Verwaltungen oder Behörden der Länder, Städte und Gemeinden«[3]. Der Zusatz, daß die Übernahme der Regierungsgewalt nicht die Annektierung Deutschlands bewirke, war wenig tröstlich, da die Besetzung de facto für die Betroffenen von einer Annexion schwer zu unterscheiden war.

Die vier Oberbefehlshaber setzten mit ihrer Unterschrift drei weitere Schriftstücke in Kraft, in denen die Konturen des Besatzungsregimes über Deutschland festgelegt waren. Es handelte sich um »Feststellungen« über das Kontrollverfahren, über die Besatzungszonen und ein drittes Dokument, in dem die Absicht der Regierungen der vier Mächte zum Ausdruck gebracht wurde, »sich mit den Regierungen anderer Nationen gelegentlich der Ausübung der Macht über Deutschland« zu beraten[4]. Alle diese Papiere waren, als Früchte der EAC-Beratungen seit Beginn des Jahres 1944, auf Regierungsebene geprüft und gebilligt worden, die Unterzeichnung der Dokumente in Berlin durch die Oberbefehlshaber war lediglich ein formeller Akt. Um so verwunderter waren die Amerikaner, daß die sowjetische Seite sie stundenlang warten ließ, bis Marschall Schukow zur Unterschrift bereit war; es war ein Vorgeschmack auf die Sitzungen im Alliierten Kontrollrat, deren erste am 30. Juli stattfand.

Eigentlich war auch die Zusammenkunft der vier Oberbefehlshaber am 5. Juni schon die erste Sitzung dieses Gremiums gewesen, in dem während der Besatzungszeit die Geschicke der Deutschen gelenkt werden sollten[5]. Der Mechanismus dieser Instanz, wie er in der »Feststellung über das Kontrollverfahren«

[3] Erklärung in Anbetracht der Niederlage Deutschlands und der Übernahme der obersten Regierungsgewalt hinsichtlich Deutschlands, 5. 6. 1945. In: Amtsblatt des Kontrollrats in Deutschland. Ergänzungsblatt. Nr. 1, S. 7f.

[4] Feststellungen über das Kontrollverfahren, über die Besatzungszonen, über Beratungen mit den Regierungen anderer Vereinter Nationen. Ebd., S. 10f.

[5] Vgl. Eisenhower, Kreuzzug in Europa, S. 497f.; Lucius D. Clay, Entscheidung in Deutschland. Frankfurt a.M. 1950, S. 35f.

beschrieben war, erschien einigermaßen kompliziert, in der zweieinhalbjährigen Praxis des Kontrollrats kamen die politischen Schwierigkeiten dazu und machten den als Instrument gemeinsamer alliierter Politik konstruierten Apparat allmählich zu einer sinnlosen Maschinerie, deren Räderwerk sich zuletzt nur noch zum Selbstzweck drehte.

Zwei Grundsätze sollten sich bei der Regierung Deutschlands durch die Alliierten ergänzen: die Ausübung der obersten Gewalt in der jeweiligen Besatzungszone durch den dortigen Oberbefehlshaber, der über die Angelegenheiten seiner Zone nur seiner Regierung Rechenschaft schuldete, und die gemeinsame Herrschaft »in allen Deutschland als ein Ganzes betreffenden Angelegenheiten«. Zu diesem Zweck bildeten die Oberbefehlshaber, jeweils unterstützt von einem politischen Berater, zusammen den Kontrollrat. Die politischen Berater waren übrigens hochkarätige Beamte und Experten wie Andrej Wyschinski, der gleichzeitig stellvertretender Außenminister der Sowjetunion war, und Robert Murphy, der Berater Eisenhowers und seiner Nachfolger, der Generale McNarney und Clay. Murphy stand seit 1921 im diplomatischen Dienst der Vereinigten Staaten. (Von 1921 bis 1925 hatte er im Münchner US-Generalkonsulat Deutschland-Erfahrungen gesammelt.) Sein britischer Kollege, Sir William Strang vom Foreign Office, hatte Großbritannien schon in der European Advisory Commission vertreten.

Der Kontrollrat im engeren Sinn bestand nur aus den vier Oberbefehlshabern, die gemeinsam »für eine angemessene Einheitlichkeit des Vorgehens« in ihren Besatzungszonen Sorge tragen und »im gegenseitigen Einvernehmen Entscheidungen über alle Deutschland als Ganzes betreffenden wesentlichen Fragen« fällen sollten. Überstimmt werden konnte keiner der Vertreter der Vier Mächte, denn für alle Beschlüsse war Einstimmigkeit vorgeschrieben. Im protokollarisch eine Stufe tiefer rangierenden Koordinierungsausschuß saßen die vier Stellvertreter der Oberbefehlshaber, das waren 1945 die Generale Clay (USA), Sokolowski (UdSSR), Robertson (Großbritannien) und Koeltz (Frankreich); ihnen fiel die eigentliche Arbeit zu, nämlich die Vorbereitung der Kontrollratssitzungen, die bis zum März 1948, als der Vertreter der Sowjetunion die Sitzung verließ und dadurch den ganzen Kontrollapparat zum Stillstand brachte, immer am 10., 20. und 30. eines jeden Monats stattfanden. Konferenzort war das Gebäude des Berliner Kammergerichts, in dem zuletzt der »Volksgerichtshof« unter Roland Freisler die Gegner des NS-Regimes verurteilt hatte[6].

Die Sachdiskussion des Kontrollrats fand in der Regel im Vorfeld, im Koordinierungsausschuß statt, die Oberbefehlshaber beschränkten sich auf die Beschlußfassung oder, was mit zunehmend schlechter werdenden Beziehungen zwischen den Verbündeten der häufigere Fall wurde, sie konstatierten, daß keine Übereinstimmung erzielt werden konnte. Die Oberbefehlshaber hatten eine Doppelfunktion, sie bildeten die militärische Spitze der Okkupationstruppen, und sie waren als Militärgouverneure für die Verwaltung ihrer Besatzungszone zuständig. Die letztere Aufgabe wurde bei den Amerikanern und Briten ganz ausschließlich, in der französischen und der sowjetischen Zone in etwas anderer Weise von den Stellvertretern der Oberbefehlshaber ausgeübt. In der US-Zone war General Lucius D. Clay stellvertretender Militärgouverneur, in der britischen übte dieses Amt General Robertson aus, für die Sowjetunion saß zunächst General Sokolowski im Koordinierungsausschuß, er löste im November 1945 Schukow als Oberbefehlshaber ab, blieb aber im Koordinierungsausschuß präsent. Zur gleichen Zeit wechselte auch die amerikanische Vertretung, als auf Eisenhower General McNarney folgte. Im Mai 1946 ersetzte Sir Sholto Douglas den britischen Oberbefehlshaber Montgomery, lediglich der französische Vertreter im Kontrollrat, General Pierre Koenig, blieb vom Anfang bis zum Ende der Institution Militärgouverneur (ihn vertrat zuerst General Koeltz, dann General Noiret). 1947, als zuerst (am 15. März) Clay und wenig später sein britischer Kollege Robertson als Militärgouverneure die volle Verantwortung übernahmen, verlor der Koordinierungsausschuß an Bedeutung, die Sachdiskussion verlagerte sich jetzt in den Kontrollrat.

Dem Koordinierungsausschuß, der zweimal wöchentlich tagte, oblag auch die Steuerung der Kontrollkommission, und diese bestand aus zwölf Abteilungen, die Direktorate genannt wurden und deren jedes der alliierten Parität halber vier Leiter hatte, die sich im Vorsitz nach einem komplizierten System monatlich abwechselten. Es gab zunächst 12 Direktorate, die von der EAC zum Teil analog den Fachressorts, wie sie vor der Kapitulation in Deutschland existiert hatten, vorgesehen wur-

[6] Michael Balfour, Vier-Mächte-Kontrolle in Deutschland 1945–1946. Düsseldorf 1959, S. 144ff.

Deutsche Geographie ab 1945: Territorien unter der Hoheit des Alliierten Kontrollrats (vier Besatzungszonen und Kondominium Berlin), Frankreichs (Saarland), Polens und der Sowjetunion.

den: Heer, Marine, Luftfahrt, Politik, Verkehr, Wirtschaft, Finanzen, Reparationen, Rückerstattung und Wiedergutmachung, Innere Angelegenheiten mit Post und Nachrichtenwesen, Recht, Kriegsgefangene einschließlich »Displaced Persons« und Arbeitseinsatz. Diese Fachressorts (die drei militärischen wurden 1946 zusammengelegt) bildeten Kommissionen und Unterausschüsse. Im Winter 1945/46, als der Kontrollrat in voller Funktion war und einigermaßen effektiv arbeitete, waren 175 Ausschüsse am Werk, um Deutschland zu verwalten und zu regieren. Die Tätigkeit schlug sich in Proklamationen, Gesetzen und Verordnungen nieder, die im viersprachigen Amtsblatt des Kontrollrats den Deutschen zur Kenntnis gebracht wurden.

Solange es dabei um die formelle Auflösung der NSDAP und nationalsozialistischer oder militaristischer deutscher Organisationen ging oder um die Außerkraftsetzung nationalsozialistischer Gesetze, konnte das Einvernehmen im Kontrollrat ohne besondere Mühe hergestellt werden, und die gegenseitigen Bewirtungen nach den Sitzungen – offiziell nannte man es »leichte Erfrischungen« – brachten für die Bewirteten manches Mal die eigentliche Anstrengung des Tages. Die erste Krise kam aber schon im Herbst 1945, als Frankreich die Errichtung deutscher Instanzen verhinderte, die als Fachressorts mit den alliierten Direktoraten korrespondiert und als Ausführungsorgane einer einheitlichen alliierten Deutschlandpolitik gedient hätten.

Anfang Juni 1945, als die Mechanismen der Besatzungsherrschaft eingerichtet wurden, war dies noch kaum vorhersehbar, obwohl es bei der Besetzung der Zonen, wie sie in Jalta festgelegt waren, schon Reibereien zwischen Amerikanern und Franzosen gegeben hatte, die weitere Konfrontationen ahnen ließen. Entgegen den Absprachen wollten die Franzosen Stuttgart und Karlsruhe, Großstädte, die sie im April erobert hatten, nicht zugunsten der Amerikaner räumen. Es brauchte Konferenzen auf Regierungsebene, und es war vor allem der Tatsache zu verdanken, daß die schlecht ausgerüsteten und ausgebildeten französischen Truppen ohne amerikanische Hilfe nicht operationsfähig waren, daß die Franzosen sich Anfang Juli aus Nordwürttemberg und Nordbaden in das ihnen zugestandene Territorium zurückzogen[7]. Die Sowjetunion wiederum hatte Berlin als Faustpfand benutzt und die Konstituierung des Kontrollrats – die am 5. Juni möglich gewesen wäre – verzögert, bis die Amerikaner Anfang Juli die von ihnen besetzten Gebiete in Thüringen, Sachsen und Mecklenburg räumten. Im Gegensatz zu den Franzosen hatten die Amerikaner allerdings nicht beabsichtigt, sich über die Verabredungen mit den Bundesgenossen hinwegzusetzen. Auch um sowjetisches Mißtrauen gegenüber einem anglo-amerikanischen Block zu zerstreuen, wurde am 14. Juli das gemeinsame Oberkommando SHAEF (Supreme Headquarters, Allied Expeditionary Force) aufgelöst, dem unter Eisenhowers Oberbefehl nicht nur die drei Millionen Soldaten, die Amerika auf den europäischen Kriegsschauplatz entsandt hatte, unterstanden, sondern auch die britischen und die

[7] Vgl. Klaus-Dietmar Henke, Aspekte französischer Besatzungspolitik in Deutschland nach dem Zweiten Weltkrieg. In: Wolfgang Benz (Hrsg.), Miscellanea. Festschrift für Helmut Krausnick zum 75. Geburtstag. Stuttgart 1980, S. 169–191, insbes. S. 173.

französischen Armeen sowie die kanadischen, neuseeländischen und australischen Kontingente und die in anglo-amerikanischen Verbänden kämpfenden Einheiten aus Norwegern und Polen, Belgiern, Holländern und Angehörigen anderer Völker, deren Land von den Deutschen okkupiert gewesen war.

Die neuen Hauptquartiere wurden jeweils auch Sitz der Zonenregierung. General Koenig residierte mit seinen militärischen und zivilen Stäben in Baden-Baden, von dem es hieß, daß es in der Besatzungszeit mehr französische als deutsche Einwohner hatte. Das amerikanische Hauptquartier wurde in Frankfurt am Main aufgeschlagen. Die Sowjetische Militär-Administration (SMAD) amtierte seit dem 9. Juni 1945 in Berlin-Karlshorst. Die Briten hatten sich in mehreren Orten etabliert. Das militärische Hauptquartier war in Bad Oeynhausen, die Zentrale der britischen Militärregierung (offiziell: Control Council Group/British Element) war im Umkreis, in Lübbekke, Herford und Minden untergebracht. Das war teils Zufall, teils Absicht; in den schwer zerstörten Großstädten der britischen Zone im Ruhrgebiet wie in Hamburg fehlte es an Unterbringungsmöglichkeiten, andererseits lagen die eher idyllischen Städte, von denen aus die britische Zone regiert wurde, ziemlich in deren Mitte.

Das wirkliche Problem bestand für die drei Westmächte aber darin, daß die Aufteilung ihres Militärregierungsapparates zwischen Berlin und ihren Zonen beträchtliche Reibungsverluste erzeugte. In Berlin beim Kontrollrat mußte die jeweilige politische Schaltstelle der Militärregierung sein, um dem Aspekt des Kondominiums über Deutschland Rechnung zu tragen. Die Exekutive mußte dagegen zur Ausübung des Zonenregiments ebenso zwingend in der jeweiligen Besatzungszone tätig sein. Für das Personal von OMGUS (Office of Military Government for Germany, U.S.), wie die amerikanische Militärregierung ab Herbst 1945 hieß, und für die britischen Kollegen bedeutete dies ein ständiges Hin und Her zwischen Berlin und den Dienststellen in ihrer Zone. Solange der Kontrollrat funktionierte oder wenigstens zu funktionieren schien, lag das Schwergewicht der personellen Präsenz in Berlin, 1947 wurde es wieder nach Frankfurt am Main bzw. in den westfälischen Raum verlagert. Die Franzosen jedoch betrachteten Berlin stets nur als Außenstelle, die sie im Gegensatz zur Zentrale in Baden-Baden personell gering ausstatteten, und auch der Militärgouverneur Koenig begab sich ungern und selten persönlich zu Kontrollratssitzungen nach Berlin. Den eindeutigen Platzvorteil hatten die sowjetischen Stäbe, weil sich ihre Zonenzentrale am Sitz des Kontrollrats befand[8].

Die Sowjetische Militär-Administration hatte vermutlich auch nicht die Personalprobleme, mit denen die britische und die amerikanische Militärregierung zu kämpfen hatten. Sowohl Washington wie London hatten sich während des Krieges viel Mühe gegeben, um die künftigen Besatzungsoffiziere für ihre speziellen Aufgaben bis ins Detail auszubilden. In den USA waren an verschiedenen Universitäten »Civil Affairs Training Schools« und in Charlottesville (Virginia) außerdem für Stabsoffiziere eine besondere Schule zur Vorbereitung auf Besatzungsaufgaben errichtet worden. Ab Dezember 1943 wurden die Amerikaner in Shrivenham (Südwestengland) ausgebildet, im Herbst 1944 wurden sie nach Frankreich in die Nähe von Paris verlegt. Der Unterricht umfaßte Sprachkurse und Landeskunde und reichte bis zum Studium deutscher Wirtschafts- und Verwaltungsstrukturen einschließlich regionaler und lokaler Besonderheiten. Die Engländer hatten ähnliche Lehrprogramme. Nach Kriegsende strebten aber viele und nicht zuletzt die hochqualifizierten Offiziere der Militärregierung nach Hause; ihre Zivilberufe als Rechtsanwälte oder Bankiers, Universitätsprofessoren, aber auch schlichtere Positionen in der Heimat waren attraktiver als befristete Karrieren bei der Besatzung im unwirtlichen Deutschland. Andererseits waren die Jobs bei der Militärregierung anspruchsvoll und setzten erhebliche Qualifikationen voraus, wenn die Tätigkeit der Deutschen in Verwaltung, Wirtschaft, Industrie wirksam kontrolliert und eine Demokratisierung des besetzten Landes von Grund auf bewirkt werden sollte[9].

Mindestens im Frühjahr und Sommer 1945 war es für die Deutschen aus vielen und nicht zuletzt aus psychologischen Gründen schwierig zu erkennen, was die Besatzungsmächte vorhatten und wie sie dazu gerüstet waren. Zwischen den Übergriffen der besetzenden Truppen und dem Wirken der Besatzungsoffiziere an den Schreibtischen der örtlichen Militärregierungen konnten und mochten viele nicht unterscheiden. Die

[8] Balfour, Vier-Mächte-Kontrolle, S. 163.

[9] Vgl. Walter L. Dorn, Inspektionsreisen in der US-Zone. Notizen, Denkschriften und Erinnerungen aus dem Nachlaß übersetzt und hrsg. von Lutz Niethammer, Stuttgart 1973, S. 24ff.

Plünderungen und Vergewaltigungen durch die Soldaten der Roten Armee verbreiteten auch unter denen, die davon nur gehört hatten, Furcht und Schrecken, und dasselbe galt für den Südwesten Deutschlands, wo die französischen Krieger anfangs so übel hausten, daß die Amerikaner als Erlösung empfunden wurden. (Daß die französischen Verbände zum guten Teil aus Kolonialtruppen, die in Nordafrika aufgestellt gewesen waren, bestanden, galt bei vielen Deutschen als besondere Schmach.) Es war Irrtum und trostspendende Selbsttäuschung zugleich, wenn die gebildeten Deutschen – und wer rechnete sich nicht dazu? – die Angehörigen aller Besatzungsmächte als zwar mächtige, aber mit gewissen Nuancen doch nur Tölpel betrachteten, denen man zwar mit Demut begegnen mußte, über die man aber insgeheim herzlich lachen konnte. Die Nuancen lagen darin, daß man die Russen als gefährliche Barbaren sah, die Briten eher als Kolonialherren, die Amerikaner als phantastisch ausgerüstete, Lebensmittel und Material verschwendende Boy-Scouts und die Franzosen als kulturell ebenbürtige Landplage, die alles kahlfraß und kahlschlug.

Mit dem unterschiedlichen Auftreten der Besatzer hing das ebenso zusammen wie mit ihren Zielen. Amerikaner und Briten fühlten sich noch auf einem Kreuzzug gegen den Nationalsozialismus und für die Demokratie, während die Sowjetunion und Frankreich als von Hitler-Deutschland überfallene und Ausgeplünderte zuallererst die Wiedergutmachung des Schadens im eigenen Land im Sinn hatten und requirierten, was eben zu requirieren war, menschliche Arbeitskräfte genauso wie Rohstoffe, Industrieprodukte und andere Güter. Dabei wurde im Eifer der Besetzung häufig ein übriges getan und manches zerstört, was auch genützt hätte, in der französischen wie in der sowjetischen Zone. Die Amerikaner und Briten hatten dafür andere Eigenheiten. Sie ernährten sich nicht aus dem Lande, wie es allezeit Kriegsbrauch war, sondern brachten ihre Verpflegung mit, aber sie sollten dafür anfangs aufs strengste den Kontakt mit der Zivilbevölkerung vermeiden. Das Gebot der »Non-Fraternization« hatte die unangenehme Nebenwirkung, daß z.B. bei Requirierungen für amerikanische Dienststellen, auch wenn nur ein Teil des Raums in einem Haus gebraucht wurde, stets das ganze Gebäude von Deutschen geräumt werden mußte. Angesichts der katastrophalen Wohnraumnot im zerbombten Deutschland, das jetzt zusätzlich einen schier unendlichen Strom von Flüchtlingen aus den Ostgebieten und von Vertriebenen aus der Tschechoslowakei, aus Ungarn, Jugoslawien und anderen Ländern aufnehmen mußte, erregte diese Praxis besonderen Verdruß.

Was mit der Politik des Kontaktverbots (Verbrüderungsverbot wäre eine zu euphemistische Übersetzung) gemeint war, ließ der britische Militärgouverneur Montgomery die Einwohner seiner Zone am 10. Juni wissen: Die anglo-amerikanischen Soldaten handelten auf Befehl, wenn sie Grüße und Winken nicht erwiderten, wenn sie nicht mit deutschen Kindern spielten. Es gehe darum, den Deutschen eine endgültige Lehre zu erteilen, »nicht nur, daß Ihr besiegt seid – das würdet Ihr schließlich erkannt haben – sondern, daß Ihr, daß Euer Volk, auch am Ausbruch dieses Krieges schuldig ist. Wenn dies nämlich nicht Euch und Euren Kindern klargemacht wird, würdet Ihr Euch vielleicht noch einmal von Euren Führern betrügen und in einen dritten Krieg stürzen lassen. Während des Krieges verheimlichten Eure Führer vor dem deutschen Volk das Bild, das Deutschland der Außenwelt bot. Viele von Euch scheinen gemeint zu haben, daß Ihr mit unseren Soldaten, sobald sie zu Euch gelangten, gut Freund sein könntet, als ob nichts Außergewöhnliches geschehen wäre. Dafür aber ist zuviel geschehen.«

Es war in Montgomerys Botschaft an keiner Stelle von der ominösen »Kollektivschuld« die Rede (auch Eisenhower sprach in seiner Proklamation nicht davon), wohl aber davon, daß das Volk für seine Führung verantwortlich war: »Und solange diese Führung Erfolg hatte, habt Ihr gejubelt und gelacht. Darum stehen unsere Soldaten mit Euch nicht auf gutem Fuße.«[10]

Als Trost war aber verheißen, daß dies nur für eine Übergangszeit, bis das NS-System endgültig zerstört sei, gelte. Überdies hatten Eisenhower und Montgomery am selben Tag das Verbot für ihre Soldaten, mit kleinen deutschen Kindern zu spielen, aufgehoben. Stillschweigend mißachtet wurde das Kontaktverbot selbstverständlich auch in einem anderen naheliegenden Bereich.

Die Reaktion der Deutschen auf die Besatzer bewegte sich auf einer Skala, die von Apathie und beleidigtem Stolz über Demut und Unterwürfigkeit bis zum Gefühl des Befreitseins reichte, wobei vor allem das Ende des Krieges als befreiend empfunden

[10] Botschaft des Feldmarschalls Montgomery an die Einwohner der britischen Besatzungszone. In: Deuerlein (Hrsg.), Potsdam 1945, S. 60ff.

wurde. Die Befreiung von den nationalsozialistischen Führern war aus unterschiedlichen Gründen für die Mehrheit ein willkommener Nebenzweck; das Nachdenken über die nationalsozialistische Ideologie, das Begreifen ihrer Auswirkungen und das Bedürfnis nach Abrechnung mit dem Nationalsozialismus war aber Sache der Minderheit. Erschöpfung und Alltagssorgen drängten das Problem ins Unbewußte, und dort lebte auch die Phraseologie der Nationalsozialisten noch lange fort: »Volksgemeinschaft« und »Führertum« gingen auch erwiesenen Demokraten glatt über die Lippen.

Ein aufmerksamer Beobachter und Gegner des NS-Regimes, der ehemalige liberale Reichstagsabgeordnete und württembergische Minister Reinhold Maier, den die Amerikaner im August als Ministerpräsidenten von Württemberg-Baden einsetzten, beschrieb die Reaktionen der deutschen Bevölkerung auf die Besatzung als überwiegend wehleidig: »Es war, als ob sie völlig vergessen hätten wie es mit uns dahin gekommen war. Die Amerikaner waren hier einzig und allein wegen der deutschen Kriegspolitik, hinter die sich die große Mehrheit des deutschen Volks jahrelang unentwegt gestellt hatte, solange es sich dagegen noch zur Wehr setzen konnte. Sie waren im Lande wegen der unbekümmerten und bedenkenlosen Ausdehnung des Kriegs auf die ganze Welt. Familien, die einstens den Heldentod eines hoffnungsvollen Sohnes ›in stolzer Trauer‹ angekündigt hatten, zeigten jetzt, als sich das Blatt wendete, selten denselben hochgemuten Sinn. Weite Kreise versanken geradezu in Selbstmitleid und Selbstgerechtigkeit. Sehr wenige bekannten sich zu ihrem Anteil an den grauenvollen Verhältnissen, und es war jämmerlich, wie Menschen, welche jahrelang zum Dritten Reich wie Mauern gestanden hatten, auf Anhieb eine billige Ausrede bereithielten, wo, wann und wie sie von Zweifeln übermannt sich von Hitler abgewandt hätten. Gewiß, die Deutschen waren viele Jahre von harten persönlichen Schicksalsschlägen getroffen und am Ende ihrer Kraft und ihrer Nerven. Ihre Haltung war aber doch überraschend kleinmütig.«[11] Das Stimmungsbarometer, das in den letzten Kriegsmonaten ganz tief gegen den Nationalsozialismus gesunken sei, habe sich bei vielen rasch gegen die Amerikaner gekehrt, und wegen deren Verhalten zu Beginn der Besetzung sei ein förmlicher Anti-Ami-Kult entstanden.

[11] Reinhold Maier, Ein Grundstein wird gelegt. Tübingen 1964, S. 56.

Aus entgegengesetzter Position beobachtete Sir Ivone Kirkpatrick die Szene. Der britische Diplomat berichtete Mitte Juni 1945 seinem Außenminister über eine Reise durch das von Amerikanern und Briten besetzte Gebiet über die Haltung der Deutschen gegen die Besatzungstruppe. Sie scheine recht freundlich zu sein, »und die Gewohnheit zum Gehorsam ist so stark, daß militärische Befehle ohne Murren angenommen werden«. Vertraulichkeit erzeuge jedoch Verachtung. Dank des disziplinierten Verhaltens der britischen und amerikanischen Truppen mache die Bevölkerung allmählich einen weniger eingeschüchterten Eindruck, ihr Verhalten grenze manchmal an Unverschämtheit[12]. In der Mehrzahl aller Berichte, die auf der Siegerseite geschrieben wurden, erscheinen die Deutschen aber als gehorsam bis unterwürfig und bemüht, einen netten Eindruck auf die Besatzer zu machen[13].

Die Amerikaner begannen unmittelbar nach der deutschen Kapitulation mit dem Abbau bzw. der Verlagerung ihrer riesigen Streitmacht. Ein großer Teil davon wurde auf den anderen Kriegsschauplatz in Ostasien verlegt, denn der japanische Teil der »Achse« Berlin – Rom – Tokio kämpfte weiter und hielt noch beträchtliche Gebiete besetzt. Auch die Armeen der übrigen Alliierten wurden im Laufe des Jahres 1945 reduziert, die Demobilisierung betraf jedoch nicht das Personal der Militärregierungen. Vor allem die Amerikaner und Briten standen aber trotzdem bald vor der Notwendigkeit, neue Leute anzuwerben, weil viele Besatzungsoffiziere in ihre Heimat zurück wollten. (Auf die Entlassung hatten die anglo-amerikanischen Soldaten und Offiziere nach Kriegsende Anspruch; geregelt war die Reihenfolge der Entlassung nach einem Punktesystem, das aus der Dauer des Kriegsdienstes und der Art des Einsatzes ermittelt wurde.)

In der sowjetischen Besatzungszone war die Rote Armee direkter mit der Verwaltung deutscher Angelegenheiten befaßt als dies in den Westzonen geschah, wo ab Spätsommer 1945 der Militärregierungs-Apparat von den taktischen Truppen deutlich geschieden war. Eine Besonderheit der Ostzone war die

[12] Bericht Kirkpatrick an Eden, 18. 6. 1945. Abgedruckt in: Manfred Overesch, Deutschland 1945 – 1949. Vorgeschichte und Gründung der Bundesrepublik. Ein Leitfaden in Darstellung und Dokumenten. Königstein 1979, S. 185.

[13] Vgl. Ulrich Borsdorf und Lutz Niethammer (Hrsg.), Zwischen Befreiung und Besatzung. Analysen des US- Geheimdienstes über Positionen und Strukturen deutscher Politik 1945. Wuppertal 1976, S. 34–40.

Errichtung deutscher zentraler Verwaltungen schon ab Juli 1945; sie empfingen Weisungen von der SMAD und handelten in deren Auftrag. In der französischen Zone fehlten während der ganzen Besatzungszeit deutsche Organe auf zonaler Ebene. Dafür übten die Franzosen von allen Besatzungsmächten ihre Herrschaft am direktesten aus. In ihrer Zone waren im Verhältnis auch am meisten Besatzer am Werk, etwa 11000 Mann (von denen viele zahlreiche Familienangehörige mitgebracht hatten) im Jahr 1946, als in der viel größeren US-Zone nur noch rund 7600 Amerikaner an Militärregierungs-Schreibtischen saßen. Der absoluten Zahl nach waren die Briten am stärksten vertreten, deren Personalstärke betrug Ende 1945 fast 26000, allerdings war die Aufgabenverteilung zwischen Armee und Militärregierung in der britischen Zone etwas anders als in der US-Zone. Für die sowjetische Besatzungszone sind keine Zahlen bekannt. Ende 1946 kamen in der französischen Zone auf je 10000 Einwohner 18 Funktionäre der Militärregierung, in der britischen zehn und in der amerikanischen drei[14].

In Berlin, das stand seit November 1943, seit der Konferenz in Teheran, fest, wollten die alliierten Mächte gemeinsam die Besatzungsherrschaft ausüben. Zu diesem Zweck wurde die Stadt in Sektoren eingeteilt; analog den Besatzungszonen waren zunächst drei Sektoren vorgesehen, ein vierter wurde nachträglich für die Franzosen aus dem britischen Anteil abgezweigt. Anfang Juli 1945 marschierten amerikanische und britische Besatzungstruppen in Berlin ein, nachdem die sowjetischen Truppen zwölf der zwanzig Berliner Verwaltungsbezirke, die sie seit Ende April besetzt hielten, vereinbarungsgemäß für ihre Verbündeten geräumt hatten. Die Franzosen waren anfangs mehr symbolisch nur mit einem kleinen Detachement in Berlin vertreten, sie nahmen ihren Sektor erst am 12. August in Besitz.

Zur gemeinsamen Verwaltung und Regierung der ehemaligen Reichshauptstadt hatten die Alliierten eine Art Kontrollrat en miniature konstruiert. Die »Kommandatura«, wie die »Inter-Allied-Governing Authority« meist genannt wurde, bestand aus den vier Kommandanten der alliierten Truppen, die mit Hilfe eines technischen Stabes die Organe der deutschen Stadtverwaltung kontrollierten. Magistrat und Oberbürgermeister von Berlin empfingen von der Kommandatura ihre Weisungen. Die Kommandatura, die direkt dem Kontrollrat unterstand, trat

[14] Balfour, Vier-Mächte-Kontrolle, S. 158f.

am 11. Juli zu ihrer ersten Sitzung zusammen; das war der Beginn der mühsamen Viermächteverwaltung Berlins[15].

Die Stadt war immer noch die Metropole Deutschlands; hier gab es auch diplomatische Vertretungen anderer Nationen als der vier Siegermächte. Sie hießen Militärmissionen, und sie waren beim Kontrollrat akkreditiert. Im gleichen Maße, wie sich das Verhältnis zwischen den Alliierten verschlechterte, geriet Berlin allmählich in die Lage einer Insel fernab von den Westzonen. Der Höhepunkt dieser Entwicklung war 1948 erreicht, als die sowjetische Seite die Verbindungswege nach Berlin blokkierte und lediglich die engen Luftkorridore noch offenstanden.

4. Die Potsdamer Konferenz

Die Einrichtung des Apparats zur Ausübung der Besatzungsherrschaft in Deutschland vollzog sich dank der langfristigen Planung und Vorarbeit auf seiten der Alliierten verhältnismäßig reibungslos. Aber welche gemeinsamen Ziele sollten gegenüber Deutschland verfolgt werden, welche Deutschlandpolitik würde während der Besatzung getrieben werden?

Einer Verständigung der Alliierten über das Schicksal Deutschlands standen Schwierigkeiten entgegen, die vielfältige Ursachen und Erscheinungsformen hatten. Das Mißtrauen des Kremls gegenüber den Westmächten hatte sich anläßlich der Kapitulationsprozedur manifestiert, am heftigsten war es Ende März/Anfang April zum Ausdruck gekommen, als Stalin die Sondierungen in der Schweiz, die zwischen amerikanischen und britischen Agenten und Vertretern der deutschen Italien-Armee geführt wurden, als Verrat apostrophierte[1].

Bei der Benutzung Berlins als Faustpfand zur Durchsetzung der unstrittigen Forderung des amerikanischen und britischen Rückzugs aus Sachsen, Thüringen und Mecklenburg hatte sich die mißtrauische Empfindlichkeit der sowjetischen Führung wieder gezeigt. Umgekehrt wuchs in der ersten Hälfte des Jahres 1945 der Argwohn in London gegenüber der sowjetischen Politik in Ost- und Südosteuropa ständig an. Vor allem die

[15] Vgl. Dokumente zur Berlin-Frage 1944 – 1962. Hrsg. vom Forschungsinstitut der Deutschen Gesellschaft für Auswärtige Politik, München 1962.

[1] Walrab von Buttlar, Ziele und Zielkonflikte der sowjetischen Deutschlandpolitik 1945 – 1947. Stuttgart 1980, S. 16ff.

künftige Gestalt Polens, in territorialer wie in politischer Hinsicht, wurde in London als Problem empfunden, und die Haltung der Sowjetunion gegenüber der polnischen Regierung galt als Prüfstein. Zwei Regierungen konkurrierten im Anspruch, die wiedererstehende polnische Nation zu repräsentieren: die bürgerliche Exilregierung, die seit Herbst 1939 in Paris bzw. London auf die Rückkehr in ein befreites Warschau hoffte, und das Lubliner Komitee, das im Juli 1944 unter sowjetischer Patronage als erste polnische Nachkriegsregierung auf polnischem Boden gegründet worden war.

In Jalta hatten die drei Großmächte den Kompromiß geschlossen, daß Angehörige der Londoner Exilregierung ins Lubliner Komitee aufgenommen würden. Das geschah dann auch, aber Churchills Befürchtungen, daß die bürgerlichen Politiker ohne Einfluß bleiben und Polen ein Satellitenstaat von Moskaus Gnaden werden sollte, wurden durch die Ereignisse des Frühjahrs 1945 eher bestätigt als zerstreut[2]. Es bestanden ferner die Interessenkonflikte zwischen London und Moskau um den Einfluß in den Balkanstaaten, die Churchill und Stalin zuerst zwischen den Konferenzen von Teheran und Jalta in Sphären vorherrschender Dominanz eingeteilt hatten: Rumänien sollte sowjetische, Griechenland britische »Operationszone« sein, in Jugoslawien und Bulgarien sollte der Einfluß jeweils einer Großmacht überwiegen. Aus britischer Sicht wurde damit eine Politik der Balance of Power verfolgt, die Churchill im Frühjahr 1945 am liebsten mit Hilfe von Faustpfändern durchgesetzt hätte. Zur Kraftprobe mit der Sowjetunion wäre aber die Mitwirkung der USA erforderlich gewesen, in Washington hatte man dazu jedoch keine Neigung.

Churchill warnte Präsident Truman vor dem in seinen Augen überstürzten Abbau der amerikanischen Kriegsmaschinerie in Europa und beschwor ihn, das Verhältnis zur Sowjetunion zu klären, solange sich noch Trümpfe in Händen der Westmächte befänden. In diesem Zusammenhang gebrauchte der britische Premier im Mai 1945 erstmals das (von Goebbels geprägte) Bild vom »Eisernen Vorhang«, den die Rote Armee vor ihrer Front niedergelassen habe. Was dahinter in Ost- und Südosteuropa vorgehe, wisse man nicht[3].

[2] Vgl. Stanislaw Mikolajczyk, The Rape of Poland. Pattern of Soviet Aggression. New York 1948.

[3] Vgl. Graml, Die Alliierten, S. 63ff.

Stärker noch als das gegenseitige Mißtrauen wirkte freilich die brüske Einstellung der Pacht- und Leihhilfe durch die USA auf die sowjetische Führung. Es war kein Trost, daß die anderen Verbündeten der USA davon genauso betroffen waren, in Moskau empfand man die Maßnahme, die in kurioser Hast erfolgte, als Schlag ins Gesicht. Was war geschehen?

Am 8. Mai 1945, sobald die Tatsache des Kriegsendes in Europa in Washington bekannt war, wurde Präsident Truman vom geschäftsführenden Außenminister Grew eine Verfügung vorgelegt, die das Ende der Hilfslieferungen an die Verbündeten zum Inhalt hatte. Präsident Roosevelt, der das Leih- und Pachtsystem kreiert hatte, habe die Einstellungsverfügung bereits genehmigt, aber nicht mehr unterschreiben können. Truman, dem die Idee der Einstellung der Hilfslieferungen zum Kriegsende unmittelbar einleuchtete, unterschrieb ohne zu zögern und ohne den Text der Verfügung zu lesen[4]. Gleich darauf brach der Sturm los, wie er sich in seinen Memoiren erinnerte. Die zuständigen Bürokraten in Washington vollzogen das Dekret mit seltenem Übereifer. Schiffe mit Lieferungen an die Sowjetunion und Großbritannien wurden wieder entladen, andere, die bereits unterwegs waren, wurden in die amerikanischen Häfen zurückgerufen. Lediglich die Güter, die für die Kriegführung gegen Japan gebraucht wurden – die UdSSR sollte ja auch auf dem pazifischen Kriegsschauplatz auf amerikanischen Wunsch noch aktiv werden –, erhielten nicht die Order zur Rückkehr.

Hinter dem Entschluß in Washington standen Überlegungen wie die, daß die Leih- und Pacht-Aktion zur Kriegführung und nicht zum Wiederaufbau der UdSSR, Großbritanniens oder der kleineren Bündnispartner ins Leben gerufen worden war. Trotz starker Zweifel, ob die angeforderten Güter – Lebensmittel, Waffen, Maschinen, Munition, Kleidung, Fahrzeuge usw. – auch sämtlich für kriegswichtige Zwecke eingesetzt wurden, hatten die Amerikaner bis Mai 1945 die sowjetischen Wunschlisten erfüllt, auch um Vertrauen zu stiften und um Reibungen zu vermeiden. Die Kriegsanstrengung war an der amerikanischen Volkswirtschaft jedoch auch nicht spurlos vorübergegangen, es gab sogar in den USA auf bestimmten industriellen Sektoren Rationierungen, und die Leih- und Pacht-

[4] Vgl. Harry S. Truman, Memoiren. Bd. 1: Das Jahr der Entscheidungen (1945). Bern 1955, S. 189.

Aktion hatte bis Kriegsende mit 42 Milliarden Dollar zu Buche geschlagen.

Was in Washington zunächst rein geschäftsmäßig angeordnet wurde, weil die äußeren Umstände – das Kriegsende in Europa – dafür sprachen, wurde in Moskau, wo man auf die US-Lieferungen dringend angewiesen war, als Versuch verstanden, politischen Druck auszuüben. Stalin protestierte vehement und bezeichnete die Einstellung der Hilfe als unfreundlichen Akt; die anderen Verbündeten beklagten sich auch, und wenige Tage nach dem Dekret wurde es modifiziert, die Lieferungen wurden wieder aufgenommen, aber politisch war das Porzellan schon zerschlagen.

»Völlig unabsichtlich hatten wir Stalin ein Argument in die Hand gespielt, dessen er sich nun bei jeder Gelegenheit bedienen konnte«, meinte Truman, und subjektiv war er dabei sicherlich ganz im Recht, wenn er später beklagte, daß er die Tragweite seiner Unterschrift an jenem 8. Mai 1945 nicht erfaßt hatte. Harry Truman, der im Januar 1945 Vizepräsident und am 12. April nach Roosevelts plötzlichem Tod Präsident der Vereinigten Staaten geworden war, verkörperte als Durchschnittsamerikaner den Typ des kleinen Geschäftsmannes – ohne weiteres Interesse für und daher auch ohne Kenntnis über die Welt außerhalb der USA. Truman war ein Mann provinziellen und durchaus unintellektuellen Zuschnitts, dem zu Beginn seiner Amtszeit außenpolitische Zusammenhänge fremd waren. Truman bemühte sich aber in diesen Wochen zwischen der deutschen Kapitulation und der Potsdamer Konferenz sehr darum, einen Überblick über die außenpolitische Situation zu gewinnen. Den Partnern in London und Moskau versicherte er, die Roosevelt-Linie weiter zu verfolgen und die Absprachen, die sein Vorgänger mit Churchill und Stalin getroffen hatte, getreulich einzuhalten.

Die Notwendigkeit einer Dreier-Konferenz, wie sie Churchill Anfang Mai vorschlug, wie sie aber auch schon in Jalta für die Zeit nach dem Sieg in Aussicht genommen worden war, ergab sich zwingend aus der Fülle der Probleme in ganz Europa. Dazu gehörte die neue Regierung im besetzten Österreich, die von der sowjetischen Seite ohne Konsultation mit den Westmächten sanktioniert war; dazu gehörte der Streit um Triest, wo die jugoslawischen Truppen Titos, der sich der Unterstützung Moskaus erfreute, britischem Militär, das die Interessen Italiens vertrat, gegenüberstanden. Die Frage, wie die ehemaligen Verbündeten Hitlers, die Balkanstaaten Bulgarien und Rumänien sowie das Land Ungarn zu behandeln seien, stand ebenso im Katalog der zu regelnden Angelegenheiten wie die Reparationen, die Deutschland bezahlen sollte.

Über die Regularien einer Dreier-Konferenz wurden, nach dem Anstoß durch Churchill am 6. Mai 1945[5], Telegramme zwischen Washington und London gewechselt, als deren Ergebnis schließlich feststand, daß Stalin eingeladen werden sollte, zu einem Konferenzort im Westen zu reisen (weil die beiden vorhergehenden Gipfeltreffen seinen Wünschen entsprechend in Teheran und Jalta stattgefunden hatten), und zwar mindestens bis nach Deutschland. Es sei unwahrscheinlich, daß sich Stalin über die Grenzen des unter sowjetischer Herrschaft stehenden Territoriums hinausbegeben werde, hatte man in Washington erfahren. Weil der Führer der Sowjetunion auf gute Nachrichtenverbindungen nach Moskau angewiesen sei, war Trumans Idee, sich in Alaska zu treffen, nicht praktikabel, aber auch die Tatsache, daß Stalin nur mit der Eisenbahn zu reisen pflegte, schränkte die Möglichkeiten ein. Churchills Anregung, die Konferenz in einer unzerstörten Stadt in Deutschland zu veranstalten, war daher ebenso realistisch wie symbolträchtig.

Aber nicht nur der Konferenzort war ein Thema für die alliierten Diplomaten. Der günstigste Zeitpunkt war ebenfalls schwer zu ermitteln. Man war in London und Washington einig, daß die Konferenz bald sein sollte. Churchill war ungeduldig, weil er das Gefühl hatte, die Zeit arbeite gegen die Westmächte. Truman fühlte sich aber vor dem 30. Juni, dem Ende der amerikanischen Haushaltsberatungen im Kongreß, nicht abkömmlich, und Stalin war ebenfalls vor Ende des Monats Juni nicht konferenzbereit, und zwar wegen der Siegesfeier in Moskau, die für den 24. Juni 1945 anberaumt war.

US-Präsident Truman legte aber auch Wert darauf (und als Neuling in der großen internationalen Politik war er darauf angewiesen), sich vor der Konferenz über die Stimmung und über die Lagebeurteilung seiner Koalitionspartner Stalin und Churchill zu informieren. Zu diesem Zweck entsandte er Ende Mai Sonderbotschafter nach Moskau und London. In den Kreml schickte er Harry Hopkins, den langjährigen Berater Roosevelts, der auch Stalins Vertrauen genoß. Stalin empfing

[5] Winston S. Churchill, Der Zweite Weltkrieg. Bd. 6, 2. Buch: Der Eiserne Vorhang. Bern 1954, S. 180.

den zum 26. Mai avisierten Besuch auch gerne, nicht zuletzt deshalb, weil seine Person eine Art Garantie der Fortsetzung der Rooseveltschen Außenpolitik signalisieren sollte.

Hopkins machte Stalin beim ersten Zusammentreffen darauf aufmerksam, wie sich die öffentliche Meinung in Amerika gewandelt hatte. »Vor zwei Monaten habe beim amerikanischen Volk eine überwältigende Sympathie für die Sowjetunion« bestanden. »Sympathie und Unterstützung seien hauptsächlich durch die brillanten Leistungen der Sowjetunion im Kriege, teilweise durch das Ansehen des Präsidenten Roosevelt und durch die vorzügliche Art und Weise der Zusammenarbeit unserer beiden Länder, um die Niederringung Deutschlands herbeizuführen, veranlaßt gewesen. Das amerikanische Volk habe zu diesem Zeitpunkt gehofft und vertrauensvoll geglaubt, beide Länder könnten im Frieden genausogut zusammenarbeiten, wie sie es im Kriege getan hatten.«[6] Inzwischen habe sich die Stimmung gegenüber Rußland ernsthaft verschlechtert. Als einen der Gründe nannte Hopkins die Polenpolitik Stalins, der erwiderte, daß die Ursache für die Verstimmung in London zu suchen sei: Churchill wolle das überholte System des »Cordon Sanitaire« längs der sowjetischen Grenzen wieder aufleben lassen, die Sowjetunion wünsche dagegen eine ihr freundschaftlich gesonnene polnische Nation zum Nachbarn zu haben. Hopkins versicherte daraufhin Stalin, daß auch die Vereinigten Staaten »ein gegenüber der Sowjetunion freundschaftlich eingestelltes Polen begrüßen und in der Tat den Wunsch hätten, längs der gesamten sowjetischen Grenzen freundschaftlich eingestellte Staaten zu sehen«[7]. Das konnte als Abkehr vom britischen Verbündeten, als Ermunterung zur Etablierung sowjetfreundlicher Regierungen und zur Ausschaltung der jeweiligen innenpolitischen Gegner in den Nachbarstaaten der UdSSR verstanden werden, aber auch nur als Geste politischer Courtoisie gegenüber Stalin.

In London, wohin Truman zur gleichen Zeit ebenfalls einen Sonderbotschafter geschickt hatte, sah Churchill düster in die Zukunft. Die Konferenz mit dem britischen Premierminister am Samstag und Sonntag 26./27. Mai und dann wieder am übernächsten Tag, die teilweise in Churchills Schlafzimmer stattfand

[6] FRUS, The Conference of Berlin 1945, Bd. 1, S. 24ff.; Deuerlein, Potsdam 1945, S. 102f.

[7] Ebd.

– der Premier nach Art barocker Fürsten im Bett sitzend –, war nicht nur eine Art Marathon, die Konferenz verlief auch sehr dramatisch. Sonderbotschafter Joseph E. Davies, ein Vertrauter und Freund Roosevelts, der 1936 bis 1941 die USA in Moskau vertreten und viel Sympathie für die sowjetische Seite hatte, berichtete Truman schriftlich und mündlich in großer Ausführlichkeit über Churchills Sicht der Dinge. Über Frankreich war der Brite verärgert, und von de Gaulle habe er übergenug, er müsse scharf zurechtgewiesen und belehrt werden, daß er nicht ohne Rücksicht auf die anderen handeln könne. Über den jugoslawischen Regierungschef Tito war Churchill noch erboster, Tito sei »von Grund auf unzuverlässig, ein Kommunist, und stehe völlig unter dem Einfluß Moskaus«. Heftig war Churchills Kritik auch am Verhalten der sowjetischen Armeen in den besetzten Gebieten. Wiederum das Bild vom »Eisernen Vorhang« gebrauchend, beschwor der Premierminister den Abgesandten Trumans, die amerikanischen Truppen weder aus Mitteldeutschland noch aus Europa zurückzuziehen. Immer wieder kam Churchill auf diesen Punkt zurück und artikulierte erregt seine Furcht vor dem Rückzug der USA aus Europa, das er dann in verzweifelter Lage schutzlos stalinistischem Imperialismus preisgegeben sah. Davies, der seinen Pessimismus nicht teilte und im Auftrag des amerikanischen Präsidenten für Verständigung und Kooperation mit Moskau plädierte, war gleichwohl von der Persönlichkeit und der Eloquenz des Briten beeindruckt: »Der Premierminister ist einer der größten Männer unserer Zeit – nach meiner Meinung der größte Engländer seiner oder irgendeiner anderen Zeit. Er ist aber zuallererst Engländer; er ist immer noch Minister des Königs, der das Imperium nicht liquidieren wird ... Er ist überreich begabt und ein großer Advokat. Im Gerichtssaal, auf der Bühne oder auf irgendeinem geistigen oder kämpferischen Gebiet wäre er gleich bedeutsam. Er vollbrachte eine rednerische und machtvolle Glanzleistung.«[8]

Davies interpretierte Churchills Plädoyer nach starker amerikanischer Präsenz in Europa vor allem als den Wunsch, das britische Empire durch amerikanischen Rückhalt zu konservieren und die britische Führungsrolle in Europa durchzusetzen. Der US-Sonderbotschafter hielt dem britischen Premier entgegen, wenn Churchills Haltung den Sowjets bekannt sei, so wäre

[8] FRUS, Berlin Conference, Bd. 1, S. 64ff.; Deuerlein, Potsdam 1945, S. 121f.

sie eine mehr als ausreichende Erklärung für deren auch die Amerikaner irritierendes Handeln in den vergangenen Wochen. Churchill war auch ziemlich beunruhigt über die Möglichkeit einer Zweierkonferenz Stalin – Truman, worüber Davies sondiert hatte. Er könne auch unter keinen Umständen an einer Dreierkonferenz teilnehmen, die bilateral zwischen Moskau und Washington begonnen habe. Er konzedierte jedoch, daß Truman und Stalin, die sich ja persönlich noch nicht kannten, sich vor Beginn der eigentlichen Konferenz informell begegnen könnten. Umgekehrt wollte Truman nicht mit Churchill vor einer Dreierkonferenz zusammentreffen, um nicht den sowjetischen Argwohn vor einem anglo-amerikanischen Block zu nähren.

Die erbitterte Feindseligkeit Churchills gegenüber der Sowjetunion veranlaßte den Amerikaner Davies zu bemerkenswerten Feststellungen: »Ich sagte, daß ich mich offen gestanden bei seinen heftigen Ausfällen über die Gefahr einer sowjetischen Beherrschung und über die Ausbreitung des Kommunismus in Europa und angesichts des dadurch bekundeten Mangels an Vertrauen in die Erklärungen guten Willens seitens der sowjetischen Führerschaft gefragt habe, ob er, der Premierminister, nunmehr willens sei, der Welt zu erklären, daß er und England einen Fehler gemacht hätten, indem sie Hitler nicht unterstützt hätten; denn soweit ich ihn verstanden habe, vertrete er nunmehr die Ansicht, die Hitler und Goebbels in den vergangenen vier Jahren in dem Bemühen, die alliierte Einheit aufzuspalten und ›zu teilen und zu herrschen‹, immer wiederholt und verkündet hätten; sie hätten dieselben Argumente angeführt, wie er sie vorgebracht habe, und die gleichen Schlußfolgerungen gezogen, wie er sie nunmehr zu ziehen scheine. Ich könne einfach nicht glauben, daß sein wohlerwogenes Urteil oder seine Erklärungen eine solche Auslegung im Endergebnis zuließen.«

Das war schweres Geschütz gegen den britischen Premier, der mit aller Energie und anfangs in fast aussichtsloser Situation Hitler-Deutschland Widerstand geleistet hatte und der jetzt, unmittelbar nach Kriegsende, im Wahlkampf um eine konservative Mehrheit stand. Aber Churchill blieb gelassen: »Der Premierminister hörte mich aufmerksam bis zum Ende an; er sagte, er stehe unter sehr großem Druck, habe nur eben laut gedacht; seine Erklärungen würden vielleicht aggressiver wirken, als er selbst wolle. Er betonte, er erkenne, wie ernst die unmittelbare Lage sei; es sei vielleicht einigen wenigen überlassen, in den kommenden Wochen über die Lebensbedingungen mehrerer kommender Generationen zu entscheiden.«

Churchill hatte dem andersgläubigen Amerikaner sehr imponiert, auch durch seine Fairneß, und Davies konstatierte in seiner Schlußfolgerung über die Beratungen ausdrücklich, daß London der amerikanischen Politik gegenüber der Sowjetunion keinen Widerstand entgegensetzen werde, daß Churchill einverstanden sei, »zu versuchen, alle mit der Selbstachtung zu vereinbarenden Mittel auszuschöpfen, um die Schwierigkeiten zwischen den Großen Drei zu lösen, damit die Einheit gewahrt und der Friede nach dem militärischen Sieg erhalten bleibe« und drittens, daß Churchill mit einem Treffen zu dritt einverstanden sei zu dem Zeitpunkt und dem Ort, den Truman mit Stalin vereinbaren werde[9].

Als Konferenzort schlug Stalin am 30. Mai Berlin vor, und als Termin wurde auf Anregung Trumans der 15. Juli in Aussicht genommen[10]. In Berlin fiel wiederum, jetzt zum dritten Mal, der sowjetischen Seite die Gastgeberrolle zu: In Teheran hatten die Großen Drei in der sowjetischen Botschaft konferiert, in Jalta hatten sie sich auf sowjetischem Territorium getroffen, und in Berlin würde das Treffen auf sowjetisch besetztem Gebiet stattfinden.

Die Vorbereitungen für die letzte der Kriegskonferenzen der Großen Drei, die offiziell »Berliner Konferenz« heißen sollte und die unter dem beziehungsreich-mehrdeutigen Code »Terminal« – Endstation – firmierte, begannen Anfang Juni. Da im zerstörten Berlin selbst keine brauchbaren Räumlichkeiten für die Konferenz auffindbar waren, machten die Generäle des sowjetischen Staatssicherheitsdienstes und die Beamten des Moskauer Volkskommissariats für Auswärtige Angelegenheiten, in deren Händen die Organisation des Gipfeltreffens lag, den Vorschlag, in die Vororte auszuweichen.

In Babelsberg fand sich eine Villenkolonie, die als Wohngebiet für die Delegationen dienen konnte (viele der Häuser gehörten Größen des Films, die Ufa-Studios lagen in der Nähe), und in geringer Entfernung davon wurde ein Tagungslokal ausgemacht, das allen Ansprüchen genügte: Schloß Cecilienhof. Es war unzerstört, bis März 1945 hatten Angehörige der Familie Hohenzollern darin gewohnt, als Kronprinzenpalais war das

[9] Ebd.
[10] FRUS, Berlin Conference, Bd. 1, S. 53f.

Schloß zwischen 1913 und 1917 im »Neuen Garten« am Heiligen See in Potsdam erbaut worden. Für preußische Verhältnisse sah das Schloß etwas sonderbar aus. Paul Schultze-Naumburg, als Architekt auf Landsitze, Villen, Siedlungen spezialisiert, hatte das Gebäude im Stil eines englischen Landhauses gebaut, unter charakteristischer Kombination von Ziegeln und Fachwerk mit dekorativen Schornsteinen von geradezu orientalischer Pracht. Der Bau hatte 176 Räume, deren kostspielige Innenausstattung allerdings ausgelagert und teilweise unauffindbar war. So fertigte eine Moskauer Möbelfabrik einen riesigen runden Konferenztisch an, der mit einem Durchmesser von knapp sieben Metern aber zu üppig ausfiel und wieder verkleinert werden mußte. Er wurde in der großen Empfangshalle aufgestellt, die als Sitzungssaal diente. Schloß Cecilienhof wurde auch in aller Eile restauriert; unter dem Befehl von Generalleutnant Antipenko werkten Soldaten der Roten Armee und 1200 deutsche Arbeiter und Techniker im Palais und seiner Umgebung. Im Schloßhof pflanzten sie aus Tausenden roten Geranien einen Sowjetstern. Die Zufahrtswege von Babelsberg nach Schloß Cecilienhof wurden repariert, teilweise sogar neu erbaut, damit die Delegationen in etwa zehnminütiger Autofahrt unter Umgehung der schwer zerstörten Innenstadt Potsdams den Konferenzort erreichen konnten[11].

Präsident Truman begab sich, während Churchill in Südwestfrankreich Erholung suchte, als erster auf die Reise nach Potsdam. In der Morgenfrühe des 7. Juli 1945 ließ er in Newport News den schweren Kreuzer »Augusta« die Anker lichten. Ein großer Teil der US-Delegation, insgesamt etwa 450 Personen, befand sich mit ihm an Bord, unter ihnen der neue amerikanische Außenminister James F. Byrnes und Flottenadmiral Leahy, der militärische Berater des Präsidenten. Nach neuntägiger Reise wurde Truman am 15. Juli in Antwerpen von General Eisenhower empfangen. Von Brüssel aus flog er nach Berlin. Am späten Nachmittag zog er mit seiner engeren Begleitung in das »Kleine Weiße Haus« ein, eine Villa in der Babelsberger Kaiserstraße, die mit direkten Nachrichtenverbindungen nach Washington und zum US-Hauptquartier in Frankfurt ausgestattet worden war. Auf diesem Wege empfing Truman am Tag

[11] Charles L. Mee, Die Teilung der Beute. Die Potsdamer Konferenz 1945. Wien, München 1977; Rolf Badstübner, Die Potsdamer Konferenz. Berlin (Ost) 1985.

nach seiner Ankunft das streng geheime Telegramm, in dem ihm die erste Atomexplosion in der Geschichte gemeldet wurde.

Eine Stunde nach Truman traf Churchill in Berlin ein. Er war von seinem Urlaubsort an der französisch-spanischen Grenze kommend von Bordeaux direkt nach Berlin geflogen. Zur britischen Delegation gehörte Außenminister Anthony Eden, ein Mann von brillanten Umgangsformen und gutem Aussehen, der, damals 48 Jahre alt, noch in Churchills Schatten stand. Neben ihm war der zurückhaltende Sir Alexander Cadogan, Unterstaatssekretär im Foreign Office, der wichtigste Mann. Zum Gefolge Churchills gehörte aber auch Clement Attlee, der Führer der Labour-Partei. Attlee, ein unauffälliger, schmächtiger Mann, war zugleich Oppositionsführer und als Lordsiegelbewahrer Mitglied in Churchills Koalitionskabinett. Ihm sagte Cadogan nach, er habe bei Churchills Abwesenheit die Kabinettsitzungen geleitet »wie eine säuerliche und quengelnde Maus«[12]. Bei den Unterhauswahlen im Juli 1945 standen sich der Sozialist Attlee und der Konservative Churchill als Rivalen gegenüber; was zu Beginn der Potsdamer Konferenz noch keiner wußte und was auch nur wenige für wahrscheinlich hielten: Der unscheinbare Attlee hatte den imponierenden Churchill bereits besiegt. Die Auszählung der Stimmen dauerte allerdings (wegen der britischen Soldaten, die in aller Welt stationiert waren) so lange, daß sich die Sensation erst in der zweiten Hälfte der Konferenz ereignete.

Stalin machte sich als letzter auf die Reise. Wegen eines leichten Herzanfalls bestieg der 65jährige Vorsitzende des Rates der Volkskommissare der UdSSR, Generalsekretär des Zentralkomitees der KPdSU und soeben neu- und selbsternannte Generalissimus der Roten Armee am frühen Morgen des 15. Juli in Moskau einen Sonderzug, der ihn über Litauen und Ostpreußen nach Potsdam brachte. Dort traf er am 16. Juli gegen 11 Uhr Moskauer Zeit (die im Sommer 1945 auch in der sowjetischen Besatzungszone Deutschlands galt) ein. Marschall Schukow hatte sich zur Begrüßung eingefunden und geleitete ihn nach Babelsberg. Den Salonwagen, von denen man einige aus den Museen geholt hatte (zuletzt hatte sie der russische Zar benutzt), entstiegen auch Außenminister Molotow, seine Stellvertreter und hohe Militärs, unter ihnen Admiral Kusnezow

[12] Mee, Teilung der Beute, S. 51.

und General Antonow. Zur sowjetischen Delegation gehörten auch die Botschafter Gromyko (Washington) und Gusew (London) und der politische Berater der SMAD, M.S. Saburow.

Churchill und Truman hatten sich die Wartezeit am 16. Juli mit der Besichtigung des zerstörten Berlin vertrieben. Truman nahm auf dem Weg in die Stadt die Parade der 2. amerikanischen Panzerdivision ab, der »zu jener Zeit größten Panzerdivision der Welt«. Volle zweiundzwanzig Minuten fuhr der US-Präsident im Jeep an der Formation vorbei, die erst kurz zuvor in Berlin angekommen war, um den US-Sektor in Besitz zu nehmen. Truman fuhr dann ins Stadtzentrum, ins Regierungsviertel und »zu den Ruinen der Reichskanzlei, von wo aus Hitler sein Schreckensregiment ausgeübt hatte. Eine derartige Zerstörung habe ich nie wieder gesehen«, schrieb Harry Truman in seinen Erinnerungen[13]. »Dann fuhren wir am Tiergarten, an der Reichstagsruine, am deutschen Außenministerium, am Sportpalast und Dutzenden von anderen vor dem Kriege weltberühmten Stätten vorbei. Jetzt waren sie nichts als Haufen von Schutt und Stein. Noch deprimierender als der Anblick der zerstörten Gebäude wirkte jedoch die nie endende Kette von alten Männern, Frauen und Kindern, die ziellos auf der Autobahn und den Landstraßen einherwanderten und den Rest ihrer Habe vor sich herschoben oder nachschleppten. In dieser zweistündigen Fahrt wurde ich Zeuge einer großen Welttragödie, und ich war aus tiefstem Herzen dankbar, daß meinem Lande diese unvorstellbare Zerstörung erspart geblieben war.«[14]

Churchill, der in Begleitung von Eden, Unterstaatssekretär Cadogan und seinem Arzt nach Berlin gefahren war, erklomm die Stufen zum Reichstagsgebäude, dann besuchte er, von einer wachsenden Menge von Schaulustigen, Reportern, britischen und russischen Soldaten begleitet, die Überreste der Reichskanzlei. Seine Stimmung war düster, die seiner Begleiter nicht minder. Das Maß der Verwüstung in Berlin erschien ihnen kaum erträglich.

Begleitet von Molotow und dessen Stellvertreter Wyschinski besuchte Stalin zur Mittagszeit des 17. Juli den amerikanischen Präsidenten im »Kleinen Weißen Haus«. Es sollte eine Höflichkeitsvisite zum gegenseitigen Kennenlernen sein, aber Truman nötigte Stalin, zum Lunch zu bleiben, und die Herren unter-

[13] Truman, Memoiren, Bd. 1, S. 333.

[14] Ebd.; vgl. Churchill, Zweiter Weltkrieg, Bd. 6/2, S. 324.

hielten sich ganz gut. Truman »begann zu hoffen, daß wir zu einer für uns selber und für die Welt befriedigenden Verständigung kommen könnten«[15]. Die erste Unterhaltung mit Stalin habe ihn sehr befriedigt, schrieb er in seinen Erinnerungen, und der Generalissimus sagte beim Gehen zu ihm, der Besuch habe ihm Vergnügen bereitet.

Am Spätnachmittag desselben Tages begann in Cecilienhof die Potsdamer Konferenz. Pressevertreter waren nicht zugelassen; die Fotografen durften zehn Minuten lang den Konferenzsaal und die Staatsmänner verewigen, dann schlossen sich die Türen des Saales hinter ihnen. Am Tisch, der mit rotem Tuch bedeckt und in der Mitte mit den Fähnchen der drei Großmächte dekoriert war, hatten fünfzehn Herren Platz, die Großen Drei in Armsesseln, neben ihnen ihre Dolmetscher, die Außenminister und die ranghöchsten Berater; hinter ihnen saß in mehreren Reihen der diplomatische Troß bis hin zu den Sicherheits- und Geheimdienstleuten.

Um 17.10 Uhr Moskauer Zeit eröffnete Stalin die Konferenz mit dem Vorschlag, Truman solle präsidieren[16]. Der Präsident der Vereinigten Staaten, kein Diplomat, aber geschmeichelt, legte sofort los, ohne sich mit den üblichen Formeln internationalen Höflichkeitsaustausches aufzuhalten. Es ging bei dieser Eröffnungsveranstaltung nur um die Tagesordnung der Konferenz, daher brachte Truman ohne Umschweife die vier Themen auf den Tisch, die in amerikanischer Sicht Priorität hatten. Die Errichtung eines Rats der Außenminister der Großmächte war das erste Thema. Der Rat der Außenminister sollte die Friedenskonferenz vorbereiten. Als nächstes verlangte Truman, daß der Alliierte Kontrollrat für Deutschland seine Tätigkeit möglichst bald aufnehmen sollte; zur Form, in der das Gremium arbeiten sollte, legte Truman gleich einen US-Entwurf vor. Zum dritten verlas er ein Memorandum, dem zu entnehmen war, daß Vereinbarungen von Jalta bezüglich der Länder des befreiten Europa nicht eingehalten worden seien. Das ging gegen die Sowjetunion, und gemeint war vor allem deren Verhalten gegenüber Bulgarien, Rumänien und Polen. Der vierte Punkt betraf die Behandlung Italiens, das den eigenartigen Sta-

[15] Truman, Memoiren, Bd. 1, S. 334.

[16] Protokoll der Sitzungen in FRUS, Berlin Conference, Bd. 2, S. 52ff.; vgl. Alexander Fischer (Hrsg.), Teheran, Jalta, Potsdam. Die sowjetischen Protokolle von den Kriegskonferenzen der »Großen Drei«. Köln 1968, S. 199ff.

tus eines ehemals mit Deutschland Verbündeten besaß, der bedingungslos kapituliert, aber auch den eines befreiten Landes, das Deutschland den Krieg erklärt hatte. Truman plädierte dafür, Italien in seiner politischen Selbständigkeit und im wirtschaftlichen Wiederaufbau zu unterstützen. Churchill hielt dem US-Präsidenten aber entgegen, daß das Italienproblem wohl gründlicher bedacht werden müsse, daß man Zeit dafür brauche. Im übrigen schlage er vor, daß der Präsident seine Vorschlagsliste abschließe, damit man anschließend die Tagesordnung aufstellen könne.

Das war eine Art Zurechtweisung, und Truman merkte jetzt auch, daß er ein bißchen zu eifrig und zu forciert in die Materie eingestiegen war. Er bemühte sich, das Versäumte nachzuholen, und holperte eine verspätete Begrüßung zurecht, daß er froh sei, die Bekanntschaft des Generalissimus und die des britischen Premiers zu machen. Er wolle die Freundschaft festigen, die zwischen Roosevelt und ihnen bestanden habe. Churchill entgegnete auch im Namen von Stalin, daß man die warmen Gefühle, die sie für den verstorbenen US-Präsidenten hegten, auf Truman übertragen wolle.

Nachdem so diplomatischem Brauch entsprochen war, beantragte Churchill, die polnische Frage auf die Tagesordnung der Konferenz zu setzen, und Stalin stieß nach, indem er das Problem der Aufteilung der deutschen Flotte, die sich größtenteils in britischer Hand befand, als wichtig bezeichnete, ferner die Reparationsfrage, und dann wollte er über Treuhandgebiete konferieren. Er wisse noch nicht genau, welche Gebiete das seien, aber die Russen wünschten an deren Verwaltung teilzunehmen. Die Wiederherstellung diplomatischer Beziehungen zu den ehemaligen Satellitenstaaten Deutschlands schien ihm außerdem der Erörterung wert. Auch sei es erforderlich, über Spanien zu sprechen. Das Franco-Regime sei dem spanischen Volk von Deutschland und Italien aufgezwungen worden, es bilde eine Gefahr für die freiheitsliebenden Nationen. Und Stalin setzte den Katalog fort, mit dem er das Konferenzterrain abstecken, gleichzeitig Prioritäten aus Moskauer Sicht darstellen und seine Verhandlungsstrategie demonstrieren wollte: Tanger, die Zukunft Syriens und des Libanons und schließlich die polnische Frage, und zwar hinsichtlich der Auflösung der Exilregierung in London zugunsten der auf polnischem Terrain konstituierten Regierung (»Lubliner Komitee«).

Churchill machte darauf aufmerksam, daß die polnische Exilregierung in London die Voraussetzung für die polnische Armee gewesen war, die in den britischen Reihen gegen Hitler-Deutschland gekämpft hatte. Daher habe in Großbritannien das polnische Problem große Bedeutung, und insbesondere gelte das für Wahlen, die die tatsächlichen Bestrebungen des polnischen Volkes an den Tag brächten. Das war eine Kampfansage an Stalin. Der erwiderte vorerst nichts.

Aber am Ende der Sitzung, als man sich schon auf den nächsten Tag verabredet hatte und zum Büfett aufbrechen wollte, griff der Generalissimus den britischen Premier doch noch an. Warum er es ablehne, daß die Sowjetunion ihren Anteil an der deutschen Flotte bekomme? Churchill ausweichend: Er sei nicht dagegen, aber die Flotte müsse versenkt oder aufgeteilt werden. Stalin: »Sind Sie für Versenkung oder Aufteilung?« Churchill: »Alle Kriegsinstrumente sind furchtbare Dinge.« Stalin gab zurück, die Flotte müsse aufgeteilt werden, und wenn Herr Churchill das vorziehe, könne er seinen Anteil versenken. Er habe diese Absicht nicht für seinen Teil. Churchill darauf: »Gegenwärtig ist fast die gesamte deutsche Flotte in unseren Händen.« Stalin: »Das ist es ja eben, das ist es ja eben. Deshalb müssen wir ja auch diese Frage lösen.«[17]

Truman schloß nach diesem Schlagabtausch die Sitzung. Zuvor hatten sich die Großen Drei über Konstruktion und Status des Rats der Außenminister unterhalten, der sich mit dem Entwurf eines Friedensvertrags beschäftigen sollte. Hier waren alle Fragen offen, nämlich ob er neben oder statt der Europäischen Beratenden Kommission (EAC) fungieren sollte, und wieviele Nationen daran beteiligt sein würden, nur die drei Großmächte oder, unter Einschluß von Frankreich, die vier Besatzungsmächte Deutschlands oder, wie der amerikanische Vorschlag lautete, analog dem Sicherheitsrat der Vereinten Nationen fünf Mächte, wenn auch China zugezogen würde. Stalin behagte die Vorstellung, China zu beteiligen, überhaupt nicht, und Churchill konnte sich ebenfalls nicht für diese Idee erwärmen.

Trotzdem einigte man sich schon am nächsten Tag, in der zweiten Plenarsitzung, und zwar nicht nur über den Rat der Außenminister, sondern auch über die Zuständigkeiten des Alliierten Kontrollrats für Deutschland. Nach dem Geplänkel des ersten Tags hatte der Konferenzmechanismus zu arbeiten be-

[17] FRUS, Berlin Conference, Bd. 2, S. 59 und 63, bzw. Fischer, Teheran, S. 210.

gonnen, das heißt die eigentliche Arbeit wurde jetzt von den drei Außenministern getan und von einer ganzen Reihe von Ausschüssen und Unterausschüssen, in denen die Experten über schriftliche Vorlagen debattierten, sie redigierten und Entscheidungen vorbereiteten. Die Großen Drei trafen sich in den folgenden Tagen, bis zur achten Sitzung, immer am Spätnachmittag für jeweils etwa zwei Stunden. Das waren die Vollsitzungen, denen Einladungen und Bankette folgten, wobei man sich mit Tafelfreuden und Kunstgenüssen gegenseitig zu überbieten trachtete. Hatte Stalin das Klavierduo Trumans durch zwei gewichtige Violinvirtuosinnen und zwei Pianisten aus Moskau übertrumpft, so ließ Churchill zu seinem Gala-Dinner gleich die ganze Royal Air Force Band aus London einfliegen, die während des ganzen Abends (es war der 23. Juli) in voller Besetzung und Lautstärke rumorte[18].

Die Verständigung über den Rat der Außenminister war verhältnismäßig einfach gewesen. Die Sowjetunion zog ihren Vorbehalt gegen den ersten Absatz des amerikanischen Entwurfs zurück (er betraf die Mitwirkung Chinas), als klargestellt war, daß die Institution, die zuerst die Friedensverträge mit den Satellitenstaaten Deutschlands und dann mit Deutschland selbst vorbereiten sollte, auch in kleiner Besetzung tagen konnte, das heißt, daß der chinesische Außenminister bei der Regelung der europäischen Angelegenheiten nicht mitwirken mußte.

Die erste Sitzung des Außenministerrats, der in London ein ständiges Sekretariat haben sollte, wurde für den September 1945 in Aussicht genommen und vom 11. September bis 2. Oktober in London durchgeführt. Anschließend, im Dezember 1945, wurde in Moskau auch, zum großen Ärger Frankreichs, die in Potsdam verabredete Möglichkeit angewendet, trilateral, im Kreis der eigentlichen Großmächte, zu tagen.

Ebenfalls schon auf der zweiten Sitzung der Potsdamer Konferenz am 18. Juli einigten sich die Großen Drei auch über den amerikanischen Entwurf der politischen Grundsätze zur Behandlung Deutschlands. Diese Grundsätze waren, durch eine allgemeine Präambel ergänzt, die Handlungsanweisung für den Kontrollrat und die Umschreibung seiner Befugnisse. Die Präambel war neu, sie enthielt die Ankündigung, daß das deutsche Volk jetzt anfange, »die furchtbaren Verbrechen zu büßen, die unter Leitung derer, welche es zur Zeit ihrer Erfolge offen

[18] Mee, Teilung der Beute, S. 165 und 171 f.

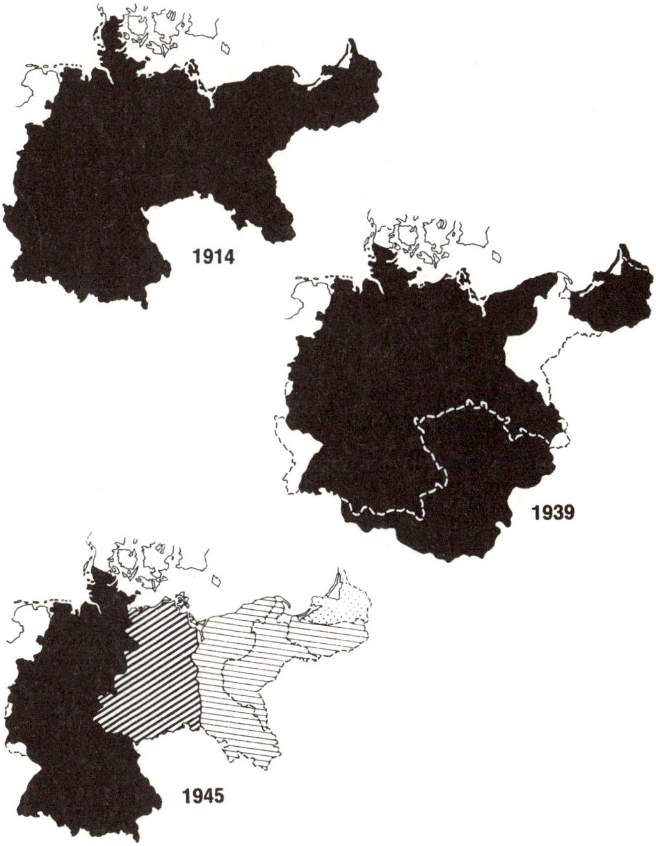

Das Deutsche Reich vor dem Ersten Weltkrieg (mit Elsaß-Lothringen), »Großdeutschland« zu Beginn des Zweiten Weltkriegs (mit annektierten Sudetengebieten, »Protektorat Böhmen und Mähren« und Österreich), Deutschlands Teilung nach 1945.

gebilligt hat, begangen wurden«, daß der deutsche Militarismus und Nazismus ausgerottet würden, aber auch die Versicherung, es sei »nicht die Absicht der Alliierten, das deutsche Volk zu vernichten oder zu versklaven«[19]. Über die Definition, was un-

[19] Potsdamer Abkommen, s. Anhang, Dokument 1.

ter »Deutschland« derzeit zu verstehen sei, hatte es allerdings ein längeres Hin und Her zwischen Truman und Stalin gegeben.

Churchill brachte die Debatte über diesen Punkt in Gang, als er fragte, was mit Deutschland gemeint sei; falls der Ausdruck »Vorkriegsdeutschland« bedeute, stimme er zu[20]. Stalin gab zu Protokoll, daß Deutschland das sei, was es nach dem Kriege wurde. Ein anderes Deutschland gebe es nicht. Angesichts der Tatsache, daß die Gebiete östlich der Oder-Neiße-Linie im Sommer 1945 bereits unter polnischer Verwaltung standen bzw. (der nördliche Teil Ostpreußens) de facto von der Sowjetunion annektiert waren, zeigte sich diese Diskussion als einer der Stationswege zu den Formelkompromissen von Potsdam: Truman insistierte auf der Definition »Deutschland in den Grenzen von 1937«, Stalin beharrte darauf, unter Deutschland könne nur das verstanden werden, was es 1945 sei. Truman entgegnete, es existiere 1945 ja faktisch überhaupt nicht. So ging es weiter, bis Stalin sich schließlich dazu herbeiließ, die Formel von 1937 zur geographischen Definition Deutschlands zu akzeptieren. Das sei aber rein formal zu verstehen, die Wirklichkeit sei anders, und wenn in Königsberg eine deutsche Verwaltung auftauchte, würde man sie fortjagen.

Daß es sich so verhielt, daß die unter polnischer Verwaltung stehenden Gebiete nicht mehr zu dem Territorium gehörten, das vom Alliierten Kontrollrat unter der Bezeichnung Deutschland regiert und verwaltet würde, wußten die Politiker der Westmächte natürlich genausogut wie Stalin. Aber ebenso wie die ermüdenden Auseinandersetzungen um die Aufnahme Italiens in die UNO (hier erstrebten die Amerikaner die Vorzugsbehandlung des ehemaligen Staates der nationalsozialistisch-faschistischen Achse Berlin–Rom–Tokio), blieb das Problem auf der Tagesordnung. Die Italienfrage hatte ihr Pendant in Osteuropa; zu Stalins Ärger verweigerten die Westmächte den Regierungen von Rumänien, Bulgarien und Ungarn die diplomatische Anerkennung, weil sie ohne Legitimation durch demokratische Wahlen als Marionettenregimes von Moskaus Gnaden galten. Daß Griechenland zur britischen und Jugoslawien zur sowjetischen Sphäre gehörten, war unausgesprochen selbstverständlich, auch wenn darum immer wieder gestritten wurde.

Das Problem der deutschen und der polnischen Grenzen bildete freilich, obwohl die Grundentscheidungen schon längst

[20] FRUS, Berlin Conference, Bd. 2, S. 89 und 96: Fischer, Teheran, S. 214.

gefallen waren, und zwar noch im Konsens der drei alliierten Großmächte, keinen Nebenkriegsschauplatz, sondern eine der wichtigen Fragen der Konferenz.

In der fünften Vollsitzung, am 21. Juli, verbissen sich die Großen Drei wieder in das Problem der polnischen Westgrenze. Truman eröffnete das Pokern mit der Bemerkung, die Frage könne erst auf der Friedenskonferenz definitiv entschieden werden. Man habe sich kürzlich geeinigt, von Deutschland in den Grenzen vom Dezember 1937 auszugehen. Die Besatzungszonen und deren Grenzen seien festgelegt, es habe nun den Anschein, als hätte Polen als fünfte Besatzungsmacht einen Teil deutschen Territoriums als Besatzungszone erhalten, und zwar ohne Konsultation. Er sei Polen gegenüber freundschaftlich gesinnt, fügte Truman hinzu, und es sei möglich, daß er sich mit den Vorschlägen der sowjetischen Regierung hinsichtlich der polnischen Westgrenze einverstanden erkläre, doch jetzt wolle er es nicht tun, »weil es dafür einen anderen Ort geben wird, nämlich die Friedenskonferenz«[21].

Stalin entgegnete, in Jalta sei beschlossen worden, daß die Ostgrenze Polens entlang der Curzon-Linie verlaufen werde und daß Polen im Westen als Ausgleich einen bedeutenden Gebietszuwachs erhalten müsse. Das war unbestreitbar; deshalb argumentierte Truman ebenso intransigent und formalistisch, wie es Stalin in vergleichbaren Situationen zu tun pflegte, indem er darauf herumritt, daß Polen de facto unberechtigt eine Besatzungszone erhalten habe. Stalin verwies auf die Notwendigkeit einer polnischen Verwaltung in den deutschen Ostgebieten, weil sich dort keine deutsche Bevölkerung mehr befinde. Stalin behauptete, die gesamte deutsche Bevölkerung sei aus diesem Gebiet bereits geflohen. Man habe, um dem Territorium überhaupt eine Administration zu geben, die Polen hereinlassen müssen. Die sowjetische Armee könne »nicht zur gleichen Zeit Verwaltungen im Hinterland einrichten, kämpfen und das Territorium vom Feind säubern. Sie ist daran nicht gewöhnt, deshalb haben wir die Polen hereingelassen.«[22]

Truman versicherte, er habe keine Einwände gegen die Ausführungen zur künftigen polnischen Grenze. Aber es sei vereinbart, daß sich alle Teile Deutschlands unter Verwaltung der vier Mächte befinden sollten.

[21] Fischer, Teheran, S. 259f.
[22] Ebd.

Mit der folgenden Bemerkung ließ der US-Präsident erstmals die Katze ein bißchen aus dem Sack schauen. Es werde sehr schwer sein, sagte Truman, sich über eine gerechte Lösung der Reparationsfrage zu einigen, wenn wichtige Teile Deutschlands unter der Besatzung eines Staats stünden, der nicht zu den vier Mächten gehöre. Das Stichwort Reparationen klang aber nur an, Truman versteifte sich wieder auf die (allmählich imaginär werdende) Friedenskonferenz, und Stalin verkündete abermals, es sei sehr schwierig, die deutsche Verwaltung in dem strittigen Gebiet wiederherzustellen, denn alle Deutschen seien geflohen.

Das entsprach natürlich nicht der Wahrheit, denn von den knapp 10 Millionen Deutschen, die im Jahr 1939 in den Gebieten östlich der Oder-Neiße-Linie gelebt hatten, war vielleicht die Hälfte oder etwas mehr als die Hälfte geflohen. Die Zurückgebliebenen wurden drangsaliert, enteignet und entrechtet; das war aber nur der Auftakt zur organisierten Austreibung, die etwa zu dem Zeitpunkt begann, als die Großen Drei in Potsdam konferierten[23]. Während Stalin lakonisch immer wieder versicherte, die Bevölkerung sei »fortgegangen«, versuchte Churchill ihn von der anderen Seite in die Zange zu nehmen, indem er auf die Ernährungsprobleme hinwies, die durch diesen Exodus im Westen Deutschlands entstünden. Im übrigen seien noch mindestens 2 bis 2,5 Millionen Deutsche in den Ostgebieten. Es ging noch einige Zeit so fort. Churchill warf in die Debatte, daß mit dem Wegfall der deutschen Ostgebiete ein Viertel der landwirtschaftlichen Nutzflächen verloren sei mit entsprechender Konsequenz für die Versorgung Restdeutschlands. Truman gab zu bedenken, daß Frankreich die Saar und das Ruhrgebiet begehre; wenn man diesen Wünschen auch entspreche, was bleibe dann von Deutschland überhaupt übrig?

Stalin erwiderte ungerührt, darüber gebe es keinen Beschluß, wohl aber hinsichtlich des polnischen Territoriums, und dem war von seiten der Westmächte eigentlich nichts anzufügen. Churchill räumte ein, daß man längst übereingekommen war, Polen für den Verlust seiner Ostgebiete im Westen auf Deutschlands Kosten zu entschädigen. Jetzt werde aber viel mehr verlangt als das Äquivalent für die polnischen Verluste

[23] Vgl. Wolfgang Benz (Hrsg.), Die Vertreibung der Deutschen aus dem Osten. Ursachen, Ereignisse, Folgen. Frankfurt a.M. 1985; darin insbes. Klaus-Dietmar Henke, Der Weg nach Potsdam – Die Alliierten und die Vertreibung. S. 49ff., und Josef Foschepoth, Potsdam und danach – Die Westmächte, Adenauer und die Vertriebenen. S. 70ff.

östlich der Curzon-Linie. Wenn 3 oder 4 Millionen Polen aus dem an die Sowjetunion fallenden Gebiet umgesiedelt würden, dann hätten auch etwa gleich viele Deutsche im Westen umgesiedelt werden müssen, um ihnen Platz zu machen. Jetzt seien es aber bereits 8 Millionen Menschen, die umgesiedelt würden, und das sei mehr, als er unterstützen könne.

Man kam noch auf die schlesischen Bergwerke und deren Kohleförderung zu sprechen, das Stichwort Reparationen fiel noch einige Male; schließlich meldete sich auch noch der britische Minister Attlee zu Wort und gab zu bedenken, daß man die Ressourcen ganz Deutschlands (nach dem Stand von 1937) zur Versorgung der gesamten deutschen Bevölkerung nutzen müsse. Wenn ein Teil Deutschlands losgerissen würde, entstünden für die Besatzungsmächte im Westen und Süden Deutschlands große Schwierigkeiten. Das waren Argumente, die in den folgenden Monaten noch häufig zu hören waren, weil sie die ökonomischen Hauptprobleme der Besatzungszeit zusammenfaßten.

Aber in Potsdam drehte sich längst alles im Kreis. Stalin fragte Attlee, ob er vielleicht berücksichtigen wolle, daß Polen auch unter den Folgen des Krieges leide und ein Bundesgenosse sei; an die Adresse des Briten gerichtet war das eher Hohn als nur Sarkasmus, denn den Engländern wurde von Stalin ja bei der Lösung des Polenproblems nicht wenig zugemutet. Churchill hatte einige Tage zuvor, in der zweiten Plenarsitzung, einen ausführlichen Überblick gegeben, was die britische Regierung als zeitweise einziger Verbündeter für Polen getan hatte. Fünfeinhalb Jahre lang finanzierte Großbritannien die polnische Exilregierung, damit sie eine Armee von 200 000 Mann gegen Hitler-Deutschland kämpfen lassen und diplomatische Beziehungen unterhalten konnte. England war die einzige Zuflucht der Polen gewesen, und London hatte 120 Millionen Pfund Sterling für sie aufgewendet.

Das war Stalin alles nicht unbekannt, aber um Polens territoriale Gestalt und die deutsch-polnische Grenze ging es auch nur am Rande. Die Machtpositionen der Großmächte wurden abgesteckt, und nur vor diesem Hintergrund sind die Worte Trumans zu verstehen: »Ich möchte offen sagen, was ich in dieser Frage denke. Ich kann mich im Hinblick auf die Lösung der Reparationsfrage und im Hinblick auf die Versorgung der gesamten deutschen Bevölkerung mit Nahrungsmitteln und Kohle nicht mit der Fortnahme des östlichen Teils von Deutschland in den Grenzen von 1937 einverstanden erklären.«[24] Mindestens in dieser Frage war man am toten Punkt angelangt und vertagte sich.

Am 24. Juli erschien auf Einladung der drei Großmächte eine Abordnung der polnischen Regierung mit Präsident Bierut an der Spitze in Potsdam, um den Außenministern ihre Sicht der Dinge darzulegen. Im Grunde hörte man sie nur aus Höflichkeit an, sie waren auf dem Schachbrett der großen Politik nur unbedeutende Figuren, und die polnische Delegation mußte auch nichts erzwingen und erkämpfen, was ihnen nicht längst zugesichert war.

Symptomatisch war schon die Zusammensetzung dieser »Provisorischen Polnischen Regierung«. Nach langwierigem diplomatischem Tauziehen hatte sich Stalin bereit erklärt, das »Lubliner Komitee« durch die Aufnahme von einigen nichtkommunistischen Ministern umzubauen. Ende Juni war – in Moskau – die Umbildung der polnischen Regierung abgeschlossen. Das wesentliche Ereignis war die Übernahme des Landwirtschaftsressorts durch Stanislaw Mikolajczyk, den Ministerpräsidenten der Exilregierung in London. Damit galten die bürgerliche Exilregierung und das kommunistische »Lubliner Komitee« als verschmolzen, die demokratische Legitimierung durch Wahlen wurde den Westmächten zugesagt, die daraufhin am 5. Juli 1945 die »Provisorische Regierung der Nationalen Einheit« offiziell anerkannten. Die Exilregierung war damit am Ende, ihr Vermögen von 20 Millionen Pfund wurde von der britischen Regierung sequestriert, ihre Angestellten erhielten ein Übergangsgeld von drei Monatsgehältern, das weitere würde sich finden, nämlich die Frage der Rückkehr von Hunderttausenden Polen, die in England und anderen westlichen Exilländern lebten, in ihre Heimat.

Die polnische Westgrenze kam praktisch in allen Sitzungen mehr oder minder ausführlich zur Sprache[25], auch am 25. Juli, in der neunten Vollsitzung, die ausnahmsweise schon am Vormittag stattfand. Aber das Problem wurde, ebenso wie die Frage nach der deutschen Flotte, die wieder einmal auf dem Tisch war, schnell vertagt. Churchill war es, der auf einen Komplex aufmerksam machte, der so nicht auf der Tagesordnung stand,

[24] FRUS, Berlin Conference, Bd. 2, S. 215; Fischer, Teheran, S. 268.

[25] Vgl. Herbert Feis, Zwischen Krieg und Frieden. Das Potsdamer Abkommen. Frankfurt a. M., Bonn 1962, S. 191 ff.

über den man auch bald hinwegging, weil er nur den Stellenwert eines eher marginalen Folgeproblems hatte. Es handelte sich um die bevorstehende oder auch schon in Gang gekommene Umsiedlung der Deutschen, die in der Tschechoslowakei lebten. Churchill schätzte die Zahl der Sudetendeutschen, die ihre Heimat verlieren sollten, auf 2,5 Millionen. Die Schwierigkeit beim bevorstehenden Prozeß der Umsiedlung – der Ausdruck hörte sich harmlos an, die grauenhaften Umstände der Vertreibung entzogen sich diplomatischem Sprachgebrauch – erblickten die Konferenzteilnehmer allenfalls darin, welcher Besatzungszone diese Menschen zur Last fallen würden. Mitgefühl konnten die Deutschen, die in den folgenden Monaten ihre Heimat in der Tschechoslowakei, in Jugoslawien, in Ungarn, Rumänien und in den ehemaligen deutschen Ostgebieten verlassen mußten, in Potsdam nicht erwarten.

Wichtiger als das Schicksal einiger Millionen Deutscher oder Polen war in Potsdam der Versuch, eine Nachkriegsordnung zu errichten, die auf Macht- und Interessensphären gegründet sein würde. Weit war man dabei am neunten Konferenztag noch nicht gekommen. Am Reparationsproblem hakte sich alles fest, und eine Lösung war – jedenfalls am runden Tisch im Schloß Cecilienhof – noch nicht in Sicht, als sich am 25. Juli die Konferenz vertagte. Eine Pause von anderthalb Tagen war geplant, weil Churchill und Attlee nach London fliegen mußten zur Bekanntgabe der Ergebnisse der Unterhauswahlen vom 5. Juli.

Die zehnte Vollsitzung fand aber erst am späten Abend des 28. Juli statt. Churchill, der eine vernichtende Wahlniederlage erlitten hatte, kehrte nicht wieder an den Potsdamer Konferenztisch zurück. Er hatte am 26. Juli demissioniert. An seiner Stelle kam der farblose Clement Attlee, den alle für einen Langweiler hielten, als neuer Premierminister wieder nach Potsdam, in seinem Gefolge als neuer Außenminister Ernest Bevin anstelle des gewandten und geschmeidigen Aristokraten Anthony Eden. Bevin war ein eher rauher Geselle, der als Gewerkschafter aufgestiegen war. Es war aber nicht nur ein Verlust an Stil und Theatralik, der infolge der neuen britischen Delegationsspitze (unterhalb derselben blieb fast alles wie gehabt) bemerkbar wurde, Churchills Demission bedeutete auch einen Verlust an staatsmännischer Substanz. So sehr sich sowohl die Männer seiner engeren Umgebung als auch die Gegenspieler über die endlosen Monologe und Eskapaden des großen alten Konservativen erbost hatten, er hatte das Gefühl für die historische Dimension der Probleme, und er artikulierte es. Sein Labour-Nachfolger war als Konferenzteilnehmer in Potsdam eher unerheblich, denn im Gegensatz zu Churchill kämpfte er nicht für Großbritanniens Empire, sondern ganz im Gegenteil für die Selbstbeschränkung auf die britische Insel, was freilich den Möglichkeiten und Realitäten besser entsprach als der große politische Entwurf seines Vorgängers. Die letzten vier Plenarsitzungen der Potsdamer Konferenz am 28. Juli und am 31. Juli sowie am 1. August (die 12. Sitzung fand am Spätnachmittag dieses Tages, die 13. am späten Abend und noch in der ersten halben Stunde des 2. August statt), waren auf jeden Fall langweiliger als die, an denen Churchill teilgenommen hatte.

Bedeutungslos war die Schlußphase aber deshalb nicht, denn Entscheidungen und Kompromisse, die neben und zwischen den offiziellen Konferenzterminen bilateral zwischen den Vereinigten Staaten und der Sowjetunion vorbereitet wurden, kamen Ende Juli zum Abschluß.

Zunächst, bei der zehnten Sitzung am 28. Juli, sah die Zwischenbilanz böse aus. Der Katalog der Fragen, über die noch keine Einigung erzielt war, enthielt vierzehn Positionen, darunter die wirtschaftlichen Grundsätze der Behandlung Deutschlands, die von Deutschland, Österreich und Italien zu leistenden Reparationen, die Westgrenze Polens, die Bestrafung der Kriegsverbrecher, die Umsiedlung der Deutschen aus Polen, der Tschechoslowakei und Ungarn, die deutsche Flotte[26].

Ehe die Großen Drei aus dieser Fülle von Problemen etwas herausgriffen (sie diskutierten dann vor allem die Behandlung Italiens), teilte Stalin mit, daß die japanische Regierung über ihre Botschaft in Moskau die Bereitschaft zur Beendigung des Krieges signalisiert habe. Stalin verband die Mitteilung mit dem Vorwurf, von den Westmächten über deren Strategie gegen Japan nicht hinreichend informiert worden zu sein.

Dieser Vorwurf traf zu. Das Hauptmotiv für Trumans Zurückhaltung lag darin, daß er am Kriegseintritt der Sowjetunion gegen Japan nicht mehr interessiert war. Was einige Monate zuvor noch höchst wünschenswert erschien und verabredet war, daß nämlich die UdSSR nach der Niederlage Deutschlands auf dem pazifischen Kriegsschauplatz aktiv werden würde, das empfand Truman jetzt nur noch als lästige Beutegier eines Verbündeten, der zum Konkurrenten bei der Teilung der Welt

[26] FRUS, Berlin Conference, Bd. 2, S. 483 ff.; Fischer, Teheran, S. 325 ff.

geworden war. Während Stalin Truppen nach Ostasien verlegte und Vorbereitungen für den Kampf gegen Japan traf, mühte sich Truman, ihn hinzuhalten, weil alles dafür sprach, daß der japanische Gegner in Agonie lag. Außerdem gab es die amerikanische Wunderwaffe, der hinter den Kulissen der Potsdamer Konferenz die gespannte Aufmerksamkeit der US-Delegation galt.

Truman hatte Churchill von dem gelungenen Experiment mit der Atombombe, die in New Mexico am 16. Juli erstmals erfolgreich getestet worden war, in Kenntnis gesetzt. Während der Konferenz empfing Truman weitere Nachrichten über die Atombombe, die zu kühnen Erwartungen zu berechtigen schienen. Truman war überzeugt, mit der neuen Superwaffe den Trumpf aller Trümpfe auch gegen die Sowjetunion im Spiel zu haben. Ob und wie Stalin informiert werden solle, war zwischen den Regierungschefs der beiden Westmächte diskutiert worden. Churchill, der am 22. Juli durch den US-Kriegsminister Stimson ausführlich unterrichtet wurde, war vom technischen Fortschritt, den die Bombe verkörperte, ganz begeistert, aber auch von den politischen Möglichkeiten, die sie zu bieten schien.

Eine unmittelbare Wirkung hatte er in der Polendebatte des Vortags schon zu spüren geglaubt. Die Auseinandersetzung zwischen Stalin und Truman, bei der der US-Präsident so hartnäckig wie geschmeidig dem Generalissimus in der Frage der deutschen Ostgebiete Paroli geboten hatte, erklärte sich der britische Premier als direkte Folge der Informationen, die Truman wenige Stunden zuvor über den Atombombentest erhalten hatte. Er sei ein anderer Mann gewesen, als er nach der Lektüre des Berichts des amerikanischen Generals zum Treffen der Großen Drei kam. »Er dirigierte die Russen hin und her und hatte die ganze Versammlung in der Hand.«[27] Das war eine etwas übertreibende Sicht der Dinge, aber es war doch etwas daran. Truman fühlte sich gestärkt und gedachte, die Stärke einzusetzen. Am 24. Juli informierte er Stalin – betont beiläufig – über die Bombe und ihre phantastische Sprengkraft. Die Stärke der Amerikaner sollte imponieren und sowjetische Aggressionen dämpfen. Mit der kurzen Unterhaltung über die Atombombe am Ende der Plenarsitzung, wozu Truman zu Stalins Platz geschlendert war, sollten aber noch andere Absichten po-

[27] Mee, Teilung der Beute, S. 164.

litisch gefördert werden. Ein Rest von Fairneß gegenüber den Verbündeten der Anti-Hitler-Koaliton gebot die Unterrichtung der Sowjetunion, die Art der Information war freilich ein Akt der Schläue, denn die Atombombe würde so bald wie möglich gegen die Japaner eingesetzt werden. Das würde mit Sicherheit sowjetische Kriegsanstrengungen im Fernen Osten erübrigen, wenn die Bombe nur rasch genug abgeworfen würde.

Stalin reagierte gelassen auf Trumans Ankündigung; er ließ sich nichts anmerken, nahm aber – natürlich – so bald als möglich den Wettlauf um Atomwaffen auf. Die amerikanische Bombe erwies sich später nur als Etappenvorsprung, und die erhofften politischen Wirkungen brachte sie auch nicht[28]. Um so schrecklicher war der Entschluß, sie auf japanische Städte zu werfen, wozu militärisch im Sommer 1945 keine Notwendigkeit bestand. Die »Potsdamer Deklaration« an die Adresse Japans, am 26. Juli 1945 veröffentlicht, war deshalb auch in mehrfacher Hinsicht ein Täuschungsmanöver. Es war die letzte Aufforderung an Tokio zu kapitulieren. Das Dokument, das im Namen der Regierungschefs der USA, Chinas und Großbritanniens ausgefertigt war[29], enthielt zwar allerlei Zusicherungen an die Japaner, jedoch absichtlich nicht die entscheidende Zusage, daß sie ihren Kaiser behalten dürften. Und das Dokument war an den Sowjets vorbeigeschmuggelt worden. Sie sollten erstens nicht mehr am Krieg gegen Japan beteiligt werden, und zweitens sollte ihnen auf japanischem Boden die Stärke Amerikas demonstriert werden. Die Kapitulation Japans vor dem Einsatz der Atombombe war gar nicht erwünscht.

Als die letzte Warnung an Japan erging – die »Potsdamer Deklaration« vom 26. Juli, gegen deren Zustandekommen Stalin in der Sitzung am 28. Juli polemisierte – waren die Vorbereitungen zum Abwurf der Atombombe schon in vollem Gange, die Ziele waren ausgewählt, die Spezialeinheit der amerikanischen Luftwaffe war bereit, die Bombe, »sowie das Wetter nach dem 3. August Bombardierung bei guter Sicht gestattet«, auf eine der Städte Hiroshima, Kokura, Nagasaki oder Niigata abzuwerfen[30].

[28] Vgl. Wilfried Loth, Die Teilung der Welt. Geschichte des Kalten Krieges 1941 – 1955. München 1980, S. 107f.

[29] FRUS, Berlin Conference, Bd. 2, S. 1474ff.

[30] Befehl an den Oberkommandierenden der amerikanischen strategischen Luftwaffe vom 24. Juli 1945, abgedruckt in: Truman, Memoiren, Bd. 1, S. 431f.

Inzwischen drohte die Potsdamer Konferenz »in einem Morast der Erfolglosigkeit zu versacken«[31]. Schuld daran war vor allem der Konflikt um die Reparationen, der seit der Jalta-Konferenz schwelte. Dort war im Februar 1945 über die Verpflichtung Deutschlands im Gesamtwert von 20 Milliarden Dollar gesprochen worden. Die Hälfte davon sollte der Sowjetunion zustehen. In Jalta war auch die Bildung einer Alliierten Reparationskommission verabredet worden, die ab Ende Juni 1945 in Moskau tagte. Hier prallten schon vor der Potsdamer Konferenz die Gegensätze zwischen der amerikanischen und der sowjetischen Auffassung aufeinander. Während die sowjetischen Vertreter auf festen Summen und auf ihrem festen Anteil daran beharrten, operierte der amerikanische Delegierte Edwin Pauley, ein echter Kapitalist, Präsident mehrerer kalifornischer Ölgesellschaften und mit guten Bankverbindungen ausgestattet, aufgrund seiner Instruktionen ganz anders. Fixe Summen interessierten die Amerikaner nicht, an zu hohen Reparationsverpflichtungen Deutschlands war ihnen, auch wegen der Erfahrung nach dem Ersten Weltkrieg, gar nichts gelegen, weil sie damals auf Umwegen die Hauptlast des europäischen Wiederaufbaus getragen hatten. Aus diesem Grund wollten die Amerikaner auch keine Entnahmen aus der laufenden Produktion; ein möglichst großer Teil der Reparationen sollte aus dem bestehenden deutschen Volksvermögen und vor allem durch Demontage von Fabriken und Maschinen gewonnen werden. Statt für fixe Summen plädierten die Amerikaner erst in der Reparationskommission und dann in Potsdam für die Festlegung von Quoten in Prozent. Die Kuh, die Milch geben sollte, müsse auch gefüttert werden, lautete das amerikanische Argument, das Pauley seinem sowjetischen Kollegen Maiskij entgegenhielt.

Exakter ausgedrückt war es in der Reparationsformel, die nach amerikanischer Vorstellung angewendet werden sollte: Reparationen würden sich ergeben aus der Produktion abzüglich der Besatzungskosten, des deutschen Verbrauchs und der Ausgaben für die notwendigen Einfuhren nach Deutschland. Damit sollte verhindert werden, daß Deutschland so stark ausgebeutet würde, daß es mit Hilfe amerikanischer Ressourcen wieder aufgepäppelt werden müßte, oder anders ausgedrückt: die Amerikaner fürchteten, die deutschen Reparationen auf dem Umweg über Hilfeleistungen selbst zahlen zu müssen.

[31] Graml, Die Alliierten, S. 92.

Die sowjetischen Vertreter hielten diese Argumentation für faule imperialistische Tricks, mit denen die ausgepowerte Sowjetunion um ihren gerechten Anteil betrogen werden sollte. Denn bei der amerikanischen Quotenregelung blieb unklar, wieviel der sowjetische 50-Prozent-Anteil wert sein würde. Vom Zeitpunkt der Bezahlung ganz abgesehen konnte es auch möglich sein, daß er sich auf 50 Prozent von nichts oder beinahe nichts belaufen würde. Da waren 10 Milliarden Dollar oder auch etwas weniger auf jeden Fall besser. Die drohende Verelendung des Reparationsgebiets Deutschland machte den sowjetischen Vertretern, die an ihr verwüstetes und ausgeplündertes Heimatland dachten, weiter keine Sorgen[32].

Über den gegensätzlichen Auffassungen in der Reparationsfrage war die Potsdamer Konferenz also ins Stocken geraten, und über den ökonomischen Problemen hatte sich zwangsläufig auch die ideologische Kluft zwischen der Sowjetunion und den USA wieder weit aufgetan.

Die Wende deutete sich hinter den Kulissen an, als der amerikanische Außenminister Byrnes zuerst ganz inoffiziell seinem Kollegen Molotow und dann, ebenfalls informell, in einem Dreiergespräch auch Eden ein Geschäft vorschlug, das aus zwei Teilen bestand, die scheinbar nichts miteinander zu tun hatten. Um der Einigkeit der Alliierten willen, so etwa formulierte es Byrnes, solle man nicht über die Struktur und die Höhe der Reparationen streiten, sondern das Reparationsgebiet teilen. Die sowjetische Besatzungszone entspreche auch in der Industrie- und Wirtschaftskapazität der Hälfte des deutschen Territoriums, dort könne sich die Sowjetunion nach Belieben bedienen und die drei Westmächte könnten in ihren Zonen dasselbe tun oder lassen. Der andere Teil des Handels bestand darin, daß Byrnes die amerikanische Zustimmung zur polnischen Westgrenze in Aussicht stellte, wenn die Reparationsfrage nach Wunsch erledigt werde[33].

[32] Vgl. Josef Foschepoth, Konflikte in der Reparationspolitik der Alliierten. In: Ders. (Hrsg.), Kalter Krieg und Deutsche Frage. Deutschland im Widerstreit der Mächte 1945 – 1952. Göttingen, Zürich 1985, S. 175–197; John H. Backer, Die Entscheidung zur Teilung Deutschlands. Amerikas Deutschlandpolitik 1943 bis 1948. München 1981, S. 33ff.; Buttlar, Ziele und Zielkonflikte, S. 89f.; Graml, Die Alliierten, S. 82f.; Mee, Teilung der Beute, S. 180ff.

[33] Minutes of Byrnes-Molotow-Meeting, 23. 7. 1945; Minutes of Informal Meeting of the Foreign Ministers, 23. 7. 1944. In: FRUS, Berlin Conference, Bd. 2, S. 274f. und 295ff.

Eden und Molotow waren an dem Geschäft interessiert, zeigte es doch einen Ausweg aus der Sackgasse und Aussicht auf einen Kompromiß, der alle einigermaßen befriedigen würde. Das war am 23. Juli gewesen. Zum Abschluß kam der Handel am 29. Juli um die Mittagszeit im »Kleinen Weißen Haus«, als Molotow den US-Präsidenten aufsuchte. Zu sechst (Truman, dessen Berater Leahy, Außenminister Byrnes und Dolmetscher Bohlen sowie Molotow und dessen Dolmetscher Golunskij) wurden die Bedingungen in erster Runde ausgepokert. Die Briten brauchte man nicht dazu (das war nicht so sehr Geringschätzung der neuen britischen Delegationsspitze als vielmehr Ausdruck des Machtgefälles: Großbritannien war eine Potenz zweiter Ordnung, die man nur informierte).

Stalin hatte sich entschuldigen lassen, er war erkältet und konnte erst wieder am 31. Juli an der nächsten Plenarsitzung teilnehmen[34]. Da war der Handel bereits perfekt. Am Montagnachmittag davor hatten Molotow und Byrnes das wesentliche vereinbart. Byrnes bot die amerikanische Zustimmung zur polnischen Westgrenze an, und zwar wollten die USA jetzt die westliche Neiße akzeptieren (das war eher mehr als verlangt: Polen hätte sich nämlich auch mit der östlichen Neiße zufriedengeben müssen), und außerdem offerierte Byrnes die diplomatische Anerkennung der Regierungen in Rumänien, Bulgarien, Ungarn und Finnland durch die USA und Großbritannien. Schrittweise gab Molotow nun in der Reparationsfrage nach und verzichtete schließlich auch auf die Reste von festen Summen, die noch als sowjetische Forderungen übrig waren. Byrnes hatte unmißverständlich zum Ausdruck gebracht, daß die amerikanischen Offerten als Junktim zu verstehen seien, und er hatte auf den Termindruck hingewiesen, unter dem die amerikanische Delegation stand. Truman, zu dessen Tugenden die Geduld ohnehin nicht gehörte, war des Konferierens überdrüssig und wollte abreisen. Byrnes' Drängen konnte man daher durchaus als Drohung verstehen, die Potsdamer Konferenz platzen zu lassen.

Die Details der Reparationsregelung, die in der elften Plenarsitzung der Konferenz am 31. Juli beschlossen wurden[35], sind einigermaßen kompliziert oder doch unübersichtlich: Die So-

[34] Truman-Molotow-Meeting, 29. 7. 1945. In: FRUS, Berlin Conference, Bd. 2, S. 471 ff.

[35] Ebd., S. 510 ff.; Fischer, Teheran, S. 337 ff.

wjetunion sollte ihre Ansprüche hauptsächlich aus ihrer Besatzungszone sowie aus deutschen Guthaben in den Ländern Ost- und Südosteuropas befriedigen. Zusätzlich sollte die UdSSR aus den Westzonen 10 Prozent der Reparationsentnahmen ohne Bezahlung sowie 15 Prozent deutscher Leistungen im Tausch gegen Lebensmittel, Holz, Kohle, Kali und einige andere Waren erhalten. In den sowjetischen Anteil an den Reparationen war pauschal auch Polens Anspruch aufgenommen worden, das heißt, es gab keine eigenen Ansprüche Polens auf Reparationen durch Deutschland.

Der Preis, den die Westmächte auf Kosten Deutschlands für die kurze Eintracht in der Reparationsfrage zahlten, war immens. Die Zustimmung zur Abtrennung der Ostgebiete von Deutschland war noch nicht das Ärgste, und die Umsiedlung der dort lebenden Deutschen war ohnehin beschlossen. (Die Aussiedlung solle »organisiert und human« erfolgen, war dann unter Ziffer XIII im Konferenzkommuniqué zu lesen, der Alliierte Kontrollrat in Berlin solle sich um den Zustrom der Heimatlosen irgendwie kümmern, die gegenwärtige Lage in Deutschland sei zu berücksichtigen, und die Regierungen in Prag, Warschau und Budapest wurden ersucht, dies zur Kenntnis zu nehmen.)

Die Teilung des Reparationsgebiets in eine östliche und eine westliche Hälfte und die gleichzeitig erteilte Vollmacht an die Zonenkommandanten, das Reparationsproblem auf zonaler Basis zu regeln, war der entscheidende Schritt zur Aufteilung Deutschlands auf die Interessensphären der beiden konkurrierenden Weltmächte. Das Postulat, daß Deutschland weiterhin als Wirtschaftseinheit zu behandeln sei, war dagegen wenig wert. Wie wenig, das zeigte sich schon einige Monate nach der Konferenz von Potsdam, als General Clay Reparationsleistungen aus der US-Zone an die Sowjetunion stoppte, weil die Tauschlieferungen für die amerikanische Zone ausgeblieben waren.

Schon in einiger Eile begann am Nachmittag des 1. August die zwölfte Sitzung, bei der es vor allem um den Wortlaut des Protokolls ging, das als Zusammenfassung der Konferenzergebnisse der Weltöffentlichkeit unterbreitet werden sollte und das als »Potsdamer Abkommen« das berühmteste Dokument der Nachkriegszeit wurde. Weil die Expertenkommissionen die Fülle der Formulierungen nicht so schnell bewältigen konnten, mußte am Abend des 1. August noch eine längere Pause eingelegt werden. Um 22.40 Uhr traf man sich dann zur Schlußrunde, die bis nach Mitternacht dauerte. Präsident Truman schloß die Veranstaltung, nachdem die Teilnehmer sich Liebenswürdigkeiten gesagt und sich fortdauernder Freundschaft der drei Nationen versichert sowie eine Grußadresse an Churchill und Eden verfaßt hatten.

Am 2. August 1945, 9.30 Uhr mitteleuropäischer Zeit, wurde das Kommuniqué über die Potsdamer Konferenz veröffentlicht[36]. Präsident Truman befand sich schon auf dem Heimweg via Plymouth, wo ihn der Kreuzer »Augusta« erwartete. Auf See arbeitete Truman an seiner Rundfunkansprache über die Konferenzergebnisse. Den Rat der Außenminister als ständiges Gremium der fünf Großmächte wollte er an erster Stelle erwähnen. In der Reparationsfrage sei, anders als nach dem Ersten Weltkrieg, der Fehler vermieden worden, erst Reparationsleistungen festzusetzen, die Amerika schließlich finanzieren müsse. Deutschland werde die Möglichkeit haben, sich zu einem gesitteten Staat zu entwickeln, um dann wieder seinen Platz in der zivilisierten Welt einnehmen zu können. Und in der Frage der polnischen Grenze sei ein Kompromiß geschlossen worden, der beste, der möglich gewesen sei, und immerhin bleibe der endgültige Beschluß über Polens territoriale Gestalt der Friedenskonferenz vorbehalten.

Auf hoher See erhielt der US-Präsident die Nachricht, daß der Abwurf der Atombombe auf Hiroshima ein voller Erfolg gewesen sei. Hunderttausend Menschen auf einmal zu töten, war in der Geschichte der Menschheit vor diesem Datum, dem 6. August 1945, 8.15 Uhr japanischer Ortszeit (in Washington war es erst 19.15 Uhr am Vorabend), noch keiner Kriegsmaschinerie gelungen. An Bord der »Augusta« herrschte euphorische Stimmung. Zwei Tage später erklärte die Sowjetunion Japan den Krieg und begann mit dem Vormarsch in der Mandschurei und in Korea. Am 9. August wurde Nagasaki durch eine zweite Atombombe zerstört. Am 10. August bot der japanische Kaiser die Kapitulation an – zu den Bedingungen der Potsdamer Deklaration, aber unter Vorbehalt der kaiserlichen Rechte. Am 2. September 1945 unterzeichneten die Vertreter Japans auf dem amerikanischen Schlachtschiff »Missouri« in der Bucht von Tokio die bedingungslose Kapitulation vor dem amerikanischen General MacArthur. Das japanische Mutter-

[36] S. Anhang, Dokument 1.

land wurde amerikanisch besetztes Gebiet unter MacArthurs Oberbefehl. Der Zweite Weltkrieg war zu Ende.

In seinen Memoiren schrieb Harry S. Truman die Motive zu seinem Entschluß, Japan allein zu kontrollieren, für die Nachwelt fest: »So sehr mir an Rußlands Beteiligung am fernöstlichen Kriege lag, war ich aber jetzt doch auf Grund meiner Potsdamer Erfahrungen entschlossen, die Russen unter keinen Umständen an der Besetzung Japans zu beteiligen. Was wir mit ihnen in Deutschland, Bulgarien, Rumänien, Ungarn und Polen erlebt hatten, zeigte mir zur Genüge, daß ich mich hinsichtlich Japans auf keine gemeinsame Abwicklung mit den Russen einlassen durfte. Meine Überlegungen auf der Heimreise gipfelten in dem Entschluß, General MacArthur die uneingeschränkte Gewalt über das besiegte Japan zu übertragen. Im Stillen Ozean sollte uns die russische Taktik nicht stören.«[37]

Zweifellos hat der amerikanische Präsident bereits vor der Potsdamer Konferenz bestehende Absichten auf Grund späterer Erfahrungen bei der gemeinsamen Besatzungspolitik in Deutschland harmonisiert und seine wirklichen Motive dabei verschleiert. Für die Stimmung, den fehlenden Willen zur Kooperation und die mangelnde Fähigkeit zum politischen Konsens im Sommer 1945, am Ende der Konferenz von Potsdam, war die Darstellung Trumans jedoch charakteristisch.

In seiner Rundfunkansprache am 9. August – dem Tag, als Nagasaki verwüstet wurde – schilderte Truman die Ergebnisse von Potsdam in leuchtenden Farben. Es sei ihm leicht gefallen, mit dem Generalissimus und den beiden britischen Premierministern im Geiste gegenseitigen Verstehens und in Freundschaft auszukommen, sagte Truman, ehe er die Resultate der Konferenz ausführlich erläuterte. Bemerkenswert waren seine Ausführungen über die osteuropäischen Staaten Rumänien, Bulgarien und Ungarn, von denen er wider besseres Wissen behauptete, sie würden nicht »in die Einflußsphäre irgendeiner Macht« kommen, diesen Ländern gehöre so lange das gemeinsame Interesse der drei Großmächte, bis sie wieder Mitglieder der internationalen Familie geworden seien. Den Kompromiß über Polens Westgrenze verteidigte Truman mit der Bemerkung, keine Nation könne erwarten, alles zu bekommen, was sie wolle. Für die Völkerwanderung, die mit der in Potsdam gefundenen Regelung in Gang gesetzt wurde, fand er ausge-

[37] Truman, Memoiren, Bd. 1, S. 421 f.

sprochen harmlos klingende Worte: In dem an die Sowjetunion fallenden Gebiet östlich der Curzon-Linie »leben über 3 Millionen Polen, die Polen zurückgegeben werden müssen. Sie brauchen Siedlungsraum. Das neue Gebiet im Westen wurde früher von Deutschen bevölkert. Die meisten von ihnen haben das Gebiet aber schon angesichts der herannahenden sowjetischen Invasionsarmee verlassen. Wir wurden informiert, daß nur etwa 1 ½ Millionen zurückgeblieben sind.«[38]

Hatte er »Uncle Joe«, wie die Amerikaner und Briten den Generalissimus nannten, diese Zahlenangaben wirklich geglaubt? Truman hatte bei der Rede sicherlich eher die polnischstämmigen Amerikaner vor Augen, und im Rückblick auf die abenteuerlichen Beschlüsse von Potsdam war jede Verharmlosung willkommen. Im übrigen diente die Formel vom Provisorium der Beschwichtigung des Unbehagens. Das klang dann so: »Die polnische Regierung stimmte uns darin zu, daß die endgültige Bestimmung der Grenzen nicht in Berlin erreicht werden kann, sondern erst in einem Friedensvertrag. Immerhin wurde ein beachtlicher Teil der russischen Besatzungszone Deutschlands auf der Konferenz von Berlin bis zur endgültigen Entscheidung des Friedensabkommens Polen zu Verwaltungszwecken übergeben.«[39]

Vielleicht hat Truman aber an den eisfreien Hafen Königsbergs geglaubt. Der hatte ja schon in Jalta die Begründung geliefert, daß ein Teil Ostpreußens von der Sowjetunion annektiert werden durfte. Der Schönheitsfehler bei der Operation bestand lediglich darin, daß der Hafen von Königsberg im Winter ebenso vom Eis gelähmt wird wie die Ostsee-Häfen, die die Sowjetunion schon besaß. In einer anderen Frage war Truman hartnäckiger gewesen, aber erfolglos geblieben. Zu den Lieblingsprojekten des amerikanischen Präsidenten gehörte das Verlangen nach internationaler Kontrolle der großen Binnenwasserstraßen, vor allem der Donau, des Rheins, der Schwarzmeerenge, des Kieler Nord-Ostsee-Kanals und aller Wasserstraßen Europas, die an zwei oder mehr Staaten grenzten. In Potsdam war die Idee, die je nach Standort als amerikanische Marotte oder als kapitalistischer Trick zur Durchdringung der europäi-

[38] Deuerlein, Potsdam 1945, S. 379, bzw. Public Papers of the President of the United States: Harry S. Truman, Containing the Public Messages, Speeches and Statements of the President, April 12 to December 31, 1945. Washington 1961, S. 203 ff.

[39] Ebd.

schen Wirtschaftsräume angesehen wurde, an den Rat der Außenminister verwiesen worden, damit sie vom Tisch war.

Truman kam gegen Ende seiner Rede an die Amerikaner auf die Not der Europäer. Er spreche nicht von den Deutschen, sondern von den Völkern, deren Land von den Deutschen überrannt und verwüstet wurde, und ausdrücklich sprach er, denn die Welt war ja schon geteilt, von den westeuropäischen Völkern. Es fehle ihnen an dem Nötigen zum Wiederaufbau, an Nahrung und Kleidung: »Mit Beginn des Winters wird das Elend zunehmen. Wenn wir nicht alles tun, um zu helfen, verlieren wir vielleicht im nächsten Winter das im letzten Frühjahr so schrecklich teuer Errungene. Verzweifelte neigen dazu, ihre Gesellschaftsstruktur zu zerstören, um in deren Vernichtung einen Ersatz für Hoffnung zu finden. Wenn wir Europa der Kälte und dem Hunger überlassen, verlieren wir vielleicht Fundamente der Ordnung, worauf die Hoffnung auf weltweiten Frieden ruhen muß. Wir müssen bis zu den Grenzen unserer Stärke helfen. Und wir werden es tun.«[40]

Diese Botschaft wurde in Europa verstanden. Churchill, nunmehr Führer der Opposition im britischen Parlament, resümierte die Ergebnisse von Potsdam am 16. August im Unterhaus, wobei er die Truman-Rede höchst bemerkenswert nannte. Churchill durfte die Schwächen der Potsdamer Kompromisse deutlicher beim Namen nennen als Truman, und er scheute sich nicht, das zu tun. Es wäre verkehrt, meinte der ehemalige Premier, die voneinander abweichenden Ansichten der Sieger über die Situation in Ost- und Mitteleuropa zu verheimlichen. Man müsse sich darüber klar sein, daß keine der drei führenden Mächte ihre Lösung den anderen aufzwingen könne, daß nur Kompromisse möglich seien, wobei die Briten sehr zeitig und im steigenden Maße die Grenzen ihrer Macht und ihres Einflusses in der Nachkriegswelt hätten erkennen müssen.

Seiner persönlichen Meinung nach sei »die Polen zugestandene provisorische Westgrenze, die von Stettin an der Ostsee, längs der Oder und ihrem Nebenfluß, der westlichen Neiße, verläuft und ein Viertel des Ackerlandes ganz Deutschlands umschließt, kein gutes Vorzeichen für die künftige Karte Europas«[41]. Man sei, bei aller Anerkennung des Grundsatzes, daß

[40] Ebd.

[41] Winston S. Churchill, Reden 1945. Endsieg. Zürich 1950, S. 365 (Churchill-Reden, Bd. 6); Deuerlein, Potsdam 1945, S. 383f.

Polen auf deutsche Kosten für seinen Gebietsverlust im Osten entschädigt werden müsse, weit über das hinausgegangen, was Notwendigkeit und Billigkeit erforderten. Einen guten Teil der Verantwortung maß Churchill dabei der polnischen provisorischen Regierung zu. Wie hätten deren Mitglieder, polnische Patrioten allesamt, freilich bescheidener sein sollen in der Lage, in der sie sich befanden? Churchill aber tadelte sie mit dem Diktum, es gebe nur wenige Tugenden, die die Polen nicht besäßen, und es gebe nur wenige Irrtümer, die sie jemals vermieden hätten.

Das war auch ein Versuch, Polen mit in die Haftung zu nehmen für den Beschluß, den polnischen Staat anläßlich seiner Wiedergeburt en bloc von Osten nach Westen zu verschieben, ohne Rücksicht auf die betroffenen Menschen. Churchill war ja keineswegs unbeteiligt an dem Beschluß und seiner Vorgeschichte. Deshalb grauste ihm auch vor den Folgen. Im Unterhaus sagte er am 16. August 1945: »Besonders beschäftigen mich in diesem Augenblick die Berichte, die uns über die Bedingungen zukommen, unter denen die Vertreibung und der Auszug der Deutschen aus dem neuen Polen durchgeführt werden. Vor dem Krieg lebten acht bis neun Millionen Menschen in diesen Gebieten. Die polnische Regierung sagt, von diesen befänden sich noch 1,5 Millionen, die bisher nicht vertrieben wurden, innerhalb der neuen Grenzen. Andere Millionen müssen hinter den britischen und amerikanischen Linien Zuflucht genommen haben, wodurch sie die Lebensmittelknappheit in unserer Zone erhöhten. Über eine riesige Anzahl fehlt jede Nachricht. Wohin haben sie sich gewandt, was war ihr Schicksal? Die gleichen Zustände können sich in veränderter Form bei der Ausweisung einer großen Anzahl Sudetendeutscher und anderer Deutscher aus der Tschechoslowakei wiederholen. Spärliche und vorsichtige Berichte über die Dinge, die vor sich gingen und gehen, sind durchgesickert; es ist aber nicht ausgeschlossen, daß eine Tragödie ungeheuren Ausmaßes sich hinter dem Eisernen Vorhang, der Europa gegenwärtig entzweischneidet, abspielt.«[42]

In der ›Prawda‹ vom 3. August 1945 war die offizielle sowjetische Stellungnahme nachzulesen, die allerdings wenig Erhellendes bot: »Die Ergebnisse der Berliner Konferenz sprechen überzeugend dafür, daß die erreichten Vereinbarungen zu den

[42] Ebd.

wichtigsten Fragen der Nachkriegsentwicklung, den Weg der weiteren Zusammenarbeit sowohl der Großmächte als auch der anderen freiheitsliebenden Völker vorzeichnen.«[43]

Noch während der Potsdamer Konferenz hatte der Alliierte Kontrollrat in Berlin seine Tätigkeit aufgenommen. Daß Frankreich in diesem Gremium vertreten war, wurde in Paris nicht als Zugeständnis durch die Großmächte realisiert und empfunden; der Ausschluß de Gaulles von der letzten Kriegskonferenz der Großen Drei empörte jedoch. Das Gefährliche an der Demütigung der Franzosen bestand darin, daß zu befürchten war, Frankreich werde von den Potsdamer Beschlüssen nur diejenigen akzeptieren, die den deutschlandpolitischen Vorstellungen der französischen Regierung entsprechen würden.

Genauso kam es. Paris war vorab, und zwar am 31. Juli, am 1. und 2. August über die Potsdamer Entscheidungen informiert worden. Am 7. August 1945 überreichte der Außenminister Bidault den Botschaftern der drei Großmächte eine Note, in der die französische Auffassung dargelegt war. Einigen der Potsdamer Entscheidungen stimmte Frankreich freudig zu, wie der Teilnahme am Rat der Außenminister, gegen andere, wie die Regelungen über Polen und Italien, hatte man keine Bedenken, aber gegen die Grundsätze über die Behandlung Deutschlands enthielt die Note Einwendungen. Besonders die Zulassung politischer Parteien auf gesamtdeutscher Ebene und die Errichtung zentraler Verwaltungsbehörden unter Staatssekretären, die im ganzen deutschen Gebiet Befugnisse hätten, waren nicht im Sinne der französischen Regierung, der die Vorstellung eines extrem föderalisierten Deutschlands lieb war[44].

Zwei Wochen später, am 23. August, hatte Außenminister Bidault in Washington eine Unterhaltung mit seinem Kollegen Byrnes. Bei der Gelegenheit brachte er die französischen Sorgen ausführlich auf den Tisch: Man fühle sich beim Reparationskompromiß betrogen, weil die französischen Ansprüche jetzt nicht im entferntesten befriedigt werden könnten. Dem Sicherheitsbedürfnis der Franzosen sei auch nicht hinlänglich entsprochen worden. Der Gedanke, daß im Osten beträchtliche deutsche Gebiete dem sowjetischen Herrschaftsbereich einverleibt worden seien, sei hart zu ertragen angesichts der Tatsache,

[43] Zit. nach Badstübner, Potsdamer Konferenz, S. 36.

[44] FRUS, Berlin Conference, Bd. 2, S. 1554 f.; vgl. Feis, Zwischen Krieg und Frieden, S. 291 f.

daß das Saargebiet weiterhin zu Deutschland und nicht zu Frankreich gerechnet werde. Über das Ruhrgebiet wünschte Frankreich mindestens eine internationale Kontrolle, und politisch sollte Deutschland der Sicherheit Frankreichs wegen im höchsten Grade dezentralisiert werden[45].

Byrnes suchte seinen Kollegen zu beschwichtigen, aber Bidault hielt daran fest, daß über vitale Interessen Frankreichs in Potsdam ohne französische Beteiligung vorentschieden worden sei, und er fühle sich daher verpflichtet, die äußersten Vorbehalte zum Ausdruck zu bringen. Das war zwar eine deutliche Ankündigung, aber erst ein Vorgeschmack der obstruktiven Politik, die Frankreich dann im Alliierten Kontrollrat und auf den anderen Ebenen der Deutschlandpolitik treiben würde.

Auch aus dieser Perspektive erschien die Potsdamer Konferenz eher als Mißerfolg. Die Veranstaltung zwischen Krieg und Frieden war der Versuch gewesen, die politischen, territorialen und wirtschaftlichen Probleme zu lösen, die sich am Ende des Zweiten Weltkriegs in Europa stellten. Es war die letzte der Kriegskonferenzen der Hauptmächte der Anti-Hitler-Koalition, die abgehalten wurde zur Teilung der Kriegsbeute und zur Verständigung über die Bedingungen, die einer späteren Friedenskonferenz vorgegeben sein würden. Festgeschrieben im Konferenzprotokoll – dem »Potsdamer Abkommen« – wurden Anfang August 1945 die politischen und wirtschaftlichen Grundsätze zur Behandlung Deutschlands, wie sie der Alliierte Kontrollrat exekutieren sollte, Vereinbarungen über die Reparationen, die Aburteilung von Kriegsverbrechern, die Abtrennung der Gebiete östlich der Oder-Neiße-Linie und die Vertreibung der Deutschen aus diesem Territorium und aus anderen Staaten Ost- und Südosteuropas.

Der Erste Weltkrieg war durch den Frieden von Versailles beendet worden. Der Friedensvertrag trug die Unterschrift von Vertretern des Deutschen Reiches auf der Verliererseite gegenüber 27 Siegerstaaten. Der Friedensschluß erfolgte im Juni 1919, ein halbes Jahr nach Beginn der Friedenskonferenz und acht Monate nach dem Ende der Kampfhandlungen. Das war ein wesentlicher Unterschied zur provisorischen Nachkriegsordnung der deutschen Angelegenheiten in Potsdam, die niemals durch eine Friedenskonferenz und durch einen Friedens-

[45] Memorandum of Conversation Bidault/Byrnes, 23. August 1945. In: FRUS, Berlin Conference, Bd. 2, S. 1557–1564.

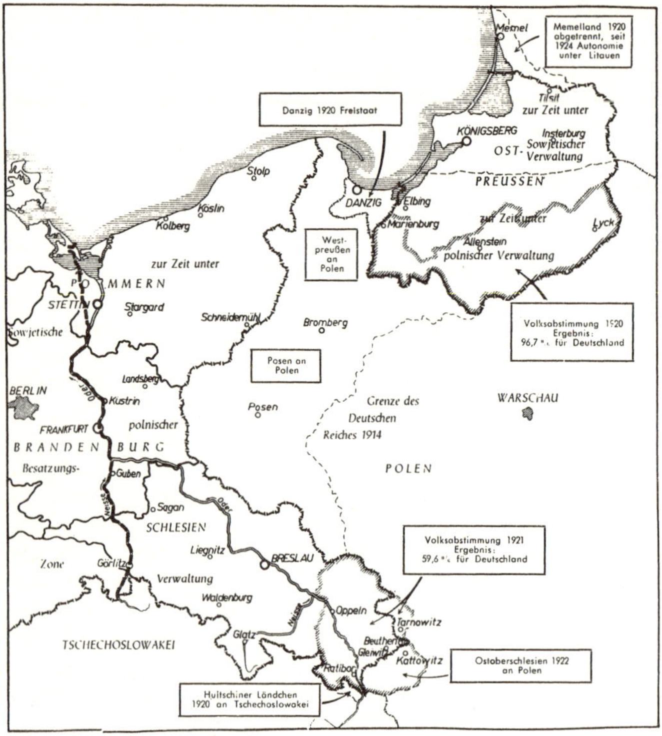

Ostgebiete des Deutschen Reiches (Grenzen nach dem Versailler Vertrag von 1919). 1939 lebten östlich der Oder-Neisse-Linie etwa 9,6 Millionen Deutsche.

vertrag feierlich bekräftigt wurde. Trotzdem erwies sie sich beständiger als die Ordnung der internationalen Angelegenheiten, wie sie in Versailles versucht worden war. Der Streit um die juristische Gültigkeit des »Potsdamer Abkommens« ist daher gegenüber den historischen Realitäten ziemlich müßig. Ob das Dokument nun (wie im sowjetischen Verständnis) als »völkerrechtlicher Vertrag« interpretiert wird oder ob man im Westen darauf beharrt, daß es sich lediglich um ein Konferenz-Kommuniqué handelt, was formal korrekt ist, aber an den Tatsachen nichts ändert: das Potsdamer Protokoll war die Magna Charta der Nachkriegspolitik gegenüber Deutschland. Das Dokument verlor allerdings im Laufe der Zeit, je geringer die Chancen wurden, daß die darin auch enthaltenen Verpflichtungen der Alliierten gegenüber Deutschland erfüllt würden, an Bedeutung[46].

Potsdam hatte mit Versailles auch einiges gemeinsam, nicht zuletzt die Tatsache, daß die Sieger sich zerstritten. Die Dimensionen waren aber 1945 anders als 1919. Zur Teilung der Beute waren die Großmächte in Potsdam zusammengekommen, als sie auseinandergingen, hatten sich nicht nur Deutschland, sondern auch Europa und die Welt geteilt.

5. Länderregierungen und zonale Bürokratien als Auftragnehmer der Besatzungsmächte

An die Stelle der Regierung des Deutschen Reiches war im Sommer 1945 der Alliierte Kontrollrat getreten. Das galt mindestens in der Theorie, in der Praxis waren es aber die Militärgouverneure, die an der Spitze der vier Besatzungszonen die jeweils oberste Regierungsgewalt verkörperten. Unterhalb der durch alliierten Machtspruch künstlich entstandenen Zonenebene bestanden zunächst die traditionellen politischen und administrativen Strukturen fort; auf der Kommunal- und Kreisebene sollte die Idee der Selbstverwaltung mit neuem Leben erfüllt werden. Hier, im lokalen Bereich, konnte sich unter strenger Aufsicht der örtlichen Militärregierung auch am frühesten wieder Politik in deutscher Verantwortung entfalten.

Auf der Länderebene sah es ganz anders aus. Die ehedem selbständigen deutschen Staaten, die sich unter preußischer Hegemonie zum Norddeutschen Bund (1866) und dann mit den Süddeutschen Ländern zum Deutschen Reich von 1871 zusammengeschlossen hatten, waren 1945 nur noch Verwaltungseinheiten. Durch die Weimarer Reichsverfassung und durch Erzbergers Finanzreform hatten sie nach dem Ersten Weltkrieg einen erheblichen Teil politischer Selbständigkeit eingebüßt, die »Gleichschaltung« nach der nationalsozialistischen Machtergreifung beseitigte in den Jahren 1933–1935 die letzten Reste bundesstaatlicher Qualität und Tradition. Übriggeblieben war

[46] Michael Antoni, Das Potsdamer Abkommen – Trauma oder Chance? Geltung, Inhalt und staatsrechtliche Bedeutung für Deutschland. Berlin 1985.

die Dominanz des übergroßen Landes Preußen, das drei Fünftel der Fläche des Deutschen Reiches bedeckt hatte. Die Territorialreform war eines der ungelösten Probleme der Weimarer Verfassungsväter von 1919, aber auch späterer Bemühungen vor Hitlers Machtantritt, geblieben. Das Nebeneinander des preußischen Riesen mit Zwergen von der Größe der Länder Braunschweig, Oldenburg, Anhalt, Schaumburg-Lippe usw. und den süd- und mitteldeutschen Ländern mittlerer Größe (Bayern, Sachsen, Württemberg, Baden und Hessen) hatten auch die nationalsozialistischen Reformversuche nicht beseitigen können. Lediglich die beiden Länder Mecklenburg-Schwerin und Mecklenburg-Strelitz waren vereinigt worden, die Selbständigkeit des Stadtstaats Lübeck hatte 1937 geendet und Hamburg war auf Kosten seines preußischen Umfelds erweitert worden.

1945 waren die Besatzungszonen ohne besondere Rücksicht auf die deutschen Ländergrenzen errichtet worden. In jeder der vier Zonen lag ein Stück Preußen, am meisten in der sowjetischen (die Provinzen Brandenburg und Sachsen, sowie Reste von Pommern und Schlesien) und vor allem in der britischen Zone, nämlich die Provinzen Schleswig-Holstein, Hannover, Westfalen, die Rheinprovinz. In die US-Zone fiel der größere Teil der Provinz Hessen-Nassau, unter französische Herrschaft kamen das Saarland und andere Teile der preußischen Rheinprovinz sowie die Enklave Hohenzollern (Sigmaringen). Die Zonengrenzen bewirkten schon 1945 de facto, was dann im Februar 1947 durch Gesetz des Alliierten Kontrollrats de jure besiegelt wurde: die Auflösung des Landes Preußen[1].

Die Neustrukturierung der politisch-administrativen Geographie wurde in der sowjetischen Zone am frühesten vollzogen. Im Juli 1945 bestätigte die SMAD die personelle Zusammensetzung der Landes- bzw. Provinzialverwaltungen, die auf ihrem Territorium entstanden waren. Bis 1947 gab es den feinen, in der Praxis jedoch bedeutungslosen Unterschied zwischen »föderalen Ländern« – Mecklenburg, Sachsen, Thüringen – und den Provinzen Sachsen-Anhalt und Brandenburg. Durch SMAD-Befehl waren die Gebiete als fünf neue Verwaltungsein-

[1] Das formelle Ende Preußens erfolgte mit Gesetz Nr. 46 des Alliierten Kontrollrats vom 25. 2. 1947 (Amtsblatt des Kontrollrats, S. 262). Die Gesetzespräambel begann: »Der Staat Preußen, der seit jeher Träger des Militarismus und der Reaktion in Deutschland gewesen ist, hat in Wirklichkeit zu bestehen aufgehört.«

heiten definiert worden mit jeweils einem regionalen SMAD-Chef an der Spitze.

Die Neuzusammensetzung entsprach praktischen wie historischen Gesichtspunkten: Die westlich der Oder und Swine liegenden Reste der Provinz Pommern kamen zu Mecklenburg, das amtlich bis 1947 »Mecklenburg-Vorpommern« hieß, das Ländchen Anhalt wurde der ehemals preußischen Provinz Sachsen zugeschlagen, der westlich der Neiße gelegene Rest der Provinz Niederschlesien kam zum Land Sachsen. Der Bezirk Erfurt wurde von der Provinz Sachsen abgetrennt und kam zum Land Thüringen. Brandenburg blieb, bis auf die Verluste östlich der Oder im Gebietsstand unverändert. 1947 erhielten die Provinzen den Länderstatus, was freilich keine besondere Bedeutung hatte, einmal wegen des Zentralismus in der SBZ, der den Ländern lediglich die Rolle von Selbstverwaltungskörperschaften zubilligte, zum anderen war den fünf Ländern der Sowjetzone ohnehin nur noch eine kurze Lebensdauer beschieden. In der Verwaltungsreform vom Juli 1952 wurden sie beseitigt, die DDR ist seither in 14 Bezirke eingeteilt, die vielfach ohne Rücksicht auf die früheren Ländergrenzen gebildet wurden.

Ein ähnliches Nebeneinander von Ländern und ehemals preußischen Provinzen herrschte bis Ende 1946 in der britischen Zone. Im April 1945 hatte die britische Militärregierung im Land Braunschweig einen deutschen Ministerpräsidenten (Hubert Schlebusch) eingesetzt. Im Mai wurde Theodor Tantzen auf britischen Befehl Ministerpräsident von Oldenburg (er hatte dieses Amt schon in der Weimarer Zeit bekleidet), im Stadtstaat Hamburg war am 15. Mai 1945 Rudolf Petersen, ein vor 1933 bekannter Liberaler (DVP) zum Ersten Bürgermeister ernannt worden. In Hannover wurde Hinrich Wilhelm Kopf von den Briten Anfang Mai als Regierungspräsident eingesetzt und im September 1945 zum Oberpräsidenten und Chef der Provinzialregierung der Provinz Hannover ernannt. Kopf war ab Oktober auch Vorsitzender des von der Militärregierung gebildeten Verwaltungsrats für die Region Hannover. Das war die Keimzelle des Landes Niedersachsen[2]. Gleichberechtigte Stellvertreter von Kopf waren die Regierungschefs von Braunschweig und Oldenburg. Zum »Verwaltungsrat Niedersach-

[2] Vgl. Thilo Vogelsang, Hinrich Wilhelm Kopf und Niedersachsen. Hannover 1963.

sen«, so die offizielle Bezeichnung ab Anfang 1946, gehörte auch die Hansestadt Bremen, die als Enklave (wegen der Seeverbindung) zum amerikanischen Besatzungsgebiet gehörte.

Im August 1946 verordnete die britische Militärregierung die Auflösung der Provinzen des früheren Landes Preußen. Das war aber nur eine Titeländerung, denn gleichzeitig erfolgte ihre Neukonstituierung als Länder. Kopf war jetzt Ministerpräsident von Hannover, sein Kollege Theodor Steltzer in Kiel tauschte zur gleichen Zeit den Titel eines Oberpräsidenten der Provinz Schleswig-Holstein mit der Bezeichnung Ministerpräsident des Landes Schleswig-Holstein[3]. Der Provinzialbeirat dieses Landes, der im Februar 1946 errichtet und von Delegierten der Verwaltung, der Parteien, Gewerkschaften und Berufsstände beschickt worden war, wurde zum Provinziallandtag umgebildet. Der Status eines Landes, den die Briten im August verliehen, war aber erst provisorisch. Im Dezember wurde ein neuer Landtag gebildet, die Mandatsträger waren zum größeren Teil von der Militärregierung ernannt (39), zum kleineren von den Kreistagen (21) gewählt worden. Nach der förmlichen Auflösung Preußens durch Kontrollratsgesetz im Februar 1947 wurde Schleswig-Holstein de jure auch ein selbständiges Land.

Das Land Niedersachsen, das aus dem Zusammenschluß von Hannover mit den Ländern Braunschweig und Oldenburg sowie dem Ländchen Schaumburg-Lippe hervorging, wurde bereits im November 1946 konstituiert. Das dritte Land der britischen Zone hatte eine ähnliche Entstehungsgeschichte. Im Sommer 1945 war die ehemalige preußische Rheinprovinz auf drei Besatzungsmächte aufgeteilt worden. Der nördliche Teil erhielt unter britischer Herrschaft einen Oberpräsidenten (ab Oktober 1945 versah Robert Lehr dieses Amt). Im Juli 1945 bestellte die Militärregierung Rudolf Amelunxen zum Oberpräsidenten der Provinz Westfalen. Am 1. Januar 1946 wurde aus dem Oberpräsidium eine Provinzialregierung mit einer Art Parlament (aus ernannten Mitgliedern), dem Provinzialrat. Im Juli 1946 wurde Amelunxen als Ministerpräsident mit der Bildung einer Regierung für das zu errichtende Land Nordrhein-Westfalen

[3] Kurt Jürgensen, Die Gründung des Landes Schleswig-Holstein nach dem Zweiten Weltkrieg. Der Aufbau der demokratischen Ordnung in Schleswig-Holstein unter dem ersten Ministerpräsidenten Theodor Steltzer 1945 – 1947. Neumünster 1969.

beauftragt, für das im August ein Landtag ernannt wurde[4]. Anfang 1947 fügte die britische Militärregierung das kleine Land Lippe dem neuen Land Nordrhein-Westfalen hinzu. Das benachbarte noch kleinere Ländchen Schaumburg-Lippe kam im November 1946 endgültig zu Niedersachsen. Das vierte Land der britischen Zone war die Hansestadt Hamburg, die unverändert in ihrer 1937 erworbenen Größe den Charakter eines selbständigen Landes bewahren konnte.

In der amerikanischen Zone hatte Bayern seine historische Gestalt bewahrt, wenn man vom linksrheinischen Landesteil Pfalz, der in die französische Zone kam, absieht. Ein Unikum bildeten Stadt und Landkreis Lindau, die französisch besetzt waren, aber nicht aus dem bayerischen Staatsverband gelöst wurden. Das verlieh dem Lindauer Landrat eine besondere, quasi exemte Stellung, weil München als amerikanisch besetzte Landeshauptstadt in weite Fernen gerückt war, Tübingen als zuständiges Zentrum der französischen Besatzungsmacht aber ebenso fernab lag.

Die Länder Württemberg und Baden waren aus strategischen Gründen entlang der Autobahnlinie Ulm-Stuttgart-Karlsruhe zerschnitten worden. Die nördlichen Teile beider Länder fielen in die amerikanische, die südlichen in die französische Zone. Die Amerikaner fügten ihre Teile zum neuen Land Württemberg-Baden zusammen, die Franzosen bildeten zwei Länder Württemberg-Hohenzollern mit der Hauptstadt Tübingen (das kleine Land umfaßte den Süden Württembergs und die ehemals preußischen Enklaven Sigmaringen und Hechingen) und Baden mit dem Regierungssitz in Freiburg. Die historische badische Hauptstadt Karlsruhe war ja zu »Württemberg-Baden« gekommen. Um Verwechslungen zu vermeiden, nannte man das von Freiburg aus regierte Land der französischen Zone »(Süd-) Baden«, was freilich bei der dortigen Regierung nicht beliebt war. Während dieses Ländchen von seinem nördlichen amerikanisch besetzten Schwestergebiet ziemlich abdriftete und späterhin seine Selbständigkeit hartnäckig verteidigte, war man zwischen Tübingen und Stuttgart eines Sinnes, daß nämlich die Wiedervereinigung das einzig erstrebenswerte Ziel sei[5]. Bis Oktober

[4] Peter Hüttenberger, Nordrhein-Westfalen und die Entstehung seiner parlamentarischen Demokratie. Siegburg 1973; Walter Först, Geschichte Nordrhein-Westfalens. Bd. 1: 1945 – 1949. Köln 1970.

[5] Vgl. Theodor Eschenburg, Das Problem der Neugliederung der Deutschen

1945 hatte man die Verwaltungseinheit zwischen Süd- und Nordwürttemberg über die Zonengrenze hinweg aufrechtzuerhalten versucht. Als letzte Möglichkeit verfielen die Schwaben im Oktober 1945 auf die Idee, daß Carlo Schmid, der als Tübinger Regierungschef den Titel »Vorsitzender des Staatssekretariats für das französisch besetzte Gebiet Württembergs und Hohenzollern« führte, gleichzeitig mit der Bezeichnung »Staatsrat« an den Sitzungen der Landesregierung in Stuttgart teilnahm. Das Tübinger Staatssekretariat wollte sich nur als »Abwesenheitspflegschaft« verstehen[6], aber es entwickelte sich auf französisches Drängen und der Eigengesetzlichkeit bürokratischer Gebilde entsprechend eine richtige Landesregierung mit (ab 1946) Ministern und (ab 1947) einem Staatspräsidenten an der Spitze. Die Wiedervereinigung der württembergischen Landesteile unter Beibehaltung der Union mit Nordbaden und der Anschluß (Süd-)Badens an ein gemeinsames Land, den Südweststaat, wurde in den beiden Landeshauptstädten Tübingen und Stuttgart während der ganzen Besatzungszeit mit Eifer verfolgt, und auch in Karlsruhe, wo die Verwaltung des nordbadischen Landesteils etliche Autonomie genoß, gewöhnte man sich an den Gedanken. Der Zusammenschluß der drei durch die Besatzungsmächte künstlich geschaffenen Länder im Südwesten zum Bundesland Baden-Württemberg im April 1952 blieb die einzige Revision der durch alliierten Machtspruch erzeugten Länderkarte in den drei westlichen Besatzungszonen Deutschlands[7].

Erstaunlicherweise entwickelten sich in wenigen Nachkriegsjahren in den neuen Ländern solche Bindungskräfte, daß die 1948 von den Westalliierten angebotene bzw. angeordnete Eröffnung der Neugliederungsdiskussion ohne Ergebnis blieb. Erstaunlich war das deshalb, weil jahrzehntelang propagierte Territorialreformen, deren Durchführung schlichte Vernunft geboten hätte, unter Berufung auf gewachsene Bindungen und Traditionen weder in der Weimarer Republik noch im NS-Staat

Bundesrepublik dargestellt am Beispiel des Südweststaates. Frankfurt a. M. 1950; Reinhold Maier, Ein Grundstein wird gelegt. Die Jahre 1945 – 1947. Tübingen 1964; ders., Erinnerungen 1948 – 1953. Tübingen 1966.

[6] Carlo Schmid, Erinnerungen. Bern, München, Wien 1979, S. 239; Max Gögler und Gregor Richter (Hrsg.), Die Geschichte des Landes Württemberg-Hohenzollern 1945 – 1952. Darstellungen und Erinnerungen. Sigmaringen 1982.

[7] Eberhard Konstanzer, Die Entstehung des Landes Baden-Württemberg. Stuttgart 1969.

(von wenigen Ausnahmen abgesehen) zustande gekommen waren.

Rheinland-Pfalz, das dritte Land der französischen Zone, ist geradezu das Schulbeispiel dafür, wie schnell sich neue Beharrungskräfte entwickelten. Das Land, dessen Entstehung durch die französische Besatzungsverwaltung Ende August 1946 verordnet wurde, hatte, außer dem teilweisen Besatzungswechsel von den Amerikanern zu den Franzosen, bei dem im Juli 1945 auch die Verwaltungsstrukturen geändert wurden, eine verwirrende Entstehungsgeschichte[8]. Es war aus Territorialsplittern zusammengefügt, die ehedem zu Bayern, zu Rheinpreußen, zum preußischen Hessen-Nassau, zu Hessen, zu Oldenburg (Birkenfeld) gehört hatten. Als die Franzosen Ende Juli 1945 das Saargebiet abtrennten, um es als selbständige Verwaltungseinheit einer eigenen französischen Kontrollbehörde zu unterstellen, wurden zusätzlich 142 rheinland-pfälzische Gemeinden der Landkreise Saarburg, Trier und Birkenfeld dem Saarland einverleibt. Das Saarland gehörte jetzt nicht mehr zur französischen Zone und (mit zähneknirschender Duldung der anderen Alliierten) auch nicht mehr zum Hoheitsgebiet des Alliierten Kontrollrats. Es war de facto von Deutschland abgetrennt worden, um allmählich französisch zu werden[9].

Die Amerikaner proklamierten in ihrer Zone am 19. September 1945 die Errichtung von drei Ländern: Bayern, Württemberg-Baden und (Groß)Hessen[10]. Bremen, das zunächst britisch besetzt war, erhielt den Status eines Landes der US-Zone erst im Januar 1947. Zum Lande Hessen hatte die amerikanische Militärregierung die Gebiete zusammengeschlossen, die früher zu Preußen gehört hatten (Provinz Kurhessen mit Verwaltungszentrum Kassel und die Provinz Hessen-Nassau) und sie mit den beiden Teilen des Landes Hessen (Darmstadt) vereinigt, die rechts des Rheins lagen. Hauptstadt des neuen Landes wurde Wiesbaden.

Diese Länder, je drei und ein Stadtstaat in der anglo-amerika-

[8] Ulrich Springorum, Entstehung und Aufbau der Verwaltung in Rheinland-Pfalz nach dem Zweiten Weltkrieg (1945 – 1947). Berlin 1982.

[9] Robert H. Schmidt, Saarpolitik 1945 – 1947. 3 Bde, Berlin 1952 – 1959; Dieter M. Schneider, Saarpolitik und Exil 1933 – 1955. In: VfZ 25 (1977), S. 467–545.

[10] Paul Sauer, Demokratischer Neubeginn in Not und Elend. Das Land Württemberg-Baden von 1945 bis 1952. Ulm 1978; Peter Jakob Kock, Bayerns Weg in die Bundesrepublik. Stuttgart 1983; Peter Hörter, Die Entstehung des Landes

nischen, drei in der französischen und fünf in der sowjetischen Zone, waren nicht nur von der Entstehung her unterschiedliche Gebilde, sie hatten auch unterschiedliche Funktionen. In der britischen Zone waren sie in den ersten beiden Besatzungsjahren kaum mehr als Administrationskörper, in der sowjetischen blieben sie es bis zu ihrer Auflösung.

In der französischen Zone waren die Länder zwar auch in erster Linie Ausführungsorgane der Besatzungsmacht, den staatenbündischen Konzepten der Pariser Deutschlandpolitik entsprechend war ihnen aber doch auch eine eigene politische Funktion zugedacht. Anstelle einer auf Dauer unerwünschten deutschen Zentralregierung sollten nach französischem Wunsch die Länder in großer Selbständigkeit gegeneinander agieren. Ideale waren wenn schon nicht der Rheinbund so doch der Deutsche Bund von 1815; dazu brauchte es föderalistisches Selbstbewußtsein in den Ländern, sie durften also auch nicht als bloße Verwaltungskörper behandelt werden. Folgerichtig gab es in der französischen Zone auch bis zum Ende der Besatzungszeit keine deutschen politischen Gremien oberhalb der Länderebene, und die Teilnahme der drei Regierungschefs der Länder der französischen Zone an Konferenzen mit ihren Kollegen aus den anderen Zonen wurde noch bis in die Gründungsphase der Bundesrepublik von der Militärregierung ungern gesehen[11].

Die Amerikaner betrieben ebenfalls die Föderalisierung, d.h. ihnen galten lebensfähige und mit eigener Kompetenz ausgestattete Einzelstaaten, die sich im Bundesstaat zur höheren Ordnung vereinigten, als selbstverständliche Voraussetzung eines demokratischen Systems. Sie statteten daher schon im September 1945 die Länder ihrer Zone (die sie als »States« bezeichneten) mit voller legislativer, exekutiver und richterlicher Gewalt aus. Das brachte den Ministerpräsidenten, da sie noch keiner parlamentarischen Kontrolle unterlagen, gegenüber ihren Kabinetten und der Verwaltung eine beträchtliche Machtfülle,

Hessen nach 1945. Unter besonderer Berücksichtigung der Mitwirkung der Besatzungsmächte. Diss., Würzburg 1968.

[11] Klaus-Dietmar Henke, Politik der Widersprüche. Zur Charakteristik der französischen Militärregierung in Deutschland nach dem Zweiten Weltkrieg. In: VfZ 30 (1982), S. 500–537; ders., Aspekte französischer Besatzungspolitik in Deutschland nach dem Zweiten Weltkrieg. In: Miscellanea. Festschrift für Helmut Krausnick zum 75. Geburtstag. Hrsg. von Wolfgang Benz u.a., Stuttgart 1980, S. 169–191.

die jedoch durch ihre Abhängigkeit von der Besatzungsmacht nach außen hin einige Grenzen hatte.

Besonders drastisch zu spüren bekam das Fritz Schäffer, der erste Nachkriegs-Ministerpräsident von Bayern. Er war am 28. Mai 1945 von der Militärregierung eingesetzt worden, weil er als ehemaliger Vorsitzender der Bayerischen Volkspartei (1929–1933) und Chef des bayerischen Finanzministeriums am Ende der Weimarer Zeit sowohl fachlich wie demokratisch legitimiert war. Vorgeschlagen für dieses Amt hatte ihn der Erzbischof von München und Freising, Kardinal Faulhaber, der auf Wunsch des Regional Military Government eine Kandidatenliste geeigneter Politiker aufgestellt hatte. So war Schäffer, angeblich selbst überrascht, Ministerpräsident des nach Ansicht der Militärregierung noch gar nicht existierenden Landes Bayern geworden. (Die Amerikaner betrachteten bis September 1945 Bayern lediglich als Traditionsbegriff, als Pragmatiker errichteten sie aber trotzdem eine Landesverwaltung und Regierung.)

Am 28. September 1945 wurden Ministerpräsident Schäffer und sein Justizminister Hoegner zum Amtssitz der Militärregierung für Bayern in der Münchner Holbeinstraße bestellt. Ohne Umschweife und ohne Begründung wurde Schäffer dort eröffnet, daß er entlassen sei und Hoegner erhielt die Mitteilung, er sei jetzt bayerischer Ministerpräsident. Die Amerikaner kreideten Schäffer an, daß er die Säuberung der öffentlichen Verwaltung von Nationalsozialisten nicht rigoros genug betrieb[12].

Der Sozialdemokrat Wilhelm Hoegner, der schon vor 1933 als Hitlergegner hervorgetreten war und deshalb 1933 ins Exil in die Schweiz gehen mußte, war der Typ des Weimarer Demokraten, der in den Augen der Besatzungsmacht das richtige Format zum Nachkriegspolitiker hatte. In Stuttgart machten die Amerikaner Reinhold Maier im August 1945 zum Ministerpräsidenten. Der streitbare Liberale war 1929 bis 1933 württembergischer Wirtschaftsminister und Reichstagsabgeordneter gewesen, sein Kabinett bestand aus Männern ähnlichen Schlages.

[12] Einzelheiten bei Conrad F. Latour und Thilo Vogelsang, Okkupation und Wiederaufbau. Die Tätigkeit der Militärregierung in der amerikanischen Besatzungszone Deutschlands 1944 – 1947. Stuttgart 1973, S. 86 ff.; Wilhelm Hoegner, Der schwierige Außenseiter. Erinnerungen eines Abgeordneten, Emigranten und Ministerpräsidenten. München 1959, S. 198 ff.

Justizminister von Württemberg-Baden wurde Josef Beyerle, der schon als Zentrumspolitiker von 1923 bis 1933 das württembergische Justizministerium geleitet hatte. Der ehemalige liberale Reichstagsabgeordnete Theodor Heuss, der das NS-Regime in der inneren Emigration überdauert hatte, wurde Kultusminister in Stuttgart. Zum Ministerpräsidenten des Landes Hessen ernannten die Amerikaner im Oktober 1945 den Rechtsprofessor Karl Geiler, der 1939 von den Nationalsozialisten seines Amtes an der Universität Heidelberg enthoben worden war. In Bremen machte die Militärregierung den Sozialdemokraten Wilhelm Kaisen[13] im Juni 1945 zum Senator für Wohlfahrt (das war er von 1927 bis 1933 schon einmal gewesen), und im August wurde er zum Bürgermeister und Senatspräsidenten ernannt. Die Rekrutierung der deutschen Politiker, besser gesagt der Administratoren der ersten Stunde, erfolgte in allen Zonen im Grunde nach diesem Muster: Wer sich in der Weimarer Zeit als Demokrat und Republikaner erwiesen hatte und nach 1933 gegenüber dem Nationalsozialismus resistent geblieben war, hatte in der Nachkriegszeit gute Chancen, wieder etwas zu werden.

Das galt auch für die sowjetische Besatzungszone, allerdings mit gewissen Einschränkungen. Denn in der SBZ spielten die kommunistischen Emigranten, die die NS-Zeit in der Sowjetunion verbracht hatten, eine besondere Rolle. Im Gefolge der Roten Armee kamen im April 1945 drei Gruppen von KPD-Funktionären nach Deutschland zurück, in der Absicht und mit dem Auftrag, beim Neuaufbau der Verwaltung, des politischen und kulturellen Lebens entscheidend mitzuwirken. Die »Gruppe Ulbricht« operierte in Berlin, die »Gruppe Ackermann« in Sachsen und die »Gruppe Sobottka« in Mecklenburg-Pommern. Wolfgang Leonhard, das jüngste Mitglied der Gruppe Ulbricht, berichtete, daß seit Januar 1945 in Moskau regelmäßig Instruktionen für 150 ausgesuchte Emigranten durchgeführt wurden, um sie als Kader auszubilden. Die Aufgabe der Kommunisten sei es gewesen, »die demokratischen Reformen der Besatzungsmächte zu unterstützen und in den neuen Verwaltungsorganen mitzuarbeiten«. Sobald eine politische Betätigung möglich sei, sollte eine antifaschistische Massenorganisation unter dem Namen »Block der kämpfenden Demokratie« geschaf-

[13] Wilhelm Kaisen, Meine Arbeit, mein Leben. München 1967; Theodor Spitta, Aus meinem Leben. Bürger und Bürgermeister in Bremen. München 1969.

fen werden[14]. Die kommunistischen Emigranten brachten weiße Listen mit, die die Namen sozialdemokratischer und bürgerlicher Hitlergegner enthielten, die wie der ehemalige Zentrumspolitiker Andreas Hermes oder der Liberale Eugen Schiffer zur Mitarbeit beim Wiederaufbau gewonnen werden sollten.

Die sowjetische Besatzungszone hatte auch insofern eine Sonderstellung, als nur dort Emigranten (sofern sie aus dem Moskauer Exil zurückkehrten) eine wesentliche Rolle beim Neuaufbau spielten. In den Westzonen taten sich die Emigranten nach der Rückkehr schwerer, in der politischen Prominenz waren Männer wie Wilhelm Hoegner und Max Brauer eher Ausnahmeerscheinungen. Andere Emigranten waren als Bürger der Exilländer zurückgekehrt und dienten, teilweise in amerikanischer, britischer und französischer Uniform, ihrem früheren Vaterland auf neue Weise wie Carl J. Friedrich und Arnold Brecht als Berater der amerikanischen Militärregierung in Verfassungsangelegenheiten, wie der ehemalige preußische Ministerialbeamte Robert Kempner als Ankläger in den Nürnberger NS-Prozessen, wie der Journalist Peter de Mendelssohn als britischer Presseoffizier in Berlin oder der Schriftsteller Alfred Döblin als Mitarbeiter der Kulturbehörde der französischen Militärregierung.

Entsprechend dem Stellenwert der Länder waren die Chefs der Landes- bzw. Provinzialverwaltungen in der sowjetischen Besatzungszone eher farblose Leute, unter ihnen befanden sich drei Sozialdemokraten, Rudolf Friedrichs (Sachsen), Karl Steinhoff (Brandenburg) und Wilhelm Höcker (Mecklenburg), ein bürgerlicher Liberaler, Erhard Hübener (Sachsen-Anhalt), und der Parteilose Rudolf Paul, der in Thüringen von der SMAD zum Nachfolger des demokratischen Sozialisten Hermann Brill ernannt wurde. Die Ironie lag darin, daß Brill ein profilierter linker Sozialdemokrat und Antifaschist war, der im Konzentrationslager Buchenwald gewesen war, der die Einheit der Arbeiterparteien propagierte und den die Amerikaner zum Regierungschef in Weimar gemacht hatten[15]. Mit dem Besatzungs-

[14] Wolfgang Leonhard, Die Revolution entläßt ihre Kinder. Köln, Berlin 1956, S. 340 ff.

[15] Vgl. Manfred Overesch, Hermann Brill und die Neuanfänge deutscher Politik in Thüringen 1945. In: VfZ 27 (1979), S. 524–569; s.a. Heinrich Troeger, Interregnum. Tagebuch des Generalsekretärs des Länderrats der Bizone 1947 – 1949. Hrsg. von W. Benz und C. Goschler, München 1985, S. 12f.

wechsel im Juli 1945 mußte Brill gehen. Das einzige Aufsehen, das sein Nachfolger Paul erregte, war seine Flucht in den Westen im Jahr 1947, bald nach der Münchner Ministerpräsidentenkonferenz. Wegen des mangelnden politischen Gewichts der Ostzonen-Länderchefs wäre diese gesamtdeutsche Zusammenkunft im Juni 1947 aber auch dann lediglich eine Demonstration des Einheitswillens ohne politische Verbindlichkeit und Wirkung gewesen, wenn sich die Delegierten aus Ost und West über die Tagesordnung am Vorabend der Konferenz hätten verständigen können. Gegenüber den Militärregierungen waren aber auch die Ministerpräsidenten der Westzonen nur Auftragnehmer, und gegen die Realität der deutschlandpolitischen Situation des Jahres 1947 konnten auch die Länderchefs der US-Zone als institutionell und persönlich gewichtigere Sachwalter deutscher Interessen nichts ausrichten.

Die Ministerpräsidenten der US-Zone hatten von Anfang an höhere Autorität als ihre Kollegen in den anderen Zonen. Die Amerikaner hatten sie im Herbst 1945 mit mehr Selbständigkeit und mehr Befugnissen versehen, weil sie entschlossen waren, das Besatzungsregime möglichst indirekt auszuüben und sich auf Anleitung und Überwachung zu konzentrieren. Außerdem ging die Militärregierung nicht lange nach der Proklamation der drei Länder der US-Zone noch einen Schritt weiter und ließ im Oktober 1945 als zonales Koordinierungsgremium einen »Länderrat« einrichten. Die Aufgabe dieser Institution bestand einmal darin, die Verständigung der Regierungen in München, Stuttgart, Wiesbaden und Bremen untereinander zu ermöglichen, wenigstens in der US-Zone gleichförmige Gesetzgebungsakte zu gewährleisten und die Aufgaben gemeinsam zu lösen, die den Rahmen der Landespolitik sprengten. Der Länderrat, der in Stuttgart sein Domizil hatte, ein Sekretariat und Ausschüsse unterhielt, war also auch als eine Art Reichsersatz gedacht, und er sollte ferner nach der Vorstellung von General Clay ein Modell für die künftige föderalistische Gestaltung Deutschlands sein.

Am 17. Oktober wurde der Länderrat der US-Zone mit einer Ansprache Clays eröffnet, am 6. November begann er zu arbeiten, indem er Organisation und Programm manifestierte: die Aufgaben bestünden darin, »im Rahmen der politischen Richtlinien der Besatzungsmacht die über das Gebiet eines Landes hinausreichenden Fragen gemeinschaftlich zu lösen, Schwierigkeiten im Verkehr der Länder untereinander zu beseitigen und die wünschenswerte Angleichung der Entwicklung auf den Gebieten des politischen, sozialen, wirtschaftlichen und kulturellen Lebens sicherzustellen«[16]. Bis 1949 tagte der Länderrat unter vierteljährlich wechselndem Vorsitz einmal monatlich. Die Beschlüsse, die unter dem Zwang der Einstimmigkeit zustande kommen mußten, hatten in der ganzen US-Zone Gültigkeit, sie mußten also in den Ländern jeweils gesondert gleichlautend in Kraft gesetzt werden.

Der Stuttgarter Länderrat war aber auch eine Reaktion auf die Verwaltungsstrukturen, die in der sowjetischen und der britischen Zone entstanden waren. Die britische Militärregierung hatte im Sommer 1945 begonnen, überregionale Einrichtungen in ihrer Zone zu etablieren, die zentrale Aufgaben wahrnehmen sollten und direkt der britischen Kontrollkommission unterstanden. Die Zentralämter der britischen Zone waren als monokratisch organisierte Behörden – den Reichsministerien vergleichbar, die sie für das britische Gebiet auch ersetzten – zuständig für Handel und Industrie, Ernährung und Landwirtschaft, Rechtswesen, Gesundheitswesen, Post, Arbeitseinsatz, öffentliche Sicherheit, Erziehung, Transportwesen, Flüchtlinge; sie korrespondierten mit den Abteilungen der Kontrollkommission, und die Chefs dieser Ämter waren in der streng zentralistisch strukturierten Zone wichtiger als die Chefs der Länder oder Provinzen. In der britischen Zone gab es ab März 1946 auch ein deutsches Gremium auf oberster Ebene, den Zonenbeirat, der in Hamburg tagte. Nach seiner Funktion wie nach seiner Zusammensetzung war der Zonenbeirat ein merkwürdiges Gebilde, und mit dem Länderrat der US-Zone war er kaum vergleichbar. Im Zonenbeirat saßen sechs Länderchefs als Vertreter der Regionalverwaltungen, neben den zehn Chefs der Zentralämter (später kam ein elfter, der Leiter des Finanzressorts hinzu) und Abgeordneten der Parteien, für die SPD, CDU, FDP und KPD je ein Vertreter und ein Stellvertreter (ein Repräsentant der Niedersächsischen Landespartei und einer des Zentrums folgten im Herbst 1946) sowie je zwei Vertreter der Gewerkschaften und der Verbrauchergenossenschaften. Der Zonenbeirat hatte keinerlei exekutive oder legislative Befugnis-

[16] Akten zur Vorgeschichte der Bundesrepublik Deutschland 1945 – 1949 (AVBRD). Bd. 1, bearb. von W. Vogel und C. Weisz, München 1976, S. 140 ff.; Zur Entstehung und Funktion des Länderrats ebd., S. 58 ff.; s. a. Lia Härtel, Der Länderrat des amerikanischen Besatzungsgebietes. Stuttgart 1951, S. 185.

se, er war ein Beratungsorgan der britischen Militärregierung, das in sich ganz heterogene Strukturelemente vereinigte, nämlich parlamentarische und berufsständische, mit Merkmalen eines Regierungskollegiums, aber auch denen einer Länderkammer. Der Zonenbeirat blieb bis zur Gründung der Bundesrepublik in Tätigkeit; nach einer gründlichen Reform im Frühjahr 1947 war sein Charakter als parlamentarische Institution verstärkt worden. Die 37 Mitglieder des neuen Zonenbeirats wurden von den Landtagen gewählt, seine Kompetenzen waren aber kaum vergrößert[17]. Eine Gemeinsamkeit mit dem Länderrat der US-Zone bestand darin, daß auch der Zonenbeirat im britischen Besatzungsgebiet ein bißchen Reichs-Ersatz sein mußte. Und das war wiederum ein Reflex auf die wegen der französischen Obstruktion im Kontrollrat nicht realisierbare Einrichtung der gesamtdeutschen Staatssekretariate, die unter der Aufsicht des Kontrollrats wenigstens die wirtschaftliche Einheit Vier-Zonen-Deutschlands hätten aufrechterhalten sollen.

Am frühesten vorgeprescht war aber auch auf diesem Gebiet die Sowjetische Militär-Administration. Schon im Juli 1945, während der Potsdamer Konferenz, befahl die SMAD die Errichtung zentraler Verwaltungsbehörden für die sowjetische Besatzungszone. Ebenso wie in Berlin, wo im Mai und Juni 1945 vor dem Eintreffen der Westalliierten in Eile Magistrat und Stadtverwaltung gebildet und mit passendem Personal besetzt worden waren, erstrebte die sowjetische Militärregierung mit den Zentralverwaltungen ein *fait accompli*, denn sie hätten im günstigsten Fall mindestens das Modell für die Vier-Zonen-Staatssekretariate abgegeben, die von den Franzosen dann verhindert wurden. Die elf Zentralverwaltungen der Ostzone waren reine Hilfsorgane der SMAD ohne eigene Befugnis, aber sie enthielten den Keim zu politischen Fachressorts einer deutschen Regierung[18]. (Die gleiche Funktion als weisungsgebunde-

[17] Annelies Dorendorf, Der Zonenbeirat der britisch besetzten Zone. Ein Rückblick auf seine Tätigkeit. Göttingen 1953; Die Sitzungen des Zonenbeirats sind wie die des Länderrats der US-Zone dokumentiert in AVBRD. Vgl. auch Marie Elise Foelz-Schroeter, Föderalistische Politik und nationale Repräsentation 1945 – 1947. Westdeutsche Länderregierungen, zonale Bürokratien und politische Parteien im Widerstreit. Stuttgart 1974.

[18] Wolfgang Lohse, Die Politik der Sowjetischen Militär-Administration in der sowjetischen Besatzungszone Deutschlands. Phil. Diss., Wittenberg 1967, S. 41 ff.

ne Werkzeuge der Militärregierung hatten dann auch die Zentralämter im britischen Besatzungsgebiet.)

Otto Grotewohl, damals Vorsitzender des sozialdemokratischen Zentralausschusses in Berlin, wurde am 20. Juli 1945 zur SMAD nach Karlshorst bestellt. Der sowjetische Generalleutnant Bokow erklärte ihm, daß die Leiter der Zentralverwaltungen von den Parteien nominiert werden müßten. Grotewohl fertigte eine Aktennotiz über die Unterredung an, in der er festhielt, daß er sich zunächst erkundigt hatte, ob mit den neuen Instanzen die Errichtung einer Regierung oder des Vorläufers einer Reichsregierung geplant sei. Der sowjetische Offizier umging die klare Antwort und deutete lediglich an, daß es schon möglich sei, daß aus der »Vereinigung von Wirtschaftlern« einmal eine politische Instanz werden könne. »Zur Zeit komme es jedoch lediglich darauf an, ausgesprochene Fachleute aus dem Wirtschaftsleben zu bestimmen, die gleichzeitig möglichst so populär sein sollten, daß ihre Namen überall, auch im westlichen Reichsgebiet, bekannt seien und bereits ein gewisses Programm darstellen.«[19] Wenn nicht nach dem gleichen Rezept, so doch mit genau der Wirkung, die Grotewohl vermutet hatte, entwickelten sich eineinhalb Jahre später die »Verwaltungen« der anglo-amerikanischen Bizone zum Grundmuster des Regierungsapparats im deutschen Weststaat, der Bundesrepublik.

Die Zentralverwaltungen in der Ostzone wurden durch den SMAD-Befehl Nr. 17 vom 27. Juli 1945 geschaffen. Anfang August fingen sie an zu arbeiten; zunächst in verschiedenen Behördengebäuden Berlins untergebracht, wurden sie dann gemeinsam im ehemaligen Dienstsitz des Reichsmarschalls Göring im Luftfahrtministerium zusammengefaßt. Ende 1946 waren in den Zentralverwaltungen etwa 2000, im folgenden Jahr mehr als dreimal so viel Mitarbeiter beschäftigt. Bemerkenswert an der so eilig betriebenen Einrichtung der Zentralverwaltungen war einmal die Tatsache, daß der SMAD-Befehl geheimgehalten wurde; erst im September 1945 erfuhr die Öffentlichkeit, daß »deutsche Verwaltungen« auf dem Gebiet der SBZ arbeiteten, »zwecks Entwicklung der lebenswichtigen Wirtschaft und Wiederherstellung von Eisenbahn und Telegraph, Gesundheits- und Volksbildungsämtern«. Die elf Fachressorts widmeten sich folgenden Aufgaben: Transportverwaltung, Post- und Tele-

[19] Zit. nach Hermann Weber, Geschichte der DDR. München 1985, S. 98 f., dort weitere Belege.

graph, Brennstoffindustrie, Handel und Versorgung, Industrieverwaltung, Landwirtschaft, Finanzen, Arbeit und Sozialfürsorge, Volksbildung, Justiz, Gesundheitswesen. Bis zum Frühjahr 1946 kamen noch die »Verwaltung für Umsiedlerfragen« zur Lösung der Probleme der Heimatvertriebenen und Flüchtlinge hinzu sowie die Verwaltung für Statistik (im Oktober 1945) und für Sequestrierung und Beschlagnahme (März 1946). Im Juli 1946 wurde die »Deutsche Verwaltung des Innern« und genau ein Jahr später die Verwaltung für Außen- und Interzonenhandel etabliert.

Die Personalbesetzung der Zentralverwaltungen der sowjetischen Besatzungszone bildet das andere bemerkenswerte Faktum. Im Gegensatz zu den Landes- und Provinzialregierungen dominierten in den führenden Positionen bei den Zentralverwaltungen die Kommunisten. Das war auch ein Indiz für die geringere Bedeutung, die den Ländern im Gegensatz zu den zentralen Ressorts zukam. Von den vierzehn Präsidenten der Verwaltungen, die im Frühjahr 1946 existierten, gehörten sechs der KPD, vier der SPD, je einer der CDU und der LDP an, zwei waren parteilos. Aber allein elf von vierzehn Vizepräsidenten waren Kommunisten. Die tatsächlichen Machtverhältnisse zeigten sich auch bei Auseinandersetzungen innerhalb der Behörden. Ferdinand Friedensburg, ein prominenter bürgerlicher Liberaler der Weimarer Zeit, war als CDU-Vertreter Chef der Zentralverwaltung für Brennstoffindustrie geworden, einer seiner Vizepräsidenten war der Kommunist Sobottka. Als sie in Konflikt gerieten und Friedensburg Sobottkas Ablösung durch die SMAD verlangte, wurde statt dessen er selbst, »wegen Duldung faschistischer Umtriebe« am 12. September 1946 entlassen[20]. Eine ironische Parallele zur Amtsenthebung des bayerischen Ministerpräsidenten Schäffer, die 16 Tage später in der US-Zone mit ähnlicher Begründung erfolgte?

Für die Leitung der Justizverwaltung hatte man den ehemaligen Reichsjustizminister (1919) Eugen Schiffer gewonnen, einen der großen alten Männer des Liberalismus und Mitbegründer der LDP[21]. Ursprünglich hatte es geheißen, die leitenden Positionen der Zentralressorts würden aufgrund der Personal-

[20] Ebd., S. 104.

[21] Eugen Schiffer, Ein Leben für den Liberalismus. Berlin 1951; Schiffer, der 1948 die Ostzone verließ, veröffentlichte 1949 in zweiter aktualisierter Auflage (die erste war 1928 erschienen): Die deutsche Justiz. Grundzüge einer durchgreifenden Reform. München, Berlin 1949².

vorschläge der vier in der SBZ zugelassenen Parteien – KPD, SPD, CDU und LDP – paritätisch besetzt. Die Zentralverwaltungen waren aber nicht nur als Einrichtungen zur Überwindung des Nachkriegschaos und zum Wiederaufbau des Wirtschaftslebens gedacht. Diese Funktion hatten sie natürlich auch, sie waren aber in erster Linie Instrumente zur Durchführung des Programms der völligen Neustrukturierung der gesellschaftlichen, administrativen und politischen Verhältnisse in der SBZ – dafür wurde ein für allemal die Formel »antifaschistisch-demokratische Umwälzung« gestanzt –, und deshalb mußten die kommunistischen Kader die ausschlaggebenden Stellen in den Hilfsorganen der SMAD innehaben.

Festzuhalten bleibt, daß sich, noch ehe die Tinte des Potsdamer Protokolls getrocknet war, die inneren Strukturen der vier Besatzungszonen mit größter Geschwindigkeit auseinanderentwickelten. Ende 1945/Anfang 1946 waren die Verhältnisse in den Zonen schon so verschieden, daß die Potsdamer Absichtserklärung, Deutschland wenigstens in wirtschaftlicher, technischer oder administrativer Hinsicht als Ganzes zu behandeln, illusionär geworden war. Die politischen und administrativen Grundstrukturen blieben in allen vier Besatzungszonen bis zum Ende der direkten Besatzungsherrschaft im Herbst 1949 bestehen, und zwar so, wie sie zwischen Sommer 1945 und Sommer 1946 entstanden waren. Im amerikanischen und britischen Besatzungsgebiet, das ab Januar 1947 zur Bizone fusioniert wurde (und durch politischen Druck auf Paris allmählich die französische Zone in die Vorbereitungen zur Weststaatsgründung einband), waren ähnlich früh organisatorische Voraussetzungen und Strukturmerkmale der Bundesrepublik entstanden wie in der Sowjetzone die Weichen für die spätere Gestalt der DDR gestellt wurden. Die Gründung beider deutscher Nachkriegsstaaten im Herbst 1949 hatte organisatorische Wurzeln in den allerersten Monaten der Besatzungszeit.

6. Wiederbeginn des politischen Lebens: Die Gründung der Parteien und Gewerkschaften

Der Wiederbeginn des politischen Lebens nach dem Zusammenbruch der NS-Herrschaft vollzog sich nicht durch Wahlen, sondern durch Befehl der lokalen, regionalen oder zonalen Instanz der jeweiligen Besatzungsmacht. Bürgermeister, Landräte, Ministerpräsidenten wurden nach Bedarf eingesetzt und, wenn dies den Militärregierungen nötig schien, auch wieder entlassen. Prominente Beispiele: Konrad Adenauer, der von den Amerikanern im Mai 1945 zum Oberbürgermeister von Köln ernannt und im Oktober von den Engländern wieder fortgeschickt worden war, oder Fritz Schäffer, den die Amerikaner im Mai zum bayerischen Ministerpräsidenten machten und im September feuerten.

Gewählt wurde erst ab 1946, und zwar zonen- und zeitverschoben. Die frühesten Daten des komplizierten Wahlkalenders liegen in der amerikanischen Zone. Dort wurden im Januar 1946 Kommunalwahlen (in Gemeinden bis zu 20000 Einwohnern) und im April Kreistagswahlen veranstaltet, im Mai wurde in den Stadtkreisen der größeren Städte gewählt, und im Juni 1946 durften die Verfassunggebenden Versammlungen für die drei Länder Württemberg-Baden, Groß-Hessen und Bayern gewählt werden. Ende 1946, im November und Dezember, wurden in diesen drei Ländern die neuen Verfassungen durch Volksabstimmung bestätigt, damit waren die ersten regulären Landtagswahlen gekoppelt.

In den drei anderen Zonen durften die Wähler erstmals im September 1946 auf kommunaler Ebene an die Urnen. In der sowjetischen Zone folgten im Oktober 1946 Kreistags- und Landtagswahlen. In der britischen Zone war es im April 1947 soweit, daß die Landtage der von der Militärregierung kurz zuvor errichteten Länder Nordrhein-Westfalen, Niedersachsen und Schleswig-Holstein gewählt wurden,und in der französischen Zone dauerte es noch ein bißchen länger; erst im Mai 1947 schlug dort die Stunde des Wählers, der Abgeordnete in die Landtage von Baden, Württemberg-Hohenzollern und Rheinland-Pfalz entsenden durfte.

Das politische Leben spielte sich im Sommer 1945 zunächst in allen Zonen auf der untersten Ebene ab. Die deutschen Politiker rekrutierten sich aus dem Potential der Nichtnationalsozialisten, die meisten waren in der Weimarer Republik bereits hervorgetreten und ihre parteipolitische Orientierung als Sozialdemokraten, Kommunisten, Liberale (Deutsche Demokratische Partei und Deutsche Volkspartei), Christliche Demokraten (Zentrum und Bayerische Volkspartei, Christlich-Sozialer Volksdienst) und Konservative (Deutschnationale Volkspartei und Volkskonservative) brachten sie aus der Zeit vor 1933 mit.

Von diesen Positionen aus, die je nachdem bewahrt oder fortentwickelt werden sollten, machten sich überall in Deutschland politische Köpfe Gedanken über den Neu- oder Wiederbeginn. Das war aber nur die eine Seite der vielfältig keimenden Parteienlandschaft. Die Demokratisierungskonzepte der Alliierten und die Förderung oder Hemmung, die die Parteien in den einzelnen Zonen erfuhren, bildeten den eigentlichen Rahmen, in dem sich parteipolitisches Leben früher oder später entwikkeln konnte.

Nach dem Potsdamer Protokoll stand, als Teil der Demokratisierungsabsicht gegenüber den Deutschen, die Abschaffung aller nazistischen Organisationen und Gesetze ebenso auf dem Programm wie die Überwachung des Erziehungswesens, damit sich »demokratische Ideen erfolgreich entfalten« könnten. Das Gerichtswesen sollte »entsprechend den Prinzipien der Demokratie, der Gerechtigkeit und der Gleichheit aller vor dem Gesetz ohne Unterschied der Rasse, Nationalität und der Religion reorganisiert werden«, und die Verwaltung Deutschlands müsse »in Richtung auf eine Dezentralisation der politischen Struktur und auf die Entwicklung örtlicher Selbstverwaltung hin angelegt werden«. Zu diesem Zweck sollten in ganz Deutschland alle demokratischen politischen Parteien erlaubt und gefördert werden, sie sollten das Recht haben, Versammlungen und öffentliche Diskussionen abzuhalten, und der Grundsatz der repräsentativen Demokratie sollte in den Kreis-, Provinzial- und Landesverwaltungen möglichst bald eingeführt werden.

Die Vorstellungen der Alliierten, wie die Demokratie im Nachkriegsdeutschland im Detail aussehen sollte, waren mindestens zu Beginn der Besatzungszeit eher verschwommen und undeutlich, auf jeden Fall aber ebenso unterschiedlich wie die Methoden, die die Besatzungsmächte in ihren Zonen anwendeten. Am präzisesten hatten die Amerikaner in Worte gefaßt, wie sie sich die Demokratie in Deutschland vorstellten. Schon aus diesem Grund verdienen die amerikanischen Konzepte besondere Aufmerksamkeit, aber auch wegen des dominierenden Einflusses, den die Amerikaner auf die beiden anderen Westmächte aus ökonomischen Gründen hatten. Die amerikanische Demokratiekonzeption harmonierte überdies einigermaßen mit der britischen.

Das Vorschriften-Handbuch, aus dem sich die US-Militärregierung über Wege und Ziele der Besatzungspolitik informierte, enthielt unter Titel 3 »Politische Aktivitäten« vier Thesen, die den Besatzungsoffizieren als Richtschnur dienten: Erstens sollten alle demokratischen Parteien ermuntert werden, und zwar in ganz Deutschland; es folgte zweitens der Lehrsatz, daß Träger politischer Mandate sich regelmäßig der öffentlichen Diskussion ihres Programms und neuen Wahlen stellen mußten; drittens war vorgeschrieben, daß die Wahlen unter gleichen Bedingungen für alle und mit mindestens zwei konkurrierenden Parteien durchgeführt wurden; viertens war definiert, was unter einer politischen Partei zu verstehen war: demokratisch mußte sie sein, durch freiwilligen Zusammenschluß entstanden und säuberlich getrennt von den Organen der Regierungsgewalt[1]. Das waren Grundüberzeugungen, wie sie in den USA als selbstverständlich galten. In Deutschland mußten diese Grundsätze aber erst wieder erlernt und eingeübt werden, und zwar nach Meinung der Amerikaner und Briten zunächst in den Gemeinden und kleineren Städten.

Mitte Juli 1947 erhielt der amerikanische Militärgouverneur neue Richtlinien, die die Direktive JCS 1067 ersetzten. »Als positives, sofort durchzuführendes Programm« strebte die Regierung der Vereinigten Staaten nun »die Herstellung von politischen, wirtschaftlichen und sittlichen Verhältnissen in Deutschland« an, »die den wirksamsten Beitrag für ein gesichertes und blühendes Europa« bilden würden. Die Aufgabe des amerikanischen Prokonsuls in Deutschland sollte im wesentlichen darin bestehen, »die wirtschaftliche und erzieherische Grundlage für eine gesunde deutsche Demokratie zu legen«. Konkret hieß das u.a.: Förderung der demokratischen Selbstverwaltung und Delegation direkter Verantwortlichkeit an deutsche Regierungsstellen, wobei nach amerikanischer Vorstellung das Ideal in der Balance der Befugnisse zwischen starken Bundesstaaten (Ländern) und einer Zentralregierung mit begrenzten Kompetenzen bestünde. Die amerikanische Regierung wolle aber, so hieß es in der Anweisung an General Clay, »nicht ihre eigenen, geschichtlich entwickelten Formen der Demokratie und der gesellschaftlichen Ordnung aufzwingen«, sie strebe vielmehr in Deutschland die Bildung einer politischen Organisation an, »die vom Volke ausgeht und seiner Kontrolle untersteht, die in Übereinstimmung mit demokratischen Wahlverfahren wirksam wird, und deren Ziel es ist, die grundlegen-

[1] OMGUS, Military Government Regulations. Berlin 1947.

den bürgerlichen und menschlichen Rechte des einzelnen zu sichern«.

Zum Verfahren, das die amerikanische Militärregierung den Parteien gegenüber einschlagen sollte, enthielt die neue Direktive JCS 1779 alle Einzelheiten. Erstens habe Clay weiterhin die Politik zu verfolgen, »alle politischen Parteien zuzulassen und zu ermutigen, deren Programme, Tätigkeit und Struktur die Treue zu demokratischen Grundsätzen beweisen. Die politischen Parteien sollen miteinander konkurrieren und durch freiwillige Zusammenschlüsse von Bürgern gegründet sein, bei denen die Führer ihren Mitgliedern verantwortlich sind. Keine Partei soll bevorzugt werden.«

Zweitens wurde der Militärgouverneur auf den Grundsatz verpflichtet, »daß sich die Militärregierung und die deutschen Behörden den zugelassenen politischen Parteien gegenüber neutral verhalten« sollten. »Jede zugelassene politische Partei soll das Recht haben, frei ihre Anschauungen zu äußern und ihre Kandidaten für die Wahlen aufzustellen. Die Militärregierung dürfe nicht zulassen, »daß die Parteien in der Ausübung dieses Rechtes eingeengt oder behindert werden«. Wenn jedoch festgestellt würde, daß eine zugelassene Partei undemokratisch handele oder undemokratische Ideen vertrete, dann sei es Sache des Militärgouverneurs, deren Rechte und Privilegien einzuschränken oder aufzuheben.

Drittens erhielt General Clay als amerikanischer Vertreter im Kontrollrat die Anweisung, dort »die Anerkennung auf ganz Deutschland ausgedehnter politischer Parteien und die gleichmäßige Behandlung aller zugelassenen Parteien in allen Besatzungszonen zu vertreten«[2].

Wie so häufig im Leben hinkten die Richtlinien aus Washington der politischen Praxis hinterher. Oder anders ausgedrückt, mit der Realität einer ziemlich vielfältigen Parteienlandschaft hatte es der amerikanische Militärgouverneur längst zu tun, und in der Praxis wurde seit Herbst 1945 so verfahren, wie es die neue Direktive ab 1947 vorschrieb. Seit Sommer 1945 existierten in Deutschland wieder politische Parteien, aber genauso wie

[2] Deutscher Text der Direktive JCS 1779. In: W. Cornides u. H. Volle (Hrsg.), Um den Frieden mit Deutschland. Dokumente zum Problem der deutschen Friedensordnung 1941–1948. Oberursel 1948, S. 100–105; vgl. John Gimbel, Amerikanische Besatzungspolitik in Deutschland 1945–1949. Frankfurt 1968, S. 17f.

bei den Wahlen herrschten in den vier Zonen ganz unterschiedliche Usancen.

Am schnellsten war wieder die Sowjetische Militär-Administration gewesen, die noch vor der Potsdamer Konferenz mit Befehl Nr. 2 am 10. Juni 1945 antifaschistische Parteien in der Ostzone zugelassen hatte. Im August folgte die amerikanische, im September die britische und im Dezember 1945 die französische Militärregierung mit der Erlaubnis zu Parteigründungen. Diese Erlaubnis war in den Westzonen aber auf Kreisebene beschränkt und an allerlei bürokratische Bedingungen geknüpft. In der britischen Zone war folgende Prozedur verordnet: »Jede Person oder jede Gruppe von Personen, die den Wunsch hat, eine politische Partei für einen Kreis zu gründen, kann einen Antrag an die Militärregierung auf Genehmigung zur Bildung einer solchen Partei stellen. Solche Anträge müssen von den Antragstellern unterzeichnet werden. Die folgenden Schriftstücke sind beizufügen:

a) Ein Entwurf der Satzungen und Richtlinien für die vorgeschlagene politische Partei;
b) Ein ihre Ziele und Zwecke umfassendes Programm;
c) Eine Liste der Namen und Anschriften der zu bestimmten Ämtern vorgeschlagenen Personen unter Angabe des von jeder Person zu bekleidenden Amtes;
d) Eine Erklärung über die Finanzierung der Partei;
e) Eine Erklärung über die Höhe des von jedem Mitgliede zu zahlenden Beitrages.«[3]

Damit aber nicht genug. Mit der Genehmigung der Partei war noch nicht die Erlaubnis zur Veranstaltung politischer Versammlungen verknüpft, und die Militärregierung behielt sich strenge Kontrollen des Parteilebens vor, wozu exakte Mitgliederlisten bereitgehalten werden mußten. Außerdem wurden alle Parteien, die die Lizenz erhielten, verpflichtet, ab 1. Januar 1946 halbjährlich einen Bericht mit folgenden Einzelheiten vorzulegen: »1) eine Darlegung über die seit der Gründung oder dem vorhergehenden Berichte unternommene Tätigkeit; 2) eine finanzielle Aufstellung mit Angabe aller Einkünfte; der Gesamtbetrag aller Beiträge und anderer Bezüge sowie die Hauptposten und Gesamtbeträge aller Ausgaben seit der Gründung

[3] Verordnung Nr. 12 der Britischen Militärregierung vom 15. 9. 1945. In: Amtsblatt der Militärregierung in Deutschland (britisches Kontrollgebiet) 1946, Nr. 4., S. 18ff.

oder seit dem vorhergehenden Berichte; 3) eine Liste der Namen und Anschriften der Vorstandsmitglieder der Partei zu dem Zeitpunkte des Berichtes.«[4]

In der amerikanischen Zone ging es womöglich noch pedantischer zu. Der Alltag der Parteigründer war mühselig. Die Gründungsdiskussionen unter Deutschen, das Entwerfen von Programmschriften, die Redaktion der werbenden Aufrufe bildeten nur die eine Seite der Medaille. Diese Aktivitäten waren in den Westzonen bis in den Herbst bzw. Winter 1945 hinein sogar illegal, ebenso wie die stillschweigend geduldeten überzonalen Zusammenkünfte, nämlich die Konferenz der SPD in Wennigsen bei Hannover Anfang Oktober und die »Reichskonferenz« der Christlich-Demokratischen Parteien Mitte Dezember 1945 in Bad Godesberg.

Es ist erstaunlich, daß die Intentionen der deutschen Parteigründer in allen vier Besatzungszonen keine großen Unterschiede aufwiesen. Am frühesten erschienen überall die beiden Arbeiterparteien SPD und KPD wieder auf der Bildfläche. Ihre Mitglieder fanden sich aus der inneren Emigration und Resignation, aber auch aus Gefängnissen und Konzentrationslagern wieder zusammen. Andere kamen aus dem Exil zurück. Entscheidend war aber, daß die Organisation der SPD leicht zu rekonstruieren war. Die Sozialdemokraten kannten sich untereinander, die freundschaftlichen und nachbarschaftlichen Kontakte in den Arbeitervierteln der großen Städte hatten den Parteiapparat ersetzt und die NS-Zeit überdauert, und sie ließen sich samt den alten Mitgliederlisten, die wieder auftauchten, zur Wiedergründung der traditionsreichsten Partei in Deutschland benutzen. In Hannover hielt am 6. Mai 1945, noch vor der Kapitulation, Kurt Schumacher die Rede auf einer Versammlung des im April wiedergegründeten SPD-Ortsvereins. Die Rede des knapp fünfzigjährigen ehemaligen Reichstagsabgeordneten, dessen Gesundheit nach zehn Jahren Konzentrationslagerhaft ruiniert war, enthielt bereits die programmatische Absage an die Vereinigung mit den Kommunisten zu einer Einheitspartei aller Sozialisten.

Der Antikommunismus Schumachers war aber noch keineswegs unumstritten. Der Ruf nach der Überwindung der Spaltung der Arbeiterparteien war verbreitet und Vorschläge wie das »Buchenwalder Manifest« vom April 1945, an dem der So-

[4] Ebd.

zialdemokrat Hermann Brill entscheidenden Anteil hatte[5], waren populär. Ein gemeinsamer Neubeginn auf dem Boden eines demokratischen Sozialismus erschien nach der Erfahrung vieler Sozialdemokraten mit dem Nationalsozialismus näherliegend als die Wiederauflage von SPD und KPD. Für Schumacher, der »nationaler« dachte als viele bürgerliche Politiker, galt die KPD jedoch als undemokratisch, und sie war für ihn nichts anderes als ein Werkzeug der Sowjetunion. Diese Überzeugungen mußte Schumacher, der in Hannover eine Parteizentrale unter dem unverfänglichen Titel »Büro Dr. Schumacher« errichtete, gegen die Anhänger der antifaschistischen Ausschüsse, die sich nach dem Zusammenbruch in vielen größeren Städten gebildet hatten, durchsetzen. In der Antifa-Bewegung, die von allen Militärregierungen nach kurzer Zeit verboten wurde, hatten sich Gewerkschafter, Sozialdemokraten und Kommunisten zusammengefunden, um demokratischen Neuaufbau im Kleinen zu organisieren[6]. Die Anhänger der linken Parteien, die sich Ende der zwanziger Jahre von der SPD oder der KPD abspalteten – Sozialistische Arbeiterpartei (SAP), Kommunistische Partei-Opposition (KPO) u.a. – sowie die Mitglieder der sozialistischen Gruppe »Neu Beginnen«, die sich im Widerstand formierte, sympathisierten ebenfalls nicht mit dem Schumacher-Kurs. Die Suche nach einer Partei des dritten Wegs verlief freilich enttäuschend: Gründungen wie die Arbeiter-Partei (AP) in Offenbach, die im Herbst 1945 entstand und Ortsgruppen auch in Bremen und in Württemberg-Baden hatte, blieben Episode[7].

Die Programmaussagen der wiedererstandenen Sozialdemokratie, die im Rückgriff auf die in der Weimarer Zeit und davor propagierten Ziele verkündet wurden, kristallisierten sich um die Kernüberzeugung, Demokratie und Sozialismus seien untrennbar miteinander verbunden: »Der Sozialismus ist in sich demokratisch, ist als Kampf um die geistige, politische und ökonomische Befreiung der arbeitenden Massen ein Kampf um das Recht und die Freiheit gegen Vergewaltigung und Knechtung«. Und darauf folgte in den »Politischen Richtlinien für die SPD« vom August 1945 die Absage an die alten und neuen

[5] Text des Buchenwalder Manifestes in: Hermann Brill, Gegen den Strom. Offenbach 1946, S. 96–102.

[6] Vgl. Lutz Niethammer, Aktivität und Grenzen der Antifa-Ausschüsse 1945. Das Beispiel Stuttgart. In: VfZ 23 (1975), S. 297–331.

[7] Vgl. Helga Grebing (Hrsg.), Entscheidung für die SPD. Briefe und Aufzeichnungen linker Sozialisten 1944–1948. München 1984.

Gegner: »Ein auf diktatorischem Wege erkämpfter und behaupteter ›Sozialismus‹ ist kein Sozialismus, sondern bestenfalls Staatskapitalismus oder irgendeine andere überindividualistische Wirtschaftsform.«[8]

Schumachers Führungsanspruch war zumindest in den Westzonen schon Ende August 1945 durchgesetzt. Bestritten wurde er noch vom sozialdemokratischen Exil-Vorstand in London, und dort namentlich von Hans Vogel und Erich Ollenhauer, und mit dem SPD-Büro in Hannover konkurrierte auch der »Zentralausschuß der SPD« in Berlin. Der Berliner Zentralausschuß, dem Otto Grotewohl, Gustav Dahrendorf, Max Fechner, Gustav Klingelhöfer, Erich W. Gniffke angehörten, hatte sich schon am 15. Juni 1945 an die Öffentlichkeit gewandt und für sich die Neugründung der SPD mit vierzonaler Geltung und unter Berliner Leitung in Anspruch genommen. Einig waren die Genossen in Berlin, Hannover und London darin, daß dem parteipolitisch organisierten Sozialismus nach den Erfahrungen von Weimar und mit Hitler die führende Rolle beim politischen Wiederaufbau zukommen müsse. Das Trennende zwischen Berlin und Hannover war vor allem die Frage der Einheitspartei. Die Berliner, die zugleich die SPD der Sowjetzone repräsentierten, propagierten das Zusammengehen mit der KPD.

Der Organisationsgrad der SPD war im Herbst 1945 bereits wieder so hoch, daß Schumacher etwa 120 Delegierte aus Ortsvereinen der Westzonen sowie Vertreter des Berliner Zentralausschusses zu einer Funktionärs-Konferenz nach Wennigsen bei Hannover rufen konnte. Hier fielen Anfang Oktober Entscheidungen, die lange nachwirkten. Mit Grotewohl einigte sich Schumacher, daß der Berliner Zentralausschuß seine Tätigkeit auf die SBZ beschränken sollte, solange eine gesamtdeutsche SPD-Organisation noch nicht möglich war, und mit Ollenhauer verständigte er sich über die Ablehnung des Vereinigungsgedankens. Die Londoner Exilzentrale der SPD kehrte im Februar 1946 nach Deutschland zurück und fusionierte mit dem »Büro Dr. Schumacher«, das fortan »Büro der Westzonen« hieß.

Der Schwerpunkt des Wiedererstehens der KPD lag in der Ostzone, weil die aus dem Moskauer Exil zurückkehrenden

[8] Kurt Schumacher, Nach dem Zusammenbruch. Gedanken über Demokratie und Sozialismus. Hamburg 1948, S. 48; vgl. ders., Reden-Schriften-Korrespondenzen 1945–1952. Hrsg. von Willy Albrecht, Berlin, Bonn 1985; die knappe, jedoch sehr informative Einleitung auch separat: Willy Albrecht, Kurt Schumacher. Ein Leben für den demokratischen Sozialismus. Bonn 1985.

Funktionäre ihr Domizil in Berlin aufschlugen, weil die straff zentralistisch organisierte Partei sich dort ungehindert wieder organisieren konnte und weil sie sich der besonderen Förderung der SMAD erfreute. Der Gründungsaufruf vom 11. Juni 1945 trug die Unterschriften von 16 KP-Funktionären, die als Zentralkomitee firmierten. 13 von ihnen waren gerade aus Moskau zurückgekehrt. Sie hatten in der Weimarer Zeit den stalinistischen Kurs des deutschen Kommunismus bestimmt, und sie spielten in der Zukunft der sowjetischen Besatzungszone bzw. in der DDR wichtige Rollen: Wilhelm Pieck, Walter Ulbricht, Anton Ackermann, Gustav Sobottka, Edwin Hoernle, Hermann Matern. Ein prominenter Unterzeichner war im westlichen Exil gewesen und hatte dann die Jahre 1942 bis 1945 im KZ Mauthausen verbracht: Franz Dahlem, der 1953 als Gegenspieler Ulbrichts seine hohen Ämter verlor. Mit den KPD-Organisationen, die in Westdeutschland gegründet wurden, stand das Berliner ZK in Verbindung; der Primat der Berliner stand bei den KP-Führern im Westen, etwa bei Max Reimann, nie in Zweifel[9].

Dieser monolithische Zustand unterschied die beiden Arbeiterparteien. Als bemerkenswert wurde von der Ostzonen-SPD registriert, daß die KPD allen Avancen zur Vereinigung in einer gemeinsamen Arbeiterpartei auswich. Die Kommunisten waren andererseits verwundert, daß die Sowjetische Militär-Administration mit ihrem Befehl Nr. 2 vom 9. Juni 1945 gleichzeitig alle Parteien und Gewerkschaften erlaubt hatte, die sich als antifaschistisch definierten und sich die Festigung der »Grundlagen der Demokratie« und die »bürgerlichen Freiheiten« zum Ziel setzten. Zum Ärger der westlichen Alliierten darüber, daß die Sowjetunion auf ihrem Gebiet bereits zu diesem Zeitpunkt politische Organisationen erlaubte, die im Gegensatz zum westlichen Verfahren von oben nach unten gegründet wurden, kam die Überraschung hinzu, daß offenbar ein pluralistisches Parteiensystem gefördert wurde. Denn nach der KPD und der SPD meldeten sich am 26. Juni 1945 die Christlich-Demokratische Union (CDU) und am 5. Juli die Liberal-Demokratische Partei (LDP) der Ostzone zu Wort. Das waren exakt die Parteien, die auch in den Westzonen die Traditionslinien der Weimarer Zeit fortführten.

[9] Vgl. Hans Kluth, Die KPD in der Bundesrepublik. Ihre politische Tätigkeit und Organisation 1945–1956. Köln 1959.

Der sowjetischen Besatzungsmacht war aber ebenso wie den deutschen Kommunisten daran gelegen, daß die KPD der bestimmende politische Faktor sein und bleiben würde. Zu den Methoden, mit denen dieses Ziel verfolgt wurde, gehörte die Bildung der »Einheitsfront der antifaschistisch-demokratischen Parteien«, die bereits Mitte Juli 1945 realisiert wurde. Je fünf Vertreter der vier Parteien KPD, SPD, CDU und LDP bildeten einen gemeinsamen Ausschuß, der die Arbeit der Parteien im Hinblick auf die gemeinsamen Ziele (Beseitigung des Nationalsozialismus und Wiederaufbau) koordinieren sollte. Die Einheitsfront, für die sich die Bezeichnung »Antifa-Block« einbürgerte, wurde nicht nur als Spitzengremium, das regelmäßig tagte und dessen Beschlüsse einstimmig gefaßt sein mußten, konstituiert, sondern auf allen Ebenen bis hinab zur Kommune installiert. Fortan konnte die KPD nirgendwo majorisiert werden und Koalitionen gegen die KPD waren nicht möglich. Theoretisch blieben Programm, Organisation und Mandate der beteiligten Parteien unangetastet, praktisch verhalf aber das System der Block-Parteien mit Nachhilfe durch die SMAD der KPD zur Dominanz.

Im Frühjahr 1946 löste sich auch das Rätsel der kommunistischen Abstinenz gegenüber sozialdemokratischen Vereinigungsbestrebungen. Die Neigung zum Zusammengehen war ab Ende 1945 in den Westzonen weitgehend geschwunden, und in der Ostzone bzw. in Berlin war sie gedämpfter, aber die KPD war inzwischen organisatorisch so weit, daß sie das Projekt Sozialistische Einheitspartei energisch vorantreiben konnte.

Die Einheitspartei förderte die Spaltung Deutschlands ungemein. Der Berliner Zentralausschuß der SPD, der deswegen ja im Gegensatz zu Hannover stand, propagierte zwar die gemeinsamen Ziele mit der KPD, aber nicht die Fusion beider Parteien. Eine Urabstimmung in Berlin, die im März 1946 in den drei Westsektoren durchgeführt wurde (im Ostsektor und in der Ostzone hatte sie die SMAD verboten), ergab, daß mehr als 82 Prozent der Sozialdemokraten den Zusammenschluß ablehnten. (62 Prozent votierten jedoch für ein Bündnis und für Gemeinschaftsaktionen beider Parteien, wie sie auch in den Westzonen noch üblich waren.) Der Zentralausschuß weigerte sich, dieses Abstimmungsergebnis anzuerkennen.

Die Weichen zur Vereinigung der beiden Parteien, de facto der Einschmelzung der SPD in die KPD, waren aber längst gestellt. Die Meinungen über das Ausmaß der Nötigung durch die sowjetische Besatzungsmacht bzw. die Bereitschaft zur freiwilligen Fusion gehen in der Historiographie in Ost und West weit auseinander, sie reichen vom Verdikt der Zwangsvereinigung bis zur Begründung ihrer historischen Notwendigkeit[10].

Am 19. und 20. April 1946 wurde im Berliner Admiralspalast der letzte Parteitag der SPD der sowjetischen Besatzungszone abgehalten, der die Vereinigung mit der KPD zur Sozialistischen Einheitspartei Deutschlands (SED) beschloß. Die Fusion wurde am 21./22. April 1946 vollzogen.

Der erste Nachkriegsparteitag der SPD der Westzonen, bei dem Schumacher zum 1. Vorsitzenden und Erich Ollenhauer zu seinem Vertreter gewählt wurden, verurteilte die SED-Gründung aufs schärfste. Der forcierte Zusammenschluß und seine Begleitumstände, der auf viele Sozialdemokraten ausgeübte Druck, der bis zur Lagerhaft ging, löste in der SPD der Westzonen lang anhaltende Abwehrreaktionen aus und stärkte die antikommunistische Orientierung auf Dauer.

Als Novum in der deutschen Parteiengeschichte entwickelte sich ab Frühjahr 1945 unter verschiedenen Bezeichnungen und an vielen Orten gleichzeitig, aber unabhängig voneinander eine bürgerliche Sammlungsbewegung, in der sich christliche, konservative und liberale Strömungen vereinten, die vor 1933 getrennt und gegeneinander agiert hatten. Der Name der neuen Partei, der aber vorerst nur ein Oberbegriff war, kam aus Berlin, wo die »Christlich Demokratische Union Deutschlands« im Juni 1945 an die Öffentlichkeit getreten war. Zu den Berliner Gründern gehörten Politiker vom linken Flügel des ehemaligen Zentrums mit gewerkschaftlichem Engagement wie Andreas Hermes, Jakob Kaiser und Josef Ersing. Ähnlich wie der Berliner Zentralausschuß der SPD erhob auch die Berliner CDU-Spitze einen Führungsanspruch, der ihr aber in den anderen Gravitationszentren der CDU energisch bestritten wurde.

In Köln waren die Gründer einer Christlich-Demokratischen

[10] Günther Benser, Vereint sind wir unbesiegbar. Wie die SED entstand. Berlin (Ost) 1961; ders., »Zwangsvereinigung« – eine Legende und ihre Variationen. In: Geschichte, Ideologie, Politik – Auseinandersetzungen mit bürgerlichen Geschichtsauffassungen in der BRD, Berlin (Ost), 1983; Dietrich Staritz, Sozialismus in einem halben Lande. Zur Programmatik und Politik der KPD/SED in der Phase der antifaschistisch-demokratischen Umwälzung in der DDR. Berlin 1976; vgl. Kurt Klotzbach, Der Weg zur Staatspartei. Programmatik, praktische Politik und Organisation der deutschen Sozialdemokratie 1945 bis 1965. Berlin, Bonn 1982.

Partei seit März 1945 an der Arbeit. Ihr Programm entstand Ende Juni nach intensiven Beratungen im Dominikanerkloster Walberberg. Leo Schwering und Johannes Albers waren die Protagonisten dieser rheinischen CDU, erheblichen Anteil an der Programmarbeit hatten die Patres Laurentius Siemer und Eberhard Welty. Das Ergebnis wurde, als erste programmatische Plattform der CDU, unter der Bezeichnung »Kölner Leitsätze« bekannt. Bis zum Ende des Jahres 1945 war das Kölner Programm, das als Broschüre mit dem Titel ›Ein Ruf zur Sammlung des Deutschen Volkes‹ gedruckt wurde, in etwa 100000 Exemplaren verbreitet[11]. Unter dem Einfluß der Dominikanerpatres hatten thomistisch-naturrechtliches Gedankengut und die Postulate des christlichen Sozialismus Eingang in die Kölner Leitsätze gefunden. Hinzu kamen traditionelle Forderungen des politischen Katholizismus wie das Elternrecht auf weltanschauliche Erziehung und die Bekenntnisschule.

Für die Aufbruchstimmung des Sommers 1945 waren die Kernsätze zur Eigentums-, Wirtschafts- und Sozialordnung symptomatisch, die später im Ahlener Programm der CDU der britischen Zone vom Februar 1947 noch weiter ausgestaltet wurden. In den Kölner Leitsätzen hieß es: »Das Recht auf Eigentum wird gewährleistet. Die Eigentumsverhältnisse werden nach dem Grundsatz der sozialen Gerechtigkeit und den Erfordernissen des Gemeinwohls geordnet. Durch gerechten Güterausgleich und soziale Lohngestaltung soll es dem Nichtbesitzenden ermöglicht werden, zu Eigentum zu kommen. Das Gemeineigentum darf so weit erweitert werden, wie das Allgemeinwohl es erfordert; Post und Eisenbahn, Kohlenbergbau und Energieerzeugung sind grundsätzlich Angelegenheiten des öffentlichen Dienstes«. Und weiter: »Das Ziel der Wirtschaft ist die Bedarfsdeckung des Volkes auf der Grundlage einer freien körperlichen Selbstverwaltung. Die Vorherrschaft des Großkapitals, der privaten Monopole und Konzerne wird gebrochen ...«[12]

[11] Leo Schwering, Vorgeschichte und Entstehung der CDU. Köln 1952, S. 41; vgl. Otto Dann (Hrsg.), Köln nach dem Nationalsozialismus. Der Beginn des gesellschaftlichen und politischen Lebens in den Jahren 1945/46. Wuppertal 1981, S. 117f.

[12] Text in: Ossip K. Flechtheim (Hrsg.), Dokumente zur parteipolitischen Entwicklung in Deutschland seit 1945. Berlin 1963, Bd. 2, S. 30ff.; vgl. Rudolf Uertz, Christentum und Sozialismus in der frühen CDU. Grundlagen und Wirkungen der christlich-sozialen Ideen in der Union 1945–1949. Stuttgart 1981.

In anderen Gründerzirkeln der CDU, vor allem in Westfalen, dominierten protestantische und liberale Grundhaltungen. In Frankfurt wurde die Idee eines erneuerten Sozialismus auf christlicher Grundlage am entschiedensten vertreten. In Bayern lief die Entwicklung in eigener Richtung zur Christlich-Sozialen Union (CSU). Das war zunächst noch nichts Ungewöhnliches, denn die CDU war bis zu ihrem ersten Bundesparteitag in Goslar im Herbst 1950 eine Vereinigung selbständiger Parteien gleichen Namens. Das lockere Band, das Gemeinsamkeit kaum herstellte, war das Sekretariat der »Arbeitsgemeinschaft der CDU/CSU Deutschlands«, das im August 1946 in Königstein gegründet worden war.

Die bayerische CSU unterschied sich nicht so sehr in den allgemeinen Gründungsintentionen von der CDU, als in der stärkeren Betonung des Föderalismus bayerischer Spielart. Die politische und soziale Ideologie der bayerischen Partei entsprang den gleichen Wurzeln wie bei den Unionsgründungen in anderen Teilen Deutschlands. Dafür standen die Namen Adam Stegerwald in Würzburg, der als Gewerkschafter christlichen Sozialismus einbrachte, und Josef Müller (»Ochsensepp«) in München, der aus dem Widerstand kam. Die Richtungskämpfe waren aber in Bayern heftiger als andernorts und erschütterten die CSU in den ersten Nachkriegsjahren mehrfach heftig bis an den Rand des Ruins, wenn die Exponenten des katholisch-konservativen und bayerisch-gouvernementalen Flügels, Fritz Schäffer und Alois Hundhammer, mit den liberal-konservativen, auf interkonfessionelle Öffnung bedachten antipartikularistischen Kräften um Josef Müller zusammenprallten[13].

Zum eigentlichen Zentrum der CDU entwickelte sich das Rheinland, und der Streit um den Führungsanspruch wurde an der Spree verloren. Die Alliierten waren daran nicht unschuldig. Die Briten hatten als einzige Besatzungsmacht den Zusammenschluß der Landesverbände der CDU von Schleswig-Holstein, Braunschweig, Hannover, Oldenburg, Lippe, Hamburg, Bremen, Westfalen und Rheinland zu einem zonalen Dachverband erlaubt. An der Spitze dieses »Zonenausschusses der CDU der britischen Zone« stand seit Anfang März 1946 der damals 70jährige Konrad Adenauer, der von 1917 bis 1933

[13] Vgl. Alf Mintzel, Die CSU. Anatomie einer konservativen Partei 1945 bis 1972. Opladen 1975; Klaus-Dietmar Henke und Hans Woller (Hrsg.), Lehrjahre der CSU. Eine Nachkriegspartei im Spiegel vertraulicher Berichte an die amerikanische Militärregierung. Stuttgart 1984.

Oberbürgermeister von Köln war. Die Nazis hatten ihn abgesetzt, die Amerikaner holten ihn aus dem Ruhestand in sein altes Amt zurück und die Briten setzten ihn im Oktober 1945 wieder vor die Tür. Adenauer bekämpfte erfolgreich den Führungsanspruch der CDU Berlins und der Ostzone, und dabei kam ihm die SMAD zu Hilfe. Zum »Reichstreffen« der Christdemokraten im Dezember 1945 in Bad Godesberg hatte der Vorsitzende der Ost-CDU, der ehemalige Reichsminister Andreas Hermes, keine Reiseerlaubnis erhalten (die französische Militärregierung verhielt sich übrigens ähnlich restriktiv), und wenig später waren er und sein Kollege Walther Schreiber von der SMAD abgesetzt worden. Seinem Nachfolger Jakob Kaiser, dem energischsten Gegenspieler Konrad Adenauers, widerfuhr mit Ernst Lemmer das gleiche Schicksal 1947[14].

Die CDU als Sammelbecken christlicher, konservativer und liberaler Politiker, die in der Weimarer Zeit in ideologisch geschlossenen Parteien organisiert gewesen waren, nun aber einen Neuanfang wagten, machte die Gründung anderer bürgerlicher Parteien der Nachkriegszeit schwer. Trotzdem gab es vorübergehend erfolgreiche Versuche, alte Traditionen wieder aufzunehmen. Die wichtigsten Beispiele sind die Wiedergründung der katholischen Deutschen Zentrumspartei im Rheinland, in Westfalen und Niedersachsen und die Gründung der Niedersächsischen Landespartei, die antipreußisch-welfische Traditionen pflegte, den Typus der konservativ-nationalen Landespartei verkörperte und als Deutsche Partei bis Ende der fünfziger Jahre eine Rolle spielte[15]. In Bayern gab es monarchistische Strömungen, die sich in der Heimat- und Königspartei zu artikulieren suchten und daneben, mit größerem Erfolg, die Wirtschaftliche Aufbau-Vereinigung des wirrköpfigen Demagogen Alfred Loritz, die mittelständische Interessen mit populistischen Methoden verfocht. Als Konkurrentin der CSU kam später die extrem föderalistische Bayernpartei hinzu[16]. Im Rheinland hatte sie schon früher ein Pendant in der Rheinischen Volkspartei bzw. der Rheinisch-westfälischen Volkspartei.

[14] Zur Frühgeschichte der CDU vgl. Günter Buchstab und Klaus Gotto (Hrsg.), Die Gründung der Union. Traditionen, Entstehung und Repräsentanten. München, Wien 1981.

[15] Vgl. Hermann Meyn, Die Deutsche Partei. Entwicklung und Problematik einer national-konservativen Rechtspartei nach 1945. Düsseldorf 1965.

[16] Vgl. Hans Woller, Die Loritz-Partei. Geschichte, Struktur und Politik der wirtschaftlichen Aufbau-Vereinigung (WAV) 1945–1955. Stuttgart 1982; Ilse Unger, Die Bayernpartei. Geschichte und Struktur 1945–1957. Stuttgart 1979.

Von Dauer über die Nachkriegszeit hinaus blieben aber nur die Wiedergründungen liberaler Parteien, die sich in der Westzone 1948 zur Freien Demokratischen Partei (FDP) zusammenfanden. In der Ostzone blieb es bei der Bezeichnung Liberal-Demokratische Partei (LDP); der Bruch zwischen den Liberalen in Ost und West war im Januar 1948 geschehen. Der liberale Neubeginn gestaltete sich mühsam, weil viele Weimarer Liberale, namentlich die Prominenz der Deutschen Volkspartei (DVP) den Weg zur CDU gefunden hatten, und weil die Besatzungsmächte, den Neubeginn der Weimarer Parteienvielfalt scheuend, die zweite bürgerliche Partei weniger ermunterten als die Unions-Bewegung. Unter vielen Namen (Liberal-Demokraten, Demokratische Volkspartei, Partei Freier Demokraten) entstanden Orts- und Kreisverbände; in der britischen Zone konnten sich im Frühjahr 1946 die liberalen Landesverbände schon auf Zonenebene zusammenschließen. Die frühe FDP zeigte wenig organisatorische Geschlossenheit, ein erhebliches Maß an programmatischer Vielfalt und einige Namen mit gutem Klang: Theodor Heuss und Reinhold Maier, Hermann Höpker-Aschoff, Wilhelm Heile und Theodor Tantzen im Westen, Wilhelm Külz und Eugen Schiffer im Osten.

Im Süden und Südwesten wurde das linksliberale Erbe der DDP stärker gepflegt, weiter nördlich, zumal in Hessen, im Rheinland und in Westfalen, dominierten die nationalliberalen Tendenzen. Einig waren sich alle Nachkriegsliberalen in einem Punkt, in der Ablehnung sozialistischer Gedankengänge. Die Entschließung der Freiburger Gründungsversammlung der »Demokratischen Partei in Süd- und Mittelbaden« vom 20. Januar 1946 war typisch auch für viele andere Programmentwürfe. Es hieß dort: »Wir sind Feinde jeder Diktatur im privaten und öffentlichen Leben und lehnen deshalb eine zwangsläufig dahin führende, zu weit gehende Sozialisierung ab«. Und: »Die Tätigkeit des Staates in wirtschaftlichen Dingen muß wieder auf das Aufsichtsrecht beschränkt werden. Der Staat soll nicht wirtschaften, sondern verwalten!« Und mit deutlicher Front gegen die Arbeiterparteien hieß es: »Die Demokratische Partei verwirft den Klassenkampf, denn sie vereinigt alle Schichten des Volkes in sich. Standesunterschiede kennt sie nicht.«[17]

[17] Text in: Peter Juling, Programmatische Entwicklung der FDP 1946 bis 1969. Einführung und Dokumente. Meisenheim 1977, S. 69f.; vgl. Jörg Michael Gutscher, Die Entwicklung der FDP von ihren Anfängen bis 1961. Meisenheim 1967.

Die Kehrseite der Parteigründungen war die jeweils auf Kreisebene erfolgende Prozedur der Lizenzierung durch den zuständigen Offizier der Besatzungsmacht. Das läßt sich am besten an Beispielen aus dem Besatzungsalltag der US-Zone verdeutlichen: Im hessischen Landkreis Schlüchtern beantragten am 3. Oktober 1945 fünf Männer die Zulassung der Kommunistischen Partei. Ordnungsgemäß beigefügt waren ein Parteiprogramm und die Statuten sowie Angaben über die Mitglieder. Am 19. Oktober erhielten die Antragsteller eine provisorische Genehmigung, in der es etwas drohend hieß, daß sie als Komitee der Kommunistischen Partei der Stadt Schlüchtern und der Stadt Steinau betrachtet würden und daß sie dafür verantwortlich seien, sich »mit allen Gesetzen und Regeln der Militärregierung betr. Politische Tätigkeit genauestens bekanntzumachen«. Ferner wurden sie zur strengsten Befolgung dieser Regeln ermahnt und zur richtigen Anwendung ihres Einflusses auf die politischen Angelegenheiten angehalten. Die endgültige Genehmigung erfolgte am 26. Oktober 1945, also dreieinhalb Wochen nach dem Antrag[18].

Mit dem Genehmigungsschreiben des zuständigen amerikanischen Offiziers waren folgende politische Tätigkeiten erlaubt bzw. eingeschränkt: Öffentliche Versammlungen und Diskussionen, wobei der Militärregierung jeweils Zeit, Ort und Zweck der Versammlung, die Namen und Adressen aller Sprecher und deren Redetexte mitgeteilt werden mußten. Erlaubt waren ferner die Werbung von Mitgliedern, die Sammlung von Geld und das Verteilen von Schriften. Zweimal monatlich war aber eine eidesstattliche Erklärung über die Quellen des erhaltenen Geldes und über dessen Verwendung verlangt. Die Militärregierung wies außerdem darauf hin, daß für das Verfassen und Verteilen von Parteischriften die Vorschriften der Abteilung Nachrichtenkontrolle (Information Control Division) galten und daß der Militärregierung Kopien aller Schriften eingereicht werden mußten.

Das war die normale Prozedur der Parteilizenzierung und keineswegs eine Schikane gegen die Kommunisten. Die Christdemokraten, die am 10. November 1945 unter Beifügung von Parteiprogramm, Statuten, Unterschriftslisten und Personalfragebogen die Lizenz für den Kreis Schlüchtern beantragten, erhielten diese mit exakt dem gleichen Formschreiben am 28. No-

[18] OMGUS 5/9 – 2/3 CO Hist. Br.

vember. Und der Demokratischen Partei Gelnhausen war Ende Oktober derselbe Bescheid zugegangen[19].

Das Treiben der lizenzierten Parteien wurde, auch als sich die Kreisverbände ab Spätherbst 1945 landesweit zusammenschließen durften, von der amerikanischen Militärregierung auf allen Ebenen mit Argusaugen beobachtet. An ihrer Entfaltung gehindert wurden die vier großen Parteien – Sozialdemokraten und Kommunisten, Christdemokraten und Liberale – aber nicht. Gegenüber Gründungen, die nationalistischer Bestrebungen verdächtig waren oder den Eindruck politischer Sekten machten, verhielten sich die Amerikaner jedoch restriktiv. Um Weimarer Zustände mit einer Vielzahl von Interessen- und Weltanschauungsparteien vorzubeugen, sollten solche Gruppierungen über die Kreisebene nicht hinauswachsen.

Grund zur Klage hatte deshalb u. a. der Gründer der Nationaldemokratischen Partei Deutschlands (NDP), die in Bad Nauheim und Friedberg im Sommer und Herbst 1945 entstanden war und deren wesentlicher Programmpunkt lautete: »Im Hinblick auf die angelsächsischen politischen Zustände rufen wir zur Bildung einer großen bürgerlichen Einheitspartei auf, die Vorkämpferin für die Erhaltung des Privateigentums und der allein auf ihm ruhenden individuellen und dabei doch einheitlichen Lebensgestaltung, der freien Persönlichkeit und der persönlichen Selbstverantwortlichkeit sein soll. Dem Staatskommunismus, sei er nun nationaler oder internationaler Prägung, dem wir seit beinahe hundert Jahren in Deutschland gehuldigt haben, muß endlich ein Bollwerk in einer großen, auf den Überlieferungen der Jahrhunderte fußenden demokratischen Bürger-, Arbeiter- und Bauernpartei entgegengestellt werden. In ihr sollen alle nicht-sozialdemokratischen und nicht-kommunistischen Parteien der deutschen Vergangenheit aufgehen. Es darf keine bürgerlichen Splitterparteien mehr geben. Die neue Partei ruft unter dem Namen Nationaldemokratie alle deutschen Männer und Frauen, die ihr Leben auf eigene Arbeit und Leistungsfähigkeit, auf den Fleiß und die Tüchtigkeit ihrer Familie, auf die deutsche Wesensart stellen wollen, zum Beitritt auf.«[20]

In mehreren Briefen beschwerte sich Dr. Leuchtgens, der

[19] Ebd.

[20] Programm der Nationaldemokratischen Partei Deutschlands, 18. 10. 1945. In: OMGUS 1945–46 – 1/4 AG.

Parteigründer der Nationaldemokraten, bei General Clay. Offensichtlich glaube die Militärregierung den politischen Gegnern der Nationaldemokraten, nämlich, daß sie Reaktionäre seien und ein Sammelbecken für Antidemokraten bilden wollten. Das Gegenteil sei wahr, und er selbst sei ein waschechter Demokrat, es gebe keinen besseren in ganz Deutschland, und seit jeher sei es sein oberstes Ziel gewesen, die Deutschen zur angelsächsischen Demokratie zu erziehen, Churchill sei sein Idol, und jede Form von Faschismus hasse er wie das Feuer, er stehe für den Individualismus ein gegen Kommunismus und Sozialismus, seit vierzig Jahren kämpfe er nun für eine konservative Politik, die das Ziel habe, den besten Mann des Volkes auf den höchsten Platz zu bringen. Die Militärregierung behandele seine Partei nicht korrekt, weshalb er um eine Unterredung bitte. Die Amerikaner blieben seinen Beteuerungen gegenüber aber unempfindlich und entsprachen den Wünschen der Nationaldemokratischen Partei keineswegs[21].

Während der Nationaldemokrat Leuchtgens mit seinen Beschwerden und Anbiederungen auf den Dienstweg, die lokal zuständige Militärregierung, verwiesen wurde, beschäftigte sich in einem anderen Fall im Juli 1946 die Spitze der amerikanischen Besatzungsbürokratie mit einem Parteigründungsantrag. Der Fall hatte aber grundsätzliche Bedeutung. Es ging um die Wirtschaftliche Flüchtlingspartei, die in Mainburg die Zulassung für die Regierungsbezirke Niederbayern und Oberpfalz begehrt hatte. Programm, Statuten und 25 Unterschriften waren ordnungsgemäß eingereicht worden, auf höchster Ebene wurde aber entschieden, daß die Gründung politischer Parteien durch Flüchtlinge und Vertriebene generell nicht geduldet würde. In der Begründung hieß es, die Heimatvertriebenen aus den Ostgebieten müßten in die Gesellschaft ihrer neuen Wohnorte integriert werden, und sie sollten daher ihr politisches Leben im Rahmen der bestehenden Parteien entfalten. Bei dieser Politik blieb es in allen Zonen bis zum Ende des direkten Besatzungsregiments, mit dem 1949 auch der Lizenzierungszwang entfiel. Erst dann entstand im Bund der Heimatvertriebenen und Entrechteten (BHE) eine – allerdings kurzlebige – politische Interessenvertretung der Heimatvertriebenen[22].

[21] Eingaben Leuchtgens' und Korrespondenz mit der Militärregierung Juni bis September 1946 ebd.

[22] Parteiprogramm der wirtschaftlichen Flüchtlingspartei u. Gesuch um Zulas-

Zwischen der Entstehung der Parteien und der Neugründung von Gewerkschaften gab es Parallelen. Am deutlichsten waren sie sichtbar im Verhalten der Besatzungsmächte gegenüber deutschen Initiativen. Die Skala reichte von starker Ablehnung in der französischen Zone, wo auch die Landesverbände sehr spät – ab Frühjahr 1947 – und ein Zonenverband gar nicht zugelassen wurden, bis zur Gründung durch Machtspruch der Sowjetischen Militär-Administration im Juni 1945.

Im SMAD-Befehl Nr. 2. war »der werktätigen Bevölkerung der sowjetischen Okkupationszone« ausdrücklich »das Recht zur Vereinigung in freien Gewerkschaften und Organisationen zum Zweck der Wahrung der Interessen und Rechte der Werktätigen« gewährt worden; sie sollten, wie die Parteien, unter der »Kontrolle der Sowjetischen Militär-Administration und entsprechend den von ihr gegebenen Instruktionen« agieren. Unter Mithilfe der SMAD vollzog sich die Organisation des Freien Deutschen Gewerkschaftsbundes (FDGB) als zentrale Einheitsgewerkschaft zonenweit von oben nach unten.

Im Februar 1946 wurde der erste FDGB-Kongreß abgehalten; zum 1. Vorsitzenden wurde Hans Jendretzky (KPD) gewählt, an die zweite und dritte Stelle kamen Bernhard Göring (SPD) und Ernst Lemmer (CDU). Wie die anderen Organisationen, die ab Sommer 1945 in der SBZ ins Leben gerufen wurden, hatte der FDGB mit seinen (im Februar 1946) 2 Millionen Mitgliedern in 18 Industrieverbänden auch Funktionen, die über das Traditionelle hinausgingen: »Es ging nicht mehr nur um die gewerkschaftliche Vertretung der Arbeiter und Angestellten, die Durchsetzung des Mitbestimmungsrechts. Die Gewerkschaften hatten eine große Verantwortung für die Erziehung der Arbeiterklasse im Geist des Antifaschismus und zum Klassenbewußtsein, bei der politischen Säuberung der Betriebe und Verwaltungen, beim Wiederaufbau der Wirtschaft.«[23]

Dasselbe galt für die Jugendausschüsse, die von der SMAD im Juli 1945 initiiert wurden; im September entstand unter Leitung Erich Honeckers ein zentraler Jugendausschuß für die ganze Zone, das war der Anfang der »Freien Deutschen Jugend«, die im März 1946 als einheitliche Organisation Gestalt

sung v. 1. 6. 1946 sowie interne Korrespondenz OMGUS – OMGB in: OMGUS 1945–46 – 1/4 AG.

[23] Siegfried Thomas, 1945–1949. In: DDR. Werden und Wachsen. Zur Geschichte der Deutschen Demokratischen Republik. Frankfurt a.M. 1975, S. 33f.

gewann und im Juni 1946 in Brandenburg ihr erstes »Parlament« abhielt. Seit Sommer 1945 entstanden auch Frauenausschüsse, aus denen im März 1947 der »Demokratische Frauenbund Deutschlands« hervorging. Auch der »Kulturbund zur demokratischen Erneuerung Deutschlands«, im Juli 1945 unter der Präsidentschaft des Schriftstellers Johannes R. Becher gegründet, hatte unter den Intellektuellen eine entsprechende Funktion bei der »antifaschistisch-demokratischen Umwälzung«.

Eine Parallele zur Entstehung und Entwicklung der Gewerkschaften in den Westzonen bestand darin, daß die älteren Vorbilder aus der Weimarer Zeit, die ins Kaiserreich zurückreichten, kaum mehr zur Debatte standen. Wie die alten Weltanschauungsparteien keine Attraktivität mehr besaßen, so waren die Richtungsgewerkschaften der Vor-Hitlerzeit endgültig passé. Darüber waren sich die ehemaligen Gewerkschafter einig, die im Widerstand, in Konzentrationslagern, im Exil und in der inneren Emigration in Deutschland die Zeit nach der Gleichschaltung und Überführung der alten Gewerkschaften in die nationalsozialistische Deutsche Arbeitsfront (DAF) überstanden hatten.

Die Gründungen im lokalen und betrieblichen Bereich begannen im Westen überall unmittelbar nach Kriegsende, am frühesten in Aachen, wo Ende 1944 der erste Antrag auf Gründung einer Gewerkschaft von den Amerikanern zwar abgelehnt worden war, wo aber im März 1945 im zweiten Anlauf 80 ehemalige Gewerkschafter den Grundstein legten zu einem »Freien Deutschen Gewerkschaftsbund«, dem als parteipolitisch neutrale Zentralorganisation alle Arbeiter, Angestellten und Beamten angehören sollten[24]. Keimzellen der neuen Gewerkschaftsbewegung waren auch, bis zu ihrem Verbot im Sommer 1945, die Antifa-Ausschüsse, die in Betriebsgruppen oder als Betriebsräte gewerkschaftliche Aktionsgemeinschaften zwischen Sozialdemokraten und Kommunisten erstrebten. Zunächst hatten aber die Besatzungsmächte überall im Westen die Hand an der Bremse. Die Amerikaner achteten streng darauf, daß sich, wie bei den Parteien, die Etablierung der Gewerkschaften nur auf der unteren Ebene abspielte. Da sich die Spitzen der amerikanischen Militärregierung über die Konzeption

[24] Vgl. Ulrich Borsdorf, Der Weg zur Einheitsgewerkschaft. In: Jürgen Reulecke (Hrsg.), Arbeiterbewegung an Rhein und Ruhr. Wuppertal 1974, S. 401.

ihrer Gewerkschaftspolitik in den Haaren lagen, blieb zu Beginn der Besatzung aber vieles dem Gutdünken örtlicher Besatzungsoffiziere überlassen. In der US-Zone dominierten 1945 noch die Befürworter der *grassroots-policy*, d. h. die neuen Gewerkschaften sollten mitsamt einer neuen Führung von den Wurzeln her und durch Wahl an der Basis legitimiert entstehen. Solange dieses Konzept verfolgt wurde, stand es um die Ansprüche der alten Gewerkschaftsführer schlecht, eine neue, verbesserte Organisation mit dem erfahrenen Personal der Weimarer Zeit zu errichten[25]. Die Amerikaner favorisierten Betriebsgewerkschaften aber auch deshalb, weil sie sich Mitarbeit bei der Säuberung der Betriebe von Nationalsozialisten versprachen. Der eigentliche Zweck gewerkschaftlicher Organisation, die Mitgestaltung der Lohn- und Arbeitsbedingungen, war im August 1945 auch tatsächlich noch kein Problem[26].

Die britische Besatzungsmacht war gewerkschaftsfreundlicher als die amerikanische, sie verhielt sich aber den deutschen Wünschen nach Errichtung einer zentralen Einheitsgewerkschaft gegenüber restriktiv, förderte jedoch das Industrieverbandsprinzip gegenüber der älteren Organisationsform von Berufsverbänden. Die Industrieverbände sollten autonom sein und – später einmal – in einem lockeren Dachverband zusammengefügt werden. Das machte die Militärregierung mit Hilfe einer Delegation britischer Gewerkschafter, die im November 1945 die britische Zone besuchte, dem deutschen Vorkämpfer für eine zentrale Einheitsorganisation klar. Der siebzigjährige Hans Böckler, der seit 1903 in der Gewerkschaftsbewegung aktiv war, mußte einsehen, daß die Chance, bei der Neuordnung der Wirtschaft Einfluß zu gewinnen, nur bestand, wenn das britische Organisationsmodell akzeptiert würde. Gewerkschaftspostulate wie die Sozialisierung der Grundindustrien und des Bergbaus und der Banken waren aber nur durchzusetzen, wenn dazu die politische Legitimierung durch die Besatzungsmacht erfolgt war. Das Ziel hieß Wirtschaftsdemokratie,

[25] Vgl. Michael Fichter, Besatzungsmacht und Gewerkschaften. Zur Entwicklung und Anwendung der US-Gewerkschaftspolitik in Deutschland 1944–1948. Opladen 1982, S. 119ff.

[26] Sechs Vorbedingungen der amerikanischen Militärregierung für die Neubildung deutscher Gewerkschaften und Betriebsausschüsse. In: Keesings Archiv der Gegenwart 15 (1945), S. 3716; vgl. U. Borsdorf/H. O. Hemmer/M. Martiny (Hrsg.), Grundlagen der Einheitsgewerkschaft. Historische Dokumente und Materialien. Frankfurt a. M. 1977, S. 283ff.

darum entschlossen sich Böckler und seine Mitstreiter schweren Herzens für die weniger straffe Organisationsform[27].

Im April 1947 wählte der Gründungskongreß des Deutschen Gewerkschaftsbundes in der britischen Zone Hans Böckler zum Vorsitzenden. Der neue Dachverband, der die Vorstufe des 1949 gegründeten Deutschen Gewerkschaftsbundes (DGB) der Bundesrepublik bildete, hatte in 15 Einzelgewerkschaften über zwei Millionen Mitglieder. In den beiden anderen Zonen waren die Gewerkschafter ähnlich organisiert, jedoch nur bis zur Landesebene. Das Industrieverbandsprinzip war im Juni 1946 vom Kontrollrat für verbindlich erklärt worden, eine gesamtdeutsche Gewerkschaftsbewegung war aber, trotz der Kontrollratsdirektive und trotz mehrerer vierzonaler Gewerkschaftskonferenzen zwischen November 1946 und August 1948, von Anfang an außerhalb des Bereichs des Möglichen. Ebenso wie bei der Konstituierung der Parteien waren die Ziele, die die Besatzungsmächte verfolgten, miteinander unvereinbar.

7. Demontage, Kriegsverbrecherprozesse, Entnazifizierung

Zur vollständigen Entwaffnung und Entmilitarisierung Deutschlands, wie sie die Alliierten beschlossen und in Potsdam bekräftigt hatten, gehörte »die Beseitigung oder Kontrolle der gesamten deutschen Industrie, die für eine Rüstungsproduktion benutzt werden könnte«, und in den wirtschaftlichen Grundsätzen des Potsdamer Protokolls war die Richtung angedeutet, in der die ökonomische Entmilitarisierung vor sich gehen sollte. Die Produktion von Kriegsgerät, Munition, Flugzeugen und Hochseeschiffen wurde generell verboten, die Erzeugung von Metallen, Chemikalien, Maschinen etc., die auch für Kriegszwecke genutzt werden konnten, sollte streng überwacht und auf das existenzerhaltende Minimum beschränkt bleiben. Im Rahmen des Reparationsplans sollte die nicht mehr erforderliche Produktionskapazität »entnommen« oder vernichtet werden. Außerdem war beabsichtigt, die deutsche Wirtschaft zu dezentralisieren, »um die bestehende übermäßige Konzentration wirtschaftlicher Macht zu beseitigen«[1]. Das hieß im Klar-

[27] Vgl. Borsdorf, Der Weg zur Einheitsgewerkschaft, S. 408.
[1] Potsdamer Protokoll, s. Dokument 1.

text: Auflösung und Entflechtung der Kartelle, Syndikate und Monopole der deutschen Industrie, aber auch der Großbanken.

Das spektakulärste Beispiel war die Auflösung des bis 1945 größten deutschen Unternehmens, des Chemie-Giganten »Interessen-Gemeinschaft Farbenindustrie AG«. Die I.G. Farben, wie die gängige Kurzbezeichnung lautete, wurde im Sommer 1945 beschlagnahmt, das Auslandsvermögen enteignet. Den Verwaltungssitz in Frankfurt, ein Gebäude von imposantem Ausmaß, übernahmen die Amerikaner als Zentrale der Militärregierung der US-Zone. Durch Kontrollrats-Gesetz vom 30. November 1945 wurden die einzelnen Glieder des Konzerns verpflichtet, alle Kartellbeziehungen zu liquidieren und sich wieder als selbständige Einheiten zu etablieren. Die I.G. Farben wurde dadurch wieder in die Bestandteile zerlegt, aus denen sie 1925 entstanden war: BASF, Agfa, Casella Farbenwerke, Chemische Werke Hüls, Bayer AG, Farbwerke Hoechst, Duisburger Kupferhütte, Dynamit Nobel AG und einige andere mehr[2].

Der Entflechtungsprozeß zog sich über Jahre hin und war nur in Ausnahmefällen von Dauer. Das öffentliche Interesse richtete sich auch stärker oder sogar fast ausschließlich auf den anderen Aspekt des Entmilitarisierungs- und Reparationsprogramms, die Demontagen. Der Straf- und Sühnegedanke wurde der Allgemeinheit nirgendwo im Alltag der Nachkriegszeit so drastisch vor Augen geführt wie hier, kein anderes Problem setzte bis in die fünfziger Jahre hinein vergleichbare Emotionen frei, keine andere Maßnahme der Alliierten belastete das Verhältnis zwischen Siegern und Besiegten so stark wie die Demontagen. Der Abtransport der Maschinen und Geräte und die anschließende Sprengung der Fabrikgebäude wurden als blindes Wüten gegen deutsches Eigentum, als Rache gegen deutsche Tüchtigkeit und von den betroffenen Arbeitern als existenzbedrohende Vernichtung ihrer Arbeitsplätze empfunden.

Die industrielle Produktion in Deutschland war am Kriegsende zwar annähernd zum Stillstand gekommen, sie erholte sich vor allem in der amerikanischen und der britischen Zone aber überraschend schnell. Daß Ende 1945 in der britischen Zone wieder etwa 25 Prozent und in der amerikanischen sogar 30 Prozent der Vorkriegsproduktion (Vergleichsjahr: 1936) er-

[2] Hans-Dieter Kreikamp, Die Entflechtung der I. G. Farbenindustrie A. G. und die Gründung der Nachfolgegesellschaften. In: VfZ 25 (1977), S. 220–251.

reicht waren, erscheint angesichts der zerschnittenen Wirtschaftsräume, des allgemeinen Mangels vor allem an Rohstoffen, Hilfsgütern, Ersatzteilen, teilweise zerschlissener Produktionsanlagen, der Kriegszerstörungen und der Transportschwierigkeiten fast als ein Wunder[3].

Die ökonomische Krise stand allerdings noch bevor, sie kam im Winter 1946/47 und machte den bescheidenen Erholungseffekt des ersten Nachkriegsjahres zunichte. Im Katastrophenwinter 1946/47 waren die Vorräte tatsächlich aufgebraucht, wegen der Kälte brach das Transportsystem zusammen und die Ernährungs- und Energiekrise erreichte ihren Höhepunkt. Im Sommer 1946 war die Lage weit weniger dramatisch gewesen: Das Streckennetz der Bahn funktionierte zu 90 Prozent wieder, die Binnenwasserstraßen waren befahrbar; der Arbeitsmarkt allerdings war unübersichtlich, in vieler Hinsicht herrschte Chaos, aber ökonomisch gesehen hielten sich die Probleme in Grenzen. 1944 hatte zwar fast ein Drittel der Industriebelegschaften in Deutschland aus ausländischen Zwangsarbeitern bestanden, von denen ab Kriegsende viele als »Displaced Persons« in Lagern auf ihre Repatriierung warteten; andererseits wurden 11,5 Millionen deutsche Wehrmachtangehörige aus der Kriegsgefangenschaft in der Heimat zurückerwartet, und der größere Teil kam bis Ende 1945 auch zurück.

Auf den Arbeitsmarkt drängten dann aber auch die Flüchtlinge und Heimatvertriebenen. Trotzdem gab es auch offene Stellen, vor allem im Kohlebergbau, dem wichtigsten deutschen Industriezweig der Nachkriegszeit. Die Kohleproduktion unterlag auch keinen Beschränkungen, sie wurde im Gegenteil forciert, weil Kohle als wichtigster Energieträger ein bedeutendes Reparations- und Exportgut war. Die Förderung und der Verkauf der Kohle erfolgte jedoch nicht in deutscher Regie. Die Zechen, die fast alle im Ruhrgebiet in der britischen Zone lagen, waren beschlagnahmt und dem »North German Coal Control Board« unterstellt, unter dessen Aufsicht die »Deutsche Kohlenbergbauleitung« den damals so wertvollen Rohstoff förderte. Die Bergleute wurden im Rahmen des Möglichen besonders gut behandelt mit Lohnzulagen und erhöhten Lebensmittelrationen und verbesserten Sozialleistungen.

[3] Vgl. Werner Abelshauser, Wirtschaft in Westdeutschland 1945–1948. Rekonstruktion und Wachstumsbedingungen in der amerikanischen und britischen Zone. Stuttgart 1975, S. 35ff.

Zu den Anstrengungen der Produktivitätssteigerung in der amerikanischen und britischen Zone standen die umfangreichen Reparations- und Wiedergutmachungsentnahmen in der französischen und russischen Zone in starkem Kontrast. Dennoch stießen die französischen und sowjetischen Maßnahmen zunächst nicht auf grundsätzlichen Widerspruch der Amerikaner und Briten, weil sie die vereinbarte planmäßige Schwächung der deutschen Wirtschaftskraft bewirkten. Für die Betroffenen war dies alles natürlich nicht recht durchschaubar. In der Praxis konnten zwei so gegensätzliche Absichten auch nicht funktionieren.

In langwierigen Verhandlungen bemühte sich der Kontrollrat, die Grenzen der künftig erlaubten Industriekapazität zu ziehen und die Quoten festzulegen, die in Zukunft produziert werden durften. Um die Stahlerzeugung wurde besonders gestritten, bis sie auf 39 Prozent der Vorkriegsproduktion festgesetzt wurde. Erzeugnisse der chemischen Industrie waren auf 40 Prozent, Leichtmetalle auf 54 Prozent, Werkzeugmaschinen auf 11 Prozent begrenzt. Das Ergebnis der Verhandlungen im Kontrollrat wurde am 26. März 1946 in Gestalt des Industrieniveau-Plans festgeschrieben[4]. Damit war bestimmt, welchen Umfang die deutsche Nachkriegswirtschaft haben durfte und welches Ausmaß der Kapazitätsabbau zugunsten der Reparationslieferungen haben würde (eine Liste der zu demontierenden Betriebe wurde nachgereicht).

Als Grundsatz galt die Aufrechterhaltung eines mittleren Lebensstandards in Deutschland, der den durchschnittlichen Lebensstandard in Europa (ausgenommen Großbritannien und Sowjetunion) nicht übersteigen durfte, und nach der Zahlung der Reparationen sollte Deutschland sich selbst erhalten können. Nicht nur wegen des Selbstbedienungsverfahrens, das schon vor der Verabschiedung des Industrieplans in allen Zonen begonnen hatte und namentlich im Osten und Südwesten Deutschlands fortgesetzt wurde, war der Plan bald Makulatur.

Gustav Stolper, ein Freund von Theodor Heuss aus früherer Zeit und prominenter Emigrant, besuchte als amerikanischer Wirtschaftsexperte in offiziellem Auftrag im Rahmen einer Delegation zusammen mit dem ehemaligen US-Präsidenten Hoover Anfang 1947 Deutschland. Im Zusammenhang mit dem

[4] Text u.a. in: Europa-Archiv. Dokumente I. Oberursel 1947, S. 65ff.

trostlosen Zustand der Wirtschaft charakterisierte er das Level-of-Industry-Abkommen des Kontrollrats als »das Produkt einer Horde von Statistikern, 1500 an der Zahl, Amerikaner, Engländer, Franzosen und Russen, die gegen alle Warnungen ökonomischer Vernunft wie Berserker wüteten«[5].

Die Demontagen, die ökonomisch unsinnig schienen, wurden aber, den Straf- und Sühnegedanken verfolgend, noch jahrelang fortgesetzt – auch in den beiden Westzonen, in denen Amerikaner und Briten bald große Anstrengungen zur Linderung der Wirtschafts- und Ernährungskrise unternahmen. Außer der Sowjetunion und Polen gab es 18 Staaten, die als Reparationsgläubiger Ansprüche an Deutschland hatten. Auf der Pariser Reparationskonferenz (9. November bis 21. Dezember 1945) wurden die Quoten festgelegt, die auf die einzelnen Staaten entfielen und deren Verteilung ab 1946 die Interalliierte Reparationsagentur in Brüssel vornahm.

In der sowjetischen Zone wurden nicht nur, unmittelbar nach Kriegsende beginnend, Fabrikanlagen, Eisenbahngeleise, Transporteinrichtungen demontiert und abtransportiert. Es gab auch eine zweite Form der Demontage, nämlich die Enteignung und Umwandlung von Betrieben zu Sowjetischen Aktiengesellschaften (SAG), die an Ort und Stelle in sowjetischer Regie weiterproduzierten. Etwa 200 Fabriken, die ein Viertel der Gesamtproduktion der Ostzone leisteten, wurden in diese neue Rechtsform überführt, darunter das Bunawerk bei Merseburg und das Leunawerk. Die SAG gingen später in den Besitz der DDR über. Die eigentliche Demontage betraf bis Ende 1946 über 1000 Betriebe, vor allem der eisenschaffenden, chemischen und optischen Industrie, des Maschinenbaus und der Energieerzeugung. Dazu kamen die Entnahmen aus der laufenden Produktion[6].

Die Höhe der Reparationsleistung, die die Sowjetunion ihrer Besatzungszone bzw. der DDR bis 1953 entnahm, ist unbekannt. Geschätzt werden bis zu 66 Milliarden Mark, unstrittig ist jedenfalls, daß die in Jalta geforderte Summe von 10 Milliar-

[5] Gustav Stolper, Die deutsche Wirklichkeit. Ein Beitrag zum künftigen Frieden Europas. Hamburg 1949, S. 160. Das Original ›German Realities‹ war ein Jahr zuvor in New York publiziert worden und hatte beträchtliche Wirkung zugunsten Deutschlands in der amerikanischen Öffentlichkeit gehabt.

[6] Vgl. Manfred Lentz, Die Wirtschaftsbeziehungen DDR – Sowjetunion. Opladen 1979, S. 31; Heinz Heitzer, DDR. Geschichtlicher Überblick. Berlin (Ost) 1979, S. 56, beziffert die demontierten Betriebe auf 600.

den Dollar zugunsten der Sowjetunion durch die sowjetische Besatzungszone mehr als aufgebracht wurde[7].

Hinzurechnen müßte man auch die Arbeitsleistung, die von deutschen Kriegsgefangenen beim Wiederaufbau in der Sowjetunion bis 1955 erbracht wurde. Kriegsgefangenenarbeit war in der Nachkriegswirtschaft dieser beiden Länder ein beachtlicher Faktor. Von den über 11 Millionen deutschen Soldaten befanden sich etwa 7,7 Millionen in Gefangenschaft der Westmächte, insbesondere der USA, etwa 3,3 Millionen in sowjetischer Kriegsgefangenschaft. Während Amerikaner und Briten unmittelbar nach Kriegsende begannen, ihre Gefangenen in die Heimat zu entlassen, mußten viele im Osten jahrelang warten, weil ihre Arbeitskraft gebraucht wurde. Ähnlich verhielten sich zunächst die Franzosen, die sogar noch »Kriegsgefangene« machten, als der Krieg zu Ende war. Aus Stuttgart wird ein Fall berichtet, daß ein Konvoi deutscher Soldaten, die von den Amerikanern entlassen werden sollten, im Moment der Entlassung zu französischen Kriegsgefangenen erklärt und in die andere Richtung abtransportiert wurden[8].

Die Amerikaner hatten subtilere Methoden. Ihnen lag am Sachverstand deutscher Wissenschaftler und technischer Spezialisten, die sie im Rahmen der »Operation Overcast« und der »Operation Paperclip« zwischen 1945 und 1950 nach USA transferierten. Die amerikanische Raketentechnik profitierte am sichtbarsten von dieser besonderen Art amerikanischer Kriegsbeute[9].

Die Demontagen spielten ökonomisch in den Westzonen keine große Rolle. Wäre der Industrieplan vom März 1946 realisiert worden, hätte das freilich die Beseitigung von 1800 Fabriken bedeutet sowie entsprechend den Quoten, die für die einzelnen Produktionszweige festgesetzt waren, die Reduzierung der gesamten Produktionsmöglichkeiten auf den Stand des Krisenjahres 1932. Die spektakulären Demontagen, etwa der »Reichswerke Hermann Göring« in Salzgitter, die bis in die fünfziger Jahre andauerten, wurden mit wachsender Erbitterung auf der deutschen Seite als mutwillige Vernichtung von

[7] Vgl. Christoph Kleßmann, Die doppelte Staatsgründung. Deutsche Geschichte 1945 – 1955. Bonn 1982, S. 106f.

[8] Vgl. Arthur L. Smith, Heimkehr aus dem Zweiten Weltkrieg. Die Entlassung der deutschen Kriegsgefangenen. Stuttgart 1985, S. 13f.

[9] Vgl. Clarence G. Lasby, Project Paperclip. German Scientists and the Cold War. New York 1971.

Arbeitsplätzen in einer Zeit wirtschaftlicher Not begriffen, gegen die die Arbeiter mit Parolen wie »Vernunft statt Gewalt« und »Wir wollen keine Bettler sein ... laßt uns unsere Arbeitsstätten« demonstrierten[10].

Spätestens im Mai 1946, als General Clay in der US-Zone einen Demontagestopp anordnete, war der Industrieplan überholt, aber auch seine Voraussetzungen galten nicht mehr. Die Weichen wurden in den beiden Zonen der Amerikaner und Briten allmählich neu gestellt, und zwar in die Richtung ökonomischer Rekonstruktion. Einen gewissen Anteil daran hatte die Sowjetunion, die die in Potsdam vereinbarten Lieferungen aus der Ostzone in die Westzonen im Tausch gegen Reparationsgüter schuldig geblieben war. Das hatte Clay mit dem Ende der Demontagelieferungen aus seiner Zone an die UdSSR quittiert, und die Überlegungen zur Errichtung der Bizone hatten ihren Ursprung im vierzonal nicht lösbaren Reparationsproblem[11].

Die Demontagen wurden bei den Deutschen als – ungerechte – Strafe empfunden und im bescheidenen Rahmen des Möglichen bekämpft. Daß die Angeklagten der zahlreichen Kriegsverbrecherprozesse, die auf deutschem und ausländischem Boden ab Herbst 1945 stattfanden, unschuldig waren, glaubten indes höchstens unverbesserliche Nazis, die sich mit dieser Meinung (noch) nicht hervorwagten. Sie konnten es auch nicht, weil sie, zusammen mit höheren Funktionären des NS-Regimes – ob diese Nazis waren oder nicht, spielte dabei keine Rolle – die Internierungslager bevölkerten. Bis Mitte Juli hatten die Amerikaner in ihrer Zone schon etwa 70 000 Personen in »automatic arrest« genommen: alle, die in der SS (einschließlich SD und Gestapo) einen Rang bekleidet hatten, NSDAP-Ortsgruppenführer, Bürgermeister, Kreisleiter, Gauleiter, Beamte höherer Dienstgrade, Offiziere.

Neben den Internierten der Kategorie »automatic arrest«, die auf ihre Überprüfung warteten, befanden sich die »war criminals« in den gleichen Lagern. Vor allem Wachpersonal der Konzentrationslager bildete diese Kategorie. In den Internierungslagern der US-Zone wurde Selbstverwaltung geübt: Es gab einen

[10] Vgl. Wilhelm Treue, Die Demontagepolitik der Westmächte nach dem Zweiten Weltkrieg. Hannover 1967.

[11] Zur Errichtung der Bizone und der weiteren Entwicklung zur Bundesrepublik vgl. Wolfgang Benz, Die Gründung der Bundesrepublik. Von der Bizone zum souveränen Staat. München 1984.

deutschen »Bürgermeister« und einen deutschen Ordnungsdienst: Die lange Wartezeit bis zur Vernehmung der Internierten durch die amerikanischen Spezialisten vom Counter Intelligence Corps (CIC) sollte so nebenbei auch zur Einübung demokratischer Regeln benutzt werden.

Ernst von Salomon, der in Nürnberg auf dem ehemaligen Reichsparteitagsgelände inhaftiert gewesen war, hat im 1951 erschienenen Nachkriegsbestseller ›Der Fragebogen‹ Intention und Realität des Verfahrens ironisiert. Dafür war sechs Jahre nach Kriegsende leicht Beifall zu haben. Der Problematik der damaligen Situation wurde die genüßliche Schilderung der amerikanischen Bemühungen freilich nicht gerecht. Zur Anstrengung hatten die Amerikaner schließlich den Spott, daß sie politische Tölpel gewesen seien, als sie die gewaltige Gesinnungsprüfung inszenierten. In der sowjetischen Besatzungszone, wo ebenfalls Zehntausende ins Lager kamen (dort wurden nationalsozialistische Konzentrationslager wie Buchenwald und Sachsenhausen einfach neu belegt, in der US-Zone dienten vor allem ehemalige Kriegsgefangenenlager der Internierung), wurde pauschaler verfahren, auch im Strafmaß. 25 Jahre Zwangsarbeit waren die Regel, zu verbüßen in der Sowjetunion.

»Auf die Frage, warum man so viele Menschen so lange gefangen halte«, hieß es in einem Bericht über das Internierungslager Moosburg bei Landshut im Januar 1946, »erklären die Amerikaner vielfach, sie könnten die Zahl der verbrecherischen oder gefährlichen Deutschen nicht übersehen, sie hätten deshalb eine große Anzahl derjenigen, die sie für verdächtig hielten, zusammengezogen, um sie zu überprüfen. Diese Überprüfung sei schwierig, sie erfordere Zeit.«[12] Der Freiheitsentzug wurde von den meisten als ungerecht empfunden: »Die Mehrzahl der Internierten ist sich keiner Schuld bewußt. Auch die früheren Parteifunktionäre glauben, das allein könne sie nicht strafbar machen – keine Strafe ohne Strafgesetz. Sie weisen dabei auch auf die Verträge hin, die das Ausland in den Anfängen mit dem Dritten Reich schloß ...«[13]

Zweifellos verfügten die Amerikaner über das größte demokratische Sendungsbewußtsein unter den Alliierten. Aus diesem Grunde waren sie, um die Kriegsverbrecher zu bestrafen und die Exponenten des NS-Regimes unschädlich zu machen, in

[12] OMGUS, 1945 – 46 – 45/5 AG 30 F 4.
[13] Ebd.

ihrer Zone den Verbündeten vorausgeeilt. Der Alliierte Kontrollrat schob dann wie in so vielen anderen Fällen die Gesetzgebung nach, mit der die Rechtsgrundlage geschaffen wurde für Maßnahmen, die entsprechend der Kodifizierung oder ähnlich oder auch ganz anders in den vier Zonen längst durchgeführt oder auch verhindert wurden.

Das galt jedoch nicht für die Kategorie der »Hauptkriegsverbrecher«, deren Bestrafung seit November 1943 durch die Moskauer Deklaration der Alliierten angekündigt war. Wie der Kreis der Hauptkriegsverbrecher der Achsenmächte zu definieren und in welcher Form die Strafverfolgung zu bewerkstelligen sei, war seit Februar 1944 Beratungsgegenstand der United Nations War Crimes Commission, die in London eingerichtet worden war. Am 8. August 1945 unterzeichneten Vertreter von 23 Staaten in London das »Abkommen über die Bestrafung der Hauptkriegsverbrecher der europäischen Achse«. Beigefügt war dem Abkommen das Statut für einen Internationalen Gerichtshof, den Vertreter Großbritanniens, der USA, Frankreichs und der Sowjetunion bilden sollten. Im Namen der Vereinten Nationen sollte zu Gericht gesessen werden. Als Straftatbestände wurden 1. Verschwörung gegen den Frieden (Vorbereitung zum Angriffskrieg), 2. Verbrechen gegen den Frieden, 3. Kriegsverbrechen (Verletzung der Kriegsrechte) und 4. Verbrechen gegen die Menschlichkeit festgelegt[14].

Die im Gerichtsstatut an zweiter bis vierter Stelle genannten Verbrechen konnten mit den allgemeinen Strafgesetzen abgeurteilt werden, da sich dahinter Morde und Mißhandlungen, Deportation zur Sklavenarbeit, Verfolgung und Vernichtung von Menschenleben verbargen. Der Anklagepunkt »Vorbereitung und Durchführung eines Angriffskriegs« jedoch war ein absolutes Novum in der Geschichte des Rechts, und dieser Anklagepunkt nährte den Verdacht vieler, daß das juristische Fundament des ganzen Hauptkriegsverbrecherprozesses auf schwankendem Grund erbaut sei. Daß die Sieger über die Verlierer zu Gericht saßen, um den Angriffskrieg als Völkerrechtsbruch zu ahnden, erschien den meisten auf der Verliererseite eher als Rachejustiz denn als Exempel zur Fortentwicklung des internationalen Rechts. Über der Diskussion, ob der Internationale

[14] History of the United Nations War Crimes Commission and the Development of the Laws of War. Compiled by the United Nations War Crimes Commission. London 1948, S. 135ff.

Gerichtshof nicht den Grundsatz *nulla poena sine lege* verletze – keine Strafe für eine Tat, die zur Zeit der Ausführung noch nicht unter Strafe stand –, konnte allerdings zu leicht vergessen werden, daß zur Verurteilung der Mehrzahl der Männer auf der Anklagebank die herkömmlichen Strafgesetze völlig ausreichten und daß kein einziger nur wegen des Delikts »Vorbereitung des Angriffskriegs« verurteilt wurde.

Der Gerichtshof trat am 18. Oktober 1945 in Berlin zur Eröffnungssitzung zusammen, die Verhandlungen begannen am 20. November 1945 in Nürnberg. Die Bezeichnung »Militärtribunal« könnte zur irrigen Annahme verleiten, dem Gericht habe es an Fachkompetenz ermangelt. Richter wie Ankläger waren erstklassige Juristen, der Vorsitzende Sir Geoffrey Lawrence (Großbritannien) ebenso wie sein Kollege, der ehemalige US-Justizminister Francis Biddle, oder der sowjetische Generalmajor Nikitschenko, dem außer großem juristischem Fachwissen auch Humor und Konzilianz bescheinigt wurden. Der französische Richter Robert Falco galt ebenfalls als tüchtiger Jurist. Eine überragende Rolle spielte der frühere US-Bundesrichter Robert H. Jackson als Ankläger. Telford Taylor (USA), François de Menthon (Frankreich), R. A. Rudenko (UdSSR) und Sir Hartley Shawcross (Großbritannien) waren die bekanntesten Namen der Anklagebehörde.

Angeklagt waren 24 Individuen und sechs Kollektive, die im Sinne der Anklage als »verbrecherische Organisationen« definiert waren: Die Reichsregierung, das Korps der Politischen Leiter der NSDAP, die SS (einschließlich des Nachrichtendienstes SD), die Geheime Staatspolizei (Gestapo), die SA, der Generalstab und das Oberkommando der Wehrmacht. Für diese Organisationen saßen die Angeklagten auch stellvertretend auf der Anklagebank. Es waren nur 21 Männer, die an 218 Prozeßtagen bis zum Urteilsspruch am 1. Oktober 1946 im Nürnberger Gerichtssaal zur Verantwortung gezogen werden konnten. Einer, der Reichsorganisationsleiter der NSDAP und Chef der »Deutschen Arbeitsfront« Robert Ley, hatte sich durch Selbstmord dem Gericht entzogen, gegen einen anderen, den Leiter der Partei-Kanzlei Martin Bormann wurde in Abwesenheit verhandelt, ein dritter, Gustav Krupp von Bohlen und Halbach, war verhandlungsunfähig. Er war eigentlich aus Versehen in die Anklageschrift geraten. Zwar sollte auf französischen und russischen Wunsch ein Krupp auf der Anklagebank sitzen, und der US-Chefankläger wollte sogar noch kurz vor

Prozeßbeginn einige weitere Industrielle vor den Gerichtshof bringen, aber weil die Amerikaner die Mitglieder der Familie Krupp nicht recht auseinanderhalten konnten, geriet der senile Gustav Krupp in die Anklageschrift[15].

Nach langwierigen Verhandlungen der vier Gerichtsmächte wurden diese Männer als Führungselite des NS-Regimes angeklagt: der ehemalige »Reichsmarschall« Hermann Göring, Hitlers Stellvertreter Rudolf Heß, Außenminister Joachim von Ribbentrop, Generalfeldmarschall und Chef des OKW Wilhelm Keitel, der Chef des Reichssicherheitshauptamts (der Gestapo- und SD-Zentrale des Dritten Reiches) Ernst Kaltenbrunner, der Chefideologe der NSDAP und Reichsminister für die besetzten Ostgebiete Alfred Rosenberg, der »Generalgouverneur« in Polen Hans Frank, der Herausgeber des antisemitischen ›Stürmer‹ Julius Streicher, der Reichswirtschaftsminister Walter Funk, der Großadmiral und Hitlernachfolger Karl Dönitz, dessen Vorgänger als Oberbefehlshaber der Kriegsmarine Ernst Raeder, der Reichsjugendführer Baldur von Schirach, der als »Generalbevollmächtigter für den Arbeitseinsatz« für die Zwangsarbeiter verantwortliche Fritz Sauckel, der Reichsinnenminister Wilhelm Frick, Rüstungsminister Albert Speer, Generaloberst Alfred Jodl, der »Reichskommissar für die Niederlande« Arthur Seyß-Inquart, der »Reichsprotektor für Böhmen und Mähren« Constantin von Neurath, der Abteilungsleiter im Reichspropagandaministerium Hans Fritzsche, Hitlers Steigbügelhalter Franz von Papen, Reichsbankpräsident Hjalmar Schacht. Die drei Letztgenannten wurden, was ziemliches Erstaunen in der Öffentlichkeit erregte, freigesprochen. Verhältnismäßig glimpflich davon kamen Neurath, der zu 15 Jahren Gefängnis verurteilt wurde, von denen er 8 Jahre verbüßen mußte, Dönitz (10 Jahre Gefängnis), Funk (lebenslang, jedoch 1958 entlassen), Schirach und Speer (jeweils 20 Jahre Gefängnis). Rudolf Heß mußte seine lebenslange Haft als einziger ganz verbüßen. Alle anderen Angeklagten wurden zum Tod durch den Strang verurteilt. Das Urteil wurde im Morgengrauen des 16. Oktober 1946 vollstreckt. Hermann Göring hatte sich am Vorabend seiner Hinrichtung den irdischen Richtern entzogen. Auf ungeklärte Weise hatte er sich Gift verschafft und Selbstmord begangen.

[15] Vgl. Bradley F. Smith, Der Jahrhundertprozeß. Die Motive der Richter von Nürnberg – Anatomie einer Urteilsfindung. Frankfurt 1977, S. 83f.

Es schien viele zu freuen, daß Göring, der wegen seiner vermeintlichen Jovialität populärer als andere Nationalsozialisten war, den Alliierten doch noch entwischte. In Meinungsumfragen und Leserbriefen zum Nürnberger Prozeß kam das zum Ausdruck. Über das Schicksal der anderen gingen die meisten ohne Mitleid und Emotion zur Tagesordnung über (allenfalls das Ende Rosenbergs und Streichers wurde als wohlverdient bezeichnet). Die Freisprüche wurden allerdings angesichts der Entnazifizierungsprozeduren, die die kleinen Leute ertragen mußten, als Skandal empfunden. Und viele Flüchtlinge und Heimatvertriebene meinten, daß die Nürnberger Urteile nur ein Teil der Gerechtigkeit seien: Die für ihre Vertreibung Verantwortlichen in Polen, der Tschechoslowakei und den anderen Staaten, aus denen sie kamen, müßten auch zur Rechenschaft gezogen werden[16].

Der Nürnberger Hauptkriegsverbrecherprozeß hatte weltweit große Publizität. Den Deutschen war seitens der Besatzungsmächte höchste Aufmerksamkeit verordnet worden; vor allem durch ausführliche Berichterstattung im Rundfunk und in der Presse sollte sie geweckt werden. Aber das Interesse ließ sich nicht auf Dauer erzwingen, und die Überzeugung, daß in Nürnberg nicht die Rache der Sieger triumphierte, sondern ein neues Kapitel Völkerrecht geschrieben werde, war nicht allgemein. In der französischen Zone erschien 1946 eine Aufklärungsschrift (Auflage: 200000 Exemplare) ›Der Nürnberger Lehrprozeß‹, in dem die Ethik des Nürnberger Tribunals verteidigt wurde: »Schon daß ein Gericht da ist, daß etwas zum Richten in Nürnberg erscheint und daß es die Vorgänge, die zu diesem Krieg und zur bestehenden Verelendung Europas führten (mit Folgen, die sich noch über Jahrzehnte erstrecken werden), untersucht und überprüft, ist unsagbar beglückend.«[17]

Hinter dem Pseudonym des Verfassers Hans Fiedeler verbarg sich der Schriftsteller Alfred Döblin, der aus dem Exil zurückgekehrt bei der französischen Militärregierung in Baden-Baden als Literaturzensor Dienst tat. »In früheren Zeiten« – schrieb Döblin – »blieben Vorgänge, wie sie in diesem Prozeß verhandelt werden, ohne Ahndung und ohne wirkliche, bindende Folgen. Man wünschte und suchte, man fand aber kein Gericht.

[16] Meinungsumfrage und Stimmungsberichte der US-Militärregierung für Bayern vom Oktober 1946 in: OMGUS-Akten RG 260, OMGBY 10/90 – 1/14.
[17] Hans Fiedeler, Der Nürnberger Lehrprozeß. Baden-Baden 1946, S. 9.

Man mußte das Urteil in der betreffenden Angelegenheit ›der Geschichte‹ überlassen und begnügte sich praktisch mit einer sehr vergänglichen Neuordnung der Machtverhältnisse.«[18] Deshalb müsse der Nürnberger Prozeß als Zukunftshoffnung begriffen werden: »Man kann es nicht oft genug und nicht laut (und nicht freudig) genug wiederholen: Es geht bei der Wiederaufrichtung des Rechts in Nürnberg um die Wiederherstellung der Menschheit, zu der auch wir gehören. Darum die Sicherstellung des Charakters dieses Prozesses, diese minutiöse Arbeit, das Sammeln des Beweismaterials aus ganz Europa, das Vernehmen der tausend Zeugen, wodurch er ein Monsterprozeß von amerikanischem Ausmaß wurde. Man baute einen juristischen Wolkenkratzer, wie ihn die Welt noch nicht gesehen hat. Das Fundament aber, auf dem er errichtet wurde, der Beton, war der solideste Stoff, der sich auf Erden finden ließ: die Moral und die Vernunft.«[19]

So umstritten die juristischen und auch die moralischen Positionen des Nürnberger Gerichts waren[20], so war der Hauptkriegsverbrecherprozeß doch eine Demonstration der Einigkeit der Alliierten. Es war auch die letzte. Die ursprüngliche Absicht, dem Verfahren vor dem Internationalen Gerichtshof in Nürnberg weitere Prozesse unter gemeinsamer Gerichtshoheit der Alliierten folgen zu lassen, ließ sich nicht realisieren. In allen vier Besatzungszonen fanden in der Folgezeit Prozesse statt, bei denen nationalsozialistische Verbrechen von Militärgerichtshöfen der Besatzungsmächte untersucht und verurteilt wurden. Am meisten Aufsehen erregten die zwölf Prozesse, die die Amerikaner in Nürnberg unmittelbar im Anschluß an das Hauptkriegsverbrecher-Tribunal führten. Diese zwölf »Nachfolge-Prozesse« dauerten bis Mitte 1949, 184 Personen waren angeklagt, 98 wurden zu befristeten, 20 zu lebenslangen Freiheitsstrafen und 24 zum Tode verurteilt. Die Hälfte der Todesurteile wurde vollstreckt.

Diese Prozesse boten einen Querschnitt durch zwölf Jahre nationalsozialistischer Politik, Diplomatie und Wirtschaft; das Militär und der Verfolgungsapparat gehörten ebenfalls zu den

[18] Ebd., S. 6.

[19] Ebd., S. 10.

[20] Vgl. Lothar Gruchmann, Das Urteil von Nürnberg nach 22 Jahren. In: VfZ 16 (1968), S. 384–389; Telford Taylor, Nürnberg und Vietnam. Eine amerikanische Tragödie. München, Wien, Zürich 1971.

Komplexen der zwölf Verfahren: Im Ärzteprozeß ging es um »Euthanasie« und Menschenversuche, im Milch-Prozeß um die Kriegsrüstung, im Flick-Prozeß um Zwangsarbeit und Raub ausländischen Eigentums, im Südost-Generäle-Prozeß standen Geiselerschießungen auf dem Balkan zur Debatte, im RuSHA-Prozeß waren Mitarbeiter des »Rasse- und Siedlungshauptamts der SS« wegen der Ausrottung von Juden und Polen angeklagt, im Wilhelmstraßenprozeß standen Diplomaten, Gauleiter und andere Funktionäre wegen Kriegsverbrechen vor Gericht, im Einsatzgruppen-Prozeß waren die Mordaktionen in den besetzten Ostgebieten Gegenstand der Anklage.

Außer diesen Nürnberger Nachfolgeprozessen, von denen einer auch dem Komplex Verwaltung der Konzentrationslager gewidmet war, verhandelten amerikanische Militärgerichte auf dem Gelände des KZ Dachau ab 1945 in mehreren Verfahren gegen das Personal ehemaliger Konzentrationslager wie Dachau, Flossenbürg, Buchenwald, Mauthausen usw.

Britische Militärgerichte führten in Lüneburg im Herbst 1945 ein Strafverfahren gegen KZ-Personal von Bergen-Belsen und Auschwitz; vor britischen Militärgerichten hatten sich in Hamburg Generalfeldmarschall von Manstein und in Venedig Generalfeldmarschall Kesselring zu verantworten. In der französischen Zone wurde vor allem KZ-Personal verurteilt; der ehemalige Gauleiter Robert Wagner stand im Frühjahr 1946 in Straßburg vor einem französischen Gericht. In der sowjetischen Zone kamen Deutsche in unbekannter Anzahl vor sowjetische Militärtribunale. Im Januar 1950 wurden 10513 Verurteilte den Behörden der DDR zur Strafverbüßung übergeben[21]. Vor den Gerichten anderer ausländischer Staaten fanden weitere Prozesse gegen nationalsozialistische Straftäter statt, in Belgien, Dänemark und Luxemburg, in den Niederlanden, in Norwegen, Polen, der Tschechoslowakei und Jugoslawien wurden die Folgen der deutschen Besatzungsherrschaft juristisch bereinigt. In Krakau wurde im März 1947 der Auschwitz-Kommandant Rudolf Höß verurteilt, sehr spät – 1961 – fand Adolf Eichmann seine Richter in Israel.

[21] Vgl. Adalbert Rückerl, Die Strafverfolgung von NS-Verbrechen 1945 bis 1978. Eine Dokumentation. Heidelberg, Karlsruhe 1979, S. 322; einzelne Fälle sind dokumentiert in: Law Reports of Trials of War Criminals, selected and prepared by the United Nations War Crimes Commission. 15 Bde., London 1947 – 1949.

Die Zuständigkeit deutscher Gerichte für NS-Verbrechen regelte sich nach den Kontrollratsgesetzen Nr. 4 vom Oktober und Nr. 10 vom Dezember 1945. Danach war die Verfolgung von NS-Straftaten gegen Angehörige der Vereinten Nationen den deutschen Gerichten generell entzogen. Zur Aburteilung von Verbrechen gegen Deutsche konnten die Besatzungsbehörden deutsche Gerichte ermächtigen. In der britischen und französischen Zone wurde diese Ermächtigung generell, in der amerikanischen fallweise erteilt. De facto waren die deutschen Gerichte damit von der Verfolgung der Mehrzahl der NS-Verbrechen bis zum Ende der Besatzungszeit ausgeschlossen[22]. Die Prozesse vor deutschen Gerichten begannen daher unverhältnismäßig spät. Es kam hinzu, daß deutsche Gerichte Fälle, die rechtskräftig von alliierten Tribunalen erledigt waren, nicht wieder aufgreifen durften. Das war als Sicherung gegen nachträgliche Abmilderung der Urteile gedacht; in der Praxis der Prozesse gegen NS-Gewalttäter in der Bundesrepublik hatte es aber häufig die Folge, daß in der Besatzungszeit Verurteilte und dann Amnestierte als Zeugen auftraten und nicht mehr belangt werden konnten, auch wenn neues Material auftauchte, das die Zeugen viel ärger belastete als die Angeklagten.

Und als ähnliches Unrecht empfanden die meisten Betroffenen schon viel früher den Vorgang der »Entnazifizierung«. Die Entnazifizierung war als politischer Reinigungsprozeß konzipiert, der als Bestandteil der Demokratisierung Vorbedingung der Rehabilitierung Deutschlands sein sollte. In Potsdam hatten die Regierungschefs der drei Großmächte im Sommer 1945 den personellen Rahmen des Entnazifizierungsprozesses abgesteckt und dekretiert: »Alle Mitglieder der nazistischen Partei, welche mehr als nominell an ihrer Tätigkeit teilgenommen haben ... sind aus den öffentlichen oder halböffentlichen Ämtern und von den verantwortlichen Posten in wichtigen Privatunternehmungen zu entfernen. Diese Personen müssen durch Personen ersetzt werden, welche nach ihren politischen und moralischen Eigenschaften fähig erscheinen, an der Entwicklung wahrhaft demokratischer Einrichtungen in Deutschland mitzuwirken.«[23]

[22] Rückerl, Strafverfolgung, S. 35; vgl. Martin Broszat, Siegerjustiz oder strafrechtliche »Selbstreinigung«. Aspekte der Vergangenheitsbewältigung der deutschen Justiz während der Besatzungszeit 1945 – 1949. In: VfZ 29 (1981), S. 477 bis 544; vgl. auch Jörg Friedrich, Die kalte Amnestie. NS-Täter in der Bundesrepublik Frankfurt a.M. 1984.

[23] Potsdamer Protokoll, s. Dokument 1.

Das war eine Präzisierung der alliierten Absichten zur Beseitigung des Nationalsozialismus und der Bestrafung der Exponenten des NS-Regimes, wie sie auch schon in den Kriegskonferenzen der Alliierten propagiert worden waren. Mit unterschiedlichem Eifer und Erfolg wurde gleich nach der Kapitulation in allen vier Besatzungszonen mit der Entnazifizierung begonnen. Örtliche antifaschistische Komitees, in denen sich in ganz Deutschland vor allem Männer aus der Arbeiterbewegung zusammenfanden mit dem doppelten Ziel kollektiver Selbsthilfe und politischer Säuberung, waren auf deutscher Seite die Vorreiter. Die Antifa-Leute hinderten die führenden Nazis in ihrer Umgebung am Untertauchen und gelegentlich auch die Bevölkerung an spontaner Lynchjustiz gegenüber Ortsgruppenleitern oder anderen lokalen Bonzen. In Frankfurt existierten Anfang April 1945 einem amerikanischen Bericht zufolge acht Antifa-Gruppen. Über die Antifa-Organisation in Riederwald, die als »eigenständige und neuartige Antwort auf das Nazi-Regime« spontan unter den Arbeitern des Orts entstanden sei, berichtete der amerikanische Beobachter für den Geheimdienst OSS (Office of Strategic Services): »Ganz offensichtlich waren sie nicht nur äußerst entschlossen, überall den Einfluß der Nazis auszuschalten, sie waren auch die Gruppe, die am besten darüber informiert war, wo die Nazis in dieser Gegend noch Einfluß hatten und wie man ihrer habhaft werden konnte. Ohne die Hilfe solcher Leute wird es praktisch unmöglich sein, die gefährlichen Elemente aufzuspüren und zu identifizieren. Die Antifaschistische Organisation entsprach einer allgemeinen Tendenz in Frankfurt, wo nach meinen Beobachtungen selbst die Sozialisten und die liberalen Intellektuellen aktiver, mit mehr Nachdruck und radikaler in der Entnazifizierungsfrage auftraten als anderswo.« [24]

An solcher deutschen Mithilfe waren die Militärregierungen aber nicht interessiert. Die Antifa-Bewegung wurde, in der sowjetischen Zone genauso wie in der amerikanischen, schon im Frühsommer 1945 verboten. Die Entnazifizierung gehörte in die Zuständigkeit des Alliierten Kontrollrates, der sich um eine einheitliche, für alle Besatzungszonen verbindliche Regelung bemühte und eine Direktive erließ, die Anfang Januar publi-

[24] Ulrich Borsdorf und Lutz Niethammer (Hrsg.), Zwischen Befreiung und Besatzung. Analysen des US-Geheimdienstes über Positionen und Strukturen deutscher Politik 1945. Wuppertal 1976, S. 83.

ziert wurde. Darin war zum praktischen Gebrauch der Militärregierungen definiert und kategorisiert, welche Personen aus welchen Ämtern und Stellungen entfernt werden sollten [25].

Eine weitere Verordnung des Kontrollrats lieferte im Oktober 1946 gemeinsame Richtlinien für ganz Deutschland zur Bestrafung von Kriegsverbrechern, Nationalsozialisten, Militaristen und Industriellen, die das NS-Regime gefördert und gestützt hatten. Zur Durchführung der Potsdamer Grundsätze wurden nach dieser Direktive zwecks »gerechter Beurteilung der Verantwortlichkeit« und zur »Heranziehung zu Sühnemaßnahmen« fünf Gruppen gebildet: »1. Hauptschuldige, 2. Belastete (Aktivisten, Militaristen und Nutznießer), 3. Minderbelastete (Bewährungsgruppe), 4. Mitläufer, 5. Entlastete (Personen der vorstehenden Gruppen, welche vor einer Spruchkammer nachweisen können, daß sie nicht schuldig sind)« [26].

Die Entnazifizierungsprozedur, die der Kontrollrat in gleichförmige Bahnen lenken wollte, war aber längst im Gang, und zwar in den einzelnen Besatzungszonen auf wiederum höchst unterschiedliche Weise [27]. Durch ihren bürokratischen Rigorismus taten sich die Amerikaner hervor, in der britischen Zone wurde die Säuberung besonders lax gehandhabt, in der französischen Zone gab es regionale Unterschiede und diverse Kurswechsel der Besatzungsmacht. In beiden Zonen wurde der Säuberungsprozeß mehr als pragmatische Angelegenheit betrachtet, bei der das Schwergewicht darauf lag, die Eliten auszuwechseln, also die personellen Spitzen des NS-Systems zu treffen, wobei ganze Berufsgruppen von der Entnazifizierung ausgenommen wurden, weil sie für die Aufrechterhaltung der Lebensmittelversorgung, zur Sicherstellung des Energiebedarfs oder für bestimmte andere Funktionen als unentbehrlich galten. In der britischen und der französischen Zone neigte man bei der

[25] Kontrollratsdirektive Nr. 24 vom 12. 1. 1946. In: Amtsblatt des Kontrollrats in Deutschland 1946, S. 98ff.

[26] Kontrollratsdirektive Nr. 38 vom 12. 10. 1946. In: Amtsblatt des Kontrollrats 1946, S. 184ff.

[27] Vgl. den Überblick bei Justus Fürstenau: Entnazifizierung. Ein Kapitel deutscher Nachkriegspolitik. Neuwied, Berlin 1969, und die weit über Bayern hinausgreifende scharfsinnige Analyse von Lutz Niethammer: Entnazifizierung in Bayern. Säuberung und Rehabilitierung unter amerikanischer Besatzung. Frankfurt a.M. 1972 (Neuauflage Berlin, Bonn 1982, unter dem Titel: Die Mitläuferfabrik); s.a. Klaus-Dietmar Henke, Die Grenzen der politischen Säuberung in Deutschland nach 1945. In: L. Herbst (Hrsg.), Westdeutschland 1945 bis 1955. München 1986, S. 127ff.

anzuwendenden Methode mehr bürokratischen als justizförmigen Prozeduren zu[28], paßte sich aber ab Mitte bzw. Ende 1946 mehr den amerikanischen Vorstellungen an, die auch in der Kontrollratsdirektive Nr. 38 vom Oktober 1946 dominierten.

In der sowjetischen Besatzungszone wurde die Säuberung am konsequentesten durchgeführt und am schnellsten abgeschlossen. Die Entnazifizierung erfolgte hier im Zusammenhang der »antifaschistisch-demokratischen Umwälzung« aus einer etwas anderen Perspektive. Die Entfernung der ehemaligen NSDAP-Mitglieder aus allen wichtigen Stellungen war Bestandteil der politischen und sozialen Neustrukturierung, der »Auseinandersetzung zwischen der Arbeiterklasse und der Monopolbourgeoisie, da sie den überwiegenden Teil der leitenden Angestellten und Beamten aus ihren Positionen entfernte und damit wesentliche Stützen für eine Restauration der imperialistischen Verhältnisse ausschaltete« [29].

Bis zum Dezember 1946 wurde die Entnazifizierung in der Sowjetzone nach unterschiedlichen Gesetzen und Richtlinien betrieben. In der Provinz Brandenburg und im Land Mecklenburg galten alle ehemaligen Nationalsozialisten generell als entlassen. In Sachsen wurde bei der angestrebten Entfernung aller belasteten Funktionsträger der Dienstrang als Kriterium benutzt, in Sachsen-Anhalt wurde über jeden Fall einzeln entschieden. Die Entnazifizierung oblag – unter Kontrolle der Sowjetischen Militär-Administration – zunächst den Personalabteilungen der Landes- und Provinzialverwaltungen. Sie bestand hauptsächlich in der Entlassung ehemaliger Parteigenossen aus dem öffentlichen Dienst. Ende Oktober 1946 standen dann auch »Richtlinien für die Bestrafung der Naziverbrecher und die Sühnemaßnahmen gegen die aktivistischen Nazis« zur Verfügung. Sie waren von einem gemeinsamen Ausschuß der Blockparteien verfaßt worden. Der Katalog der Sühnemaßnahmen sah vor »1. Entlassung aus öffentlichen Verwaltungsäm-

[28] Vgl. Klaus-Dietmar Henke, Politische Säuberung unter französischer Besatzung. Die Entnazifizierung in Württemberg-Hohenzollern. Stuttgart 1981; Wolfgang Krüger, Entnazifiziert! Zur Praxis der politischen Säuberung in Nordrhein-Westfalen. Wuppertal 1982.

[29] Wolfgang Meinicke, Die Entnazifizierung in der sowjetischen Besatzungszone 1945 bis 1948. In: ZfG 32 (1984), S. 968–979; vgl. auch Helga Welsh, Revolutionärer Wandel auf Befehl. Zur Entnazifizierungs- und Personalpolitik in der sowjetischen Besatzungszone Deutschlands – ein Vergleich der Länder Thüringen und Sachsen (1945 – 1948). Sozialwiss. Diss., München 1985.

tern und Ausschluß von Tätigkeiten, die öffentliches Vertrauen erfordern; 2. zusätzliche Arbeits-, Sach- und Geldleistungen; 3. Kürzung der Versorgungsbezüge und Einschränkung bei der allgemeinen Versorgung, solange Mangel besteht; 4. Nichtgewährung der politischen Rechte einschließlich des Rechts auf Mitgliedschaft in Gewerkschafts- oder anderen Berufsvertretungen und in den antifaschistisch-demokratischen Parteien«[30].

Die nur nominellen Mitglieder der NSDAP sollten von Bestrafung und Sühneleistung ausgenommen sein, »in der Erwartung, daß sie mit ihrer politischen Vergangenheit vollkommen brechen und sich mit ganzer Kraft am Wiederaufbau unseres Landes beteiligen. Sie dürfen jedoch in der öffentlichen Verwaltung und in öffentlichen Betrieben nur dann beschäftigt werden, wenn andere Bewerber gleicher Eignung nicht vorhanden sind.«[31]

In dieser Konzeption hatte sowohl das Element der Diskriminierung als auch das der Rehabilitierung Platz, und bei der gesellschaftlichen Strukturänderung ließ sie sich auch zur Durchsetzung der Hegemonie der Arbeiterklasse einsetzen. Aber wie in den Westzonen wurde auch in der Ostzone bei der Säuberung Rücksicht genommen auf unentbehrliche Fachleute. Die sowjetische Militärregierung hatte schon im Herbst 1945 die bei vielen Behörden anzutreffende Praxis gerügt, ehemalige NSDAP-Mitglieder weiterzubeschäftigen und ihre Entlassung bis 15. November gefordert. Das war aber einfach unmöglich, weil die Leute nicht ersetzbar waren. Trotzdem konnte sich die Bilanz etwa im Lande Sachsen ein Jahr später, Ende 1946, sehen lassen: Unter den 58336 Angestellten des öffentlichen Dienstes befanden sich nur noch 3415 (5,9 Prozent) ehemalige Nazis. Im Apparat der sächsischen Landesregierung selbst gab es unter 2520 Beschäftigten insgesamt noch 34 Amtsinhaber (1,3 Prozent), die ein NSDAP-Parteibuch besessen hatten. Unter den 2280 Landräten, Oberbürgermeistern und Ratsmitgliedern waren nur noch zehn ehemalige Nazis im Amt.

Ende 1946 waren in der sowjetischen Besatzungszone insgesamt 390478 ehemalige NSDAP-Mitglieder entlassen bzw. nicht wieder eingestellt worden. Zu diesem Zeitpunkt wurde das Säuberungsverfahren neu organisiert.

[30] Zit. nach Meinicke, Die Entnazifizierung in der sowjetischen Besatzungszone, S. 972.

[31] Ebd.

Entnazifizierungskommissionen wurden gebildet, und zwar auf der Ebene der Landes- bzw. Provinzialregierung als oberster Instanz mit Kontroll- und Revisionsfunktion. Vertreter der Parteien, Gewerkschaften, der Vereinigung der Verfolgten des NS-Regimes, der Frauen- und Jugendausschüsse sowie der Industrie- und Handelskammern usw. gehörten den Entnazifizierungskommissionen an. Die Arbeit vor Ort wurde von Kreiskommissionen unter dem Vorsitz der Oberbürgermeister bzw. Landräte getan. Die Kommissionen entschieden nur über Entlassung oder Weiterbeschäftigung, sie arbeiteten sich von oben nach unten durch die Behörden und mußten unter ziemlichem Zeitdruck auch die von den früheren Instanzen erlaubten Fälle von Weiterbeschäftigung wieder aufrollen. Schwierigkeiten bereiteten immer noch die Fachleute, wie aus einer Beschwörung von höherer Stelle hervorgeht: es sei »heilige Pflicht, alle faschistischen Personen durch antifaschistische Kräfte zu ersetzen und keinerlei Rücksicht auf jene Elemente zu nehmen, die glauben, als unersetzbare ›Fachkraft‹ im trüben fischen zu können« [32].

Allmählich wurde der Gedanke der Rehabilitierung stärker propagiert. Wilhelm Pieck mahnte im Februar 1947 in einem Artikel über den Sinn der Entnazifizierung zur deutlichen Unterscheidung von Aktivisten und nur nominellen NSDAP-Mitgliedern. Diese seien zwar nicht frei von jeglicher Schuld zu sprechen, aber es müsse alles getan werden, »ihnen verständlich zu machen, daß ein neuer Weg gegangen werden muß, um Deutschland aus dem Unglück herauszuführen und seinen Wiederaufstieg zu ermöglichen. Es würde aber diese Aufgabe sehr erschweren, wenn gegen sie auch jetzt noch mit Strafmaßnahmen, Entlassung aus der Arbeit, Beschlagnahme ihres Eigentums oder Verächtlichmachung vorgegangen wird. Es sind vorwiegend werktätige Massen, die wir nicht von uns stoßen, sondern die wir auf das engste an uns heranziehen und an der Aufbauarbeit beteiligen müssen.«[33]

Die letzte Phase der Entnazifizierung wurde im August 1947 durch den Befehl Nr. 201 der SMAD eingeleitet. Er stellte end-

[32] Ebd., S. 976; vgl. Wolfgang Zank, Wirtschaftlicher Aufbau, Arbeitskräfte und Arbeits-»Markt«-Politik in der sowjetischen Besatzungszone Deutschlands 1945 – 1949. Phil. Diss., Bochum 1983, Kapitel III.

[33] Wilhelm Pieck, Der Sinn der Entnazifizierung. In: Neues Deutschland, 21. 2. 1947; auch in: Reden und Aufsätze, Bd. II, Berlin 1952, S. 125.

gültig die Weichen zur Rehabilitierung aller nominellen NSDAP-Mitglieder. Das Ziel war die baldige Beendigung des Säuberungsprozesses. Der SMAD-Befehl gab den Mitläufern das Wahlrecht ganz und die übrigen bürgerlichen Rechte weitgehend zurück. Den deutschen Gerichten wurde gleichzeitig mit der Auflösung der meisten Entnazifizierungskommissionen die Aburteilung der Nazi- und Kriegsverbrecher übertragen. Die Justiz sollte sich aber ausschließlich mit den Vergehen aktiver ehemaliger Nationalsozialisten befassen. Bis zum März 1948 waren seit Beginn der Entnazifizierung insgesamt 520734 Personen aus ihren Ämtern und Funktionen entlassen bzw. nicht wieder eingestellt worden. Das war die rechnerische Schlußbilanz der politischen Säuberung in der sowjetischen Besatzungszone, als sie durch Befehl der Militärregierung im Frühjahr 1948 abgeschlossen wurde.

Zur Entnazifizierungspraxis in der amerikanischen Zone gab es eine ganze Menge von gemeinsamen Intentionen bei der Säuberungs- bzw. Rehabilitierungsprozedur. Es gab aber auch einen ganz erheblichen Qualitätsunterschied. In der Ostzone lag nicht nur das Schwergewicht auf der Räumung von Positionen im öffentlichen Dienst (und selbstverständlich bei Schlüsselpositionen in Industrie und Wirtschaft), sondern auch die Entlassungen in zwei weiteren Bereichen waren definitiv und irreversibel, nämlich in der inneren Verwaltung und in der Justiz.

Die Sowjetische Militär-Administration hatte schon im September 1945 den Aufbau einer neuen demokratischen Justiz befohlen. Aus dem Justizapparat mußten sämtliche NSDAP-Mitglieder entfernt werden. Im Gerichtswesen spielte die Frage aktiver oder nur nomineller Mitgliedschaft keine Rolle. Da etwa 90 Prozent des Justizpersonals in der Partei gewesen war, hatte der SMAD-Befehl revolutionären Charakter. Von den 16300 Bediensteten der Justiz auf dem Gebiet der ganzen Zone waren am Stichtag 8. Mai 1945 13800 Beamte und Angestellte sowie 2467 Richter und Staatsanwälte in der NSDAP und ihren Gliederungen organisiert gewesen. In Sachsen wurden von 1000 Richtern und Staatsanwälten 800 entlassen. Um das entstandene Vakuum wieder zu füllen, wurden ab Anfang 1946 in jedem der fünf Länder der sowjetischen Besatzungszone eine Volksrichterschule errichtet. In sechs- bis neunmonatigen Lehrgängen genossen jeweils 30 bis 40 Adepten, die von den politischen Parteien und Organisationen vorgeschlagen waren, eine Ausbildung zu Volksrichtern. Die Erfolgsquote war zunächst recht gering, da fast die Hälfte der Kandidaten ungeeignet war und die Abschlußprüfung nicht bestand. Im Oktober 1946 nahmen die ersten Volksrichter die Arbeit auf. Im August 1947 wurde durch SMAD-Befehl die Quote der Auszubildenden auf 350 pro Land erhöht und die Ausbildung selbst um ein Jahr verlängert[34].

Mancherlei Argumente sind gegen diese Form der Säuberung der Justiz der sowjetisch besetzten Zone vorgebracht worden, etwa die sozialen Härten gegenüber den Entlassenen oder die bedenkliche Fachqualifikation der neuen Richter; der Vorwurf mangelnder Konsequenz ginge allerdings ins Leere.

Lauheit bei der Beseitigung des Nationalsozialismus glaubte aber der maßgebende Mann der amerikanischen Zone, Militärgouverneur Clay, sich auch nicht nachsagen lassen zu müssen. Im Gegenteil, rückblickend konstatierte er: »Zweifellos wurden in keiner anderen Zone die wirklichen Nazis so systematisch ausgesiebt; auch verhängte man nirgends Strafen, die mit denen bei uns vergleichbar gewesen wären. Meiner Ansicht nach hat unser Programm die irgendwie bedeutenderen Naziführer davon abgehalten, die Öffentlichkeit während der Zeit, da die Länderregierungen entstanden, zu beeinflussen. Es hat bewirkt, daß führende Nationalsozialisten unbedingt von maßgeblichen Stellungen im deutschen Leben ausgeschlossen wurden.«[35]

Angepackt hatten die Amerikaner das Problem in ihrer Zone mit denkbar größtem Elan, um alle ehemaligen Nazis aus dem öffentlichen Leben und der Wirtschaft zu entfernen. Zur Ermittlung dieses Personenkreises war der viel beschworene Fragebogen eingeführt worden, dem jeder Inhaber einer höheren Position so ziemlich alle Details seines Lebenslaufs anvertrauen mußte, das Körpergewicht ebenso wie religiöse Bindungen, Vorstrafen, die Einkommensentwicklung für jedes Jahr ab 1931, die Vermögensverhältnisse, berufliche Karriere, Militärdienst, Auslandsreisen usw. Auf 131 Fragen war wahrheitsgetreue Antwort verlangt, Auslassung und Unvollständigkeit war als Delikt gegen die Militärregierung mit Strafe bedroht. Das Kernstück des sechsseitigen Fragebogens bildeten die Positionen 41 bis 95, unter denen detaillierte Auskunft über die Mit-

[34] Wolfgang Lohse, Die Politik der Sowjetischen Militär-Administration in der sowjetischen Besatzungszone Deutschlands. Phil. Diss., Wittenberg 1967, S. 74–79.

[35] Lucius D. Clay, Entscheidung in Deutschland. Frankfurt a.M. 1950, S. 292.

gliedschaft in nationalsozialistischen Organisationen, von der NSDAP angefangen bis zum »Werberat der Deutschen Wirtschaft« gefordert war.

Richter, Staatsanwälte, Notare und Rechtsanwälte mußten einen Ergänzungs-Fragebogen ausfüllen, dessen erste Frage auf die Mitgliedschaft im Volksgerichtshof zielte, in dem nach beruflichen und privaten Verbindungen zu Gestapo-Beamten, nach der Art und Zahl der geführten Prozesse gefragt wurde. Ziemlich hilflos fielen die Antworten auf die Frage Nummer neun aus, die lautete: »Wie können Sie die Tatsache erklären, daß ehrbare Menschen wie Richter und Juristen jeder Art, die geschworen hatten, das Recht und die Gesetze zu verteidigen, das deutsche Volk vor Unrecht und Willkür zu schützen, ohne Protest zu Hitlers und Himmlers ›Gestapo-Justiz‹ übergingen?«

Dazu schrieb ein Landgerichtsdirektor, der als Entlasteter eingestuft wurde: »Die Richter, die ›zur Gestapo-Justiz‹ übergingen, sind m.E. nicht besonders ›ehrbar‹ oder sie fürchteten für ihre und ihrer Familie Existenz.«

Es gab aber auch einen Amtsgerichtsrat, der als Motiv für die Anpassung der Juristen an den Nationalsozialismus in den Fragebogen geschrieben hatte, sie sei erklärbar aus moralischem Zwang, nämlich der Angst vor dem Verlust des täglichen Brotes, »daneben aus Strebertum und falschem Ehrgeiz«. Wehrten sich die meisten gegen den Sinn der Frage – oder verstanden sie sie einfach nicht? –, so taten sie sich mit der nächsten eher noch schwerer. Sie lautete: »Haben Sie persönlich irgendwelchen Protestversuch gemacht, Ihr Amt niedergelegt, Ihre Praxis eingestellt?«; und »genaue Ausführungen« waren ausdrücklich erbeten. Da schrieb der eben Zitierte in die Antwortspalte, er habe Protest eingelegt gegen das Verbot, die Bibel zu zitieren. Andere führten zu diesem Punkt an, sie hätten die richterliche Unabhängigkeit z.B. bei den Strafmaßen gewahrt oder den Vorsitz bei Sondergerichten abgelehnt.

Anfang Dezember 1945 waren bei den Dienststellen der amerikanischen Militärregierung ungefähr 900000 Fragebogen eingegangen. Mehr als zwei Drittel waren schon geprüft worden mit dem Ergebnis, daß über 140000 Personen sofort aus ihren Positionen entlassen wurden. Fast ebensoviele wurden als minder gefährliche Nazi-Sympathisanten eingestuft, und rund 4000 aktive Nazi-Gegner waren auch entdeckt worden.

Die Durchführung der Entnazifizierung lag in der US-Zone

bis zum Frühjahr 1946 in der Zuständigkeit der Militärregierung. Zunächst beschränkte sich die Säuberung freilich darauf, die Fragebogen zu überprüfen. Die ärgsten Nazis fielen in die Kategorie »Automatischer Arrest«, dann kamen die NS-Aktivisten, die aus ihren Stellungen entlassen werden mußten, nach ihnen die harmloseren Fälle, deren »Entlassung empfohlen« wurde, und schließlich die Mitläufer, die ihre Stellungen behalten durften. Es gab auch die beiden positiven Einstufungen »kein Beweis für nationalsozialistische Aktivität« und das deluxe-Etikett: »Antinationalsozialistische Aktivität bewiesen«.

Die ständige Erweiterung des Säuberungsprogramms über die eigentlichen Führungspositionen hinaus schuf beträchtliche Probleme, einerseits Personalmangel in der Verwaltung wegen der zahlreichen Entlassungen – im Frühjahr 1946 waren es 300000 –, auf der anderen Seite bedeutete die Existenz der Internierungslager, in denen rund 120000 Personen der Kategorie »automatischer Arrest« inhaftiert waren, eine lastende Hypothek für den Demokratisierungsanspruch der amerikanischen Besatzungsmacht. Die in den elf Lagern der US-Zone auf ihre Entnazifizierung Wartenden sahen kaum den Zweck ihrer Festsetzung ein, und die ebenso schleppende wie unsystematische Prozedur ihrer Überprüfung ließ für die Betroffenen auch keinen rechten Sinn erkennen. Denn nach der Aussonderung der »Goldfasane«, der Inhaber hoher Ränge in der NS-Hierarchie und der mutmaßlichen Straftäter blieben die mittleren Ränge der SS und der SA, die mittleren Funktionäre der NSDAP, die Apparatschiks vom Ortsgruppenamtsleiter bis zum Gauamtsleiter übrig, und die brauchten sich kaum schuldiger zu fühlen als die meisten anderen, denen bis zu drei Jahre Internierungslager erspart blieben. Sicherlich, die Haftbedingungen waren im elendsten der Internierungslager noch tausendmal besser, als sie es in den nationalsozialistischen Zwangsarbeitslagern, vom KZ zu schweigen, gewesen waren, aber das Gefühl ungerecht behandelt zu werden, fördert die Läuterung kaum.

Ab Frühjahr 1946 bezogen die Amerikaner deutsche Stellen in die Entnazifizierungsprozedur ein. In den Ländern der US-Zone wurde gleichlautend ein »Gesetz zur Befreiung von Nationalsozialismus und Militarismus« verabschiedet, das fortan die Rechtsgrundlage der Säuberung bilden sollte [36]. Das Befrei-

[36] Das Gesetz basierte auf einem bayerischen Entwurf vom November 1945. Auf der 6. Sitzung des Länderrats, die zu diesem Zweck nicht in Stuttgart, son-

ungsgesetz war formal in den Rahmen der Kontrollratsdirektiven eingepaßt und suchte den Kompromiß zwischen dem Diskriminierungs- und Strafgedanken und der als notwendig empfundenen Rehabilitierung. Wie in den anderen Zonen setzte sich das Rehabilitierungsstreben nachhaltiger durch. Infolge des größeren Rigorismus, mit dem in der US-Zone das Problem in Angriff genommen worden war, erschien die zunehmend betriebene Umwidmung von Schuldigen in Unschuldige als besonders eklatanter Fehlschlag des ganzen Unternehmens oder als in politischer Absicht programmiert. Im Grunde hatte der Vorgang, daß die Spruchkammern in der US-Zone zu Mitläuferfabriken denaturierten, jedoch dieselben Motive wie in der sowjetisch besetzten Zone: Wiederaufbau war ohne Rehabilitierung des zum Wiederaufbau benötigten Personals nicht möglich.

Die Diskrepanz zwischen Anspruch und Wirklichkeit, die sich in der amerikanischen Zone im Laufe der Entnazifizierung ergab, war allerdings gewaltig. Dreizehn Millionen Menschen vom vollendeten 18. Lebensjahr an hatten ihre Fragebogen ausgefüllt, knapp ein Drittel der Bevölkerung erwies sich daraufhin als vom Befreiungsgesetz betroffen. Etwa zehn Prozent wurden dann von einer Spruchkammer tatsächlich verurteilt. Und tatsächliche Strafen oder Nachteile von Dauer erlitt weniger als ein Prozent der zu Entnazifizierenden überhaupt. Die justizförmige Prozedur der Entnazifizierung in der amerikanischen Zone, die mit einer gewissen Zeitverzögerung auch in den beiden anderen Westzonen angewendet wurde, erfolgte vor Spruchkammern. Die Spruchkammern, deren es insgesamt über 545 in der US-Zone gab, waren Laiengerichte mit öffentlichen Klägern. Oberste deutsche Instanz waren die Befreiungsministerien der Länder Bayern, Württemberg-Baden, Hessen und Bremen, beaufsichtigt wurde die Prozedur von der amerikanischen Militärregierung. Jeder Fall war individuell zu würdigen. Ein bißchen Entlastung brachte die Jugendamnestie vom August 1946, die ab Jahrgang 1919 galt, und die Weihnachtsamnestie von 1946, die Kriegsbeschädigte und sozial Schwache begünstigte. Für die Spruchkammern blieben 930000 Einzelfälle übrig.

Einwände gegen das Spruchkammersystem gab es zuhauf. Beklagenswert war der schleppende Gang der Verhandlungen,

dern im Münchner Rathaus stattfand, wurde das Befreiungsgesetz am 5. 3. 1946 feierlich verabschiedet. Vgl. AVBRD, Bd. 1, S. 312f.

der die Aktivisten und tatsächlichen Nazis begünstigte, weil deren Fälle zuletzt behandelt wurden. Als streng gerichtet wurde, waren nämlich die Harmloseren an der Reihe. Der Elan, die Reste des Nationalsozialismus auszukehren, die politische Säuberung zu vollziehen, war spätestens ab Frühjahr 1948 dahin, als die schlimmen Nazis zur Entnazifizierung kamen. Die Besatzungsmacht lockerte die Kontrollen, und um die Sache abzuschließen, wurden sogar Schnellverfahren eingerichtet, und im Zeichen des Kalten Krieges hatte sich der Straf- und Diskriminierungsgedanke verflüchtigt. Ein anderer Vorwurf war quasi systemimmanent, er richtete sich gegen das grassierende Denunziantentum und gegen Korruption, Scheinheiligkeit und Persilscheinhamsterei. Schließlich war die Spruchkammer als Instanz zur Gesinnungsprüfung vom rechtsstaatlichen Standpunkt aus gesehen ein zweifelhaftes Instrument.

Diskreditiert war die Entnazifizierung, als sie ab 1948 hastig zu Ende gebracht wurde, auf jeden Fall. Ob sie wirkungslos war, ist eine andere Frage. General Clay, der einer der Protagonisten des Säuberungsgedankens gewesen war, führte im Rückblick ein Argument an, das vor allem als Entschuldigung für die bescheidene Bilanz dienen sollte: »Hätten die nominellen Parteimitglieder nicht ihre vollen bürgerlichen Rechte und die Möglichkeit zurückerhalten, wieder ein normales Leben zu führen, dann hätte sich bestimmt früher oder später ein ernsthafter politischer Unruheherd entwickelt.«[37]

Das war sicherlich richtig, wenn auch für überzeugte Antifaschisten und engagierte Reformer nicht befriedigend.

8. Erziehung zur Demokratie: Bildungswesen und Kulturpolitik, Presse und Rundfunk

Die Alliierten hielten die Herstellung demokratischer Zustände, auch wenn sie diesen Begriff höchst unterschiedlich interpretierten und sehr verschiedene Methoden anwendeten, übereinstimmend für ein grundlegendes Kriegsziel und einen wichtigen Besatzungszweck gegenüber Deutschland. Viele Deutsche rümpften freilich über den Versuch der »Umerziehung« – ein Wort, das bei einigen noch heute gereizte Reaktionen auslöst –

[37] Clay, Entscheidung in Deutschland, S. 293.

die Nase oder fanden die Demokratisierung der Gesellschaft, des öffentlichen Lebens, der kulturellen Szenerie nicht so wichtig wie den materiellen Wiederaufbau. Viele zweifelten an der Eignung (und Legitimation) der amerikanischen, sowjetischen, britischen und französischen Lehrmeister, und für nicht wenige waren die Anstrengungen der Alliierten zur Re-Education (oder Re-Orientation, wie man auch sagte) nichts anderes als die mehr oder weniger verbrämte Absicht, Deutschland eine fremde Kultur zu oktroyieren. Das Gefühl kultureller Überlegenheit wurde von vielen Angehörigen des Bürgertums als letzte Bastion nach der militärischen und politischen Katastrophe verteidigt. Der Anspruch der Alliierten, die Deutschen Demokratie zu lehren, wurde daher vehement abgewehrt: Die kulturelle Niederlage wollten sie nicht auch noch erleiden oder auch nur hinnehmen. Hartnäckig wurde daher, meist im stillen, Widerstand geleistet gegen Konzepte zur Demokratisierung des Bildungswesens, der Presse und des Rundfunks, und mit Argwohn betrachtete man die kulturpolitischen Bemühungen der Militärregierungen auf dem Gebiet des Theaters, der Musik, des Films, bei der Lizenzierung von Büchern und beim Wiederaufbau der Bibliotheken, bei der Öffnung Deutschlands für bislang dort verbotene Literatur ausländischer Schriftsteller und deutscher Autoren, die ins Exil getrieben worden waren. Die Wiederherstellung des Zustands vor Hitler schien vielen zu genügen, verbunden mit der Besinnung auf Goethe und die anderen Heroen deutschen Geistes. Das würde zugleich das Bollwerk gegen die Unkultur der Yankees und die Barbarei der Russen bilden. (Mit dem Verlust ungegenständlicher Malerei und abstrakter Plastik oder der Neutöner in der Musik hätte sich der deutsche Spießer ohnehin leicht auf Dauer abfinden können.)

Bestandsaufnahme und Reformen im kultur- und medienpolitischen Bereich waren nicht ganz so dringend wie die Lösung anderer Probleme. Die notwendigen Verlautbarungen konnten, nach dem Verbot deutscher Zeitungen und Rundfunksendungen, durch alliiertes Instrumentarium besorgt werden; die kulturellen Anfänge, so erstaunlich frühzeitig sie zwischen den Trümmern präsentiert wurden, sie waren nicht so dringend wie die Notwendigkeit, das durch den Nationalsozialismus schwer kompromittierte Schul- und Bildungswesen neu zu definieren und wieder in Gang zu bringen.

Nach dem Einmarsch der Alliierten waren alle deutschen Schulen geschlossen worden. Vor der Wiederaufnahme des Unterrichts sollten die Lehrer (sowie Lehrpläne und Lehrmittel) entnazifiziert werden. Angesichts der Mitgliedschaft der überwiegenden Mehrheit aller Lehrer in der NSDAP oder deren Gliederungen war dies nicht nur ein organisatorisches Problem, die konsequente Durchführung eines umfassenden Entnazifizierungsprogramms hätte auch auf lange Zeit jeden Schulbetrieb in Deutschland verhindert. Gegen alle Bedenken und trotz mangelhafter Vorbereitung wurden daher in allen Zonen im Laufe des Herbstes 1945 die Schulen wieder eröffnet, hauptsächlich, um die Kinder und Jugendlichen von der Straße zu holen[1]. Viele Schulhäuser waren, abgesehen von den Zerstörungen, zweckentfremdet; sie dienten seit 1944 als Lazarette und wurden dann als Notquartiere für Flüchtlinge und ähnliche Zwecke benutzt. Einklassige Schulen mit mehr als 80 Schülern waren auch im Herbst 1946 nicht ungewöhnlich, auf dem Land bildeten sie sogar den Normalfall. In Niedersachsen lag der Rekord bei einem Lehrer, der 229 Schüler gleichzeitig betreute. Versuche, dem Lehrermangel abzuhelfen, bestanden darin, daß man Pensionäre an die Katheder zurückholte und »Schulhelfer« einstellte, mehr oder weniger qualifizierte Studenten und ähnliches Personal. Schichtunterricht in unheizbaren Schulhäusern (weil Brennmaterial und Fensterglas fehlten) war die Regel. Daß die Schulen aufgrund dieses Notprogramms ihren Betrieb in den alten Formen wiederaufnehmen mußten, war selbstverständlich. Strukturreformen sollten aber so bald wie möglich durchgeführt werden. Zunächst aber wurde das traditionelle Schulsystem zwangsläufig erst einmal stabilisiert.

Der Alliierte Kontrollrat stellte erst knapp zwei Jahre später Grundsätze zur Demokratisierung des deutschen Erziehungssystems auf. Die Direktive vom Juni 1947 enthielt zur Strukturreform des Bildungswesens aber nur vage Andeutungen und allgemeine Wendungen. So wurde ein »umfassendes Schulsystem« gefordert, in dem die »Begriffe *Grundschule* und *Höhere Schule* zwei aufeinanderfolgende Stufen der Ausbildung darstellen« sollten, aber nicht »zwei Grundformen oder Arten der

[1] In der sowjetischen Besatzungszone wurden die Schulen durch SMAD-Befehl Nr. 40 vom 25. 8. 1945 ab 1. Oktober wieder eröffnet, in der französischen Zone begann der Lehrbetrieb am 17. 9. 1945, in der US-Zone war der 1. Oktober der offizielle Termin, der zunächst für die Mehrzahl der Volksschulen realisiert wurde, in der britischen Zone öffneten sich die Schultüren ab November zunächst für etwa drei Viertel der Grundschulen. Die Wiederaufnahme des vollen Schulbetriebs dauerte in allen Zonen ungefähr ein Jahr ab Herbst 1945.

Ausbildung, die sich überschneiden«[2]. Das konnte so oder so ausgelegt werden. Entweder zugunsten einer mindestens sechsklassigen Grundschule – das war in der alliierten Direktive gemeint –, aber auch im Sinne der Fortschreibung des dreigliedrigen Schulsystems deutscher Tradition. Die Weisung war aber nicht nur zu allgemein und unklar, um in eine bildungspolitische Konzeption umgesetzt werden zu können, sie kam auch zu spät.

Die Verhältnisse in den vier Besatzungszonen hatten sich, weil auch auf diesem Gebiet jede Besatzungsmacht nach eigenen Konzepten regierte, sehr schnell auseinander entwickelt. Aber auch die deutschen Politiker hatten das Ihre getan, das Gelände abwechslungsreich zu gestalten. Parteipolitische, konfessionelle oder regionale Motive, Interessen und Traditionen in den wiedererstandenen Ländern hatten zu höchst verschiedenen Schulsystemen geführt: Strukturelle Reformen in einem Land standen in scharfem Kontrast zur Restaurierung alter Schultypen aus der Weimarer Zeit in einem anderen Land[3].

In der sowjetischen Besatzungszone begann die Schulreform am frühesten. In einem gemeinsamen Aufruf von KPD und SPD war der Grundriß eines neuen Schulsystems schon im Oktober 1945 skizziert worden: »Alle Bildungsprivilegien einzelner Schichten müssen fallen. Das Ziel der demokratischen Schulreform ist die Schaffung eines einheitlichen Schulsystems, in dem die geistigen, moralischen und physischen Fähigkeiten der Jugend allseitig entwickelt, ihr eine hohe Bildung vermittelt und allen Befähigten ohne Rücksicht auf Herkunft, Stellung und Vermögen der Eltern der Weg zu den höchsten Bildungsstätten des Landes frei gemacht wird ...«[4] Auf diesem Programm basierte der Gesetzentwurf der »Deutschen Zentralverwaltung für Volksbildung« (das war die durch SMAD-Befehl Ende Juli 1945 errichtete zonenzentrale Unterrichts- und Bildungsverwaltung, der Paul Wandel präsidierte). Das »Gesetz zur Demokratisierung der Deutschen Schule« wurde Ende Mai/

[2] Kontrollratsdirektive Nr. 54 vom 25. 6. 1947 (Monthly Report of the CCG/BE, Bd. 2, Nr. 7).

[3] Übersicht über Tendenzen und Entwicklungen bis Herbst 1946 bei A. Fingerle, Zur Schulreform in Deutschland. In: Europa-Archiv 1 (1946), S. 303–307.

[4] Um ein antifaschistisch-demokratisches Deutschland. Dokumente aus den Jahren 1945–1949. Berlin (Ost) 1968, S. 176; vgl. Paul Wandel, Demokratisierung der Schule. Rede, gehalten auf dem Pädagogischen Kongreß in Berlin am 15. August 1946. Berlin, Leipzig 1946.

Anfang Juni 1946 gleichlautend von den einzelnen Landes- und Provinzialverwaltungen beschlossen.

Damit war in allen Ländern der sowjetischen Besatzungszone die Einheitsschule eingeführt, sie bestand aus einer achtklassigen Grundschule und einer anschließenden vierstufigen Oberschule oder einer dreistufigen Berufsschule.

Mit ähnlichen Methoden wie bei der Erneuerung des Richterstandes hoffte man auch dem Lehrermangel abzuhelfen. Da etwa 72 Prozent aller Lehrer in der SBZ der NSDAP angehört hatten, benötigte die Zentralverwaltung für Volksbildung ungefähr 40000 Neulehrer innerhalb kürzester Frist. Sie mußten Antifaschisten und sollten Angehörige der Arbeiterschicht sein. Die Kandidaten wurden ab Herbst 1945 in Dreimonatskursen, ab Anfang 1946 in Achtmonatskursen ausgebildet. 1947 dauerte die Lehrzeit der neuen Pädagogen dann zwölf Monate. Das Experiment, auf diese Weise einen neuen demokratischen Lehrerstand zu gewinnen, wurde, nachdem die Übergangszeit dem dringendsten Bedarf gerecht geworden war, in traditionelleren Bahnen fortgeführt. Die Lehrerausbildung erfolgte dann an Universitäten; die auf der Schnellbleiche trainierten Neulehrer qualifizierten sich in der Praxis und durch Weiterbildungsveranstaltungen zu richtigen Lehrern. Oder doch die Mehrzahl von ihnen[5].

Das in bildungspolitischen Fragen radikalste Besatzungsregime führten die Franzosen. Sie unterbanden nicht nur bis 1949 deutsche Initiativen, sie versuchten darüber hinaus, ihr eigenes Schulsystem auf ihren Herrschaftsbereich in Deutschland zu übertragen. Das französische System vereinigte liberalen Geist mit elitären Zielsetzungen. Die höheren Schulen dienten, ebenso wie sie es in der deutschen Tradition getan hatten, der sozialen Auslese, und sie programmierten frühzeitig Lebenschancen, Status und gesellschaftlichen Erfolg.

Die von der französischen Militärregierung oktroyierte Schulreform war jedoch der Form nach einschneidender als im Inhalt. Am 1. Oktober 1946 erging der Befehl zur Vereinigung der verschiedenen Typen höherer Schulen. Neu war vor allem, daß die ersten drei Klassen des Gymnasiums – so hießen von

[5] Siegfried Thomas, 1945 – 1949. In: DDR. Werden und Wachsen. Zur Geschichte der Deutschen Demokratischen Republik. Berlin (Ost) 1975, S. 72ff.; vgl. Klaus-Dieter Mende, Schulreform und Gesellschaft in der DDR 1945 bis 1965. Stuttgart 1971.

nun an alle höheren Lehranstalten – eine Art Förderstufe darstellten, die auch Volksschülern den Eintritt noch ermöglichen sollten. Französisch erhielt vor allen anderen Fremdsprachen den Vorrang, das humanistische Gymnasium wurde zwar nicht beseitigt, es sollte aber künftig nur noch eine bescheidene Rolle spielen. Schließlich wurden auch alle Formen besonderer Mädchenausbildung abgeschafft. Höhere Schulen bescheidenen Anspruchs, die der künftigen Frau und Mutter gering dosierte Bildung zu vermitteln hatten, mußten auf französischen Befehl verschwinden.

Daß die Franzosen auch kein Verständnis für Konfessionsschulen zeigten, verärgerte die deutschen Bildungspolitiker im Südwesten besonders, waren sie doch mehrheitlich an einer Wiederherstellung des Schulsystems der Zeit vor 1933 interessiert. Die Empörung des Mainzer Bischofs Albert Stohr, die sich im Oktober 1946 in einem Brief an den zuständigen französischen General entlud, war symptomatisch. Die Reform sei der »tiefste Eingriff ... ins mittlere Bildungswesen«, sie gehe »selbst hinaus über die Reform unter Humboldt«. Die Kirche, schrieb der Bischof weiter, sei von »tiefster Sorge« erfüllt über das Zurückdrängen des humanistischen Gymnasiums; er fürchtete um die Ausbildung des Theologennachwuchses. Besorgt war der Bischof auch über das Verlangen der Gleichbehandlung von Knaben- und Mädchenschulen. Der Kirchenmann sah darin Parallelen zum »Nazismus«, im übrigen konstatierte er auch »Ähnlichkeiten im Vorgehen zwischen der französischen und russischen Zone«. Der Brief des Bischofs an den General schloß mit dem für das deutsche Reformbedürfnis charakteristischen Plädoyer: »... nach all der Unruhe, die die Schule, und insbesondere die höhere, erlitten hat in den letzten Jahrzehnten, [wäre] die beste Schulreform die Ruhe. Nur so kann die Schule zu sich selber kommen und sich organisch entwickeln, auch die erforderlichen Umformungen in gesunder Weise vorbereiten.«[6]

In der britischen und in der amerikanischen Besatzungszone verfuhren die Militärregierungen nach der Maxime, Schulreformen müßten von den Deutschen selbst entwickelt und durchgeführt werden. Während die Engländer diesen Grundsatz bis

[6] Zit. nach Angelika Ruge-Schatz, Umerziehung und Schulpolitik in der französischen Besatzungszone 1945 – 1949. Frankfurt a.M., Bern, Las Vegas 1977, S. 84f.

zum Ende des Besatzungsregimes aufrechterhielten[7], entschlossen sich die Amerikaner im Herbst 1946 doch dazu, stärkeren Einfluß zu nehmen. Von deutschen Bestrebungen zur Reform des Schulwesens hatten sie bis dato nämlich nicht viel bemerkt.

Um initiativ werden zu können, mußten die Amerikaner aber erst eine Konzeption finden. Eine Kommission aus amerikanischen Bildungsexperten unter dem Vorsitz von George F. Zook (er war Präsident des American Council on Education) trat in Aktion und studierte die Erziehungs- und Bildungsprobleme in der US-Zone. Die Zook-Kommission, die im September 1946 General Clay ihren Bericht vorlegte, empfahl dringend die Einführung einer Art Gesamtschule: »Die Entwicklung eines umfassenden Erziehungssystems für alle Kinder und Jugendlichen ist von allergrößter Bedeutung. Die Bezeichnungen ›elementar‹ und ›höher‹ in der Erziehung sollten in erster Linie nicht als zwei verschiedene Arten oder Qualitäten des Unterrichts angesehen werden (wie es die deutschen Worte ›Elementarschule‹ und ›höhere Schule‹ tun), sondern als zwei aufeinanderfolgende Schulabschnitte, wobei die Elementarschule die Klassen 1 bis 6, die höhere Schule die Klassen 7 bis 12 umfaßt. In diesem Sinne sollten die Berufsschulen als Teil des höheren Schulwesens gelten.«

Die ersten sechs Jahre sollten alle Kinder ohne Unterschied des Geschlechts, der sozialen Herkunft und der künftigen fachlichen oder beruflichen Absichten zusammen verbringen, um Gemeinschaftsgefühl zu entwickeln. Die höheren Schulen sollten vereinheitlicht, die notwendige Differenzierung innerhalb der Schule, nicht durch den Wechsel in getrennte Schularten, erzielt werden. Als Ziel schwebte den amerikanischen Fachleuten dann vor: »Von dieser erweiterten sechsjährigen Volksschule und der umfassenden höheren Schule einschließlich der Berufsschule muß verlangt werden, daß der gesamte Lehrplan für die Erziehung zu einer demokratischen Haltung wichtige Beiträge leistet. Der gegenwärtige Lehrplan der höheren Schule scheint mit Fächern überfüllt, die mit akademischer Tradition belastet und lebensfremd sind und weder den heutigen noch den künftigen Bedürfnissen der Schüler entsprechen. Die wichtigste Änderung, die in allen deutschen Schulen notwendig ist,

[7] Vgl. Maria Halbritter, Schulreformpolitik in der britischen Zone von 1945 bis 1949. Weinheim 1979; Günter Pakschies, Umerziehung in der Britischen Zone 1945 – 1949. Weinheim 1979.

ist eine grundsätzliche Umgestaltung der sozialwissenschaftlichen Fächer nach Inhalt und Form. Die Schüler müssen die aktiven Träger des Lernvorganges sein. Dann werden die Sozialwissenschaften (Geschichte, Geographie, Staats- und Heimatkunde) vielleicht den Hauptbeitrag zur Entwicklung demokratischen Bürgersinnes leisten.«[8]

Die Empfehlungen der amerikanischen Expertenkommission tauchten im März 1947 in den Richtlinien für die Bildungsoffiziere der Militärregierung wieder auf. Kernstück des Reformkatalogs war die Gesamtschule für alle Schulpflichtigen, außerdem wünschten die Amerikaner Schulgeldfreiheit, Lernmittelfreiheit, die Schulpflicht bis zum 15. Lebensjahr, die volle Integration von Berufsausbildung und Berufsberatung in das allgemeine Schulsystem und die Ausbildung der Lehrer an Universitäten. Diese Reformziele sollten von den Bildungsoffizieren auf Länderebene propagiert, aber nicht oktroyiert werden. Angesichts der geringen Neigung zur Schulreform auf deutscher Seite entschlossen sich die Amerikaner 1947, notfalls durch sanften Druck nachzuhelfen.

Während sich in Württemberg-Baden, Hessen und Bremen wenigstens Ansätze zur Reform zeigten, Berlin sogar als bildungspolitische Musterlandschaft gepriesen wurde, rührte sich in Bayern nichts, allenfalls Widerstand. Die Militärregierung verwarf die Vorschläge, die Bayerns Kultusminister Hundhammer widerwillig eingereicht hatte, als »reaktionär und undemokratisch«. Zur Empörung Hundhammers griffen die Amerikaner jetzt direkt in das Erziehungswesen Bayerns ein und setzten Termine für die einzelnen Reformschritte: die Schulgeldfreiheit mußte ab 1. September 1948 eingeführt werden, und zum 1. Januar 1949 wurde die Vorlage eines Planes für die sechsjährige Grundschule befohlen. Der amerikanische Militärgouverneur rechtfertigte sein Vorgehen mit der Renitenz der bayerischen Behörden: »Der Widerwille der bayerischen Regierung, von sich aus die Durchführung dieser Reform in die Hand zu nehmen, hat es notwendig gemacht, daß diese Termine von der Militärregierung gesetzt wurden. Die Hauptgründe für die Opposition der bayerischen Behörden lagen in ihrer Gegnerschaft gegen kostenlose Schulbildung, gegen die geplante Änderung

[8] Erziehung in Deutschland. Bericht und Vorschläge der Amerikanischen Erziehungskommission. München 1946 (als Broschüre hrsg. und verbreitet durch ›Die Neue Zeitung‹), S. 29f.; vgl. auch Die Neue Zeitung v. 28. 10. 1946.

bezüglich der Vorschriften für den Religionsunterricht und gegen das System der neuen sechsjährigen Grundschule.«[9]

Der harte Kurs der amerikanischen Militärregierung in Bayern wurde freilich erst fünf nach zwölf gesteuert. 1948 war es, wie sich auf vielen anderen Gebieten zeigte, für alliierte Reformanstrengungen schon zu spät. Wenige Wochen nach dem amerikanischen Befehl zur Schulreform in Bayern war es denn auch beschlossene Sache, daß die Militärregierung nicht auf die Erfüllung ihrer Anordnungen dringen würde.

Die bildungspolitische Diskussion hatte 1948 ihren Höhepunkt erreicht, und die Zersplitterung des Schulwesens in den einzelnen Zonen und Ländern war weit vorangeschritten. Walter M. Guggenheimer klagte in den ›Frankfurter Heften‹, es gebe, die deutschen Vorschläge nicht gerechnet, ebenso viele Reformpläne wie Besatzungsmächte, und das könne in wenigen Jahren dazu führen, »daß ein Leipziger Jurist seinem Kollegen aus Charkow ähnlicher sein wird als dem aus Bonn und daß der Altphilologe aus der amerikanischen Zone vor einer Untersekunda in der französischen vielleicht nicht bestehen würde«[10].

Einem anderen Aspekt des Schulreformprogramms widmete Adolf Grimme, der letzte sozialdemokratische Kultusminister Preußens vor Hitler und erste Nachkriegs-Kultusminister in Niedersachsen, öfters die Klage, daß man sich »vom Ausland jetzt schulerzieherisch notwendige Maßnahmen und Organisationsformen vorschreiben, möglicherweise sogar diktieren lassen« solle, »die das Gesicht des Auslands tragen, aber in Wirklichkeit aus deutschem Blut gezeugt sind«. Das sei ein beschämendes Schauspiel, wenn man die anderen sagen höre: »Macht das und das, das hat sich wunderbar bei uns bewährt – und dabei ist es bei uns gewachsen!«[11]

Grimme war der wohl prominenteste deutsche Bildungspolitiker der ersten Nachkriegsjahre. Auf seine Initiative kam auch die einzige Politikerzusammenkunft zustande, die das Prädikat »gesamtdeutsch« wirklich verdient: die Konferenz der Erzie-

[9] OMGUS, Monthly Report of the Military Governor, May 1948, Nr. 35, S. 24; vgl. Karl-Ernst Bungenstab, Umerziehung zur Demokratie? Re-Education-Politik im Bildungswesen der US-Zone 1945–1949. Düsseldorf 1970, S. 90ff.

[10] Walter M. Guggenheimer, Schulreform und Besatzungsrecht. In: Frankfurter Hefte 3 (1948), S. 488–491.

[11] Manfred Overesch, Die gesamtdeutsche Konferenz der Erziehungsminister in Stuttgart am 19./20. Februar 1948, Dokumentation. In: VfZ 28 (1980), S. 248–285, zit. S. 283.

hungsminister am 19. und 20. Februar 1948 in Stuttgart. Zusammengekommen waren die Kultusminister aus allen Zonen zu einer Aussprache über akute Schulprobleme und bildungspolitische Perspektiven. Die Veranstaltung wurde aber nur zur Demonstration, wie abwechslungsreich und vielfältig knapp drei Jahre nach Kriegsende die schul- und bildungspolitische Landschaft geworden war. Sogar innerhalb einer Zone, der amerikanischen, gab es beträchtliche Unterschiede zwischen der progressiven Schulpolitik in Hessen (unter dem CDU-Minister Stein), wo man der differenzierten Einheitsschule mit sechsjähriger Grundstufe zuneigte, und der reaktionären Reformfeindlichkeit in Bayern unter dem CSU-Minister Hundhammer, der für das vierjährige Grundschulmodell und die Beibehaltung des getrennten höheren Schulwesens focht.

Auf der Konferenz in Stuttgart prallten die Gegensätze von Nord und Süd, Ost und West so aufeinander, daß eine Verständigung über Bildungsziele und deren Organisation schon nicht mehr möglich war. Resigniert konstatierte Adolf Grimme in seinem Schlußwort, er werde den Verdacht nicht los, »daß jeder sozusagen seinen Spruch ausgemacht hat, daß er sich die anderen Argumente zwar anhört, aber dann nach Hause geht und seine Politik im alten Sinne fortsetzt ...«[12].

Die Bildungspolitik war im Rahmen der Demokratisierungsbemühungen ein Wechsel auf die Zukunft; es bestand aber die Notwendigkeit, möglichst sofort und unmittelbar auf die Erwachsenen in Deutschland einzuwirken. Ein dazu – damals – hervorragend geeignetes Medium war das Kino. Die nationalsozialistische Kulturindustrie hatte den Film virtuos als Propaganda- wie als Entspannungsmittel eingesetzt, und bis zuletzt waren im reichseigenen UFI-Konzern (Ufa-Film GmbH) Durchhalte- und Beruhigungsfilme produziert worden. Die »Deutsche Wochenschau« kam Ende März 1945 letztmals in die noch spielbereiten Lichtspieltheater.

Im Rahmen der alliierten Informationspolitik wurde die deutsche Filmindustrie beschlagnahmt, sahen sich die Filmschaffenden zu einer kurzen schöpferischen Pause gezwungen, und Herstellung, Verleih und Vorführung unterlagen jetzt den Gesetzen der jeweiligen Militärregierung. In der Praxis hieß das, daß Filmproduzenten und Kinobesitzer eine Lizenz haben mußten (sie wurde nach der Überprüfung der politischen Eig-

[12] Ebd.

nung erteilt), und alle Filme, die in Deutschland zur Aufführung kamen, wurden durch Spezialisten in den Informationsabteilungen der Militärregierungen zensiert. In den Westzonen kamen überwiegend britische und französische, dann auch amerikanische und schließlich ältere deutsche Filme zur Aufführung. Die letzteren waren mehr oder minder gründlich geprüft worden, ehe sie in den Kinos das wachsende Bedürfnis nach Unterhaltung und Zerstreuung befriedigen durften. In der sowjetischen Besatzungszone kamen russische Filme zum Einsatz, hier begann aber auch am frühesten wieder eine deutsche, von der SMAD ermunterte Filmproduktion. Die Uraufführung des ersten deutschen Nachkriegsfilms – Wolfgang Staudtes »Die Mörder sind unter uns« – fand unter sowjetischer Lizenz am 15. Oktober 1946 statt.

Die Chancen, die der Spielfilm als Mittel zur Demokratieförderung zweifellos bot, wurden jedoch eher halbherzig genutzt, und der Unterhaltungswert der ausländischen Importe überwog den der deutschen »Trümmerfilme« der frühen Nachkriegsjahre auch allemal. Damit aber nicht genug: Ab 1946 kamen dann die »Überläufer« ins Programm. Das waren Filme, etwa 40 an der Zahl, die von der NS-Filmindustrie vor Kriegsende begonnen, aber nicht mehr fertiggestellt worden waren. Das Material wurde aufbereitet, geschnitten, wenn nötig durch Nachaufnahmen ergänzt und synchronisiert, meist sogar in Personenkontinuität der Urheber, Regisseure, Schauspieler. Die »Überläufer« kamen, einen Bereich des deutschen »Nachkriegsfilms« repräsentierend, in den Jahren 1946 bis 1949 zur Uraufführung.

Größeres Gewicht legten die westlichen Besatzungsmächte auf die Wochenschau, das vor dem Fernsehzeitalter wichtigste und aktuellste visuelle Medium. Amerikaner und Briten produzierten gemeinsam ab Mai 1945 »Welt im Film«, in der Ostzone wurde ab Februar 1946 »Der Augenzeuge« regelmäßig im Kino als Vorprogramm der Spielfilme gezeigt. In der französischen Zone kam bis zum Sommer 1947 eine in Frankreich zusammengestellte Serie zum Einsatz, sie wurde abgelöst durch die in Deutschland produzierte Wochenschau ›Blick in die Welt‹. Auch wenn alle diese von der jeweiligen Okkupationsmacht inspirierten Wochenschauen Werbung für Frankreich oder den *american way of life* trieben (wobei die Amerikaner mit der Darstellung technischer Leistungen in den USA ebenso imponierten wie gute Unterhaltung boten), darf man ihre Wirkung keineswegs unterschätzen. Die Wochenschauen waren ein Fenster zur Welt, selbst dann, wenn der Ausschnitt tendenziös oder allzu klein gewählt war[13].

Den vermutlich geringsten Effekt erzielten dagegen wohl die Dokumentarfilme, die ausdrücklich zum Zweck der Re-Education gefertigt waren und den Deutschen die Greuel der Nazi-Zeit augenfällig machen sollten. Das galt ebenso für den amerikanischen 20-Minuten-Film ›Die Todesmühlen‹, der die Konzentrationslager zum Gegenstand hatte, wie für den Streifen ›Nürnberg und seine Lehren‹. Die ›Todesmühlen‹ kamen Anfang 1946 in die Kinos (114 Kopien hatte die US-Militärregierung im Einsatz), teilweise wurde, auch von deutschen Stellen, gelinder Zwang zur Besichtigung des Films ausgeübt. Das behinderte die pädagogische Absicht zweifellos[14]. Der erst 1947 gezeigte amerikanische Film über den Hauptkriegsverbrecherprozeß in Nürnberg kam wohl einfach zu spät: das Ereignis hatte zuviel Publizität verordnet bekommen, und der Nachtarock im Dokumentarfilm war dem Publikum endgültig zuviel.

Um das Theater- und Musikleben wieder in Gang zu bringen, entbrannte unter den Alliierten gleich nach Kriegsende ein edler Wettstreit. Seit September 1944 waren in Deutschland im Zuge der letzten Kriegsanstrengung alle Bühnen, soweit sie noch betriebsfähig gewesen waren, geschlossen worden. Schauspieler und Musiker, Regisseure und sonstige Akteure mußten an die Front oder in kriegswichtige Betriebe. Die Wiederbelebung der kulturellen Szene war den Alliierten aus mehreren Gründen wichtig: Propaganda für die eigene Kultur, Erziehung der Deutschen zur Demokratie und, zur Pazifizierung der Bevölkerung, auch ein bißchen Unterhaltung. (Das war der sowjetischen Besatzungsmacht ein ausgesprochenes Anliegen, die Amerikaner waren in diesem Punkt puritanischer und konzentrierten sich zunächst auf das Erziehen und Belehren.)

In Berlin war die Konkurrenz der Film-, Theater und Musikoffiziere der vier alliierten Militärregierungen am stärksten, und in der ehemaligen Reichshauptstadt ließen sich die Anstrengun-

[13] Vgl. Friedrich P. Kahlenberg, Film. In: Wolfgang Benz (Hrsg.), Die Bundesrepublik Deutschland. Geschichte in drei Bänden. Bd. 3: Kultur. Frankfurt a. M. 1983, S. 358ff.

[14] Brewster S. Chamberlin, Todesmühlen. Ein früher Versuch zur Massen-»Umerziehung« im besetzten Deutschland 1945 – 1946. In: VfZ 29 (1981), S. 420–436.

gen der vier Besatzungsmächte auch am besten vergleichen; der Werbeeffekt der Kulturpolitik war hier schließlich am größten. Die sowjetischen Eroberer hatten sehr bald nach der Besetzung Berlins die ersten Theateraufführungen und das erste Konzert nach dem Kriege organisiert. Im Renaissance-Theater wurde am 27. Mai 1945 ›Der Raub der Sabinerinnen‹ gegeben, am 13. Mai hatte das Berliner Kammerorchester im Schöneberger Rathaus den ersten Auftritt, am 19. Mai eröffnete das Varieté »Roter Stern«, am 1. Juni das »Kabarett der Komiker«. Im Deutschen Theater wurde am 26. Juni Schillers ›Parasit‹ aufgeführt, und Anfang Juli war auch die Staatsoper wieder spielbereit[15].

Die sowjetische Kommandantur, die bis Juli 1945 Berlin allein regierte, hatte eine »Kammer der Kunstschaffenden« als deutsches Ausführungsorgan ihrer Kulturpolitik ins Leben gerufen und den betagten Schauspieler Paul Wegener, der prominent, unpolitisch und unbescholten war, zum Präsidenten gemacht. Politisch kontrolliert wurde die nach dem Vorbild von Goebbels' Reichskulturkammer gebildete Institution von dem jungen Kommunisten Wolfgang Harich (er war offiziell der Sekretär des Präsidenten). Der Kammer oblag nicht nur die Kontrolle der kulturellen Aktivitäten, sondern auch, bis die Westmächte in Berlin erschienen, die politische Überprüfung der Schauspieler, Musiker, Filmemacher. Die Amerikaner sahen dies mit großem Mißtrauen, sie warfen ihren sowjetischen Kollegen vor, daß ihnen künstlerische Aktivitäten um beinahe jeden Preis – selbst wenn sie von ehemaligen Nazis oder Nutznießern der NS-Kulturindustrie gestaltet waren – wichtiger erschienen als die gründliche Entnazifizierung sowohl der ausführenden Personen wie auch der Spielpläne, Texte, Programme usw. Solange die Amerikaner den Belehrungs- und Erziehungseffekten kultureller Darbietungen den Vorrang vor ihrem Unterhaltungswert gaben, war die Befürchtung, daß die Sowjets auf der kulturellen Szene in Berlin den westlichen Alliierten (Briten und Franzosen verhielten sich ähnlich wie die Amerikaner) die Schau stehlen würden, angesichts der Qualität und Vielfalt des Gebotenen durchaus begründet.

Die Verantwortlichen in der US-Militärregierung waren sich

[15] Vgl. 25 Jahre Theater in Berlin. Theaterpremieren 1945 – 1970. Hrsg. im Auftrag des Senats in Berlin. Berlin 1972; Berlin. Kampf um Freiheit und Selbstverwaltung 1945 – 1946. Hrsg. vom Senat von Berlin. Berlin 1957.

darüber auch im klaren. In einem Memorandum der »Information Services Section« kam das deutlich zum Ausdruck. Der Verfasser, Henry C. Alter, im Zivilleben in Hollywood in der Filmindustrie tätig, jetzt Offizier in der Abteilung Film, Theater, Musik, hatte im Juli 1945, als unter sowjetischer Ägide in Berlin bereits zehn Sprechtheater, zahlreiche Kabaretts, zwei Opernhäuser und fünf große Orchester spielten, die sowjetische Kulturpolitik mit folgenden Worten charakterisiert: »Zugrunde liegt der russischen Politik eine fast fanatische Verehrung von Kunst und Künstlern, gepaart mit dem Glauben, daß künstlerische Betätigung an sich schon gut und in Zeiten von Unsicherheit und Leid für den Menschen ein dringendes Bedürfnis sei. Es liegt auf der Hand, daß für die russische Führung die Wiederbelebung des Kulturlebens eine Aufgabe ersten Ranges war, nicht nur weil sie die beruhigende Wirkung auf die Bevölkerung brauchte, sondern auch weil sie von der Notwendigkeit eines solchen Kulturlebens für die Menschheit ganz überzeugt ist, ganz gleich wie unnormal die Zeiten sonst auch sein mögen. Folglich brachten die Russen gleich nach ihrem Einzug in Berlin Theaterleiter, Schauspieler, Bühnenarbeiter zusammen und verlangten, daß die Theater innerhalb weniger Tage eröffnet würden.«[16]

Zur gleichen Zeit, im Juli 1945, wurde in Berlin der »Kulturbund zur demokratischen Erneuerung Deutschlands« aus der Taufe gehoben. Die Gründungsversammlung hatte im Hause des Schriftstellers Johannes R. Becher stattgefunden, der kurz zuvor aus dem Moskauer Exil zurückgekehrt war. Im August konstituierte sich dann der Kulturbund als Organisation mit Becher an der Spitze (Vizepräsidenten waren der Maler Carl Hofer und der Schriftsteller Bernhard Kellermann) und vielen anderen bekannten Namen im Präsidialrat, darunter Jürgen Fehling, Herbert Ihering, Walter Schirmer, Paul Wegener, Eduard von Winterstein. An vielen Orten, nicht nur in der sowjetisch besetzten Zone, fanden sich im Sommer und Herbst 1945 Intellektuelle unterschiedlichen politischen Standorts zu Ortsgruppen des Kulturbundes zusammen. Obwohl die marxistisch orientierten Mitglieder den Ton angaben und obwohl die SMAD ein wachsames Auge auf den Kulturbund hatte, war er

[16] Abgedruckt bei: Brewster S. Chamberlin, Kultur auf Trümmern. Berliner Berichte der amerikanischen Information Control Section Juli – Dezember 1945. Stuttgart 1979, S. 60f.

kein Werkzeug kommunistischer Propaganda, sondern der wohl früheste Versuch geistigen Neubeginns in Deutschland. Den Verschleißerscheinungen des Kalten Kriegs fiel natürlich auch der Kulturbund allmählich zum Opfer, aber die Anfänge waren verheißungsvoll gewesen, und erstaunlich lange bot er auch Nichtmarxisten eine geistige Heimat. Im Mittelpunkt des Programms stand die Forderung nach »Bildung einer nationalen Einheitsfront der deutschen Geistesarbeiter« und die »Schaffung einer unverbrüchlichen Einheit der Intelligenz mit dem Volk. Im Vertrauen auf die Lebensfähigkeit und die Wandlungskraft unseres Volkes: Neugeburt des deutschen Geistes im Zeichen einer streitbaren demokratischen Weltanschauung«[17].

Artikuliert wurde das Verlangen nach einer demokratischen Reformation in Deutschland in der Zeitschrift des Kulturbundes mit dem Titel ›Aufbau‹, die unter sowjetischer Lizenz Ende September 1945 erstmals erschien, und demonstriert wurde die Absicht, die antifaschistische Reformation auf überparteilichem Wege zu erreichen, durch den Personenkreis der Herausgeber und ständigen Mitarbeiter der ersten Hefte: Neben Heinrich Mann, Theodor Plivier, Georg Lukács, Willi Bredel waren auch Ferdinand Friedensburg und Ernst Wiechert genannt; Aufsätze von Hans Fallada wie von Thomas Mann wurden gedruckt, und der CDU-Politiker Ernst Lemmer firmierte noch im 4. Jahrgang der Zeitschrift als Mitglied des Redaktionskollegiums. Auf Initiative des Kulturbunds gab es, ebenfalls unter Lizenz der SMAD, auch eine der frühesten Verlagsneugründungen der Nachkriegszeit: Der Aufbau-Verlag in Berlin nahm Mitte August 1945 die Arbeit auf.

Der ›Aufbau‹ war die erste politisch-kulturelle Zeitschrift, die Deutsche für Deutsche herausgaben. In der britischen Zone wurde im Herbst 1945 in Göttingen ›Die Sammlung‹ lizenziert, eine Monatsschrift, deren maßgeblicher Kopf der Pädagoge Hermann Nohl war; Jugendbewegung und Reformpädagogik der zwanziger Jahre gehörten zu den geistigen Wurzeln. In der US-Zone erhielt Dolf Sternberger die erste Lizenz der Militärregierung für eine Zeitschrift, die unter dem programmatischen Titel ›Die Wandlung‹ vom Spätherbst 1945 an in Heidelberg erschien. Die Zeitschrift verstand sich als »gelehrt, literarisch und politisch zugleich und bemühte sich, einen entschiedenen

[17] Leitsätze des Kulturbundes zur demokratischen Erneuerung Deutschlands. In: Aufbau 1 (1945), H. 3, S. 312.

und modernen Humanismus in dieser Welt durchzusetzen«[18]. Die ›Wandlung‹ hatte, ihres eher akademischen Habitus' ungeachtet, einen bemerkenswerten Anteil an der Arbeit, den Schutt und die Trümmer der nationalsozialistischen Ideologie zu beseitigen. Das wichtige Buch ›Aus dem Wörterbuch des Unmenschen‹ ging aus einer Artikelserie der ›Wandlung‹ hervor, die Verfasser entlarvten darin Sprache und Semantik des Nationalsozialismus, ähnlich wie es in Dresden Viktor Klemperer in seinem schon 1946 erstmals publizierten ›LTI‹ (= Lingua Tertii Imperii) unternommen hatte[19]. In der französischen Zone etablierte sich in Freiburg eine Halbmonatsschrift ganz anderen Zuschnitts: ›Die Gegenwart‹. Das erste Heft trug das Erscheinungsdatum 24. Dezember 1945, als Herausgeber zeichneten Ernst Benkard, Bernhard Guttmann, Robert Haerdter, Albert Oeser, Benno Reifenberg. Vom Typ her mehr eine Wochenzeitung, wollte die ›Gegenwart‹ Tradition und Geist der alten ›Frankfurter Zeitung‹ wahren oder wiederbeleben. Aus der Redaktion jenes Blattes, das als liberale Renommierzeitung fürs Ausland von Goebbels bis 1943 toleriert worden war, kamen auch die Herausgeber und Mitarbeiter der ›Gegenwart‹.

Ab 1946 folgten in allen Zonen Neugründungen von politisch-kulturellen, schöngeistig-literarischen, philosophischen, religiösen und sonstigen Kulturzeitschriften. Viele von ihnen waren eine Zeitlang wichtig wie etwa die ›Göttinger Universitäts-Zeitung‹ oder ›Der Ruf – Unabhängige Blätter der jungen Generation‹ (herausgegeben von Alfred Andersch und Hans Werner Richter), die ›Nordwestdeutschen Hefte‹ (verantwortlich waren Axel Eggebrecht und Peter von Zahn), der ›Ulenspiegel‹ mit dem Untertitel ›Literatur, Kunst, Satire‹ unter US-Lizenz in Berlin von Herbert Sandberg und Günther Weisenborn redigiert, Erich Kästners Jugendzeitschrift ›Pinguin‹ und deren Gegenstück ›Neues Leben‹, die von Erich Honecker geleitete Zeitschrift der »Freien Deutschen Jugend« der sowjetischen Besatzungszone. Viele dieser Zeitschriften hatten weltan-

[18] D. Sternberger an W. Hausenstein, 11. 10. 1945, zit. nach: Gerhard Hay/Hartmut Rambaldo/Joachim W. Storck (Bearb.), Als der Krieg zu Ende war. Literarisch-politische Publizistik 1945 – 1950. Ausstellungskatalog, Marbach 1973, S. 64.

[19] Dolf Sternberger/Gerhard Storz/Wilhelm E. Süskind, Aus dem Wörterbuch des Unmenschen. Hamburg 1957; Victor Klemperer, LTI. Notizbuch eines Philologen. Berlin 1947.

schauliche Programme und brachten dies auch im Titel zum Ausdruck, etwa das erzkonservativ-katholisch-föderalistische Journal ›Neues Abendland‹, die ›Begegnung‹, ›Die Besinnung‹, ›Neubau‹, ›Neues Europa‹ und viele andere.

In Baden-Baden leitete Alfred Döblin, deutscher Schriftsteller, Emigrant und damals auch französischer Besatzungsoffizier (zuständig für Literaturpolitik und Zensur in der Direction de l'Education publique der Militärregierung) ›Das Goldene Tor – Monatsschrift für Literatur und Kunst‹. Hier kamen vor allem, aber keineswegs ausschließlich, Dichter des Exils zu Wort, Heinrich Mann, Lion Feuchtwanger, Bertolt Brecht, Stephan Hermlin, Johannes R. Becher und viele andere; die »innere Emigration« war im ›Goldenen Tor‹ vertreten durch Hermann Kasack, Ernst Kreuder, Wilhelm Hausenstein, und vernehmen ließ sich auch die jüngere Generation der eben beginnenden Nachkriegsliteratur: Wolfgang Borchert, Wolfgang Weyrauch, Erich Fried, Karl Krolow.

Wenige dieser Zeitschriften hatten über die ersten Nachkriegsjahre hinaus Bestand, übrig blieben vor allem die ›Frankfurter Hefte‹ von Eugen Kogon und Walter Dirks und der von Hans Paeschke und Joachim Moras begründete ›Merkur‹. Neben den Neugründungen erschienen auch Zeitschriften wieder, die in der NS-Zeit verboten waren wie die katholischen Blätter ›Hochland‹ und ›Stimmen der Zeit‹ oder Rudolf Pechels ›Deutsche Rundschau‹. In Berlin wurde Carl von Ossietzkys ›Weltbühne‹ wieder zum Leben gebracht, in München hatte der legendäre ›Simplicissimus‹ einen Nachfolger im ›Simpl‹. Die meisten dieser Zeitschriften fielen jedoch ab 1948 den ökonomischen Zwängen im Zuge der Währungsreform zum Opfer. Es ist schwer zu sagen, ob den Abonnenten dann nur das neue Geld zu schade war oder ob auch die Normalisierung der Bücherproduktion die Überfülle der Zeitschriftenliteratur allmählich überflüssig machte. In den ersten drei oder vier Nachkriegsjahren hatten die Zeitschriften jedenfalls, nicht zuletzt auch wegen ihrer pluralistischen Vielfalt, einen gewichtigen Anteil an der Ausbreitung und Einübung demokratischen Denkens in Deutschland.

Die erste Nachkriegszeitschrift für deutsche Leser war freilich nicht von Deutschen gemacht worden. ›Ausblick – Zeitfragen im Lichte der Weltmeinung‹ hießen die Hefte, die ab März 1945 unter gemeinsamer britisch-amerikanischer Verantwortung publiziert wurden. Als Herausgeber war vermerkt: »Alliierter Informationsdienst«; mehr erfuhr der Konsument zunächst nicht über die Hintergründe. Die Zeitschrift enthielt, ebenso wie ihre Nachfolgerin ›Neue Auslese‹, die ab Ende 1945 in München gedruckt wurde, keine Originalbeiträge, sondern bot einen Querschnitt durch die internationale politische, soziale und kulturelle Szene. Die Briten zogen sich 1948 zurück, bis 1950 setzten die Amerikaner die Zeitschrift allein fort. Die ›Amerikanische Rundschau‹, die vom zweiten Heft an ebenfalls in München hergestellt wurde (das erste Heft war noch in New York kompiliert und publiziert worden), trieb auf beachtlich hohem Niveau Werbung für die amerikanische Kultur. Die ›Amerikanische Rundschau‹ druckte ebenfalls nur Beiträge in Übersetzung nach, die zuvor in amerikanischen Zeitschriften erschienen waren. Von deutschen Intellektuellen wurden diese Zeitschriften, obwohl sie in eindeutiger Absicht der »Re-Education« publiziert wurden, nicht als Indoktrinierungsversuche empfunden und abgelehnt wie so viele ähnliche Anstrengungen, sondern als Dienstleistungen begrüßt. Das Gegenstück zur ›Amerikanischen Rundschau‹ war die (in den ersten Jahrgängen ausschließlich) von sowjetischen Redakteuren gestaltete »sozial-politische und populär-wissenschaftliche« Halbmonatsschrift ›Neue Welt‹, die im Verlag der ›Täglichen Rundschau‹ in Berlin erschien. Im vierten und fünften Jahrgang gehörte auch Wolfgang Harich zur Redaktion. 1954 wurde die ›Neue Welt‹ eingestellt, die ›Amerikanische Rundschau‹ war mit dem 29. Heft im Jahrgang 1949/50 letztmals erschienen.

In der Demokratisierungspolitik der Alliierten spielte auch die Belletristik eine nicht geringe Rolle. In der französischen Zone erschienen zwei offiziöse Zeitschriften zur Propagierung Schöner Literatur: ›Das Buch. Nachrichtenblatt für Kultur und Wissenschaft aus Frankreich‹ und ›Lancelot. Der Bote aus Frankreich‹. Die Briten publizierten ein zweisprachiges Magazin ›The Gate – Das Tor. International Review of Literature and Art‹. Am meisten ließen sich die Amerikaner den Import von Romanen und Erzählungen, Lyrik und Theaterstücken eigener Provenienz ins literarisch verödete Deutschland kosten. Das galt nicht nur für die Einrichtung der später so genannten »Amerikahäuser«[20]. Diese »American Libraries of Informa-

[20] Ende 1946 existierten 16 Information Centers in der US-Zone, im Juni 1947 waren es 20, ab 1949 wurden auch im übrigen Westdeutschland Amerikahäuser eingerichtet. In der Blütezeit arbeiteten 27 voll eingerichtete Häuser mit 136

tion«, ursprünglich eine Erfindung der Psychological Warfare Division, hatten ab Juli 1945 weit über die zunächst beabsichtigte Kulturpropaganda hinausreichende Funktionen: Sie waren mancherorts die einzigen benutzbaren öffentlichen Bibliotheken und Lesesäle überhaupt.

Die Information Control Division der US-Militärregierung förderte amerikanische Literatur dadurch, daß sie die Übersetzungsrechte in Amerika kaufte und sie deutschen Verlagen anbot. Die »Book Translation Unit« der Militärregierung prüfte natürlich sorgfältig die Titel, die auf den deutschen Markt kommen sollten im Hinblick auf ihre politische Eignung. Den deutschen Verlegern, die das Angebot annahmen, war die Militärregierung dann meist auch bei der Papierzuteilung – das war die ärgste Klippe für Veröffentlichungspläne in Nachkriegsdeutschland – behilflich.

Auf diese Weise wurden ab 1945 Romane von Pearl S. Buck (›Die Frauen des Hauses Wu‹, 1948; ›Die gute Erde‹, 1945), Raymond Chandler, John Dos Passos (›Manhattan Transfer‹, 1948), William Faulkner, Ernest Hemingway (›Fiesta‹, 1947; ›In einem anderen Land‹, 1946; ›Wem die Stunde schlägt‹, 1948), Margaret Mitchell (›Vom Winde verweht‹, 1947), Edgar Allan Poe, William Saroyan, Upton Sinclair, Thomas Wolfe und vielen anderen Schriftstellern in Deutschland bekannt. Bühnenstücke gehörten ebenfalls zum Übersetzungsprogramm der Besatzungsmacht. Die Begegnung mit den Dramatikern Eugene O'Neill (›O Wildnis‹; ›Anna Christie‹; ›Der Eismann kommt‹; ›Trauer muß Elektra tragen‹; ›Seltsames Zwischenspiel‹), John Steinbeck (›Von Menschen und Mäusen‹), Thornton Wilder (›Unsere kleine Stadt‹; ›Wir sind noch einmal davongekommen‹; ›Die glückliche Reise‹), Tennessee Williams (›Die Glasmenagerie‹; ›Endstation Sehnsucht‹) verdankte der deutsche Theaterbesucher ebenfalls der amerikanischen Militärregierung. Literaturgeschichte und Essayistik wurden in bescheidenem Maße auf die gleiche Weise gefördert. Eine wohltätige Wirkung versprachen sich die Kulturoffiziere aber auch von Biographien und Erinnerungen vorbildlicher Menschen, die sie übersetzen ließen: Helen Keller, Thomas Edison, Albert

angeschlossenen »Reading Rooms« in Deutschland. Vgl. Henry P. Pilgert, The History of the Development of Information Services through Information Centers and Documentary Films (US High Commissioner for Germany. Historical Division). O.O. 1951.

Einstein, Benjamin Franklin, Gebrüder Wright, Thomas Jefferson, Columbus und viele andere gehörten dazu[21].

Das wichtigste und weiteste Feld, auf dem Demokratie exerziert wurde, waren die Massenmedien. In drei Schritten (wobei der zweite aber schon nahezu gleichzeitig mit dem dritten getan wurde) sollten Presse und Rundfunk in Deutschland zunächst verboten und durch alliierte Sprachrohre ersetzt und dann in neuen Strukturen – pluralistisch und demokratisch – völlig neu aufgebaut werden. Das Gesetz Nr. 191 vom 24. November 1944, das General Eisenhower als Oberbefehlshaber aller westlichen Armeen für die von den Alliierten besetzten bzw. noch zu besetzenden deutschen Gebiete erließ, untersagte u.a. das »Drucken, Erzeugen, Veröffentlichen, Vertreiben, Verkaufen und gewerbliche Verleihen von Zeitungen, Magazinen, Zeitschriften, Büchern, Broschüren, Plakaten, Musikalien und sonstigen gedruckten oder (mechanisch) vervielfältigten Veröffentlichungen, von Schallplatten und sonstigen Tonaufnahmen und Lichtspielfilmen jeder Art; ferner die Tätigkeit oder den Betrieb jedes Nachrichtendienstes und Bilddienstes oder von Agenturen, von Rundfunk- und Fernsehstationen und Rundfunkeinrichtungen, von Drahtfunksendern und Niederfrequenzübertragungsanlagen; auch die Tätigkeit in oder den Betrieb von Theatern, Lichtspieltheatern, Opernhäusern, Filmateliers, Filmlaboratorien, Filmleihanstalten, Jahrmärkten, Zirkusunternehmungen und Karnevalen jeder Art.«[22] Beabsichtigt war mit diesem Totalverbot aller öffentlichen Kommunikation eine Art von Quarantäne, in der lediglich alliierte Mitteilungsblätter, die »Heeresgruppenzeitungen« (so genannt, weil sie von bestimmten Einheiten der alliierten Armeen herausgegeben wurden), der deutschen Bevölkerung die notwendigsten Informationen für den Besatzungsalltag vermittelten.

Im publizistischen Vakuum der ersten Besatzungszeit nahmen die Alliierten auch die deutschen Rundfunkstationen in ihre Regie. Fast nahtlos war z.B. der Übergang in Hamburg: 24 Stunden, nachdem der Reichssender Hamburg am 3. Mai 1945 sein letztes Programm ausgestrahlt hatte, meldete sich »Radio

[21] Vgl. Hansjörg Gehring, Amerikanische Literaturpolitik in Deutschland 1945 – 1953. Ein Aspekt des Re-Education-Programms. Stuttgart 1976; dort (S. 115ff.) auch Übersichten über die übersetzten Texte.

[22] Gesetz Nr. 191 für das Kontrollgebiet des Obersten Befehlshabers vom 24. 11. 1944 in der Fassung vom 12. 5. 1945. In: Amtsblatt der Militärregierung Deutschland/Britisches Kontrollgebiet 1945, Nr. 5, S. 69ff.

Hamburg« als Station der Militärregierung, von britischen Radiooffizieren und Technikern bedient, zu Wort. Währenddessen diente die Rundfunkstation in Flensburg noch einige Tage lang der Verbreitung der Appelle und Proklamationen der Regierung Dönitz.

Die Heeresgruppenblätter und die Rundfunksendungen unter alliierter Regie leiteten aber auch schon die zweite Phase alliierter Medienpolitik ein, in der das Informationsmonopol bei den Besatzungsmächten lag. Der dritte Schritt war dann die Lizenzierungsphase, d.h. sorgfältig ausgewählte und überprüfte deutsche Journalisten und Verleger durften unter alliierter Kontrolle, also unter Zensur, deutsche Zeitungen machen und in Funkhäusern tätig werden. Die neuen Zeitungen sollten im Idealfall das vollkommene Gegenteil der gleichgeschalteten NS-Presse sein, nämlich objektive Berichterstattung im Nachrichtenteil und, säuberlich davon getrennt, Meinungsvielfalt auf den Kommentarseiten bieten. Das Prinzip der Trennung von Nachricht und Meinung war vor allem den beiden angelsächsischen Besatzungsmächten heilig. Der deutschen Pressetradition, auch der vielgerühmten publizistischen Szenerie vor der nationalsozialistischen Zeit, war dieser Grundsatz eher fremd. Amerikaner und Briten betrachteten ihn jedoch als essentiell für die Herstellung demokratischer Zustände in der öffentlichen Kommunikation, und vor allem die Amerikaner behielten bis 1949, dem Ende der Lizenzzeit, die neuen Gazetten streng im Auge[23].

Bei der Vergabe der begehrten Lizenzen achteten die Militärregierungen weniger auf Berufserfahrung und fachliche Qualifikation der Bewerber, als auf deren demokratische Zuverlässigkeit. Das hatte die Folge, daß manche Verleger, Herausgeber und Redakteure die Grundbegriffe ihres neuen Berufes erst erlernen mußten. Sehr zum Ärger vieler »Altverleger«, die zähneknirschend abwarten mußten, bis sie am Ende der Lizenzzeit wieder zum Zuge kamen, während die neuen Konkurrenten auf ihren – der Altverleger – Maschinen die neuen Zeitungen druckten, erwies sich die mangelnde Erfahrung nur gelegentlich

[23] Detaillierter Überblick über die alliierte Medienpolitik: Norbert Frei, Die Presse. In: W. Benz (Hrsg.), Die Bundesrepublik Deutschland, Bd. 3, S. 275–318; ders., Hörfunk und Fernsehen, ebd. S. 319–357; Harold Hurwitz, Die Stunde Null der deutschen Presse. Die amerikanische Pressepolitik in Deutschland 1945 – 1949. Köln 1972; vgl. auch die Fallstudie: Norbert Frei, Amerikanische Lizenzpolitik und deutsche Pressetradition. Die Geschichte der Nachkriegszeitung Südost-Kurier. München 1986.

als Handicap beim Start der neuen Presse in Deutschland. Die Militärregierung hatte durch Beschlagnahme und Zwangspachtverträge dafür gesorgt, daß die Lizenzträger auch technisch in der Lage waren, Zeitungen zu produzieren. Für die spätere Auseinandersetzung mit den »Altverlegern« wurde unter der Aufsicht der Militärregierung ein Fonds gebildet, der ab 1949 gute Dienste tat.

Die Amerikaner gaben in den Westzonen bei der Lizenzierungspolitik die Richtung an, und sie machten auch den Anfang. Wenn man von dem Experiment der ›Aachener Nachrichten‹, das schon im Januar 1945 gestartet worden war, absieht, begann die Lizenz-Ära in der US-Zone mit der ›Frankfurter Rundschau‹ am 1. August 1945. Ein Jahr später existierten bereits 35 neue Zeitungen in der amerikanischen Zone. Ab Herbst 1945 erteilten die Franzosen insgesamt (bis 1949) in 33 Fällen die Erlaubnis zur Gründung einer Zeitung in ihrer Zone. Die Briten begannen am spätesten, Anfang 1946; in ihrer Zone gab es, wie in der amerikanischen, zuletzt 61 Lizenzzeitungen. In der US-Zone, wo sich auch die publizistisch bedeutendsten Blätter befanden – die ›Süddeutsche Zeitung‹ in München errang schnell den Spitzenplatz, die ›Stuttgarter Zeitung‹ und die ›Stuttgarter Nachrichten‹ gewannen ebenso wie die ›Nürnberger Nachrichten‹ und die ›Frankfurter Rundschau‹ Renommee – wurden Lizenzen am liebsten an drei oder vier Personen mit verschiedenem politischen Standort gemeinsam vergeben. Angesichts mancher Schwierigkeiten, die dieser innerbetriebliche Pluralismus heraufbeschwor, wurden später Zweimänner-Panels bevorzugt. Ab 1947 begann auch das Ausbooten der Kommunisten aus den Herausgebergremien; so beliebt KPD-Lizenznehmer am Anfang bei den US-Presseoffizieren als Pendant zu bürgerlichen und sozialdemokratischen Lizenziaten waren, so unerwünscht wurden sie im Zeichen des beginnenden Kalten Krieges.

In der sowjetischen Besatzungszone hatte auch der Neubeginn im Pressewesen andere Züge als in den Westzonen. Die SMAD vergab im Sommer 1945 die Lizenzen zur Herausgabe von Tageszeitungen an die Parteien und Massenorganisationen. Die KPD, später die SED, wurde bevorzugt; SPD, CDU und LDP erhielten die Erlaubnis, jeweils ein zentrales Organ und außerdem in jedem der fünf Länder der SBZ eine weitere Tageszeitung zu publizieren. Über die Papierzuteilung wurde für die Dominanz der KPD gesorgt. Die Papierknappheit war auch im

Westen das ärgste Problem der neuen Publizistik. Bis zur Währungsreform erschienen die Tageszeitungen in der Regel nur zweimal wöchentlich in dünnen Ausgaben. Die Zensur, nicht zu vergleichen mit der nationalsozialistischen Uniformierung der öffentlichen Meinung durch Gleichschaltung und Sprachregelung, war milde genug und beschränkte sich im wesentlichen darauf, militaristische und nationalistische Töne sowie Kritik an den Besatzungsmächten zu verhindern. Eine Kontrollratsdirektive bestätigte im Oktober 1946 diese Praxis, wie sie seit Sommer 1945 auf zonaler Ebene gehandhabt wurde[24].

Neben der Lizenzpresse, die, von den Presseoffizieren betreut, als Übungsfeld demokratischer Publizistik betrachtet wurde, gaben die Alliierten auch eigene Blätter heraus. Die SMAD startete Mitte Mai 1945 in Berlin die ›Tägliche Rundschau‹, die Amerikaner publizierten seit Mitte Oktober in der Nachfolge der Heeresgruppenzeitungen ›Die Neue Zeitung‹, in der britischen Zone erschien in Hamburg ab Anfang April 1946 ›Die Welt‹ als »überparteiliche Zeitung für die gesamte britische Zone«, und auch im französischen Besatzungsgebiet gab es ein Organ der Militärregierung, die zweisprachige Zeitung ›Nouvelle de France‹.

Am attraktivsten von allen, auch weit über die Grenzen der US-Zone hinaus, war ›Die Neue Zeitung‹, die in München auf den Rotationsmaschinen gedruckt wurde, auf denen bis zum Frühjahr 1945 der ›Völkische Beobachter‹ hergestellt worden war. ›Die Neue Zeitung‹ war nicht nur als Organ der Militärregierung gedacht, sie sollte auch Vorbild und Ansporn für die Lizenzpresse sein, und sie wurde schließlich zur Legende. Bis zum Sommer 1948 konnte sie, trotz einer Auflage von 1,2 Millionen Exemplaren in ihrer Blütezeit, die Nachfrage nicht befriedigen; es gab Wartelisten für potentielle Abonnenten. Der Erfolg lag nicht nur in der besseren Berichterstattung, die dem Blatt möglich war, weil es als »amerikanische Zeitung für Deutschland« (so lautete der Untertitel) an den internationalen Nachrichtenfluß über die großen Agenturen angeschlossen oder weil es in der Papierzuteilung natürlich bevorzugt war. Der Ruhm der ›Neuen Zeitung‹ gründete sich darauf, daß sie, wenigstens bis 1948/49, von guten Redakteuren ausgezeichnet

[24] Direktive des Alliierten Kontrollrats Nr. 40 vom 12. 10. 1946: Richtlinien für die deutschen Politiker und die deutsche Presse. In: Amtsblatt des Kontrollrats in Deutschland 1946, Nr. 11, S. 212.

gemacht war. Die Schlüsselstellungen hatten selbstverständlich die Amerikaner inne, das waren vor allem die beiden Chefredakteure Hans Habe und Hans Wallenberg. Im übrigen arbeiteten aber deutsche und amerikanische Journalisten Hand in Hand. Der erste Feuilletonchef war Erich Kästner, Wissenschaftsredakteurin war Hildegard Hamm-Brücher, der Romancier Stefan Heym war Redaktionsmitglied und schrieb Leitartikel, und manche spätere Größe der westdeutschen Publizistik bis hin zu Robert Lembke verdiente sich in der Münchner Schellingstraße die ersten journalistischen Sporen[25].

Die Glanzzeit der ›Neuen Zeitung‹, deren Berliner Ausgabe noch bis 1955 erschien, ging mit der Währungsreform zu Ende: Das Blatt war überwiegend neben der örtlichen Zeitung abonniert worden. Das wurde vielen Lesern jetzt aber zu teuer. Außerdem sank das journalistische Niveau, nachdem auf Weisung aus Washington mit neuen Leuten im Zeichen des Kalten Kriegs eine weniger liberale Gangart eingeschlagen wurde. Die Absicht, dem neuen Journalismus in Deutschland ein Vorbild zu geben, war zu diesem Zeitpunkt, Anfang 1949, jedoch längst erreicht.

Ein lokales Pendant zur ›Neuen Zeitung‹ auf Ätherwellen existiert noch heute. Seit 1946 wird der »Rundfunksender im Amerikanischen Sektor Berlins (RIAS)« betrieben, der allerdings bald mehr als politische und propagandistische Waffe denn als Demokratisierungsmodell diente: Mit immer stärkerer Senderleistung tief in die sowjetische Besatzungszone hineinwirkend, galt er als »die einzige machtvolle Stimme der Wahrheit hinter dem Eisernen Vorhang«[26].

Die Massenmedien – Lizenzpresse und Rundfunkstationen ebenso wie die 1946 auf zonaler Ebene gegründeten Nachrichtendienste – sollten in deutsche Verantwortung übergehen, nachdem sie ihre Bewährungsprobe bestanden und nachdem die deutschen Politiker demokratische Presse- und Rundfunkgesetze geschaffen haben würden. Es war aber gar nicht so einfach, dem Geist der Demokratisierungsära zu folgen. Das bewiesen die Politiker der US-Zone Ende 1946 mit dem Entwurf eines Pressegesetzes, das in den Ländern der amerikanischen Zone

[25] Vgl. Hans Habe, Im Jahre Null. München 1966 (und die in Details abweichende, vom Autor überarbeitete 2. Auflage, München 1977).

[26] Amerikanischer Hochkommissar für Deutschland, Bericht über Deutschland 21. September 1949 – 31. Juli 1952. Bad Godesberg 1952, S. 91 (abschließender und die Amtszeit McCloys zusammenfassender Bericht).

gelten sollte, das aber von der Militärregierung zurückgewiesen wurde. General Clay konstatierte später, daß sich das deutsche Unvermögen, »demokratische Freiheit wirklich zu erfassen«, vor allem auf zwei Gebieten am deutlichsten gezeigt habe, bei der Schulreform und der Pressegesetzgebung. »Es schien unmöglich zu sein, zu einer Gesetzgebung zu gelangen, in der die Presse der regierenden Macht nicht auf Gnade oder Ungnade ausgeliefert war.«[27]

Beim Rundfunk zeigte sich das Problem noch deutlicher[28]. Nach der Intention der Westmächte sollte der künftige Rundfunk in Deutschland weder staatlich betrieben oder dominiert noch den Händen einzelner oder privater Interessen ausgeliefert sein. Durch alliierten Machtspruch wurden daher die Rechte der Post und die Gelüste der Politiker auf den Rundfunk beschnitten. Beim Aufbau eines öffentlich-rechtlichen Rundfunksystems waren die Briten die Vorreiter. Nach dem Vorbild der BBC und von einem prominenten britischen Rundfunkmann, Hugh Carleton Greene, dirigiert, wurde zum 1. Januar 1948 der »Nordwestdeutsche Rundfunk (NWDR)« in Hamburg und Köln als erste Anstalt des neuen Typs errichtet.

In der US-Zone hatte die Militärregierung den Übergang der Funkhäuser in deutsche Hände von befriedigenden Rundfunkgesetzen der Länder[29] abhängig gemacht. Darüber wurde bis 1949 gestritten, als längst deutsche Intendanten, von amerikanischen Beratern und Überwachern flankiert, an der Arbeit waren. Immerhin hatten die drei westlichen Alliierten, als sie 1955 zusammen mit den Insignien politischer Souveränität auch die endgültige Rundfunkhoheit der Bundesrepublik übergaben, eine Reform zustande gebracht und gegen deutsche Interessenten und Politiker durchgesetzt, die bis in die achtziger Jahre Bestand haben sollte: das System des öffentlich kontrollierten, pluralistischen und dezentralisierten Rundfunks. Das gehört zu den Hauptaktiva der Bilanz der Demokratisierungspolitik, die allen Befürchtungen zum Trotz ganz überwiegend positiv ausfiel.

[27] Lucius D. Clay, Entscheidung in Deutschland. Frankfurt a.M. 1950, S. 321.

[28] Vgl. Hans Bausch, Rundfunkpolitik nach 1945. München 1980 (Rundfunk in Deutschland, Band 3); s.a. Ansgar Diller, Die lizenzierte Meinung. Neue Aufgaben für Presse und Rundfunk. In: Jürgen Weber (Hrsg.), Auf dem Wege zur Republik 1945 – 1947. München 1978, S. 237–267.

[29] Vgl. die Fallstudie: Ludwig Maaßen, Der Kampf um den Rundfunk in Bayern. Rundfunkpolitik in Bayern 1945 bis 1973. Berlin 1979.

1. Das »Potsdamer Abkommen« Mitteilung über die Dreimächtekonferenz von Berlin 2. August 1945

Das als »Potsdamer Abkommen« bekannte Dokument ist eine Kurzfassung des »Protocol of Proceedings«, in dem die Beschlüsse, Vereinbarungen und Absichtserklärungen der Regierungschefs der drei Großmächte festgehalten sind. Die Kurzfassung wurde als Konferenzkommuniqué unmittelbar nach dem Ende der Verhandlungen veröffentlicht, die Langfassung unter dem ebenfalls etwas irreführenden Titel »Verhandlungsprotokoll« am 24. März 1947 vom US-Außenministerium publiziert. In rechtlicher Hinsicht ist das »Potsdamer Abkommen« kein völkerrechtlicher Vertrag, was seine Gültigkeit und Wirkung freilich keineswegs behinderte: das »Verhandlungsprotokoll« ist nicht zu verwechseln mit wörtlichen Berichten über den Gang der einzelnen Sitzungen.

Quelle: Amtsblatt des Kontrollrats in Deutschland. Ergänzungsblatt Nr. 1. Berlin 1946, S. 13 – 20; englischer Text »Protocol of the Proceedings of the Berlin Conference« sowie »Report on the Tripartite Conference of Berlin« in: FRUS, The Conference of Berlin. Washington 1960, Bd. 2, S. 1477–1514; deutscher Text beider Dokumente in: Michael Antoni, Das Potsdamer Abkommen – Trauma oder Chance? Berlin 1985, S. 340–353.

Mitteilung über die Dreimächtekonferenz von Berlin

I.

Am 17. Juli 1945 trafen sich der Präsident der Vereinigten Staaten von Amerika, Harry S. Truman, der Vorsitzende des Rates der Volkskommissare der Union der Sozialistischen Sowjetrepubliken, Generalissimus J. W. Stalin und der Premierminister Großbritanniens, Winston S. Churchill, sowie Herr Clement R. Attlee auf der von den drei Mächten beschickten Berliner Konferenz. Sie wurden begleitet von den Außenministern der drei Regierungen, W. M. Molotow, Herrn D. F. Byrnes und Herrn A. Eden, den Stabschefs und anderen Beratern.

In der Periode vom 17. bis 25. Juli fanden neun Sitzungen statt. Darauf wurde die Konferenz für zwei Tage unterbrochen, an denen in England die Wahlergebnisse verkündet wurden.

Am 28. Juli kehrte Herr Attlee in der Eigenschaft als Premierminister in Begleitung des neuen Außenministers, Herrn E. Bevin, zu der Konferenz zurück. Es wurden noch vier Sitzungen abgehalten. Während der Konferenz fanden regelmäßige Begegnungen der Häupter der drei Regierungen, von den Außenministern begleitet, und regelmäßige Beratungen der Außenminister statt.

Die Kommissionen, die in den Beratungen der Außenminister für die vorherige Vorbereitung der Fragen eingesetzt worden waren, tagten gleichfalls täglich. Die Sitzungen der Konferenz fanden in Cäcilienhof bei Potsdam statt.

Die Konferenz schloß am 2. August 1945. Es wurden wichtige Entscheidungen und Vereinbarungen getroffen. Es fand ein Meinungsaustausch über eine Reihe anderer Fragen statt. Die Beratung dieser Probleme wird durch den Rat der Außenminister, der auf dieser Konferenz geschaffen wurde, fortgesetzt.

Präsident Truman, Generalissimus Stalin und Premierminister Attlee verlassen diese Konferenz, welche das Band zwischen den drei Regierungen fester geknüpft und den Rahmen ihrer Zusammenarbeit und Verständigung erweitert hat, mit der verstärkten Überzeugung, daß ihre Regierungen und Völker, zusammen mit anderen Vereinten Nationen, die Schaffung eines gerechten und dauerhaften Friedens sichern werden.

II.
Die Einrichtung eines Rates der Außenminister

Die Konferenz erreichte eine Einigung über die Errichtung eines Rates der Außenminister, welche die fünf Hauptmächte vertreten, zur Fortsetzung der notwendigen vorbereitenden Arbeit zur friedlichen Regelung und zur Beratung anderer Fragen, welche nach Übereinstimmung zwischen den Teilnehmern in dem Rat der Regierungen von Zeit zu Zeit an den Rat übertragen werden können.

Der Text der Übereinkunft über die Errichtung des Rates der Außenminister lautet:

1. Es ist ein Rat zu errichten, bestehend aus den Außenministern des Vereinigten Königreiches, der Union der Sozialistischen Sowjetrepubliken, Chinas, Frankreichs und der Vereinigten Staaten von Amerika.
2. (I) Der Rat tagt normalerweise in London, wo der ständige Sitz des Vereinigten Sekretariats sein wird, das durch den Rat zu schaffen ist. Jeder Außenminister wird durch einen Stellvertreter von hohem Rang be-

gleitet werden, welcher gegebenenfalls bevollmächtigt ist, während seiner, des Außenministers, Abwesenheit die Arbeit weiterzuführen, sowie von einem kleinen Stab technischer Mitarbeiter.

(II) Die erste Sitzung des Rates findet in London nicht später als am 1. September 1945 statt. Die Sitzungen können nach allgemeiner Übereinkunft nach anderen Hauptstädten einberufen werden; diese Übereinkunft kann von Zeit zu Zeit herbeigeführt werden.

3. (I) Als eine vordringliche und wichtige Aufgabe des Rates wird ihm aufgetragen, Friedensverträge für Italien, Rumänien, Bulgarien, Ungarn und Finnland aufzusetzen, um sie den Vereinten Nationen vorzulegen und Vorschläge zur Regelung der ungelösten territorialen Fragen, die in Verbindung mit der Beendigung des Krieges in Europa entstehen, auszuarbeiten. Der Rat wird zur Vorbereitung einer friedlichen Regelung für Deutschland benutzt werden, damit das entsprechende Dokument durch die für diesen Zweck geeignete Regierung Deutschlands angenommen werden kann, nachdem eine solche Regierung gebildet sein wird.

(II) Zwecks Lösung jeder dieser Aufgaben wird der Rat aus Mitgliedern bestehen, welche diejenigen Regierungen vertreten, die die Bedingungen in der Kapitulation unterschrieben haben, diktiert an den Feindstaat, den die gegebene Aufgabe betrifft. Bei der Betrachtung der Fragen der Friedensregelung mit Italien wird Frankreich als Unterschriftleistende der Kapitulationsbedingungen Italiens betrachtet werden. Andere Mitglieder werden zur Teilnahme am Rat eingeladen werden, wenn Fragen erörtert werden, die sie direkt betreffen.

(III) Andere Angelegenheiten werden von Zeit zu Zeit dem Rat übertragen werden nach Übereinkunft zwischen den Regierungen, die seine Mitglieder sind.

4. (I) Wenn der Rat eine Frage erörtern wird, an der unmittelbar ein Staat interessiert ist, der in ihm nicht vertreten ist, so muß dieser Staat eingeladen werden, seine Vertreter zur Teilnahme an der Beratung und Prüfung dieser Frage zu entsenden.

(II) Der Rat kann seine Arbeitsweise dem Charakter des gestellten, von ihm zu prüfenden Problems anpassen.

In gewissen Fällen kann er die Frage zunächst in seiner Zusammensetzung vor der Teilnahme anderer interessierter Staaten vorberaten. In anderen Fällen kann der Rat zu einer offiziellen Konferenz den Staat einberufen, der hauptsächlich an der Lösung eines besonderen Problems interessiert ist.

Der Entschließung der Konferenz entsprechend, schickte jede der drei Regierungen gleichlautende Einladungen an die Regierungen von China und Frankreich, diesen Text anzunehmen und sich ihnen zur Errichtung des Rates anzuschließen.

Die Errichtung des Rates der Außenminister für besondere Ziele, die in diesem Text genannt worden sind, widerspricht nicht der auf der Krim-Konferenz erzielten Übereinkunft über die Abhaltung periodischer Beratungen der Außenminister der Vereinigten Staaten, der Union der Sozialistischen Sowjetrepubliken und des Vereinigten Königreiches.

Die Konferenz überprüfte auch die Situation der europäischen konsultativen Kommission im Sinne der Übereinkunft über die Errichtung des Rates der Außenminister. Mit Genugtuung wurde festgestellt, daß die Kommission erfolgreich ihre Hauptaufgaben bewältigt hat, indem sie die Vorschläge betreffend die bedingungslose Kapitulation, die Besatzungszonen Deutschlands und Österreichs und das internationale Kontrollsystem in diesen Ländern vorlegte. Es wurde für richtig befunden, daß die speziellen Fragen, die die gegenseitige Angleichung der Politik der Alliierten hinsichtlich der Kontrolle über Deutschland und Österreich betreffen, in Zukunft der Zuständigkeit des Kontrollrats in Berlin und der Alliierten Kommission in Wien unterliegen sollen. Demgemäß ist man darüber einig geworden, die Auflösung der Europäischen Konsultativen Kommission zu empfehlen.

III.
Deutschland

Alliierte Armeen führen die Besetzung von ganz Deutschland durch, und das deutsche Volk fängt an, die furchtbaren Verbrechen zu büßen, die unter der Leitung derer, welche es zur Zeit ihrer Erfolge offen gebilligt hat und denen es blind gehorcht hat, begangen wurden. Auf der Konferenz wurde eine Übereinkunft erzielt über die politischen und wirtschaftlichen Grundsätze der gleichgeschalteten Politik der Alliierten in bezug auf das besiegte Deutschland in der Periode der alliierten Kontrolle.

Das Ziel dieser Übereinkunft bildet die Durchführung der Krim-Deklaration über Deutschland. Der deutsche Militarismus und Nazismus werden ausgerottet, und die Alliierten treffen nach gegenseitiger Vereinbarung in der Gegenwart und in der Zukunft auch andere Maßnahmen, die notwendig sind, damit Deutschland niemals mehr seine Nachbarn oder die Erhaltung des Friedens in der ganzen Welt bedrohen kann.

Es ist nicht die Absicht der Alliierten, das deutsche Volk zu vernichten oder zu versklaven. Die Alliierten wollen dem deutschen Volk die Möglichkeit geben, sich darauf vorzubereiten, sein Leben auf einer demokratischen und friedlichen Grundlage von neuem wiederaufzubauen. Wenn die eigenen Anstrengungen des deutschen Volkes unablässig auf die Erreichung dieses Zieles gerichtet sein werden, wird es ihm möglich sein, zu gegebener Zeit seinen Platz unter den freien und friedlichen Völkern der Welt einzunehmen.

Der Text dieser Übereinkunft lautet:

»Politische und wirtschaftliche Grundsätze, deren man sich bei der Behandlung Deutschlands in der Anfangsperiode der Kontrolle bedienen muß:

A. Politische Grundsätze

1. Entsprechend der Übereinkunft über das Kontrollsystem in Deutschland wird die höchste Regierungsgewalt in Deutschland durch die Oberbefehlshaber der Streitkräfte der Vereinigten Staaten von Amerika, des Vereinigten Königreichs, der Union der Sozialistischen Sowjetrepubliken und der Französischen Republik nach den Weisungen ihrer entsprechenden Regierungen ausgeübt, und zwar von jedem in seiner Besatzungszone, sowie gemeinsam in ihrer Eigenschaft als Mitglieder des Kontrollrates in den Deutschland als Ganzes betreffenden Fragen.
2. Soweit dieses praktisch durchführbar ist, muß die Behandlung der deutschen Bevölkerung in ganz Deutschland gleich sein.
3. Die Ziele der Besetzung Deutschlands, durch welche der Kontrollrat sich leiten lassen soll, sind:
   (I) Völlige Abrüstung und Entmilitarisierung Deutschlands und die Ausschaltung der gesamten deutschen Industrie, welche für eine Kriegsproduktion benutzt werden kann oder deren Überwachung. Zu diesem Zweck:

a) werden alle Land-, See- und Luftstreitkräfte Deutschlands, SS, SA, SD und Gestapo mit allen ihren Organisationen, Stäben und Ämtern, einschließlich des Generalstabes, des Offizierkorps, der Reservisten, der Kriegsschulen, der Kriegervereine und aller anderen militärischen und halbmilitärischen Organisationen zusammen mit ihren Vereinen und Unterorganisationen, die den Interessen der Erhaltung der militärischen Tradition dienen, völlig und endgültig aufgelöst, um damit für immer der Wiedergeburt oder Wiederaufrichtung des deutschen Militarismus und Nazismus vorzubeugen;

b) müssen sich alle Waffen, Munition und Kriegsgerät und alle Spezialmittel zu deren Herstellung in der Gewalt der Alliierten befinden oder vernichtet werden. Der Unterhaltung und Herstellung aller Flugzeuge und aller Waffen, Ausrüstung und Kriegsgeräte wird vorgebeugt werden.

(II) Das deutsche Volk muß überzeugt werden, daß es eine totale militärische Niederlage erlitten hat und daß es sich nicht der Verantwortung entziehen kann für das, was es selbst dadurch auf sich geladen hat, daß seine eigene mitleidlose Kriegsführung und der fanatische Widerstand der Nazis die deutsche Wirtschaft zerstört und Chaos und Elend unvermeidlich gemacht haben.

(III) Die Nationalsozialistische Partei mit ihren angeschlossenen Gliederungen und Unterorganisationen ist zu vernichten; alle nationalsozialistischen Ämter sind aufzulösen; es sind Sicherheiten dafür zu schaffen, daß sie in keiner Form wieder auferstehen können; jeder nazistischen und militaristischen Betätigung und Propaganda ist vorzubeugen.

(IV) Die endgültige Umgestaltung des deutschen politischen Lebens auf demokratischer Grundlage und eine eventuelle friedliche Mitarbeit Deutschlands am internationalen Leben sind vorzubereiten.

4. Alle nazistischen Gesetze, welche die Grundlagen für das Hitlerregime geliefert haben oder eine Diskriminierung auf Grund der Rasse, Religion oder politischer Überzeugung errichteten, müssen abgeschafft werden. Keine solche Diskriminierung, weder eine rechtliche noch eine administrative oder irgendeiner anderen Art, wird geduldet werden.

5. Kriegsverbrecher und alle diejenigen, die an der Planung oder Verwirklichung nazistischer Maßnahmen, die Greuel oder Kriegsverbrechen nach sich zogen oder als Ergebnis hatten, teilgenommen haben, sind zu verhaften und dem Gericht zu übergeben. Nazistische Parteiführer, einflußreiche Nazianhänger und die Leiter der nazistischen Ämter und Organisationen und alle anderen Personen, die für die Besetzung und ihre Ziele gefährlich sind, sind zu verhaften und zu internieren.
6. Alle Mitglieder der nazistischen Partei, welche mehr als nominell an ihrer Tätigkeit teilgenommen haben, und alle anderen Personen, die den alliierten Zielen feindlich gegenüberstehen, sind aus den öffentlichen oder halböffentlichen Ämtern und von den verantwortlichen Posten in wichtigen Privatunternehmungen zu entfernen. Diese Personen müssen durch Personen ersetzt werden, welche nach ihren politischen und moralischen Eigenschaften fähig erscheinen, an der Entwicklung wahrhaft demokratischer Einrichtungen in Deutschland mitzuwirken.
7. Das Erziehungswesen in Deutschland muß so überwacht werden, daß die nazistischen und militaristischen Lehren völlig entfernt werden und eine erfolgreiche Entwicklung der demokratischen Ideen möglich gemacht wird.
8. Das Gerichtswesen wird entsprechend den Grundsätzen der Demokratie und der Gerechtigkeit auf der Grundlage der Gesetzlichkeit und der Gleichheit aller Bürger vor dem Gesetz ohne Unterschied der Rasse, der Nationalität und der Religion reorganisiert werden.
9. Die Verwaltung Deutschlands muß in Richtung auf eine Dezentralisation der politischen Struktur und der Entwicklung einer örtlichen Selbstverantwortung durchgeführt werden. Zu diesem Zwecke:
   (I) Die lokale Selbstverwaltung wird in ganz Deutschland nach demokratischen Grundsätzen, und zwar durch Wahlausschüsse (Räte), so schnell wie es mit der Wahrung der militärischen Besatzung vereinbar ist, wiederhergestellt.
   (II) In ganz Deutschland sind alle demokratischen politischen Parteien zu erlauben und zu fördern mit der Einräumung des Rechtes, Versammlungen einzuberufen und öffentliche Diskussionen durchzuführen.
   (III) Der Grundsatz der Wahlvertretung soll in die Gemein-

de-, Kreis-, Provinzial- und Landesverwaltungen, so schnell wie es durch die erfolgreiche Anwendung dieser Grundsätze in der örtlichen Selbstverwaltung gerechtfertigt werden kann, eingeführt werden.

(IV) Bis auf weiteres wird keine zentrale deutsche Regierung errichtet werden. Jedoch werden einige wichtige zentrale deutsche Verwaltungsabteilungen errichtet werden, an deren Spitze Staatssekretäre stehen, und zwar auf den Gebieten des Finanzwesens, des Transportwesens, des Verkehrswesens, des Außenhandels und der Industrie. Diese Abteilungen werden unter der Leitung des Kontrollrates tätig sein.

10. Unter Berücksichtigung der Notwendigkeit zur Erhaltung der militärischen Sicherheit wird die Freiheit der Rede, der Presse und der Religion gewährt. Die religiösen Einrichtungen sollen respektiert werden. Die Schaffung Freier Gewerkschaften, gleichfalls unter Berücksichtigung der Notwendigkeit der Erhaltung der militärischen Sicherheit, wird gestattet werden.

B. Wirtschaftliche Grundsätze

11. Mit dem Ziele der Vernichtung des deutschen Kriegspotentials ist die Produktion von Waffen, Kriegsausrüstung und Kriegsmitteln, ebenso die Herstellung aller Typen von Flugzeugen und Seeschiffen zu verbieten und zu unterbinden. Die Herstellung von Metallen und Chemikalien, der Maschinenbau und die Herstellung anderer Gegenstände, die unmittelbar für die Kriegswirtschaft notwendig sind, ist streng zu überwachen und zu beschränken, entsprechend dem genehmigten Stand der friedlichen Nachkriegsbedürfnisse Deutschlands, um die in dem Punkt 15 angeführten Ziele zu befriedigen. Die Produktionskapazität, entbehrlich für die Industrie, welche erlaubt sein wird, ist entsprechend dem Reparationsplan, empfohlen durch die interalliierte Reparationskommission und bestätigt durch die beteiligten Regierungen, entweder zu entfernen oder, falls sie nicht entfernt werden kann, zu vernichten.
12. In praktisch kürzester Frist ist das deutsche Wirtschaftsleben zu dezentralisieren mit dem Ziel der Vernichtung der bestehenden übermäßigen Konzentration der Wirtschaftskraft, dargestellt insbesondere durch Kartelle, Syndikate, Trusts und andere Monopolvereinigungen.

13. Bei der Organisation des deutschen Wirtschaftslebens ist das Hauptgewicht auf die Entwicklung der Landwirtschaft und der Friedensindustrie für den inneren Bedarf (Verbrauch) zu legen.
14. Während der Besatzungszeit ist Deutschland als eine wirtschaftliche Einheit zu betrachten. Mit diesem Ziel sind gemeinsame Richtlinien aufzustellen hinsichtlich:
    a) der Erzeugung und der Verteilung der Produkte der Bergbau- und der verarbeitenden Industrie;
    b) der Landwirtschaft, Forstwirtschaft und der Fischerei;
    c) der Löhne, der Preise und der Rationierung;
    d) des Import- und Exportprogramms für Deutschland als Ganzes;
    e) der Währung und des Bankwesens, der zentralen Besteuerung und der Zölle;
    f) der Reparationen und der Beseitigung des militärischen Industriepotentials;
    g) des Transport- und Verkehrswesens.

    Bei der Durchführung dieser Richtlinien sind gegebenenfalls die verschiedenen örtlichen Bedingungen zu berücksichtigen.
15. Es ist eine alliierte Kontrolle über das deutsche Wirtschaftsleben zu errichten, jedoch nur in den Grenzen, die notwendig sind:
    a) zur Erfüllung des Programms der industriellen Abrüstung und Entmilitarisierung, der Reparationen und der erlaubten Aus- und Einfuhr;
    b) zur Sicherung der Warenproduktion und der Dienstleistungen, die zur Befriedigung der Bedürfnisse der Besatzungsstreitkräfte und der verpflanzten Personen in Deutschland notwendig sind und die wesentlich sind für die Erhaltung eines mittleren Lebensstandards in Deutschland, der den mittleren Lebensstandard der europäischen Länder nicht übersteigt. (Europäische Länder in diesem Sinne sind alle europäischen Länder mit Ausnahme des Vereinigten Königreiches und der Sowjetunion);
    c) zur Sicherung – in der Reihenfolge, die der Kontrollrat festsetzt – einer gleichmäßigen Verteilung der wesentlichsten Waren unter den verschiedenen Zonen, um ein ausgeglichenes Wirtschaftsleben in ganz Deutschland zu schaffen und die Einfuhrnotwendigkeit einzuschränken;
    d) zur Überwachung der deutschen Industrie und aller wirt-

schaftlichen und finanziellen internationalen Abkommen einschließlich der Aus- und Einfuhr mit dem Ziel der Unterbindung einer Entwicklung des Kriegspotentials Deutschlands und der Erreichung der anderen genannten Aufgaben;

e) zur Überwachung aller deutschen öffentlichen oder privaten wissenschaftlichen Forschungs- oder Versuchsanstalten, Laboratorien usw., die mit einer Wirtschaftstätigkeit verbunden sind.

16. Zur Einführung und Unterstützung der wirtschaftlichen Kontrolle, die durch den Kontrollrat errichtet worden ist, ist ein deutscher Verwaltungsapparat zu schaffen. Den deutschen Behörden ist nahezulegen, in möglichst vollem Umfange die Verwaltung dieses Apparates zu fördern und zu übernehmen. So ist dem deutschen Volk klarzumachen, daß die Verantwortung für diese Verwaltung und deren Versagen auf ihm ruhen wird. Jede deutsche Verwaltung, die dem Ziel der Besatzung nicht entsprechen wird, wird verboten werden.

17. Es sind unverzüglich Maßnahmen zu treffen zur:

a) Durchführung der notwendigen Instandsetzungen des Verkehrswesens,

b) Hebung der Kohlenerzeugung,

c) weitestmöglichen Vergrößerung der landwirtschaftlichen Produktion und

d) Durchführung einer beschleunigten Instandsetzung der Wohnungen und der wichtigsten öffentlichen Einrichtungen.

18. Der Kontrollrat hat entsprechende Schritte zur Verwirklichung der Kontrolle und der Verfügung über alle deutschen Guthaben im Auslande zu übernehmen, welche noch nicht unter die Kontrolle der alliierten Nationen, die an dem Krieg gegen Deutschland teilgenommen haben, geraten sind.

19. Die Bezahlung der Reparationen soll dem deutschen Volke genügend Mittel belassen, um ohne eine Hilfe von außen zu existieren. Bei der Aufstellung des Haushaltsplanes Deutschlands sind die nötigen Mittel für die Einfuhr bereitzustellen, die durch den Kontrollrat in Deutschland genehmigt worden ist. Die Einnahmen aus der Ausfuhr der Erzeugnisse der laufenden Produktion und der Warenbestände dienen in erster Linie der Bezahlung dieser Einfuhr. Die

hier erwähnten Bedingungen werden nicht angewandt bei den Einrichtungen und Produkten, die in den Punkten 4a und 4b der Übereinkunft über die deutschen Reparationen erwähnt sind.

IV.

Reparationen aus Deutschland

In Übereinstimmung mit der Entscheidung der Krim-Konferenz, wonach Deutschland gezwungen werden soll, in größtmöglichem Ausmaß für die Verluste und die Leiden, die es den Vereinten Nationen verursacht hat, und wofür das deutsche Volk der Verantwortung nicht entgehen kann, Ausgleich zu schaffen, wurde folgende Übereinkunft über Reparationen erreicht:

1. Die Reparationsansprüche der UdSSR sollen durch Entnahmen aus der von der UdSSR besetzten Zone in Deutschland und durch angemessene deutsche Auslandsguthaben befriedigt werden.
2. Die UdSSR wird die Reparationsansprüche Polens aus ihrem eigenen Anteil an den Reparationen befriedigen.
3. Die Reparationsansprüche der Vereinigten Staaten, des Vereinigten Königreiches und der anderen zu Reparationsforderungen berechtigten Länder werden aus den westlichen Zonen und den entsprechenden deutschen Auslandsguthaben befriedigt werden.
4. In Ergänzung der Reparationen, die die UdSSR aus ihrer eigenen Besatzungszone erhält, wird die UdSSR zusätzlich aus den westlichen Zonen erhalten:
   a) 15% derjenigen verwendungsfähigen und vollständigen industriellen Ausrüstung, vor allem der metallurgischen, chemischen und Maschinen erzeugenden Industrien, soweit sie für die deutsche Friedenswirtschaft unnötig und aus den westlichen Zonen Deutschlands zu entnehmen sind, im Austausch für einen entsprechenden Wert an Nahrungsmitteln, Kohle, Kali, Zink, Holz, Tonprodukten, Petroleumprodukten und anderen Waren, nach Vereinbarung.
   b) 10% derjenigen industriellen Ausrüstung, die für die deutsche Friedenswirtschaft unnötig ist und aus den westlichen Zonen zu entnehmen und auf Reparationskonto an die Sowjetregierung zu übertragen ist ohne Bezahlung oder Gegenleistung irgendwelcher Art.

Die Entnahmen der Ausrüstung, wie sie oben in a) und b) vorgesehen sind, sollen gleichzeitig erfolgen.

5. Der Umfang der aus den westlichen Zonen zu entnehmenden Ausrüstung, der auf Reparationskonto geht, muß spätestens innerhalb sechs Monaten von jetzt ab bestimmt sein.
6. Die Entnahme der industriellen Ausrüstung soll so bald wie möglich beginnen und innerhalb von zwei Jahren, gerechnet vom Zeitpunkt der in § 5 spezifizierten Bestimmung, abgeschlossen sein. Die Auslieferung der in § 4a) genannten Produkte soll so schnell wie möglich beginnen, und zwar in durch Vereinbarung bedingten Teillieferungen seitens der Sowjetunion, und innerhalb von fünf Jahren von dem erwähnten Datum ab erfolgen. Die Bestimmung des Umfanges und der Art der industriellen Ausrüstung, die für die deutsche Friedenswirtschaft unnötig ist und der Reparation unterliegt, soll durch den Kontrollrat gemäß den Richtlinien erfolgen, die von der alliierten Kontrollkommission für Reparationen, unter Beteiligung Frankreichs, festgelegt sind, wobei die endgültige Entscheidung durch den Kommandierenden der Zone getroffen wird, aus der die Ausrüstung entnommen werden soll.
7. Vor der Festlegung des Gesamtumfanges der der Entnahme unterworfenen Ausrüstung sollen Vorschußlieferungen solcher Ausrüstung erfolgen, die als zur Auslieferung verfügbar bestimmt werden in Übereinstimmung mit dem Verfahren, das im letzten Satz des § 6 vorgesehen ist.
8. Die Sowjetregierung verzichtet auf alle Ansprüche bezüglich der Reparationen aus Anteilen an deutschen Unternehmungen, die in den westlichen Besatzungszonen in Deutschland gelegen sind. Das gleiche gilt für deutsche Auslandsguthaben in allen Ländern, mit Ausnahme der weiter unten in § 9 gekennzeichneten Fälle.
9. Die Regierungen der USA und des Vereinigten Königreichs verzichten auf ihre Ansprüche im Hinblick auf Reparationen hinsichtlich der Anteile an deutschen Unternehmungen, die in der östlichen Besatzungszone in Deutschland gelegen sind. Das gleiche gilt für deutsche Auslandsguthaben in Bulgarien, Finnland, Ungarn, Rumänien und Ostösterreich.
10. Die Sowjetregierung erhebt keine Ansprüche auf das von den alliierten Truppen in Deutschland erbeutete Gold.

V.

Die deutsche Kriegs- und Handelsmarine

Die Konferenz erzielte im Prinzip eine Einigung hinsichtlich der Maßnahmen über die Ausnutzung und die Verfügung über die ausgelieferte deutsche Flotte und die Handelsschiffe. Es wurde beschlossen, daß die drei Regierungen Sachverständige bestellen, um gemeinsam detaillierte Pläne zur Verwirklichung der vereinbarten Grundsätze auszuarbeiten. Eine weitere gemeinsame Erklärung wird von den drei Regierungen gleichzeitig zu gegebener Zeit veröffentlicht werden.

VI.

Stadt Königsberg und das anliegende Gebiet

Die Konferenz prüfte einen Vorschlag der Sowjetregierung, daß vorbehaltlich der endgültigen Bestimmung der territorialen Fragen bei der Friedensregelung derjenige Abschnitt der Westgrenze der Union der Sozialistischen Sowjetrepubliken, der an die Ostsee grenzt, von einem Punkt an der östlichen Küste der Danziger Bucht in östlicher Richtung nördlich von Braunsberg–Goldap und von da zu dem Schnittpunkt der Grenzen Litauens, der Polnischen Republik und Ostpreußens verlaufen soll.

Die Konferenz hat grundsätzlich dem Vorschlag der Sowjetregierung hinsichtlich der endgültigen Übergabe der Stadt Königsberg und des anliegenden Gebietes an die Sowjetunion gemäß der obigen Beschreibung zugestimmt, wobei der genaue Grenzverlauf einer sachverständigen Prüfung vorbehalten bleibt.

Der Präsident der USA und der britische Premierminister haben erklärt, daß sie den Vorschlag der Konferenz bei der bevorstehenden Friedensregelung unterstützen werden.

VII.

Kriegsverbrecher

Die drei Regierungen haben von dem Meinungsaustausch Kenntnis genommen, der in den letzten Wochen in London zwischen britischen, USA-, sowjetischen und französischen Vertretern mit dem Ziele stattgefunden hat, eine Vereinbarung über die Methoden des Verfahrens gegen alle Hauptkriegsverbrecher zu erzielen, deren Verbrechen nach der Moskauer Erklärung vom Oktober 1943 räumlich nicht besonders begrenzt sind.

Die drei Regierungen bekräftigen ihre Absicht, diese Verbrecher einer schnellen und sicheren Gerichtsbarkeit zuzuführen. Sie hoffen, daß die Verhandlungen in London zu einer schnellen Vereinbarung führen, die diesem Zwecke dient, und sie betrachten es als eine Angelegenheit von größter Wichtigkeit, daß der Prozeß gegen diese Hauptverbrecher zum frühestmöglichen Zeitpunkt beginnt.

Die erste Liste der Angeklagten wird vor dem 1. September dieses Jahres veröffentlicht werden.

VIII.
Österreich

Die Konferenz hat einen Vorschlag der Sowjetregierung über die Ausdehnung der Autorität der österreichischen provisorischen Regierung auf ganz Österreich geprüft.

Die drei Regierungen stimmten darin überein, daß sie bereit seien, diese Frage nach dem Einzug der britischen und amerikanischen Streitkräfte in die Stadt Wien zu prüfen.

IX.
Polen

Die Konferenz hat die Fragen, die sich auf die Polnische Provisorische Regierung der Nationalen Einheit und auf die Westgrenze Polens beziehen, der Betrachtung unterzogen.

Hinsichtlich der Polnischen Provisorischen Regierung der Nationalen Einheit definierten sie ihre Haltung in der folgenden Feststellung:

a) Wir haben mit Genugtuung von dem Abkommen Kenntnis genommen, das die polnischen Vertreter aus Polen selbst und diejenigen aus dem Auslande erzielt haben, durch das die in Übereinstimmung mit den Beschlüssen der Krim-Konferenz erfolgte Bildung einer Polnischen Provisorischen Regierung der Nationalen Einheit möglich geworden ist, die von den drei Mächten anerkannt worden ist. Die Herstellung diplomatischer Beziehungen mit der Polnischen Provisorischen Regierung durch die britische Regierung und die Regierung der Vereinigten Staaten hatte die Zurückziehung ihrer Anerkennung der früheren polnischen Regierung in London zur Folge, die nicht mehr besteht.

Die Regierungen der Vereinigten Staaten und Großbritanniens haben Maßnahmen zum Schutze der Interessen der Polnischen Provisorischen Regierung der Nationalen Einheit als der anerkannten Regierung des polnischen Staates hinsichtlich des Eigentums getroffen, das dem polnischen Staate gehört, in ihren Gebieten liegt und unter ihrer Kontrolle steht, unabhängig davon, welcher Art dieses Eigentum auch sein mag.

Sie haben weiterhin Maßnahmen zur Verhinderung einer Übereignung derartigen Eigentums an Dritte getroffen.

Der Polnischen Provisorischen Regierung der Nationalen Einheit werden alle Möglichkeiten zur Anwendung der üblichen gesetzlichen Maßnahmen geboten werden zur Wiederherstellung eines beliebigen Eigentumsrechtes des Polnischen Staates, das ihm ungesetzlich entzogen worden sein sollte.

Die drei Mächte sind darum besorgt, der Polnischen Provisorischen Regierung der Nationalen Einheit bei der Angelegenheit der Erleichterung der möglichst baldigen Rückkehr aller Polen im Ausland nach Polen behilflich zu sein, und zwar für alle Polen im Ausland, die nach Polen zurückzukehren wünschen, einschließlich der Mitglieder der polnischen bewaffneten Streitkräfte und der polnischen Handelsmarine. Sie erwarten, daß den in die Heimat zurückkehrenden Polen die gleichen persönlichen und eigentumsmäßigen Rechte zugebilligt werden wie allen übrigen polnischen Bürgern.

Die drei Mächte nehmen zur Kenntnis, daß die Polnische Provisorische Regierung der Nationalen Einheit in Übereinstimmung mit den Beschlüssen der Krim-Konferenz der Abhaltung freier und ungehinderter Wahlen, die so bald wie möglich auf der Grundlage des allgemeinen Wahlrechts und der geheimen Abstimmung durchgeführt werden sollen, zugestimmt hat, wobei alle demokratischen und antinazistischen Parteien das Recht zur Teilnahme und zur Aufstellung von Kandidaten haben und die Vertreter der alliierten Presse volle Freiheit genießen sollen, der Welt über die Entwicklung der Ereignisse in Polen vor und während der Wahlen zu berichten.

b) Bezüglich der Westgrenze Polens wurde folgendes Abkommen erzielt:

In Übereinstimmung mit dem bei der Krim-Konferenz erzielten Abkommen haben die Häupter der drei Regierungen die Meinung der Polnischen Provisorischen Regierung der Nationalen Einheit hinsichtlich des Territoriums im Norden und Westen geprüft, das Polen erhalten soll. Der Präsident des Nationalrates Polens und die Mitglieder der Polnischen Provisorischen Regierung der Nationalen Einheit sind auf der Konferenz empfangen worden und haben ihre Auffassungen in vollem

Umfange dargelegt. Die Häupter der drei Regierungen bekräftigen ihre Auffassung, daß die endgültige Festlegung der Westgrenze Polens bis zu der Friedenskonferenz zurückgestellt werden soll.

Die Häupter der drei Regierungen stimmen darin überein, daß bis zur endgültigen Festlegung der Westgrenze Polens, die früher deutschen Gebiete östlich der Linie, die von der Ostsee unmittelbar westlich von Swinemünde und von dort die Oder entlang bis zur Einmündung der westlichen Neiße und die westliche Neiße entlang bis zur tschechoslowakischen Grenze verläuft, einschließlich des Teiles Ostpreußens, der nicht unter die Verwaltung der Union der Sozialistischen Sowjetrepubliken in Übereinstimmung mit den auf dieser Konferenz erzielten Vereinbarungen gestellt wird und einschließlich des Gebietes der früheren Freien Stadt Danzig, unter die Verwaltung des polnischen Staates kommen und in dieser Hinsicht nicht als Teil der sowjetischen Besatzungszone in Deutschland betrachtet werden sollen.

X.
Der Abschluß der Friedensverträge und Zulassung zur Organisation der Vereinten Nationen

Die Konferenz einigte sich auf die folgende Erklärung über eine gemeinsame Politik zur möglichst baldigen Schaffung der Bedingungen für einen dauerhaften Frieden nach der siegreichen Beendigung des Krieges in Europa.

Die drei Regierungen betrachten es als wünschenswert, daß die gegenwärtige anormale Stellung Italiens, Bulgariens, Finnlands, Ungarns und Rumäniens durch den Abschluß von Friedensverträgen beendigt werden soll. Sie vertrauen darauf, daß auch die anderen interessierten alliierten Regierungen diese Ansicht teilen.

Für ihren Teil haben die drei Regierungen die Vorbereitung eines Friedensvertrages für Italien als erste unter den vordringlichen und wichtigen Aufgaben vorgesehen, denen sich der Rat der Außenminister unterziehen soll. Italien war die erste der Achsenmächte, die mit Deutschland gebrochen hat, zu dessen Niederlage es materiell erheblich beigetragen hat, und es hat sich jetzt den Alliierten in ihrem Kampf gegen Japan angeschlossen. Italien hat sich selbst vom faschistischen Regime befreit und macht gute Fortschritte auf dem Wege zur Wiederherstellung einer demokratischen Regierung und demokratischer

Einrichtungen. Der Abschluß eines solchen Friedensvertrages mit einer anerkannten und demokratischen italienischen Regierung würde es den drei Regierungen ermöglichen, ihrem Wunsche entsprechend einen Antrag Italiens auf die Mitgliedschaft in der Organisation der Vereinten Nationen zu unterstützen.

Die drei Regierungen haben ferner den Rat der Außenminister mit der Aufgabe einer Vorbereitung von Friedensverträgen für Bulgarien, Finnland, Ungarn und Rumänien beauftragt. Der Abschluß von Friedensverträgen mit anerkannten demokratischen Regierungen in diesen Staaten würde ebenfalls die drei Regierungen befähigen, deren Anträge auf Mitgliedschaft in den Vereinten Nationen zu unterstützen.

Die drei Regierungen kommen überein, jede für sich in naher Zukunft im Lichte der dann vorherrschenden Bedingungen die Herstellung diplomatischer Beziehungen zu Finnland, Rumänien, Bulgarien und Ungarn zu untersuchen, soweit dies vor Abschluß von Friedensverträgen mit diesen Ländern möglich ist.

Die drei Regierungen zweifeln nicht, daß im Hinblick auf die veränderten Umstände, bedingt durch das Kriegsende in Europa, die Vertreter der alliierten Presse volle Freiheit genießen, der Welt über die Ereignisse in Rumänien, Bulgarien, Ungarn und Finnland zu berichten.

Hinsichtlich der Zulassung anderer Staaten zur Organisation der Vereinten Nationen erklärt Artikel 4 der Charte der Vereinten Nationen folgendes:

»1. Die Mitgliedschaft in den Vereinten Nationen steht allen anderen friedliebenden Staaten offen, die die in der vorliegenden Charte enthaltenen Verpflichtungen akzeptieren und nach dem Urteil der Organisation willens und in der Lage sind, diese Verpflichtungen durchzuführen.

2. Die Zulassung jedes derartigen Staates zur Mitgliedschaft der Vereinten Nationen erfolgt durch Beschluß der Generalversammlung auf Empfehlung des Sicherheitsrates.«

Die drei Regierungen werden ihrerseits Anträge auf Mitgliedschaft seitens solcher Staaten, die während des Krieges neutral geblieben sind und die oben aufgeführten Bedingungen erfüllen werden, unterstützen.

Die drei Regierungen fühlen sich jedoch verpflichtet, klarzustellen, daß sie für ihren Teil einen Antrag auf Mitgliedschaft seitens der gegenwärtigen spanischen Regierung, die sich mit Unterstützung der Achsenmächte gebildet hat, nicht begünstigen werden, da diese angesichts ihres Ursprunges, ihres Charakters, ihrer Geschichte und ihrer engen Verbindung mit den Angreiferstaaten nicht die notwendigen Qualifikationen zur Rechtfertigung einer derartigen Mitgliedschaft besitzt.

XI.
Territoriale Treuhänderschaft

Die Konferenz prüfte einen Vorschlag der Sowjetregierung hinsichtlich einer Treuhänderschaft über Territorien, wie sie in dem Beschluß der Krim-Konferenz und in der Charte der Vereinten Nationen definiert sind.

Nach einem Meinungsaustausch über diese Frage wurde beschlossen, daß die Verfügung über frühere italienische Kolonialgebiete im Zusammenhang mit der Vorbereitung eines Friedensvertrages für Italien geklärt und im September vom Rat der Außenminister beraten werden soll.

XII.
Verfahrensrevision bei der alliierten Kontrollkommission in Rumänien, Bulgarien und Ungarn

Die drei Regierungen nahmen zur Kenntnis, daß die Sowjetvertreter bei den alliierten Kontrollkommissionen in Rumänien, Bulgarien und Ungarn ihren britischen und amerikanischen Kollegen Vorschläge zur Verbesserung der Arbeit der Kontrollkommissionen übermittelt haben, nachdem die Feindseligkeiten in Europa aufgehört haben.

Die drei Regierungen kamen überein, daß die Revision des Verfahrens der alliierten Kontrollkommission in diesen Ländern jetzt durchgeführt werden könne, wobei die Interessen und Verantwortlichkeiten der drei Regierungen berücksichtigt sind, die gemeinsam die Waffenstillstandsbedingungen den jeweiligen Ländern vorgelegt haben, und wobei die vereinbarten Vorschläge als Grundlage dienen sollen.

XIII.
Ordnungsmäßige Überführung deutscher Bevölkerungsteile

Die Konferenz erzielte folgendes Abkommen über die Ausweisung Deutscher aus Polen, der Tschechoslowakei und Ungarn:

Die drei Regierungen haben die Frage unter allen Gesichtspunkten beraten und erkennen an, daß die Überführung der deutschen Bevölkerung oder Bestandteile derselben, die in Polen, Tschechoslowakei und Ungarn zurückgeblieben sind, nach

Deutschland durchgeführt werden muß. Sie stimmen darin überein, daß jede derartige Überführung, die stattfinden wird, in ordnungsgemäßer und humaner Weise erfolgen soll. Da der Zustrom einer großen Zahl Deutscher nach Deutschland die Lasten vergrößern würde, die bereits auf den Besatzungsbehörden ruhen, halten sie es für wünschenswert, daß der alliierte Kontrollrat in Deutschland zunächst das Problem unter besonderer Berücksichtigung der Frage einer gerechten Verteilung dieser Deutschen auf die einzelnen Besatzungszonen prüfen soll. Sie beauftragen demgemäß ihre jeweiligen Vertreter beim Kontrollrat, ihren Regierungen so bald wie möglich über den Umfang zu berichten, in dem derartige Personen schon aus Polen, der Tschechoslowakei und Ungarn nach Deutschland gekommen sind, und eine Schätzung über Zeitpunkt und Ausmaß vorzulegen, zu dem die weiteren Überführungen durchgeführt werden könnten, wobei die gegenwärtige Lage in Deutschland zu berücksichtigen ist. Die tschechoslowakische Regierung, die Polnische Provisorische Regierung und der Alliierte Kontrollrat in Ungarn werden gleichzeitig von obigem in Kenntnis gesetzt und ersucht werden, inzwischen weitere Ausweisungen der deutschen Bevölkerung einzustellen, bis die betroffenen Regierungen die Berichte ihrer Vertreter an den Kontrollausschuß geprüft haben.

XIV.
Militärische Besprechungen
Während der Konferenz fanden Sitzungen zwischen den Stabschefs der drei Regierungen über militärische Themen gemeinsamen Interesses statt.

2. August 1945.

(Dieser Bericht ist von *J. W. Stalin, Harry S. Truman* und *C. R. Attlee* unterzeichnet.)

2. Ein Bericht über die Vertreibung aus dem Sudetenland

Die Vertreibung der Deutschen aus der wiederhergestellten Tschechoslowakei begann unmittelbar nach Kriegsende, lange bevor die Potsdamer Konferenz den Bevölkerungstransfer sanktionierte. Der Bericht der Josefine M. über ihre Vertreibung im Zuge dieser »wilden Austreibungsaktionen« ist Teil einer Sammlung von ähnlichen Dokumenten, die im Frühjahr 1947 nach Aufforderung durch den Sudetendeutschen Adolf Tutsch entstand. Die Erlebnisberichte waren für den sozialdemokratischen sudetendeutschen Politiker Wenzel Jaksch bestimmt, der noch im Londoner Exil lebte. Jaksch sollte die 390 Berichte, Protokolle und Petitionen bei einer Friedenskonferenz als Beweismittel vorlegen. Die Identität der Verfasser wurde am damaligen Wohnort amtlich testiert.

Quelle: Sudetendeutsches Archiv München, Sammlung Tutsch, Nr. 204 (vgl. Alois Harasko, Die Vertreibung der Sudetendeutschen, sechs Erlebnisberichte. In: W. Benz [Hrsg.], Die Vertreibung der Deutschen aus dem Osten. Frankfurt a. M. 1985, S. 105–117).

Ich, Josefine M., in Brünn – Ober-Gerspitz, Bohonitzerstraße Nr. 6 bis zum Jahre 1945 wohnhaft, gebe folgende wahre Mitteilung bekannt.

Ich und mein 84jähriger Mann wurden von den Tschechen im Mai 1945 in ein Lager zusammengetrieben. Mein Mann mußte in einer 40 m tiefen Sandgrube schwer arbeiten, ohne Essen. Dabei wurden die Männer geschlagen. Den dritten Tag trat bereits der erste Todesfall ein, man verscharrte den Mann wie einen Hund. Auch sonst mußte mein Mann oft 15 Stunden täglich arbeiten. Wir Frauen mußten auch unter den schwersten Bedingungen ohne Essen schwer arbeiten. Nach zirka vierzehntägigem Lager wurden wir ausgewiesen. Bevor wir fort mußten, erhängte sich der Bürgermeister von Ober-Gerspitz. S. ist sein Name. Eine Bauersfrau sprang aus Verzweiflung ins Wasser und wurde als Leiche gefunden. Ihr Name ist F. Eines Abends wurden wir ausgewiesen, ich habe ein stockhohes Haus, stand bei meinem Haus und durfte mir nicht einen Mantel oder ein Kleid holen. Notdürftig bekleidet mußten wir die ganze Nacht marschieren unter allen möglichen Schikanen. Die Tschechen schossen ohne Pausen, nächsten Tag hatten wir nur kurze Rast und mußten ohne Essen bis zur österreichischen Grenze. Da wurde mir noch das letzte Geld abgenommen. Viele Leute konnten diese Strapazen nicht ertragen, fielen nieder, da zeigten uns die Tschechen den Gummiknüttel und viele wurden geprügelt. Die Leute, welche am Weg liegenblieben, wurden auf Wägen geladen und bis zur Grenze gefahren, dann schleppte man sie einfach über die Grenze und ließ sie auf österreichischem Boden liegen. Wir kamen in der Nacht über die Grenze und mußten im Freien übernachten. Viele Eltern haben in der Dunkelheit ihre Kinder verloren. Da wir ohne Verpflegung waren, wurden wir krank. Hungertyphus und die Ruhr machten uns so schwach, daß wir zu Tode erschöpft in einer Scheuer liegenblieben. Mitleidige Menschen gaben uns ein Stückchen Brot. Unter den größten Anstrengungen kamen wir endlich nach Wien, von wo wir dann mit der Bahn bis nach Leibnitz fuhren. Hier in Wagna bei Leibnitz habe ich bei meiner Schwester Aufnahme gefunden. Ich sehne den Tag herbei und habe nur noch den einen Wunsch, unser geliebtes Sudetenland wieder unsere Heimat nennen zu dürfen. Ich bin in Hof, Nordmähren geboren.

Alles, was ich hier niedergeschrieben habe, kann ich eidlich bestätigen.

Wagna, 6. 5. 1947 gez. Josefine M.
derzeit Wagna bei Leibnitz
Steiermark

Der Bürgermeister der Gemeinde Wagna, am 7. 5. 1947. Es wird bestätigt, daß Herr und Frau M. Josefine und Leopold in Wagna, Hauptstraße No. 154 wohnhaft sind. Die eigenhändige vollzogene Unterschrift der Frau M. Josefine wird hiermit amtlich bestätigt.
Der Bürgermeister:

(Stempel des Gemeindeamtes Wagna) i. A. gez. Kutschera

3. Die Konferenz der evangelischen Kirchenführer in Treysa, 27.–31. August 1945

Auf Einladung des evangelischen Landesbischofs Theophil Wurm (Stuttgart) versammelten sich im nordhessischen Treysa in den Räumen der diakonischen Anstalt Hephata Ende August 1945 die Spitzen der einzelnen Landeskirchen mit Vertretern der Bruderräte der Bekennenden Kirche und des »Kirchlichen Einigungswerkes«. Wurm war auch Leiter des Einigungswerkes, das er während des Krieges als Dach aller Landeskirchen, Vereine, Arbeitskreise usw. gegründet hatte, die im Gegensatz zu der nationalsozialistisch geförderten Bewegung der »Deutschen Christen« standen. Die Versammlung in Treysa war die erste Kirchenversammlung nach dem Krieg. Es ging dabei nicht nur um Rückblick und geistige Neuorientierung, sondern nach dem Debakel der Verflechtung von Staat und Kirche, nach der Ära der »Deutschen

Christen« und des nationalsozialistischen »Reichsbischofs« einerseits und der zum Kirchenregiment in Opposition stehenden »Bekennenden Kirche« andererseits um eine neue Verfassung der protestantischen Kirchen in Deutschland. Dabei waren nicht nur die Gegensätze zwischen »zerstörten« und »intakten« Landeskirchen zu überwinden, es ging auch noch um die theologischen Gegensätze zwischen den lutherischen, reformierten und unierten Kirchen Deutschlands. Die Kirchen waren in den Augen der Besatzungsmächte, die Vertreter nach Treysa gesandt hatten, die einzige moralische Autorität in Deutschland. Um so wichtiger war die Einigung, die dort erfolgte, auch wenn viele Gegensätze fortdauerten. In Treysa wurde die vorläufige Ordnung der Evangelischen Kirche in Deutschland (EKiD) beschlossen, an der Spitze stand ein zwölfköpfiger Rat als »vorläufige Leitung«, prominent besetzt mit sechs Männern aus lutherischen, vier aus unierten und zwei aus reformierten Kirchengebieten; unter ihnen Theophil Wurm als Vorsitzender, Martin Niemöller, Hans Meiser, Otto Dibelius, Hanns Lilje, Gustav Heinemann.

Zu den Beschlüssen der Konferenz gehört die Botschaft an die Gemeinden, in der der Tenor der Stuttgarter Erklärung des Rats der EKiD vom 19. Oktober 1945 bereits anklingt: »Wir klagen uns an, daß wir nicht mutiger bekannt, nicht treuer gebetet, nicht fröhlicher geglaubt und nicht brennender geliebt haben.« Über das »Wort an die Pfarrer« konnte sich die Versammlung nicht einigen, es blieb beim Entwurf.

Quelle: Treysa 1945. Die Konferenz der evangelischen Kirchenführer 27.–31. August 1945. Hrsg. von Fritz Söhlmann, Lüneburg 1946, S. 87–93 (vgl. auch Wolf-Dieter Hauschild, Die Kirchenversammlung von Treysa 1945. Hannover 1945).

Ein Wort an die Gemeinden

Gottes Zorngericht ist über uns hereingebrochen. Gottes Hand liegt schwer auf uns. »Gottes Güte ist es, daß wir nicht gar aus sind!« Die Gottes Wort kannten, haben seinen Zorn gefürchtet und kommen sehen und haben schwer daran getragen.

Heute bekennen wir: Längst ehe Gott im Zorn sprach, hat er uns gesucht mit dem Wort seiner Liebe, und wir haben es überhört. Längst ehe Kirchen in Schutt sanken, waren Kanzeln entweiht und Gebete verstummt. Hirten ließen die Herden verschmachten, Gemeinden ließen ihre Pfarrer allein.

Längst ehe die Scheinordnung des Reiches zerbrach, war das Recht verfälscht. Längst ehe man Menschen mordete, waren Menschen zu bloßen Nummern und daher nichtig geworden. Wessen Leben selbst nichtig ist, dem fällt es nicht schwer, Leben zu vernichten. Wer die Liebe verachtet, kämpft nicht für das Recht des anderen. Er kümmert sich nicht um Verführung von Menschen und hört nicht die Stimme ihrer Qual. Er lebt und redet, wie wenn dergleichen nicht geschähe. Er scheut die Verantwortung, wie es Christen und Nichtchristen getan haben. Er versteckt sich hinter Befehlen von Menschen, um Gottes Gebot zu entgehen. Diese Lüge ist unser Tod geworden. Scheu vor dem Leiden hat das maßlose Leid über uns gebracht.

Aber mitten in den Versäumnissen der Kirche und des Volkes gab Gott Männern und Frauen aus allen Bekenntnissen, Schichten und Parteien Kraft, aufzustehen wider Unrecht und Willkür, zu leiden und zu sterben. Wo die Kirche ihre Verantwortung ernst nahm, rief sie zu den Geboten Gottes, nannte bei Namen Rechtsbruch und Frevel, die Schuld in den Konzentrationslagern, die Mißhandlung und Ermordung von Juden und Kranken, und suchte der Verführung der Jugend zu wehren. Aber man drängte sie in die Kirchenräume zurück wie in ein Gefängnis. Man trennte unser Volk von der Kirche. Die Öffentlichkeit durfte ihr Wort nicht mehr hören. – Was sie verkündigte, erfuhr niemand. Und dann kam der Zorn Gottes. Er hat uns genommen, was Menschen retten wollten.

Nun ist die Tür wieder aufgegangen. Was hinter Mauern und in der Stille gebetet und geplant ist, kommt an den Tag. Viele Fromme haben im Dunkel der Haft und erzwungener Untätigkeit die Neuordnung von Kirche und Volk bedacht. Wer nun als Christ öffentliche Verantwortung übernimmt, will Dienst und nicht Macht. Es gehört viel Glaube und Entsagung dazu, in der Tiefe der Not ein Amt anzutreten.

Auch von der Kirche sind drückende Fesseln gefallen. Sie erhofft ein Neues für ihre Verkündigung und ihre Ordnung. Die bisherige Gefangenschaft hat geendet. Des sind wir fröhlich. So treten wir vor die evangelische Christenheit und rufen Pastoren und Gemeinden zur Erneuerung der Kirche. Wir rufen unser Volk: Wendet euch wieder zu Gott!

In Gott haben die ungezählten Männer und Frauen nicht umsonst gelitten. Wir segnen, die gelitten haben. Wir segnen, die lieber sterben wollten als ehrlos leben und sinnlos vernichten, alle, die die Wohlfahrt ihres Volkes in der Wahrheit gesucht haben. Wir danken Gott, daß er Menschen in unserem Vaterlande erhalten hat, die nach seinen Wegen fragten. Wir danken ihm, daß er Gewissen reinigt und Sünder selig macht durch seinen Sohn. Die ihn fürchten, hat er geschreckt mit seinem Zorn, getröstet mit seinem Frieden.

Der Friede Gottes ist auch die Kraft der Trauernden, der

Gefangenen und Wartenden, der Hungernden und Frierenden, der Heimatlosen und an Leib und Seele Verletzten. Der Friede Gottes ist euer Trost! Besteht Jammer und Elend in Geduld! Verschließt nicht Auge und Herz vor der Not des Bruders an eurer Seite. Nehmt auch mit euren schwachen Kräften teil an den Werken der Liebe, mit denen wir versuchen, die ärgste Not zu lindern. Seid barmherzig! Mehrt nicht durch Lieblosigkeit das ungerechte Wesen in der Welt! Enthaltet euch der Rache und der bösen Nachrede! Laßt uns fragen nach Gottes Willen in jedem Stand und Beruf! Flieht nicht vor Leid und Hunger in den Tod! »Wer glaubt, flieht nicht!« Christus will die Mühseligen und Beladenen erquicken. Er bleibt unser Heiland. Keine Hölle ist so tief, daß Gottes Hand nicht hinabreicht.

Fürchtet euch nicht!

Ein Wort an die Pfarrer
(Nicht einstimmig angenommen.)

Liebe Brüder im Amt!
In dem Zusammenbruch, der über uns gekommen ist, geben wir uns Rechenschaft über das, was geschehen ist. Wir haben es erlebt, daß eine politische Lehre mit dem Anspruch eines religiösen Glaubens auftrat, sich mit beispiellosem Fanatismus durchsetzte und ihre Gegner schlimmer als Verbrecher behandelte. Das Reich, das sie aufbaute, ist in einer gewaltigen Katastrophe zusammengestürzt und hat viele Völker, zuletzt auch unser eigenes mit in das Verderben gerissen. In der Not, in der wir nun unentrinnbar stecken, schrecken uns die Bilder von Dämonen und apokalyptischen Mächten, die am Werke gewesen sind, um dieses Chaos heraufzuführen. Dämonisch war die Macht, die deutsche Menschen in den letzten Jahren zu all jenen Greueltaten trieb, vor welchen wir mit der ganzen Welt erschaudern. Apokalyptisch waren die Erscheinungsformen des totalen Krieges. Die Welt zittert davor, daß Kriegsmittel noch einmal in Anwendung kommen könnten, durch die sich die Menschheit selbst vernichten würde.

Moralische Maßstäbe reichen nicht aus, um die Größe der Schuld, die unser Volk auf sich geladen hat, zu ermessen. Immer neue Taten der Unmenschlichkeit werden bekannt. Viele können es immer noch nicht fassen, daß das alles wahr sein soll. In diesem Abgrund unserer Schuld sind Leib und Seele unseres Volkes vom Tode bedroht. Wir bekennen unsere Schuld und beugen uns unter die Last ihrer Folgen. Aus der Tiefe schauen wir auf zu Christus, dem Gekreuzigten. ER allein rettet uns. Er tritt für uns ein. ER vergibt uns. Aus der Tiefe schauen wir auf zu Christus, dem Auferstandenen. ER läßt uns leben mitten im Tode. ER öffnet uns in seiner Gerechtigkeit die Tür zu Recht und Ordnung. ER läßt uns wirken als die freien Kinder Gottes für seine Kreatur bis zu dem Tage, da auch sie frei werden wird von dem Dienst des vergänglichen Wesens.

Darum ist uns geboten: »Werde wach und stärke das andere, das sterben will!« Die Herzen der Menschen wollen zerbrechen an der Härte der Tatsachen. Und doch ist es Gott, der in dem allen uns heimsucht mit seinem gnädigen Gericht. Er will uns eine Hilfe bringen, welche größer ist als alle Not, die uns umgibt und erdrücken will.

»Die Hölle hat den Schlund weit aufgesperrt und den Rachen aufgetan ohne Maß, daß hinunterfahren beide, ihre Herrlichen und der Pöbel, ihre Reichen und Fröhlichen; daß jedermann sich bücken müsse und jedermann gedemütigt werde und die Augen der Hoffärtigen gedemütigt werden, aber der Herr Zebaoth erhöht werde im Recht und Gott, der Heilige, geheiligt werde in Gerechtigkeit.« (Jes. 5, 14–16).

In gehorsamer Beugung unter dieses gnädige Gericht Gottes muß auch das Werk der Neuordnung unserer Kirche geschehen. Die Versuchung ist groß, dorthin zurückzukehren, wo wir standen, als die Verfolgung durch den Nationalsozialismus begann. Wir müssen aber erkennen, daß uns dieser Ausweg, der Gottes Gericht verneinen würde, verboten ist.

Wir haben einst das Wort von Barmen gesprochen und sind dankbar, daß wir es sprechen durften. Wir wissen aber auch, daß die Verkündigung und Praxis der Kirche in vieler Hinsicht noch dahinter zurückgeblieben ist. Wir werden uns weiter im Gehorsam darum zu mühen haben. Ebenso wissen wir, daß in Barmen noch nicht alles hat gesagt werden können, was heute gesagt werden muß.

Wir sehen uns einer bestimmten Konfession zugeordnet. Wir haben nicht die Freiheit, uns aus dieser Zuordnung zu lösen. Jeder ist gerufen, ein treues Glied seiner Bekenntniskirche zu sein. Wir haben kein Recht zu sagen, die durch die Verschiedenheit der Konfessionen aufgegebenen Fragen seien gegenstandslos geworden. Wir spüren aber gleichzeitig, daß Gott am Werke ist, Christen in den verschiedenen Konfessionen einander so nahezubringen, wie nie zuvor.

Intakte und zerstörte Kirchen sind insofern in derselben Lage, als der Schaden unserer Kirche ja nicht erst mit 1933 anhebt. Schon vorher sind in unserer Kirche Mißstände aufgetreten, die auf die Verquickung von Kirche und Staatsgewalt zurückgehen und uns zu einer Vorherrschaft der kirchlichen Bürokratie geführt haben. Darum genügt es nicht, jetzt nur die Zerstörung zu beseitigen, die der Nationalsozialismus angerichtet hat. Unsere Aufgabe greift weiter. Eine neue Ordnung muß gestalten, was unter Gottes Führung an biblischer Erkenntnis, kirchlicher Entscheidung und geistlichem Leben uns geschenkt worden ist. [...]

4. Protokoll der neunten Sitzung des Alliierten Kontrollrats, 20. Oktober 1945

Das Protokoll gibt einen guten Eindruck vom Geist und der Verhandlungstaktik der Militärgouverneure im Alliierten Kontrollrat, der obersten Regierungsinstanz im Vierzonen-Deutschland. Es spiegelt aber auch die unterschiedlichen Standpunkte der vier Oberbefehlshaber. Insbesondere die Obstruktionspolitik des französischen Vertreters, der bei dieser Sitzung auch den Vorsitz hatte, wird deutlich. Nicht erfolgte Einigung in diesem Gremium bedeutete mindestens Zeitverlust, wenn die Gesetzesvorlage an den Koordinierungsausschuß, in dem die Stellvertreter der Militärgouverneure die Weichen stellten, zurück mußte. So wurde der Entwurf des Gewerkschaftsgesetzes, der am 20. Oktober 1945 auf der Tagesordnung stand, erst am 3. Juni 1946 in Kraft gesetzt, und zwar inhaltlich in abgeschwächter Form und juristisch nicht als Gesetz, sondern lediglich als Direktive Nr. 31 (Grundsätze für Errichtung von Gewerkschaftsverbänden, Amtsblatt des Kontrollrats, S. 160). Das Protokoll ist ungekürzt, die Auslassungszeichen im Text finden sich bereits im Original, offenbar hatten die Protokollanten gelegentlich Verständigungs- und Sprachprobleme. Unterschiedliche Titulaturen (Marschall bzw. General Schukow) und Bezeichnungen sind ebenfalls schon in der englischen Vorlage enthalten.

Quelle: OMGUS 2/108-3/1. Vgl. den Bericht des politischen Beraters Murphy über diese Sitzung an das US-Außenministerium vom 20. 10. 1945, in: FRUS, 1945, Vol. 3, Washington 1968, S. 846ff.

1. General Koenig: Meine Herren, als erstes steht eine Verordnung betr. die Steigerungsraten der Steuer für das vierte Quartal des Jahres 1945 auf der Tagesordnung. Das Gesetz ist vom Koordinierungsausschuß gebilligt; die Vorlage wurde vom Fi-

nanzdirektorat in Absprache mit dem Rechtsdirektorat erarbeitet. Es sieht eine Steigerung von 25 Prozent der Lohnsteuer sowie eine vierteljährliche Erhöhung von 6 ½ Prozent auf das geschätzte Steueraufkommen des ganzen Jahres bei der Einkommens- und der Körperschaftssteuer vor. Haben meine Kollegen Einwendungen? Wir wollen von links nach rechts beginnen.

General Robertson: Ich habe keine Einwände und stimme der Vorlage zu.

General Eisenhower: Ich stimme zu.

General Schukow: Ich stimme zu.

General Koenig: Das Gesetz zur Steuererhöhung ist angenommen und geht zur Unterschrift herum. Der Wortlaut des Gesetzes wird am 22. Oktober, 18 Uhr, veröffentlicht.

2. General Koenig: Als zweiter Punkt steht ein Gesetz über Errichtung, Kontrolle und Aufgaben von Gewerkschaften auf der Tagesordnung. Der Gesetzentwurf wurde uns vom Koordinierungsausschuß vorgelegt, dessen Mitglieder ihm zugestimmt haben, abgesehen von einem Vorbehalt des französischen Vertreters gegenüber dem Wortlaut des ersten Paragraphen. Der französische Vertreter im Koordinierungsausschuß verlangte, daß der letzte Satz des letzten Absatzes enthalten soll: »innerhalb einer jeden Zone«.

Ich spreche jetzt als französischer Vertreter. Frankreich war die Wiege der Gewerkschaften, und sowohl ihre Entstehung wie ihre Traditionen als auch die Wahl eines Franzosen zum Sekretär des Internationalen Gewerkschaftsbundes zeigen wieder Frankreichs Haltung. Frankreich vertritt in Deutschland den gleichen Standpunkt, es ist ein Faktum, daß die Militärregierung in der französischen Zone mit der Tat bewiesen hat, daß sie nicht hinter den Alliierten zurücksteht, wenn es darum geht, die Wiederherstellung freier Gewerkschaften zu fördern. Im Bewußtsein der Bedeutung dieser Aufgabe versteht sie auch, daß die Aktivitäten der Gewerkschaften nicht von ihren Zielen abgelenkt werden dürfen, indem man sie in die Politik führt. In Anbetracht dessen sehe ich mich genötigt, gewisse Änderungen in den Artikeln 1 und 6 des Gesetzes zu verlangen.

Ich möchte dem Kontrollrat folgende Änderungen des Gesetzes vorschlagen. Am Ende des Artikels 1: Innerhalb jeder einzelnen Zone soll der Zusammenschluß von Gewerkschaften zu größeren Organisationen der Genehmigung des Oberbefehlshabers der Zone unterliegen. Der Zusammenschluß von Gewerkschaften zu Organisationen auf nationaler Ebene unterliegt der Genehmigung des Kontrollrats.

Ich möchte außerdem folgende Änderungen im Artikel 6 vorschlagen: Gewerkschaften sollen die Belange ihrer Mitglieder in beruflichen, wirtschaftlichen und sozialen Angelegenheiten vertreten. Sie werden autorisiert, mit Arbeitgebern oder Arbeitgeberverbänden über Löhne, Arbeitszeit und Arbeitsbedingungen im Rahmen der alliierten Gesetzgebung zu verhandeln. Alle Vereinbarungen über Löhne unterliegen der Zustimmung der für Tarife zuständigen deutschen Behörden. Die Aufnahme politischer Aktivitäten ist ihnen untersagt. Den Gewerkschaften ist es aber gestattet, 1) die Militärregierung bei der Entnazifizierung und der Beseitigung des Militarismus zu unterstützen, 2) bei der Umerziehung der Deutschen zur Demokratie mitzuwirken, 3) zusammen mit der Militärregierung und den deutschen Behörden am Wiederaufbau einer friedlichen deutschen Wirtschaft mitzuarbeiten, 4) an der Durchsetzung der alliierten Politik zur Beseitigung der Monopole und Kartelle mitzuwirken.

Ich möchte mir erlauben, Ihnen gegenüber zum Ausdruck zu bringen, daß dies keine wesentliche Änderung des Wortlauts des Artikels 6 gegenüber dem ursprünglichen Wortlaut bedeutet. Beabsichtigt ist lediglich die Betonung des Punktes, daß den Gewerkschaften nicht erlaubt werden darf, politische Aktivitäten zu entfalten.

Darf ich die Stellungnahmen meiner Kollegen zu dieser Frage erbitten?

General Robertson: Ich will den ersten Punkt nehmen. Ich bin dafür, daß der Entwurf bleibt wie er ist. Mir scheint, daß er im Ausschuß sehr gut durchdacht wurde und daß es geradezu gefährlich wäre, eine derartige Ergänzung in diesem Stadium vorzunehmen. Ich glaube, ohne eine genauere Prüfung könnte ich nicht sicher sein, welche Wirkung der vorgeschlagene Zusatz hätte, aber ich habe den Eindruck, daß er unerwünschte Einschränkungen auferlegen würde. Jedenfalls ist das Gesetz von so großer Bedeutung, daß ich die Meinung meiner Kollegen zu diesem Punkt hören möchte.

General Eisenhower: Mir ist es am liebsten, wenn der Entwurf bleibt wie er ist. Ich glaube auch nicht, daß es möglich ist, eine Vorlage hier im Kontrollrat so weitgehend und so detailliert zu verändern, ohne es an den Koordinierungsausschuß zurückzuverweisen. Ich möchte grundsätzlich meine Überzeugung zu Protokoll geben, daß solche Einschränkungen, wie die französische Vertretung sie durch den Zusatz zum ersten Abschnitt vorschlägt, nicht erlaubt werden sollen. Deshalb schlage ich vor, den Entwurf an den Koordinierungsausschuß zurückgehen zu lassen.

Marschall Schukow: Ich teile die Standpunkte von General Robertson und General Eisenhower und weise die französischen Änderungsvorschläge entschieden zurück.

Die Vorlage wurde im Koordinierungsausschuß sehr gründlich beraten, und ich glaube nicht, daß es notwendig ist, irgendwelche Änderungen der Artikel 1 und 6 vorzunehmen, die Vorlage muß jetzt von uns verabschiedet und unterschrieben werden wie sie ist. Ich würde gerne eine ganz geringfügige Änderung des Wortlauts eines Absatzes vorschlagen. Im Artikel 4 heißt es: Keine Person, die Amtsträger der Deutschen Arbeitsfront oder mehr als ein nominelles Mitglied der Nazipartei oder Nazisympathisant oder Militarist war, darf ein Amt bekleiden. Weil die Formulierung »mehr als ein nominelles Mitglied der Nazipartei« es Angehörigen der Nazipartei erlaubt, Ämter zu bekleiden, schlage ich vor, die Formulierung »mehr als ein nominelles Mitglied der Nazipartei« zu streichen. Das würde gar keinen Mitgliedern der Nazipartei die Ausübung von Ämtern erlauben.

General Eisenhower: Sie möchten die Worte »mehr als ein nominelles Mitglied« streichen? Das geht von mir aus in Ordnung. Ich würde das akzeptieren.

General Robertson: Ich stimme zu.

General Koenig: Ich stimme dem ebenfalls zu. Es ist nur eine Änderung des Ausdrucks. Was den Artikel 1 anlangt, muß ich sagen, daß ich meine Kollegen im Kontrollrat über meinen Standpunkt informiert habe, und ich kann meine Zustimmung zu diesem Dokument nur geben, wenn meine Auslegung förmlich zu Protokoll genommen wird.

General Schukow: Wir müssen die Entscheidungen der Weltkonferenz [des Weltgewerkschaftsbundes, der am 3. 10. 1945 die 2. Weltgewerkschaftskonferenz in London veranstaltet hatte] respektieren und unterstützen. Der Generalsekretär ist Franzose, aber Ihre Vorschläge unterscheiden sich ziemlich von den Beschlüssen dieser Konferenz.

General Koenig: Ich habe nichts anderes verlangt, als daß ins Protokoll kommt, was ich gesagt habe.

Marschall Schukow: Ich werde der Vorlage zustimmen, wenn

sie hier unterzeichnet wird, und in das Protokoll kann Ihre Stellungnahme aufgenommen werden.

General Eisenhower: Ich möchte lediglich sicherstellen, daß ich richtig verstanden habe. Sie sind bereit, dieses Gesetz zu unterzeichnen und in Kraft zu setzen unter dem einzigen Vorbehalt, daß Ihre Stellungnahme zu diesem Komplex im Protokoll festgehalten wird?

General Koenig: So ist es. Meine Interpretation soll zu Protokoll genommen werden. So wie ich es sehe, ist es eine Frage der Interpretation. Wenn meine Interpretation im Protokoll verzeichnet ist, werde ich das Gesetz unterschreiben und mich dafür einsetzen, daß es in Kraft tritt.

Marschall Schukow: Meine Bemerkung muß ebenfalls ins Protokoll.

General Koenig: Sicherlich. Alles, was wir hier sagen, wird protokolliert. Ich muß bestehen auf der Formulierung »Interpretation«; nicht »Meinung«, sondern »Interpretation«.

General Robertson: Ich habe das Gefühl, es sei unfair, von den Deutschen zu verlangen, daß sie das Gesetz in einer Weise befolgen, während wir das Gesetz in einer anderen Weise interpretieren. Zur gleichen Zeit akzeptiere ich das Gesetz, während ich die Verantwortung für Ihre Interpretation nicht übernehme.

Marschall Schukow: Ich stimme der Unterzeichnung des Gesetzes mit Ihnen zu unter der Voraussetzung, daß Sie das Dokument in Kraft setzen.

General Koenig: Ich stimme völlig zu, aber ich bestehe darauf, daß meine Interpretation protokolliert wird, und im Einklang mit meiner Interpretation werde ich das Gesetz in Kraft setzen.

General Eisenhower: Ich möchte eine ganz klare Frage stellen. Nach Ihrer Interpretation werden Sie den Zusammenschluß von Gewerkschaften oberhalb der Zonenebene nicht erlauben?

General Koenig: Das ist richtig, ja.

Marschall Schukow: Warum soll dann das Dokument überhaupt unterzeichnet werden?

General Eisenhower: Ich sehe keinen Grund dazu.

Marschall Schukow: Da jedes Mitglied des Kontrollrats in seiner Zone ein Gesetz über die Organisation der Gewerkschaften selbst in Kraft setzen kann, sehe ich keine Veranlassung zur Unterzeichnung des Entwurfs. Vor nur einigen Minuten habe ich noch gemeint, daß Sie gesagt hätten, Sie wollten dieses Dokument in Kraft setzen, aber jetzt erklären Sie, daß Sie die Errichtung einer Gewerkschaftsorganisation nicht erlauben werden, wenn sie auf höherer Ebene als der Ihrer Zone erfolgen soll.

General Koenig: Diese beiden Erklärungen können leicht in Übereinstimmung gebracht werden. Ich sagte, ich würde das Gesetz mit folgender Interpretation des ersten Artikels unterschreiben: »Innerhalb jeder Zone ist es Gewerkschaften erlaubt, sich mit Zustimmung des Oberbefehlshabers der Zone zu größeren Verbänden zusammenzuschließen. Der Zusammenschluß von Gewerkschaften auf nationaler Ebene bedarf der Zustimmung des Kontrollrats.«

Ich sagte, ich sei bereit, den Entwurf zu unterzeichnen unter der Voraussetzung, daß meine Interpretation im Protokoll festgehalten wird. Ich kann keinen Widerspruch erkennen in dem, was ich sagte, zwischen meiner Interpretation und dem ersten Artikel des Gesetzes. Es ist eine Auslegung, die ich mir in meiner eigenen Zone vorbehalten muß.

Marschall Schukow: Ich meine, wir sind hier beisammen, um Dokumente zu unterzeichnen, die auf gleiche Weise in Kraft gesetzt und ausgelegt werden, aber das tun wir nicht.

General Koenig: Ich führte aus, daß Artikel 1 festsetzt »in größere Organisationen«. Deshalb habe ich verlangt, daß meine Interpretation im Protokoll festgehalten wird, damit die Angelegenheit im Hinblick auf die Organisationen präziser behandelt werden kann als derzeit. Ich frage zum Beispiel, ob der Kontrollrat nicht ein Wort mitreden sollte, wenn die Gewerkschaften sich auf nationaler Ebene vereinigen wollen?

Marschall Schukow: Wir im Kontrollrat bringen, was eine nationale Gewerkschaftsorganisation angeht, weder Ansichten noch Wünsche zum Ausdruck.

General Koenig: Ich kann nur wiederholen, was ich gesagt habe, daß ich der Unterzeichnung des Gesetzes nur zustimmen kann, wenn meine Auslegung ins Protokoll kommt.

General Eisenhower: Der französische Vertreter hat festgestellt, daß die vorgeschlagene Ergänzung zum Artikel 1 in keiner Weise den Sinn des Artikels ändert. Deshalb schlage ich vor, den Entwurf an den Koordinierungsausschuß zurückzuverweisen, damit dort geprüft wird, ob die anderen Vertreter den Franzosen zustimmen können, daß kein wesentlicher Unterschied besteht. Die amerikanischen Vertreter glauben, daß dieser Kontrollrat errichtet wurde, um Deutschland als Einheit zu überwachen. Wenn sich herausstellt, daß nichts einheitlich geregelt werden kann und daß es nicht möglich ist, gleichförmige Gesetze mit Geltung im ganzen Land zu erreichen, dann scheint es, daß wir hier unsere Zeit vergeuden. Ich schlage aber vor, diesen Entwurf an den Koordinierungsausschuß zurückgehen zu lassen.

General Robertson: Ich bin bereit, General Eisenhower beizupflichten, da ich ohne weitere Prüfung den Ergänzungen ganz sicher nicht zustimmen könnte. Ich möchte auch, daß die von Marschall Schukow vorgeschlagene Ergänzung geprüft wird. Ich stimme dem Inhalt der Ergänzung zu, um die Verabschiedung des Gesetzentwurfs nicht aufzuhalten. Wenn aber der Entwurf zum Koordinierungsausschuß zurück muß, hätte ich gerne, daß dieser genau prüft ..., insbesondere hinsichtlich der Formulierung »mehr als ein nominelles Mitglied der Nazi Partei« ... im Berliner Protokoll [Potsdamer Abkommen]. Ich möchte feststellen, daß ich nicht gegen den Zusatz von Marschall Schukow bin, daß ich nur seine Prüfung empfehle ...

Marschall Schukow: Es besteht kein Zusammenhang zwischen dem Dokument, das in Berlin unterzeichnet wurde, und der von mir vorgeschlagenen Ergänzung dieses Absatzes, denn im Berliner Protokoll bezieht sich die Formulierung »nominelle Mitglieder der Nazipartei« nicht auf Gewerkschaftsmitglieder. Deshalb habe ich nicht den geringsten Zweifel, daß die von mir vorgeschlagene Formulierung vom Koordinierungsausschuß gebilligt wird. Nach meiner persönlichen Überzeugung wurde die Vorlage im Koordinierungsausschuß sehr gründlich beraten, und wenn General Robertson und General Eisenhower vorschlagen, den Entwurf an den Koordinierungsausschuß zurückzuschicken, dann stimme ich ihnen zu.

General Eisenhower: Lassen Sie mich meinen Standpunkt gegenüber dem Marschall verdeutlichen. Ich stimme der Vorlage zu, aber wenn wir nicht eine Terminologie des ersten Absatzes bekommen, die ihn wirksam macht, hat es keinen Zweck, das Gesetz zu unterzeichnen. Im Bemühen, die Unterschriften unter diese wichtige Vorlage zu bekommen, stimme ich dieser Lösung zu.

Marschall Schukow: Ich stimme zu.

General Robertson: Ich stimme zu.

General Koenig: Ich danke Ihnen, meine Herren. Ich möchte gegenüber diesen Erklärungen feststellen, daß immerhin eine Reihe von Dokumenten hier unterzeichnet wurde, die Gesetzeskraft erhielten. Die Vorlage wird an den Koordinierungsausschuß zurückverwiesen.

3. Als dritter Punkt der Tagesordnung steht eine Erklärung an die Deutschen über die Grundsätze einer Reform des deutschen Rechtswesens auf der Tagesordnung. Der Gesetzentwurf wurde vom Koordinierungsausschuß verabschiedet. Er enthält den Grundsatz der Gleichheit vor dem Gesetz, die Abschaffung der Sondergerichte und die Garantien der Rechte des Angeklagten. Es gibt einen Punkt ... im Absatz fünf des Artikels 2: »Urteile, die unter dem Hitlerregime aus politischen, rassischen oder religiösen Gründen zu Unrecht gefällt wurden, sind zu kassieren.« Ich denke, wir stimmen alle darin überein, ... [es folgen unverständliche Halbsätze].

Ich wurde durch unseren Vertreter im Direktorat für das Rechtswesen informiert, daß der sowjetische Vertreter die Absicht hatte, tiefgreifende Änderungen im Text zu verlangen, und daher möchte ich zunächst ihn nach seinen Vorschlägen fragen, ehe ich die Stellungnahme meiner Kollegen erbitte.

Marschall Schukow: Ich habe keine Änderungswünsche zu diesem Dokument. Ich stimme der vom General vorgeschlagenen Berichtigung zu. Die Korrekturen, die wir vorschlagen wollten, sind meiner Meinung nach im Augenblick nicht notwendig.

General Eisenhower: Ich akzeptiere Ihre Ergänzung und habe keine Vorschläge dazu.

General Robertson: Ich stimme dem Entwurf zu, und ich akzeptiere Ihren Zusatz. Es gibt einen ganz geringfügigen Punkt, aber man hat mir mitgeteilt, daß durch ein Versehen die Überschrift »Schlußklausel« im Artikel 5 ausgelassen wurde. Man hat mich informiert, daß das in der Version, die publiziert wird, berichtigt wird.

General Eisenhower: General Koenig, Sie haben Ihren Standpunkt mir gegenüber behauptet, und ich räume das ein.

General Koenig: Vielen Dank.

4. General Koenig: Ich möchte meine Kollegen fragen, ob sie Gegenstände zum Punkt Verschiedenes haben?

Marschall Schukow: Um die Beschlüsse der Potsdamer Konferenz in die Tat umzusetzen, schlage ich vor, den Koordinierungsausschuß zu beauftragen, einen Plan zur Ausführung der Beschlüsse der Potsdamer Konferenz auszuarbeiten. Wenn dieser Plan vorliegt, sind wir in der Lage, die Beschlüsse der Potsdamer Konferenz im vollen Umfang auszuführen. Gegenwärtig haben wir keine solchen Pläne. Deshalb würde ich gerne die Meinung meiner Kollegen über diesen sehr wichtigen Gegenstand hören.

General Eisenhower: Ich unterstütze die Idee auf das wärmste.

General Robertson: Ich stimme damit überein.

General Koenig: Als französischer Vertreter und als Vorsitzender dieses Gremiums bin ich verpflichtet, meinen Kollegen meine Erklärung vom ersten Oktober ins Gedächtnis zu rufen. Deshalb und in Anbetracht dessen, daß ich bei dieser Sitzung den Vorsitz führe, bin ich bereit zuzustimmen, daß dieser Vorschlag dem Koordinierungsausschuß überwiesen wird; in meiner Eigenschaft als französischer Vertreter bin ich sicher, daß Sie alle wissen, wie der französische Standpunkt lauten wird.

Ich schlage daher vor, daß der Vorschlag von Marschall Schukow dem Koordinierungsausschuß übermittelt wird.

Marschall Schukow: Um den Plan vorzubereiten und um ihn dem Kontrollrat zur Beratung zu übergeben.

General Koenig: Ich schlage vor, die nächste Sitzung des Kontrollrats auf 30. Oktober, 14 Uhr, anzusetzen.

Die Sitzung wurde um 15.15 Uhr beendet.

5. Zustände und Tendenzen im Frühjahr 1946: Die amerikanische und die britische Zone vor der Fusion

An der Tagung des Länderrats der US-Zone am 3. April 1946 in Stuttgart nahm eine Delegation des Zonenbeirats der britischen Zone (darunter Adenauer und Schumacher als Parteivertreter, die Bürgermeister von Bremen und Hamburg, die Oberpräsidenten der Provinzen in der britischen Zone) teil. Nach der Begrüßung durch den bayerischen Ministerpräsidenten Hoegner hielt der Vorsitzende des Zonenbeirats, Oberpräsident Dr. Robert Lehr, eine Ansprache, in der, ebenso wie in den anschließenden Bemerkungen des Hamburger Bürgermeisters Petersen, die staatsrechtliche, wirtschaftliche und politische Situation im Frühjahr 1946 umrissen wurde. Der Situationsbericht, der teilweise ausdrücklich an die anwesenden Vertreter beider Militärregierungen gerichtet war, spiegelt die unterschiedliche Entwicklung der beiden Zonen, aber auch den starken Wunsch nach Überwindung der Zonengrenzen. Wenig später, aber natürlich nicht dadurch veranlaßt, schlug der US-Außenminister Byrnes auf der Außenministerkonferenz in Paris die Fusion der Besatzungszonen vor. Nur die britische Regierung nahm die Offerte an, die ab Herbst 1946 zur Bizone führte, einer entscheidenden Station der Gründung der Bundesrepublik.

Quelle: Akten zur Vorgeschichte der Bundesrepublik Deutschland (AVBRD). Bd. 1, bearb. von Walter Vogel und Christoph Weisz, München, Wien 1976, S. 423–428.

Nach begrüßenden Worten des Herrn MinPräs. Dr. *Hoegner* führte OPräs. Dr. *Lehr* [...] aus:

Für uns ist es eine besondere Freude, an Ihrer Tagung teilnehmen zu dürfen und uns auszusprechen. Sie erinnern sich, daß wir bereits einmal [am 6. 2. 1946] bei Ihnen waren, Herr Oberpräsident Kopf – Hannover – und ich. Wir haben unseren Kollegen darüber berichtet und ihre volle Zustimmung gefunden. Der erste und grundlegende Punkt unserer damaligen Ausführungen war das Bekenntnis zur Einheit des deutschen Vaterlandes nicht nur auf der wirtschaftlichen, sondern auch auf der politischen Ebene. Ich bin heute in der Lage, dieses Bekenntnis im Bewußtsein zu wiederholen, daß die Bevölkerung der gesamten britischen Zone in ihrer überwiegenden Mehrheit und geschlossen hinter diesem Bekenntnis steht, daß sich die gesamte rheinisch-westfälische Arbeiterschaft zu dieser Einheit des deutschen Vaterlandes bekennt.

Wo etwa einige Stimmen des Separatismus laut geworden sind – und es gibt immer traurige Gestalten, die aus der Not des Landes ihre eigene Münze prägen wollen – sind diese in der verschwindenden Minderzahl, und sie werden genauso weggefegt werden, wie dies mit den Separatisten im Jahre 1923 geschah. Der Gedanke an eine Zusammenfassung setzt voraus, daß unsere Maßnahmen, die wir in der Zwischenzeit treffen, den Boden des künftigen einheitlichen Vaterlandes vorbereiten. Wir müssen uns klar darüber sein, daß wir das Fundament schaffen, daß unsere Konstruktionen die tragenden Pfeiler des künftigen Aufbaus sein werden, und deswegen begrüßen wir Ihren Länderrat, diese Zusammenfassung mit schon weitgehender Übertragung von Befugnissen und Aufgaben. Wir freuen uns an Ihrer klar durchdachten Organisation und der Vielfalt Ihrer Aufgabengebiete. Es ist unser Wunsch, daß etwas Ähnliches auch in Nordwest-Deutschland geschaffen werde.

Für das harmonische Zusammenarbeiten zwischen Nord und Süd ist Voraussetzung, daß sich die staatsrechtlichen Konstruktionen im wesentlichen ähneln.

Was diese staatsrechtlichen Konstruktionen bei uns anlangen, so sind unter den Gebilden, die heute die britische Zone führend beherrschen, zwei hervorzuheben: der Zonenbeirat in Hamburg und der Wirtschaftsrat in Minden. Beide sind in ihrer Wesensart und in ihrem Aufgabengebiet verschieden. Der Wirtschaftsrat in Minden, ursprünglich ein Ratgeber der britischen Militärregierung, soll allmählich auch ein beschließendes Organ werden, eine zentrale und ministerielle Instanz. Der Wirtschaftsrat hat in der letzten Zeit Maßnahmen ergriffen, die für die einheitliche Ausrichtung der Wirtschaft in der britischen Zone von Bedeutung sind. Diese Maßnahmen sind Ihnen vielleicht unter der Bezeichnung »Sparta-Plan« bereits bekannt. Dieser Plan sieht von Vierteljahr zu Vierteljahr eine Zusammenfassung der Vorhaben auf wirtschaftlichem Gebiet vor, die die Ingangsetzung der Wirtschaft in der britischen Zone nach einheitlichen Gesichtspunkten ermöglicht. Das bedeutet einen großen Fortschritt, nachdem in der ersten Anlaufzeit die einzelnen regionalen Gebiete versuchen mußten, selbst die in Trümmer zerschlagene Wirtschaft zusammenzuflicken. Heute plant der Mindener Rat, und die regionalen Behörden können nur ergänzend von ihrem besonderen Gesichtskreis aus eingreifen.

Dieser Mindener Rat steht in engem Zusammenhang mit dem Zonenrat in Hamburg, der das Merkmal einer politischen Körperschaft trägt [...].

Hier sind Gesichtspunkte gegeben, nach denen sich unsere staatsrechtliche Konstruktion ausrichten kann, ohne daß sich eine bestimmte regionale Begrenzung schon festlegen läßt.

Solche größeren Ländergruppen, einheitlich ausgerichtet, sparsam verwaltet und in ihrer Wirtschaft auf das Höchste der Leistungsfähigkeit entwickelt, sind die eigentlichen Tragpfeiler künftiger einheitlicher deutscher Entwicklung. Nur auf dieser Basis kann sich ein gesundes, für seine Nachbarn ungefährliches Deutschland entwickeln. Jede Entwicklung zur Ohnmacht hin bedeutet eine Beunruhigung für Deutschlands Nachbarn. Wir glauben, daß die deutschen Interessen und die Interessen der engl. und amerik. Besatzungsbehörden voll übereinstimmen, und glauben auch, daß jetzt die Zeit gekommen ist, über diese Dinge zu sprechen.

Wenn Sie nun fragen, warum wir es in diesen Dingen noch nicht weiter gebracht haben, so muß ich Ihnen dasselbe sagen, was ich bei unserem ersten Besuch vorgetragen habe. Über uns und besonders über Rhein und Ruhr schwebten düstere Schatten. Wir wußten ja gar nicht, wie unsere gebietliche Gestaltung werden würde. Erst in den allerletzten Tagen haben wir aus Presse und Rundfunk die Hoffnung geschöpft, daß man den berechtigten Interessen Deutschlands Rechnung tragen wird, daß man seine Lebensinteressen besser erkannt hat als zuvor und daß man in Anlehnung an die Potsdamer Beschlüsse von einer weiteren Aufsplitterung Abstand nehmen will. Offen geblieben ist die Frage der wirtschaftlichen Kontrolle. Es ist auch der Wunsch der Leute von Rhein und Ruhr, daß ihre einst so blühende Wirtschaft nicht wieder von politischen Abenteurern zu politischen Zwecken mißbraucht wird. Aber niemand ist besser in der Lage, dies zu verhindern als diese Bevölkerung, die unter dem Mißbrauch gelitten hat. Wenn man uns ein solches Vertrauen noch nicht entgegenbringt und eine Kontrolle sich selbst vorbehält, so ist das verständlich, aber wir bitten, in diese Kontrolle in beratender Form mit eingeschaltet zu werden. Denn wir wissen ja am besten, was nottut [...].

Unser Wunsch ist es, auf staatsrechtlichem Gebiet eine Angleichung zu den Verhältnissen in Süddeutschland zu finden. Wir sehen in den bestehenden Gebilden noch nicht der Weisheit letzten Schluß. Es scheint uns vor allem wichtig, aus der Vielfalt der regionalen Gebiete zu einer größeren einheitlichen Zusammenfassung zu kommen. Wenn man annimmt, daß die bisherige Aufgliederung der britischen Zone in 9 Gebietsteile die Grundlage künftiger Entwicklung sein soll, so ist zu sagen, daß diese vielfältige Gliederung uns für den künftigen Wiederaufbau Deutschlands nicht richtig erscheint [...].

Ich glaube, daß eine Zusammenfassung (wie in Süddeutschland) in drei große Regierungsgebiete für uns sehr wünschenswert wäre. Solche Gebiete zeichnen sich auch bei uns wirtschaftlich und stammesmäßig ab, nämlich das rheinisch-westfälische Wirtschaftsgebiet, das niedersächsische Gebiet und die Länder an der Nord- und Ostsee.

In der Wirtschaftsentwicklung sind wir im Augenblick an einem verhängnisvollen Krisenpunkt angelangt; stellenweise ist ein empfindlicher Stillstand und sogar Rückschritt eingetreten. Diese Entwicklung war vorauszusehen. Wir haben schon damals, als wir zum ersten Mal Ihnen berichteten, immer wieder darauf hingewiesen, daß der Schlüssel alles wirtschaftlichen Aufstiegs bei der Kohle zu suchen ist [...].

Es ist hier auch ein offenes Wort notwendig gegenüber der Militärregierung. Wir hören ja auch so manches über den Äther und lesen ab und zu eine englische oder amerikanische Zeitung.

Es wäre wissenswert, ob die Fairness in der Erfüllung der Verträge auf allen Seiten besteht. Aber unsere Besatzungsbehörde sollte doch auch manchmal daran denken, daß einem das Hemd näher ist als der Rock, und an den Satz der Bibel, man soll dem Ochsen, der drischet, nicht das Maul verbinden.

Wenn es uns gelingt, die Kohleförderung zu heben, und wir von dieser Menge ein bestimmtes Quantum zur Verfügung gestellt bekommen, dann ist der Engpaß durchschritten, und wir kommen zur wirtschaftlichen Gesundung. Gelingt es uns, für unsere Wirtschaft Kohlen freizubekommen, dann erhalten die Alliierten Reparationen, dann erhält das übrige Europa, was es braucht, und wir haben Arbeit und Brot.

Zur Ernährungslage noch ein kurzes Wort:

Aus der Presse und sonstigen Veröffentlichungen geht hervor, daß man in den KZ-Lagern die Leute langsam absterben ließ. Man kann das auch außerhalb der KZ tun, wenn man die Kalorien zu niedrig ansetzt. Das deutsche Volk geht langsam, aber unaufhörlich zurück, mit 1014 Kalorien kann der Mensch auf die Dauer nicht bestehen. Ein Mensch, der arbeiten soll, kann auch bei 1500 Kalorien nicht bestehen. Deshalb ist auch in der gesamten Wirtschaft ein starker Rückgang in der Leistung zu beobachten. Vor allem im Bergbau macht sich die »Fehlschicht« sehr unangenehm bemerkbar. Zu normalen Zeiten gab es 9–10% Fehlschichten, während es heute 25–30% sind.

Es ist bisher in der Welt noch nicht vorgekommen, daß ein Volk vollständig besiegt, in schlechten Wohnungen, bei schlechter Ernährung, ohne zureichende Bekleidung, vielfach auf der Flucht, seinen eigenen Wiederaufbau leisten und noch zum Wiederaufbau Europas beitragen soll. An dem Maß der Arbeit, das von uns verlangt wird, sollte auch das Maß der Lebensmittelzuteilungen bemessen werden.

Endlich zur Verwaltung: Wir haben in der britischen Zone eine weitgehende Verwaltungsreform erhalten, die von der britischen Militärregierung ausgeht. Wir haben ein neues Städterecht bekommen. Es enthält eine Aufteilung der Befugnisse in eine politische und exekutive Verwaltung, die allein die Verwaltungsgeschäfte führt. Der Gedanke war, die Gemeindeverwaltung zu entpolitisieren und Politik und Verwaltung zu trennen. Die Lösung erscheint mir nicht ganz glücklich, vor allem weil der Begriff der kommunalen Aufsicht vollständig fehlt. Auf der einen Seite ist stark das Bestreben vorhanden, zu dezentralisieren, auf der anderen Seite schafft man neue Zentralstellen, die natürlich das Bestreben haben, sich einen Unterbau zu schaffen, womit die Gefahr des Nebeneinanderhergehens und des Spezialistentums gegeben ist. Eine besonders brennende Frage ist die der Polizei. Sie alle wissen, wie stark in dieser Zeit die Moral gesunken ist, denn da, wo das Hungern und das Frieren anfängt, hört die innere Ethik meistens auf. Nun ist unsere Polizei der Staatsgewalt vollständig entzogen, sie ist in 32 autonome Verwaltungen unterteilt, auf die wir überhaupt keinen Einfluß haben. Diese Maßnahmen entspringen dem Wunsch, die Polizei zu entmilitarisieren. Das erreicht man aber nicht dadurch, daß man die Polizei unter Polizeioffizieren selbständig macht. Es wäre viel zweckmäßiger, sie einer zivilen Behörde zu unterstellen.

Bürgermeister *Petersen* [...] machte einige ergänzende Ausführungen über die wirtschaftliche Lage [...].

Wir sind nichts anderes als Konkursverwalter. Und wenn der Gläubiger von seinem Schuldner etwas haben will, so muß er ihm zuerst etwas Ruhe gönnen, um sich zu erholen. Eine Gesundung der Weltwirtschaft kann man nur erreichen, wenn man auch Deutschland wieder eingliedert. Wenn die Ernährungslage so schlecht ist, so muß man alle Möglichkeiten erwägen, um zu helfen. Es ist z.B. ein Unding, daß man in Dänemark Fische wieder ins Meer wirft, weil man keinen Absatz dafür hat, oder das Innere der geschlachteten Tiere verrotten läßt, anstatt es nach Deutschland zu liefern.

Erst muß einmal die Produktion wieder anlaufen und die Währungsfrage gelöst sein, dann erst kann Deutschland seinen Beitrag zum Aufbau Europas leisten. Wir bitten, daß man uns Gelegenheit gibt, durch Veredlung der Rohstoffe zu beweisen, daß wir guten Willens sind.

Forschungsstand und Literatur

Wenn eine beliebige Zahl von Jahrzehnten nach einem Ereignis vergangen ist, muß es in Form eines Jubiläums oder – wenn es düstere Ereignisse waren – in Form der Beschwörung ins Gedächtnis gerufen werden. Das ist unvermeidlich und im großen und ganzen auch gut so: Die Rede des Präsidenten der Bundesrepublik Deutschland zur Erinnerung an den 8. Mai 1945 war würdig und bedeutend, nützlich und notwendig; viele Darbietungen im Rundfunk und Fernsehen, in Akademien und Bildungsveranstaltungen haben Kenntnisse vermittelt und Erkenntnisse ermöglicht. Der literarische Ertrag des Gedenkjahres vierzig Jahre nach Kriegsende und Kapitulation ist indessen keine reine Freude. Bei früherer Gelegenheit, zum dreißigsten Geburtstag der beiden deutschen Nachkriegsstaaten, war eine Woge von Titeln auf den Buchmarkt geschwappt, in denen als gemeinsame Metapher die »Stunde Null« vorkam. Wenn es sie gegeben hätte, sie hätte lange gedauert, diese »Stunde Null«, die das vermeintliche oder gewollte Vakuum zwischen 1945 und der Neubegründung deutscher Staatlichkeit ausfüllen sollte. Dank rühriger historischer Forschung existiert das Vakuum 1945–1949 nicht mehr; die Beschwörung der »Stunde Null« verfolgt nun die eindeutige Absicht: das Negieren oder Minimieren einer Periode, in der Entscheidendes geschah, jedoch ohne deutsche Mitwirkung und vieles gegen deutschen Willen.

Als das alte Genre in neuem Aufputz präsentierte sich im Gedenkjahr 1985 eine Art Trümmerlyrik: Unter Außerachtlassung alles Politischen waren der Nachkriegszeit neue Reize abzugewinnen, die zuerst in einer Ausstellung ›Trümmerzeit in München – Kultur und Gesellschaft einer deutschen Großstadt im Aufbruch 1945–1949‹ dem Publikum vorgeführt und dann begleitend in Büchern nachbereitet wurden. Auf »Trümmerzeit« folgte das »Trümmerkaleidoskop« (ein Titel bestürzender Konzeptionslosigkeit), diesem das »Trümmerleben«; nach solcher Trümmerseligkeit besteht allenfalls Hoffnung auf die Trümmerdämmerung[1]. Unter den Anthologien zum Thema ›Der Krieg ist aus‹ gibt es nützliche[2] und lesenswerte wie die neu betitelte und neu eingeleitete Edition von Materialien, die Erich Kuby 1955 zusammenbrachte[3], und es gibt reichlich Ärgerliches, das nur aus Gründen der Konjunktur publiziert wurde[4].

[1] Friedrich Prinz (Hrsg.), Trümmerzeit in München. Kultur und Gesellschaft einer deutschen Großstadt im Aufbruch 1945–1949. München 1984; Friedrich Prinz und Marita Krauss (Hrsg.), Trümmerleben. Texte, Dokumente, Bilder aus den Münchner Nachkriegsjahren. München 1985.

[2] Klaus-Jörg Ruhl (Hrsg.), Deutschland 1945. Alltag zwischen Krieg und Frieden in Berichten, Dokumenten und Bildern. Darmstadt, Neuwied 1984.

Ein wichtiger Beitrag zur Erforschung der Zeit und ein wertvolles Hilfsmittel zur Nachkriegsgeschichte verbirgt sich dagegen im schlichten Gewand eines Antiquariatskatalogs. ›Deutschlands Erneuerung 1945–1950‹ lautet der etwas prätentiöse Titel[5]; in ihm werden biobibliographische Informationen geboten über Texte und Autoren von Wissenschaftlern, Politikern, Journalisten und Schriftstellern, die mehr als nur einen Überblick über geistige und politische Strömungen der Nachkriegsjahre geben.

Der Stand der Forschung (wobei die Beschränkung auf Westdeutschland für die erste Zeit nach 1945 nur bedingt eine Einschränkung bedeutet) läßt sich dem Sammelband ›Westdeutschland 1945 bis 1955‹ entnehmen, der als Frucht einer Tagung im Münchner Institut für Zeitgeschichte publiziert wurde[6]. In fünf großen Abschnitten werden die Grundzüge der Deutschlandplanung der Alliierten – der Intention des Bandes entsprechend ohne die Sowjetunion – erörtert, der Frage nach Kontinuität und Wandel der gesellschaftlichen und politischen Entwicklung von Weimar bis Bonn sind Beiträge gewidmet, die das Problem auf den Gebieten Rechtsordnung, Arbeiterbewegung, Landwirtschaft und Entnazifizierung einkreisen. Ein Fazit wird in weiteren Untersuchungen gezogen, die der Prägung Westdeutschlands durch die Alliierten nachgehen und unter diesem speziellen Aspekt die amerikanische, britische und französische Okkupationspolitik betrachten. Den Hypotheken der Vergangenheit sind schließlich Beiträge zur Wiedergutmachung gewidmet. Ein Schwerpunkt liegt auf der Westintegration der Bundesrepublik und den ihr zugrunde liegenden politischen und ökonomischen Intentionen.

Da Quellen sowjetischer Provenienz bisher noch nicht zur Verfügung standen, mangelt es auch an einer ähnlich dichten Literatur, wie sie für die Westzonen und das Vorstadium der Bundesrepublik vorliegt. Über die sowjetische Deutschlandpolitik, soweit sie sich mit beschränkten Mitteln darstellen ließ, orientieren Alexander Fischer und Walrab von Buttlar[7]; über die Formierungsphase der DDR, die Zeit der »antifaschistisch-demokratischen Umwälzung 1945–1949« informiert Hermann Weber in den einschlägigen Kapiteln seiner DDR-Geschichte bzw. der damit korrespondierenden Dokumentensammlung[8]. Der

[3] Erich Kuby, Das Ende des Schreckens. Januar bis Mai 1945. München 1986.

[4] Nur als Beispiel ein »Spiegelbuch«: Wolfgang Malanowski (Hrsg.), 1945. Deutschland in der Stunde Null. Hamburg 1985.

[5] Deutschlands Erneuerung 1945–1950. Katalog des Antiquariats Cobet. Frankfurt a. M. 1985.

[6] Ludolf Herbst (Hrsg.), Westdeutschland 1945–1955. Unterwerfung, Kontrolle, Integration. München 1986.

[7] Alexander Fischer, Sowjetische Deutschlandpolitik im Zweiten Weltkrieg 1941–1945, Stuttgart 1975; Walrab von Buttlar, Ziele und Zielkonflikte in der sowjetischen Deutschlandpolitik 1945–1947. Stuttgart 1980.

[8] Hermann Weber, Geschichte der DDR. München 1985; ders. (Hrsg.),

Geschichte der Ostzone als Vorgeschichte der DDR ist in dieser Reihe der Band von Dietrich Staritz gewidmet, in dem die Umstrukturierung der Gesellschaft, der soziale und politische Transformationsprozeß unter sowjetischer Besatzungsherrschaft beschrieben ist[9]. Aus marxistischer Sicht gibt es, mehr oder weniger gerafft, über die Zeit nach der Kapitulation/Befreiung mehrere Darstellungen im Überblick[10], daneben – und als Pendant dazu – die Klassiker der Restaurationsthese, teilweise in Neuauflage, die allerdings, angesichts der zwischenzeitlichen Forschung, an Überzeugungskraft eher noch verloren haben[11].

Mit welchem politischen, wissenschaftlichen, pädagogischen oder sonstigen Anspruch sie auch auftreten, anfechtbar sind die Versuche zur Gesamtdarstellung allemal: prächtig illustriert und fast drei Kilogramm schwer die ›Jahre der Besatzung‹[12], zwei Taschenbücher stark die ›Deutsche Geschichte 1945–1961‹ von Rolf Steininger, deren Schwergewicht auf der alliierten Deutschlandpolitik und der Teilung Deutschlands liegt, dargeboten in (manchmal bis zur Verstümmelung gekürzten) Dokumenten mit knapp einführendem Text[13], oder in programmatischer Beschränkung auf die Bundesrepublik der Versuch, Politik, Wirtschaft, Gesellschaft und Kultur in vier Bänden in problemorientierten Längsschnitten bis in die 80er Jahre darzustellen[14]. Zwei ältere Gesamtdarstellungen[15], die einst Pionierfunktion hatten, sind

DDR. Dokumente zur Geschichte der Deutschen Demokratischen Republik 1945–1985. München 1986.

[9] Dietrich Staritz, Die Gründung der DDR. Von der sowjetischen Besatzungsherrschaft zum sozialistischen Staat. München 1984.

[10] DDR. Werden und Wachsen. Zur Geschichte der Deutschen Demokratischen Republik. Berlin (Ost) 1974 (das Kapitel 1945–1949 schrieb Siegfried Thomas, den von einem Autorenkollektiv verfaßten Band verantwortet das Zentralinstitut für Geschichte der Akademie der Wissenschaften der DDR); Geschichte der Deutschen Demokratischen Republik. Berlin (Ost) 1981 (von einem Autorenkollektiv unter Leitung von Rolf Badstübner verfaßt und vom Wissenschaftlichen Beirat für Geschichtswissenschaft beim Ministerium für Hoch- und Fachschulwesen herausgegeben); Heinz Heitzer, DDR. Geschichtlicher Überblick. Berlin (Ost) 1979.

[11] Determinanten der westdeutschen Restauration 1945–1949. Frankfurt a.M. 1972; Eberhard Schmidt, Die verhinderte Neuordnung 1945–1952. Zur Auseinandersetzung um die Demokratisierung der Wirtschaft in den westlichen Besatzungszonen und in der Bundesrepublik. Frankfurt a.M. 1970; Ute Schmidt und Tilman Fichter, Der erzwungene Kapitalismus. Klassenkämpfe in den Westzonen 1945–1948. Berlin (West) 1971; Rolf Badstübner und Siegfried Thomas, Die Spaltung Deutschlands 1945–1949. Berlin (Ost) 1966.

[12] Theodor Eschenburg, Jahre der Besatzung 1945–1949. Stuttgart und Wiesbaden 1983.

[13] Rolf Steininger, Deutsche Geschichte 1945–1961. Darstellung und Dokumente in zwei Bänden. Frankfurt a.M. 1983.

[14] Wolfgang Benz (Hrsg.), Die Geschichte der Bundesrepublik Deutschland, Band 1: Politik, Band 2: Wirtschaft, Band 3: Gesellschaft, Band 4: Kultur. Frankfurt a.M. 1989

[15] Thilo Vogelsang, Das geteilte Deutschland, München 1966 und zahlreiche

weder konzeptionell noch wegen der seither so erfreulich veränderten Quellenlage und des daraufhin mächtigen Fortschreitens der Forschung noch auf der Höhe der Wissenschaft. Als überzeugendes Beispiel, die Gründerjahre beider deutscher Nachkriegsstaaten zusammenfassend darzustellen, bleibt das Buch ›Die doppelte Staatsgründung‹ zu erwähnen, das über die historiographische Synthese von Forschungsergebnissen hinaus auch gut ausgewähltes Dokumentenmaterial bietet[16].

Auf wichtige Aspekte beschränkt oder geographisch-politisch – auf das Gebiet einzelner oder mehrerer Zonen – begrenzt gibt es eine ganze Reihe wichtiger Arbeiten, die Kontinuitäts- und Traditionsproblemen gewidmet sind wie die ›Sozialgeschichte der Bundesrepublik Deutschland‹, in der die langfristigen gesellschaftshistorischen Linien seit dem 19. Jahrhundert nachgezogen werden[17]. Unterschiedlich in Gewicht und Umfang sind monographische Ansätze, die größeren Komplexen gewidmet sind, unter ihnen gibt es bereits Klassiker wie Schwarz ›Vom Reich zur Bundesrepublik‹[18], Gimbels ›Amerikanische Besatzungspolitik‹[19] oder die unter dem Titel ›Mitläuferfabrik‹ neu aufgelegte Studie Niethammers zur Entnazifizierung[20] sowie Arbeiten zur Bodenreform[21], über die Entlassung der Kriegsgefangenen[22], über die Kulturpolitik einer Großstadt[23], zur Geschichte einer Nachkriegszeitung in der bayerischen Provinz[24]. Die auf kleinem Untersuchungsfeld gewonnene Erkenntnis hilft, wie etwa Abelshausers Arbeit ›Wirtschaft in Westdeutschland‹[25] zeigt, in der Regel weiter als die generalisierende Dar-

Neuauflagen; Alfred Grosser, Geschichte Deutschlands seit 1945. München 1974.

[16] Christoph Kleßmann, Die doppelte Staatsgründung. Deutsche Geschichte 1945–1955. Göttingen 1982.

[17] Werner Conze und M. Rainer Lepsius (Hrsg.), Sozialgeschichte der Bundesrepublik Deutschland. Beiträge zum Kontinuitätsproblem. Stuttgart 1983.

[18] Hans-Peter Schwarz, Vom Reich zur Bundesrepublik. Deutschland im Widerstreit der außenpolitischen Konzeptionen in den Jahren der Besatzungsherrschaft 1945–1949. Neuwied 1966, 2. Aufl. Stuttgart 1980.

[19] John Gimbel, Amerikanische Besatzungspolitik in Deutschland 1945 bis 1949. Frankfurt a.M. 1968.

[20] Lutz Niethammer, Entnazifizierung in Bayern. Säuberung und Rehabilitierung unter amerikanischer Besatzung. Frankfurt a.M. 1972.

[21] Günter J. Trittel, Die Bodenreform in der britischen Zone 1945–1949. Stuttgart 1975.

[22] Arthur L. Smith, Heimkehr aus dem Zweiten Weltkrieg. Die Entlassung der deutschen Kriegsgefangenen. Stuttgart 1985.

[23] Marita Krauss, Nachkriegskultur in München. Münchner städtische Kulturpolitik 1945–1954. München 1985.

[24] Norbert Frei, Amerikanische Lizenzpolitik und deutsche Pressetradition. Die Geschichte der Nachkriegszeitung Südost-Kurier. München 1986.

[25] Werner Abelshauser, Wirtschaft in Westdeutschland 1945–1948. Rekonstruktion und Wachstumsbedingungen in der amerikanischen und britischen Zone. Stuttgart 1975.

bietung, die der stützenden Detailforschung enträt, dafür aber Legendenbildung fördert.

Für Gebiete, deren Erforschung erst in Gang kommt oder in Gang gebracht werden soll, sind Sammelbände nützlich, die den Ertrag verstreuter Einzelforschungen bündeln oder sich methodische und sachliche Anregung als Ziel gesetzt haben, etwa zur emotional beladenen Vertriebenenfrage[26] oder zur französischen Deutschlandpolitik[27]. Der Sammelband kann aber auch den Charakter des Handbuchs, der abschließenden Darstellung tragen wie der erste Band des gewichtigen Werks ›Anfänge westdeutscher Sicherheitspolitik 1945–1956‹, in dem, organisiert vom Militärgeschichtlichen Forschungsamt in Freiburg, die Vorgeschichte der Bundeswehr abgehandelt wird[28].

Daß Nachkriegsliteratur, politische Publizistik, Kabarett und Theater ins Blickfeld einer interessierten Öffentlichkeit rückten, ist einer Ausstellung, vielmehr ihrem Katalog zu danken: ›Als der Krieg zu Ende war‹ hieß die Präsentation des Deutschen Literaturarchivs im Schiller-Nationalmuseum Marbach[29], die erstmals ein Tableau der politisch-kulturellen Nachkriegsszene vorführte und beschrieb. Literaturwissenschaftler wie Frank Trommler und Heinrich Vormweg hatten in Aufsätzen schon vorher die These vom »Kahlschlag« und der »Stunde Null« verworfen und auf die Linien der Kontinuität in der Literatur verwiesen, aber die *historische* Forschung beschäftigte sich noch kaum mit diesen Themen. Ein Jahrzehnt später erschien der von Bernd Hüppauf herausgegebene Sammelband mit dem Programmtitel ›Die Mühen der Ebenen‹[30], in dem in einigen bemerkenswerten Referaten der Versuch unternommen wird, die Dimensionen von Literatur und Gesellschaft, Kontinuität und Wandel in der kulturellen Situation der Nachkriegsjahre zu bestimmen. Im Alleingang unternahm einen ähnlichen Versuch, freilich mit umfassendem narrativen Anspruch, reichlich Material ausbreitend und dadurch wie gewohnt Leseerlebnisse bietend, Hermann Glaser im ersten Band seiner Kulturgeschichte der Bundesrepublik Deutschland; ein Unternehmen, das von der Synthese aus vielerlei Anstrengungen und den Früchten leidenschaftlichen Sammlerfleißes lebt[31].

[26] Wolfgang Benz (Hrsg.), Die Vertreibung der Deutschen aus dem Osten. Ursachen, Ereignisse, Folgen. Frankfurt a. M. 1985.

[27] Claus Scharf und Hans-Jürgen Schröder (Hrsg.), Die Deutschlandpolitik Frankreichs und die französische Zone 1945–1949. Wiesbaden 1983.

[28] Roland G. Foerster u. a., Von der Kapitulation bis zum Pleven-Plan, München, Wien 1982 (Anfänge westdeutscher Sicherheitspolitik 1945–1956, Band 1).

[29] Gerhard Hay, Hartmut Rambaldo, Joachim W. Storck, Als der Krieg zu Ende war. Literarisch-politische Publizistik 1945–1950. Marbach, München 1973.

[30] Bernd Hüppauf (Hrsg.), Die Mühen der Ebenen. Kontinuität und Wandel in der deutschen Literatur und Gesellschaft 1945–1949. Heidelberg 1981.

[31] Hermann Glaser, Kulturgeschichte der Bundesrepublik Deutschland. Zwischen Kapitulation und Währungsreform 1945–1948. München 1985.

Zu Beginn der siebziger Jahre waren auf diesem Terrain erste Monographien, die auf primären Quellen fußten, erschienen[32], denen dann spezialisierte Untersuchungen, etwa zur Literaturpolitik einer Besatzungsmacht[33], und Dokumentationen, etwa zum kulturellen Wettstreit der vier Besatzungsmächte in Berlin[34], folgten. Gemeinsames Fundament dieser Publikationen sind die Quellen amerikanischer Provenienz; die frühe Öffnung der amerikanischen Archive hatte segensreiche Wirkungen weit über das eigentliche Forschungsfeld der US-Zone hinaus. Die methodischen Probleme der Erforschung der Nachkriegszeit mußten auf dem Gebiet der US-Zone natürlich zuerst gelöst werden, auch daraus ergab sich eine gewisse Vorreiterrolle. Forschungen zur britischen Besatzungspolitik folgten mit einigem zeitlichen Abstand[35], und die französische Zone zeigte sich wegen des schwierigen Quellenzugangs bislang als spröder Untersuchungsgegenstand, gleichwohl wurde auch auf diesem Feld nicht umsonst geackert[36].

Neue Fragestellungen und Methoden führten zu erstaunlichen Ergebnissen bei der Erforschung von Mentalität, Alltag und sozialem Verhalten. Überzeugende Beispiele sind die drei Bände ›Lebensgeschichte und Sozialkultur 1930 bis 1960‹[37]; in stärkerem Maße schriftliche Quellen und vor allem die Akten der amerikanischen Militärregie-

[32] Karl-Ernst Bungenstab, Umerziehung zur Demokratie? Re-education-Politik im Bildungswesen der US-Zone 1945–1949. Düsseldorf 1970; Volker Christian Wehdeking, Der Nullpunkt. Über die Konstituierung der deutschen Nachkriegsliteratur (1945–1948) in den amerikanischen Kriegsgefangenenlagern. Stuttgart 1971; Harold Hurwitz, Die Stunde Null der deutschen Presse. Die amerikanische Pressepolitik in Deutschland 1945–1949. Köln 1972.

[33] Hansjörg Gehring, Amerikanische Literaturpolitik in Deutschland 1945 bis 1953. Ein Aspekt des Re-Education-Programms. Stuttgart 1976.

[34] Brewster S. Chamberlin, Kultur auf Trümmern. Berliner Berichte der amerikanischen Information Control Section Juli–Dezember 1945. Stuttgart 1979.

[35] Eine vorläufige Bilanz im Sammelband: Josef Foschepoth und Rolf Steininger (Hrsg.), Die britische Deutschland- und Besatzungspolitik 1945–1949. Paderborn 1985.

[36] Vgl. z.B. Klaus-Dietmar Henke, Politische Säuberung unter französischer Besatzung. Die Entnazifizierung in Württemberg-Hohenzollern. Stuttgart 1981.

[37] Lutz Niethammer (Hrsg.), »Die Jahre weiß man nicht, wo man die heute hinsetzen soll«. Faschismuserfahrungen im Ruhrgebiet. Berlin, Bonn 1983; ders. (Hrsg.), »Hinterher merkt man, daß es richtig war, daß es schiefgegangen ist«. Nachkriegserfahrungen im Ruhrgebiet. Berlin, Bonn 1983; ders. und Alexander von Plato (Hrsg.), »Wir kriegen jetzt andere Zeiten«. Auf der Suche nach der Erfahrung des Volkes in nachfaschistischen Ländern. Berlin, Bonn 1985. – Zeitgleich, aber mit politologischem Ansatz die drei Bände ›Demokratie und Antikommunismus in Berlin nach 1945‹: Harold Hurwitz, Die politische Kultur der Bevölkerung und der Neubeginn konservativer Politik. Köln 1983; Harold Hurwitz und Klaus Sühl, Autoritäre Tradierung und Demokratiepotential in der sozialdemokratischen Arbeiterbewegung. Köln 1984; Harold Hurwitz, Die Eintracht der Siegermächte und die Orientierungsnot der Deutschen 1945–1946. Köln 1984.

rung einbeziehend entstand im Institut für Zeitgeschichte eine Feldstudie zur US-Zone[38]. Regional- und Lokaluntersuchungen sind auch wegen der dabei zutage tretenden sozialgeschichtlichen Strukturen und Bezüge besonders gewinn- und erkenntnisträchtig und daher geradezu in Mode gekommen[39]; darüber könnte man fast vergessen, daß mit John Gimbels Studie über Marburg, die 1961 erschien, die Erforschung der Nachkriegszeit in Gang gekommen war[40].

So wichtig und so modern sozialgeschichtliche Fragestellungen und Methoden sind, zur Beschäftigung mit dem Nachkriegsschicksal Deutschlands bleiben Kenntnisse der internationalen politischen Konstellationen und der Diplomatiegeschichte unerläßlich. Die modernste zusammenfassende Darstellung alliierter Politik und der Kriegsziele der Anti-Hitler-Koalition bis zur Entscheidung der Weststaatsgründung bietet Hermann Graml[41], die Literatur zur deutschen Frage und zum Kalten Krieg füllt inzwischen Bibliotheken[42]. Zur Potsdamer Konferenz[43], ihrer Vorgeschichte und ihrer Wirkung[44] sind auch ältere Darstellungen[45] noch wichtig. Ähnliches gilt auch für die Nürnberger Prozesse, für das Internationale Tribunal gegen die Hauptkriegsverbrecher[46] ebenso wie für die zwölf Nachfolgeprozesse unter amerikanischer Hoheit: Die reichlich vorhandene Dokumentation des Prozeßmaterials harrt immer noch analytischer Bearbeitung und Durchdringung.

Einer der ersten Forschungsgegenstände aus der Nachkriegszeit, mit denen sich Historiker und Politologen beschäftigten, war die Entste-

[38] Hans Woller, Gesellschaft und Politik in der amerikanischen Besatzungszone. Die Region Ansbach/Fürth. München 1986.

[39] Nur als Beispiel, aber überzeugend auch als Gemeinschaftsarbeit: Otto Dann (Hrsg.), Köln nach dem Nationalsozialismus. Der Beginn des gesellschaftlichen und politischen Lebens in den Jahren 1945/46. Wuppertal 1981.

[40] John Gimbel, A German Community under American Occupation. Marburg 1945–1952. Stanford 1961 (deutsche Ausgabe: Eine deutsche Stadt unter amerikanischer Besatzung. Köln, Berlin 1964).

[41] Hermann Graml, Die Alliierten und die Teilung Deutschlands. Konflikte und Entscheidungen 1941–1948. Frankfurt a. M. 1985.

[42] Vgl. jetzt Josef Foschepoth (Hrsg.), Kalter Krieg und deutsche Frage. Deutschland im Widerstreit der Mächte 1945–1952. Göttingen 1985.

[43] Als gut recherchierte und lesbare Beschreibung des Konferenzverlaufs eignet sich besonders: Charles L. Mee jun., Die Teilung der Beute. Die Potsdamer Konferenz 1945. Wien, München 1977.

[44] Michael Antoni, Das Potsdamer Abkommen – Trauma oder Chance? Geltung, Inhalt und staatsrechtliche Bedeutung. Berlin 1985 (mit ausführlicher Bibliographie).

[45] Herbert Feis, Zwischen Krieg und Frieden. Das Potsdamer Abkommen. Frankfurt a. M., Bonn 1962; Wolfgang Marienfeld, Konferenzen über Deutschland. Die alliierte Deutschlandplanung und -politik 1945–1949. Hannover 1962.

[46] Bradley F. Smith, Der Jahrhundertprozeß. Die Motive der Richter von Nürnberg. Anatomie einer Urteilsfindung. Frankfurt a. M. 1977.

hung und Entwicklung der Parteien. Eine Bibliographie zur Geschichte der Unionsparteien[47] nennt bereits 1982 fast 12 000 Titel, die Historiographen der Sozialdemokratie waren gleichfalls rührig[48], zur Entstehung der SED existiert eine kontroverse Literatur, und viele Beispiele für neuere quellennah gearbeitete Darstellungen zu kleineren und regionalen Parteien lassen sich nennen[49]. Einen gewissen Abschluß signalisiert wohl auch das Faktum, daß ein umfängliches Handbuch zur Geschichte der Parteien in der Bundesrepublik existiert[50]. Gründung und Entwicklung der Gewerkschaften liegen dagegen noch eher im Schatten der Forschung. Indiz für den vorläufigen Abschluß einer Forschungsära, die in den 70er und 80er Jahren für das westliche Deutschland den Zenit erreichte, ist das Erscheinen der großen quellengesättigten Monographie, wie sie z. B. Klaus-Dietmar Henkes monumentales Werk verkörpert[51], oder die übergreifende Reflexion[52], und nicht zuletzt die zusammenfassende Präsentation im Handbuch[53].

[47] Gerhard Hahn, Bibliographie zur Geschichte der CDU und CSU 1945 bis 1980. Stuttgart 1982; dort noch nicht aufgeführt: Rudolf Uertz, Christentum und Sozialismus in der frühen CDU. Grundlagen und Wirkungen der christlich-sozialen Ideen in der Union 1945–1949. Stuttgart 1981; Günter Buchstab und Klaus Gotto (Hrsg.), Die Gründung der Union. Traditionen, Entstehung und Repräsentation. München, Wien 1981; Klaus-Dietmar Henke und Hans Woller (Hrsg.), Lehrjahre der CSU. Eine Nachkriegspartei im Spiegel vertraulicher Berichte an die amerikanische Militärregierung. Stuttgart 1984.

[48] Als Beispiel einer modernen Darstellung vgl. Kurt Klotzbach, Der Weg zur Staatspartei. Programmatik, praktische Politik und Organisation der deutschen Sozialdemokratie 1945 bis 1965. Berlin, Bonn 1982.

[49] Ilse Unger, Die Bayernpartei. Geschichte und Struktur 1945–1957. Stuttgart 1979; Hans Woller, Die Loritz-Partei. Geschichte, Struktur und Politik der Wirtschaftlichen Aufbau-Vereinigung (WAV) 1945–1955. Stuttgart 1982.

[50] Richard Stöss (Hrsg.), Parteien – Handbuch. Die Parteien der Bundesrepublik Deutschland 1945–1980. 2 Bände, Opladen 1983–1984.

[51] Klaus-Dietmar Henke, Die amerikanische Besetzung Deutschlands. München 1995.

[52] Ulrich Herbert, Wandlungsprozesse in Westdeutschland: Belastung, Integration, Liberalisierung 1945–1980. Göttingen 2002.

[53] Wolfgang Benz (Hrsg.), Deutschland unter alliierter Besatzung 1945–1949/55. Ein Handbuch. Berlin 1999.

Es gibt, wenn man von den lange verschlossenen Archiven der Sowjetunion und dem Fehlen schriftlicher Überlieferung zu manchen Vorgängen der ersten Besatzungszeit absieht, eher zuviel als zuwenig Quellen zum Thema Besatzungsherrschaft und Neuaufbau im Vier-Zonen-Deutschland. Im Bundesarchiv Koblenz/Potsdam und in den Staatsarchiven der Länder liegen nicht nur die amtlichen Akten als Reste offiziellen Handelns, auch die Nachlässe vieler Handelnder sind dort, aber auch in den Archiven der parteinahen Stiftungen oder im Institut für Zeitgeschichte in München zu finden. Eigene Quellengattungen wie die Hinterlassenschaft der Nürnberger Kriegsverbrecherprozesse (die im Staatsarchiv Nürnberg und im Institut für Zeitgeschichte verwahrt werden) oder die Spruchkammerakten, die der Forschung noch nicht generell zur Verfügung stehen, sind in der Nachkriegszeit entstanden. Massenschriftgut wie Entnazifizierungsunterlagen oder Erlebnisberichte der Flucht und Vertreibung stellen auch besondere methodische Ansprüche an den Historiker; das ist vor allem bei der großen ›Dokumentation der Vertreibung der Deutschen aus Ost-Mitteleuropa‹ bewiesen worden, die in fünf umfangreichen Bänden 1954 bis 1963 vom Bundesministerium für Vertriebene herausgegeben und von namhaften Historikern verantwortet und bearbeitet wurde. Das Quellenwerk liegt seit 1984 als achtbändiger Taschenbuch-Reprint wieder vor. Ein anderer Quellentypus wurde ebenfalls schon zu einem früheren Zeitpunkt publiziert, nämlich Materialien zur Gründungs- und Entstehungsgeschichte der Nachkriegsparteien, die ohne den damaligen akribischen und systematischen Sammlerfleiß sicher nicht mehr zur Verfügung stünden, mindestens nicht für die kleineren Parteien: ›Dokumente zur parteipolitischen Entwicklung in Deutschland seit 1945‹. Bearbeitet und herausgegeben von Ossip K. Flechtheim. 9 Bände, Berlin 1962–1971.

Die Nürnberger Prozesse wurden unmittelbar nach ihrem Abschluß für die Nachwelt dokumentiert. Zum Hauptkriegsverbrecherprozeß gibt es die als »Blaue Reihe« bekanntgewordenen 42 Bände, die 1947 bis 1949 vom Gericht als amtlicher Text publiziert wurden: ›Der Prozeß gegen die Hauptkriegsverbrecher vor dem Internationalen Militärgerichtshof Nürnberg 14. November 1945 bis 1. Oktober 1946‹. Der erste Band enthält das Urteil, in den Bänden 2 bis 22 sind die Verhandlungsniederschriften gedruckt, die Bände 25 bis 42 enthalten eine Auswahl der Beweisdokumente. Die Blaue Reihe gibt es in deutscher und englischer Sprache (auch als Reprint), die »Grüne Reihe« ›Trials of War Criminals before the Nuernberg Military Tribunals under Control Council Law No. 10, Nuernberg October 1946 – April 1949‹, 15 Bände, Washington 1950–1953, gibt es nur in englisch; diese Serie dient der Dokumentation der zwölf »Nachfolgeprozesse« unter amerikanischer

Gerichtshoheit. Es existieren außerdem deutsche Auswahleditionen zu einzelnen dieser Verfahren, vielfach wurden auch die Urteile, sowohl im Hauptprozeß wie die einzelner Folgeprozesse, publiziert; außerdem sind die Beweisunterlagen (die Nürnberger Dokumente) und die Protokolle und Zeugenvernehmungen u. a. im Institut für Zeitgeschichte archiviert. In erster Linie handelt es sich bei diesen Unterlagen natürlich um Quellen zur Geschichte des Dritten Reiches.

Material zur deutschen Nachkriegsgeschichte, zum Besatzungsalltag wie zu den Staatsaktionen ist vornehmlich in den Akten derer zu finden, die die Geschicke der Deutschen bestimmten, also in den Registraturen der alliierten Militärregierungen. Die Akten des Office of Military Government U.S. (OMGUS), die am Ende der Besatzungszeit in die USA gebracht wurden, sind den Historikern seit 1973 zugänglich, inzwischen sind OMGUS-Unterlagen auch in der Bundesrepublik benutzbar: Auf Initiative des Instituts für Zeitgeschichte hat eine Gruppe von Historikern und Archivaren nahezu alle einschlägigen Provenienzen in den National Archives Washington durchgesehen, verzeichnet und das Wichtigste auf Film aufnehmen lassen. Als Mikrofiches steht das Material jetzt im Bundesarchiv und im Institut für Zeitgeschichte zur Verfügung, die Akten der Länderebene bis hinab zur Kreis- oder Stadtmilitärregierung wurden (ebenfalls als Mikrofiches) außerdem von den Staatsarchiven der Länder der ehemaligen US-Zone erworben. Für die Erforschung der Nachkriegsgeschichte war und ist dieses Material von unschätzbarem Wert. Die Akten der britischen Besatzungsbehörden sind seit 1979 ebenfalls zugänglich, sie liegen im Public Records Office in London. Die Dokumente zur französischen Deutschland- und Besatzungspolitik unterlagen manchen Restriktionen, die aber im wesentlichen gefallen sind. Zuletzt wurde auch der Brauch aufgegeben, daß die Akten der Besatzungsverwaltung, die in Colmar archiviert sind, nur in Paris, am Quai d'Orsay, eingesehen werden konnten, sie dürfen jetzt in Colmar ohne weitere Zeit- und Reibungsverluste benutzt werden.

Nach dem Zerfall der Sowjetunion stehen auch die Akten der vierten Besatzungsmacht zur Verfügung, ebenso wie Dokumente aus den Partei- und Staatsarchiven der ehemaligen DDR. Eine Aktenedition in drei Bänden eröffnet neue Perspektiven: Die UdSSR und die deutsche Frage 1941–1948. Dokumente aus dem Archiv für Außenpolitik der Russischen Föderation, hrsg. von Jochen P. Laufer und Georgij P. Kynin unter Mitarbeit von Viktor Knoll, Berlin 2004. Licht in ein düsteres und bis zur Wende tabuisiertes Kapitel sowjetischer Besatzungspolitik brachte die Edition Sergej Mironenko, Lutz Niethammer, Alexander von Plato u. a. (Hrsg.), Sowjetische Speziallager in Deutschland 1945–1950, 2 Bände, Berlin 1998 f.

Bei der Veröffentlichung diplomatischer Aktenstücke ist das amerikanische Außenministerium aus eigener Tradition vorbildlich. In der Serie ›Foreign Relations of the United States. Diplomatic Papers‹, die das State Department seit 1861 jahrgangsweise publiziert (jeder Jahrgang hat meist mehrere Bände), sind einige für die Kriegszieldebatte im Zweiten Weltkrieg, für die European Advisory Commission und für die Nachkriegsplanung in Europa außerordentlich wichtig. In noch höherem Maße gilt das für die Ergänzungsbände, vor allem: ›The Conferences at Cairo and Tehran 1943‹, Washington 1961, ›The Conferences at Malta and Yalta 1945‹, 1955 (diesen Band gibt es auch in einer deutschen Ausgabe: ›Die Konferenzen von Malta und Jalta‹. Düsseldorf 1957) und natürlich ›The Conference of Berlin (The Potsdam Conference) 1945‹, 2 Bände, Washington 1960. Ergänzt werden diese amtlich publizierten Papiere durch Texte wie die von Alexander Fischer besorgte Edition ›Teheran – Jalta – Potsdam. Die sowjetischen Protokolle von den Kriegskonferenzen der »Großen Drei«‹, Köln 1973, und den Briefwechsel Stalins mit Churchill 1941–1945, der unter dem Titel ›Die unheilige Allianz‹, Reinbek 1964, veröffentlicht wurde. In der Serie ›Dokumente zur Deutschlandpolitik‹, die vom Bundesministerium für innerdeutsche Beziehungen herausgegeben wird, ist in den beiden Reihen, die den Zeitraum 1941 bis 1945 bzw. 1945 bis 1955 behandeln sollen, erst ein Band erschienen (I. Reihe, Band 1: 3. September 1939 bis 31. Dezember 1941): ›Britische Deutschlandpolitik‹. Bearbeitet von Rainer A. Blasius. Frankfurt a. M. 1984.

Daß die Reden und Erinnerungen der Akteure als Quellen von Bedeutung sind, versteht sich von selbst; hervorzuheben sind die Memoiren von Lucius D. Clay, Entscheidung in Deutschlands Frankfurt a. M. 1950, sowie die von Jean Edward Smith besorgte Edition ›The Papers of General Lucius D. Clay. Germany 1945–1949‹. Bloomington 1974; wichtig sind aber auch die Erinnerungen von Charles Bohlen ›Witness to History‹. New York 1973, Georgi K. Schukow Erinnerungen und Gedanken‹. Berlin (Ost) 1970, und, neben manchen anderen, die Erinnerungen Sergej Tulpanows Deutschland nach dem Kriege (1945–1949)‹. Berlin (Ost) 1986. Für die deutsche Gegenseite, aus der Sicht der bestenfalls Reagierenden (worüber sie sich freilich nicht immer im klaren waren), sind die Berichte von Reinhold Maier, ›Ein Grundstein wird gelegt‹. Tübingen 1964, Wilhelm Hoegner, ›Der schwierige Außenseiten. München 1959, und Wolfgang Leonhard, ›Die Revolution entläßt ihre Kinder‹. Köln 1955, besonders erwähnenswert.

Die diplomatischen Akten bilden freilich, ebenso wie die Memoirenliteratur, quasi die Schauseite der politischen Entscheidungen. Deshalb muß eine andere Quellengattung erwähnt werden, die im Vorfeld der politischen Willensbildung entstand. Es sind einmal die ›Analysen des US-Geheimdienstes über Positionen und Strukturen deutscher Politik 1945‹, die Ulrich Borsdorf und Lutz Niethammer unter dem Titel ›Zwischen Befreiung und Besatzung‹ veröffentlicht haben (Wuppertal 1976), sowie die jetzt in zwei Bänden vorliegende Edition politischer Analysen, die deutsche Emigranten für den Geheimdienst OSS (1943 bis 1945) bzw. für das US State Department (1946–1949) verfaßt haben. Herausgeber der Bände ›Zur Archäologie der Demokratie in Deutschland‹ ist Alfons Söllner (Frankfurt a. M. 1986).

Der deutschen Politik oberhalb der Länderebene in den Besatzungsjahren bis zur Gründung der Bundesrepublik ist eine Edition gewidmet, die das Bundesarchiv und das Institut für Zeitgeschichte gemeinsam veranstaltet haben: ›Akten zur Vorgeschichte der Bundesrepublik Deutschland 1945–1949‹. 5 Bände, München 1976–1983. Auf 5155 Seiten spiegeln sich der Wandel von der alliierten Auftragsverwaltung zu selbständigem Handeln, die Revitalisierung der Parteipolitik gegenüber dem Gouvernementalismus der Länderchefs, die wirtschaftlichen und sozialen Determinanten der neuen Staatlichkeit und die Ausformung der Organe des Weststaats. Das Rückgrat der Edition bilden folgende Provenienzen, aus denen mit reichem Kommentar versehene Aktenstücke ausgewählt sind: Länderrat der US-Zone und Zonenbeirat der britischen Zone, Konferenzen der Ministerpräsidenten, Besprechungen der Militärgouverneure mit den Länderchefs und schließlich – nach Gründung bzw. Umgestaltung der Bizone – die Sitzungen des Exekutivrats und des Verwaltungsrats des Vereinigten Wirtschaftsgebiets.

Als Ergänzung zu dieser Aktenedition wird im Auftrag des Instituts und wieder in Verbindung mit dem Bundesarchiv eine Reihe ›Biographische Quellen zur deutschen Geschichte nach 1945‹ veröffentlicht, in der Briefe, Tagebücher und andere Aufzeichnungen publiziert werden, die als sozial- und mentalitätsgeschichtliche Mosaiksteine zum Bild deutscher Nachkriegsgeschichte gehören und durch persönliche Zeugnisse die politischen Rahmenbedingungen anschaulich machen. Die Reihe wurde eröffnet mit Ludwig Vaubel, Zusammenbruch und Wiederaufbau. Ein Tagebuch aus der Wirtschaft 1945–1949‹. Hrsg. von Wolfgang Benz. München 1984; es folgten Entscheidung für die SPD. Briefe und Aufzeichnungen linker Sozialisten 1944–1948‹. Hrsg. von Helga Grebing. München 1984, Heinrich Troeger, Interregnum. Tagebuch des Generalsekretärs des Länderrats der Bizone 1947–1949‹. Hrsg. von Wolfgang Benz und Constantin Goschler. München 1985, ›Kriegsende und Neuanfang am Rhein. Konrad Adenauer in den Berichten des Schweizer Generalkonsuls Franz-Rudolph von Weiss 1944 bis 1945‹. Hrsg. von Hanns Jürgen Küsters und Hans Peter Mensing. München 1986, Ludwig Bergsträsser ›Befreiung, Besatzung, Neubeginn. Tagebuch des Darmstädter Regierungspräsidenten 1945–1948‹. Hrsg. von Walter Mühlhausen. München 1986. Drei Bände sind für die sowjetische Besatzungszone und für das Verhältnis zwischen Westzonen und Ostzone wichtig: Wolf gang Schollwer, Potsdamer Tagebuch 1948–1950. Liberale Politik unter sowjetischer Besatzung, hrsg. von Monika Faßbender, München 1988, ferner Wilhelm Külz, Ein Liberaler zwischen Ost und West. Aufzeichnungen 1947–1948, hrsg. von Hergard Robel, München 1989 und schließlich Johannes Vogler, Von der Rüstungsfirma zum volkseigenen Betrieb. Aufzeichnungen eines Unternehmers der sowjetischen Besatzungszone 1945 bis 1948, hrsg. v. Burghard Ciesla, München 1992.

1939	
1. 9.	Beginn des Zweiten Weltkriegs durch deutschen Angriff auf Polen.
1941	
9.–12. 8.	Treffen Roosevelt und Churchill vor Neufundland: Atlantik-Charta (14. 8. 1941).
1942	
26. 5.	Britisch-sowjetischer Bündnisvertrag.
11. 6.	Hilfsabkommen USA – UdSSR, durch das die Sowjetunion Kriegsgüter und Rohstoffe im Wert von 9,1 Milliarden Dollar erhielt.
1943	
14.–26. 1.	Treffen Roosevelt – Churchill in Casablanca: Forderung nach bedingungsloser Kapitulation Deutschlands.
2. 2.	Kapitulation der deutschen Truppen bei Stalingrad.
18. 2.	Goebbels verkündet den »totalen Krieg«.
10. 7.	Landung anglo-amerikanischer Truppen in Sizilien.
25. 7.	Sturz Mussolinis.
19.–30. 10.	Konferenz der Außenminister der USA, Großbritanniens und der UdSSR in Moskau; u. a. Beschluß über die Bildung der European Advisory Commission (EAC).
28. 11.–1. 12.	Roosevelt, Stalin und Churchill konferieren in Teheran: vorläufige Einigung über Teilung Deutschlands, Vereinbarung über Westverschiebung Polens bis zur Oder; sowjetischer Anspruch auf Königsberg.
15. 12.	EAC nimmt in London Arbeit auf.
1944	
15. 1.	Erster Entwurf der EAC zur Einteilung Deutschlands in Besatzungszonen.
6. 6.	Anglo-amerikanische Landung in der Normandie.
9. 9.	Bildung einer provisorischen französischen Regierung.
11.–16. 9.	Konferenz in Quebec: Roosevelt und Churchill paraphieren den Morgenthau-Plan.
12. 9.	Londoner Protokoll der EAC über die Einteilung Deutschlands und Berlins in Besatzungszonen bzw. Sektoren.
22. 9.	Roosevelt distanziert sich vom Morgenthau-Plan.
9.–18. 10.	Treffen Stalin – Churchill in Moskau.

16. 10.	Sowjetische Truppen erreichen in Ostpreußen deutsches Gebiet.
21. 10.	US-Armee erobert Aachen.
14. 11.	EAC ergänzt das Abkommen vom 12. 9. 1944 und beschließt das Abkommen über das Kontrollsystem in Deutschland.
24. 11.	Supreme Headquarters of the Allied Expeditionery Forces (SHAEF) verbietet Presse und Rundfunk in den besetzten Gebieten Deutschlands.

1945

30. 1.	Rote Armee erreicht die Oder.
4.–11. 2.	Krim-Konferenz zwischen Stalin, Roosevelt und Churchill in Jalta.
14. 3.	Polen übernimmt Gebietshoheit über die besetzten deutschen Ostgebiete.
17. 4.	General Clay zum Stellvertreter General Eisenhowers in der US-Militärregierung ernannt.
25. 4.	Amerikanische und sowjetische Truppen treffen bei Torgau/Elbe zusammen.
26. 4.	Direktive JCS 1067 für die US-Militärregierung (am 10. 5. 1945 von Präsident Truman genehmigt).
30. 4.	Selbstmord Hitlers.
1. 5.	Frankreich tritt dem alliierten Abkommen über das Kontrollsystem bei.
2. 5.	Kapitulation Berlins.
4. 5.	Radio Hamburg nimmt unter britischer Regie als erster deutscher Sender den Betrieb wieder auf.
7.u.8. 5.	Deutsche Kapitulation in Reims und in Berlin-Karlshorst.
15. 5.	In Berlin erscheint als Zeitung der sowjetischen Militärregierung die ›Tägliche Rundschau‹.
21. 5.	Erste deutsche Zeitung mit Lizenz der sowjetischen Militärregierung: ›Berliner Zeitung‹.
23. 5.	Ende und Verhaftung der Regierung Dönitz.
5. 6.	Erstes Treffen der alliierten Oberbefehlshaber in Berlin: Berliner Deklaration über die Niederlage Deutschlands und die Übernahme der obersten Regierungsgewalt durch die Vier Mächte.
9. 6.	Bekanntgabe der Errichtung und der personellen Besetzung der Sowjetischen Militär-Administration (SMAD).
10. 6.	SMAD genehmigt Zulassung politischer Parteien und Gewerkschaften in der SBZ.
11. 6.	Gründungsaufruf der KPD.
13. 6.	Gründung des Freien Deutschen Gewerkschaftsbundes (FDGB) in der sowjetischen Besatzungszone.

26. 6.	Beginn der Verhandlungen der Alliierten Kommission über Bestrafung der Kriegsverbrecher in London.
29. 6.	USA, Großbritannien und UdSSR vereinbaren mündlich das Recht der Westmächte auf Verbindungswege zu Luft und Land nach Berlin.
30. 6.–2. 7.	Beratung der Kölner Leitsätze der CDU im Kloster Walberberg.
1.–4. 7.	Britische und amerikanische Truppen räumen die zunächst von ihnen besetzten Teile Mecklenburgs, Sachsens und Thüringens, die von der sowjetischen Armee besetzt werden; amerikanische und britische Truppen rücken in ihre Sektoren in Berlin ein.
3. 7.	Gründung des »Kulturbundes zur demokratischen Erneuerung Deutschlands« in Berlin.
7. 7.	Frankreich erklärt Sonderstatus für das Saargebiet.
9. 7.	Stuttgart wird von französischen Truppen geräumt und von amerikanischen Truppen besetzt. Auf Befehl der SMAD wird aus Mecklenburg und Teilen der preußischen Provinz Pommern das Land Mecklenburg gebildet.
11. 7.	Erste Sitzung der Alliierten Kommandantur in Berlin.
13. 7.	Gemeinsames amerikanisch-britisches Oberkommando SHAEF aufgelöst.
17. 7.–2. 8.	Potsdamer Konferenz.
27. 7.	Sowjetische Militär-Administration errichtet 11 »Deutsche Verwaltungen«, die unter sowjetischer Kontrolle für die gesamte Ostzone zuständig sind.
30. 7.	Erste Sitzung des Alliierten Kontrollrats in Berlin.
1. 8.	Erste deutsche Zeitung in der amerikanischen Zone lizenziert: ›Frankfurter Rundschau‹.
6. 8.	Abwurf der ersten Atombombe auf Hiroshima.
7. 8.	Frankreich tritt dem Potsdamer Abkommen bei.
8. 8.	Vier-Mächte-Abkommen über die Verfolgung und Bestrafung der Hauptkriegsverbrecher und Statut für den Internationalen Militärgerichtshof in London unterzeichnet.
9. 8.	Abwurf der zweiten Atombombe auf Nagasaki.
14. 8.	US-Militärregierung gibt Vorbedingungen für Neubildung deutscher Gewerkschaften bekannt.
14. 8.	Französische Armee übernimmt ihren Besatzungs-Sektor in Berlin.
27.–31. 8.	Konferenz evangelischer Kirchenführer in Treysa gründet »Evangelische Kirche in Deutschland« (EKiD).
30. 8.	Britische Militärregierung gibt Bedingungen über Bildung von Gewerkschaften bekannt.
2. 9.	Unterzeichnung der japanischen Kapitulation.

3. 9.	Beginn der Bodenreform in der SBZ in Sachsen.
10. 9.–2. 10.	Erste Konferenz des Rats der Außenminister in London: Frankreich verlangt Abtrennung des Rhein-Ruhr-Gebiets, die Sowjetunion fordert deutsche Zentralregierung und Viermächtekontrolle des Ruhrgebiets.
19. 9.	Bildung der Länder Bayern, (Groß-)Hessen und Württemberg-Baden durch Proklamation der US-Militärregierung.
20. 9.	Zulassung politischer Parteien in der US-Zone auf Kreisebene.
5.–7. 10.	Konferenz der SPD in Wennigsen bei Hannover erkennt Kurt Schumacher als Sprecher für die Westzonen an.
10. 10.	Auflösung der NSDAP durch Gesetz des Kontrollrats.
17. 10.	Konstituierende Sitzung des Länderrats der US-Zone in Stuttgart.
18. 10.	Eröffnungssitzung des Internationalen Militärgerichtshofs zur Aburteilung der Hauptkriegsverbrecher in Berlin.
18. 10.	In München erscheint als Organ der US-Militärregierung ›Die Neue Zeitung‹ (»Eine amerikanische Zeitung für die deutsche Bevölkerung«).
19. 10.	Stuttgarter Erklärung des Rats der Evangelischen Kirche in Deutschland (»Schuldbekenntnis«).
20. 11.	General McNarney wird Nachfolger General Eisenhowers als Militärgouverneur der US-Zone.
20. 11.	Beginn der Verhandlungen des Internationalen Militärgerichtshofs (IMT) in Nürnberg gegen Exponenten des Nationalsozialismus.
30. 11.	Vier-Mächte-Abkommen über drei Luftkorridore zwischen Berlin und dem übrigen westlichen Besatzungsgebiet von Alliiertem Kontrollrat bestätigt.
14.–16. 12.	»Reichskonferenz« der Christlich-Demokratischen Parteien in Bad Godesberg.
25. 12.	Kontrollratsgesetz Nr. 10 über die Bestrafung von Kriegsverbrechern.

1946

12. 1.	Direktive des Kontrollrats Nr. 24 über die Entfernung von Nationalsozialisten aus Ämtern und Stellungen.
20. 1.	Erste freie deutsche Wahlen seit 1933 in der amerikanischen Zone (Gemeindewahlen).
26. 2.–1. 3.	Zonenausschuß der CDU der britischen Zone wählt in Neheim-Hüsten Konrad Adenauer zum Vorsitzenden auf Zonenebene.
5. 3.	Gesetz zur Befreiung von Nationalsozialismus und Militarismus in den Ländern der US-Zone.

6. 3. Erste Sitzung des Zonenbeirats der britischen Zone in Hamburg.

26. 3. Industrieplan des Alliierten Kontrollrats verfügt auf Vierzonen-Ebene Produktionsbeschränkungen und Verbote, setzt Höchstkapazitäten fest (70 – 75 Prozent des Standes von 1936) und bestimmt 1800 Betriebe zur Demontage.

31. 3. Negatives Ergebnis bei Urabstimmung in den Westsektoren Berlins über Vereinigung von SPD und KPD.

2. 4. In Hamburg erscheint als Organ der britischen Militärregierung ›Die Welt‹ als »überparteiliche Zeitung für die gesamte britische Zone«.

21./22. 4. Fusion von KPD und SPD zur Sozialistischen Einheitspartei (SED) in der sowjetischen Besatzungszone.

25. 4.–12. 7. Zweite Außenministerkonferenz in Paris: Byrnes (USA) fordert den Zusammenschluß der vier Zonen, Einladung zur Fusion mit der US-Zone wird am 29. 7. von Großbritannien angenommen; Molotow (UdSSR) kritisiert die westliche Besatzungspolitik und wiederholt die Forderung nach 10 Milliarden Dollar Reparationen und Viermächte-Kontrolle des Ruhrgebiets.

9.–11. 5. Erster Parteitag der SPD der drei Westzonen in Hannover wählt Kurt Schumacher zum Vorsitzenden.

25. 5. Einstellung der Reparationslieferungen aus der US-Zone für die Sowjetunion.

30. 6. Wahlen zu verfassunggebenden Versammlungen der Länder der US-Zone.

23. 8. Erlaß der britischen Militärregierung über Auflösung der Provinzen des ehemaligen Landes Preußen und ihre Neubildung als Länder der britischen Zone (Niedersachsen, Nordrhein-Westfalen, Schleswig-Holstein).

30. 8. Gründung des Landes Rheinland-Pfalz in der französischen Zone.

1./15. 9. Gemeindewahlen in der sowjetischen Besatzungszone.

6. 9. Rede von US-Außenminister Byrnes in Stuttgart markiert Grundsätze der amerikanischen Deutschlandpolitik.

10. 9.–1. 10. Abschluß von fünf Abkommen zur Bildung bizonaler deutscher Verwaltungen für Ernährung (Stuttgart), Verkehr (Bielefeld), Wirtschaft (Minden), Finanzen (Bad Homburg) und Post (Frankfurt).

15. 9. Gemeindewahlen in der britischen und französischen Zone.

1. 10. Urteil im Nürnberger Hauptkriegsverbrecherprozeß: zwölf Todesurteile, sieben Haftstrafen, drei Freisprüche.

1. 10.–14. 4. 1949	Zwölf Kriegsverbrecherprozesse vor US-Militärgerichten in Nürnberg (»Nachfolgeprozesse«).
20. 10.	Landtagswahlen in der sowjetischen Besatzungszone.
4. 11.–11. 12.	Dritte Außenministerkonferenz in New York: Abschluß der Beratungen über Friedensverträge mit ehemaligen Verbündeten Deutschlands, keine Erörterung der deutschen Frage.
24. 11.–1. 12.	Landtagswahlen und Volksabstimmung über Verfassung in Württemberg-Baden, Bayern, Hessen.
2. 12.	Unterzeichnung des Abkommens über wirtschaftliche Verschmelzung der amerikanischen und britischen Besatzungszonen durch die Außenminister Byrnes und Bevin.
22. 12.	Eingliederung des Saargebiets in den französischen Zoll- und Wirtschaftsraum.

1947

1. 1.	Offizieller Beginn der Bizone (Fusion der amerikanischen und britischen Zone zum Vereinigten Wirtschaftsgebiet).
5./6. 2.	Gründung der »Arbeitsgemeinschaft der CDU/CSU Deutschlands« in Königstein/Taunus.
25. 2.	Auflösung Preußens durch Kontrollratsgesetz Nr. 46.
10. 3.–24. 4.	Vierte Außenministerkonferenz in Moskau: UdSSR lehnt den föderalistischen Staatsaufbau Deutschlands ab; nach Meinungsverschiedenheiten über Reparationsfragen (wegen sowjetischen Forderungen) Ende der Konferenz ohne Ergebnis.
12. 3.	Truman-Doktrin: Ankündigung materieller Hilfe durch die USA gegen »totalitäre« (kommunistische) Bedrohung im Innern (Griechenland) oder von außen (Türkei).
20. 4.	Landtagswahlen in der britischen Zone (Niedersachsen, Nordrhein-Westfalen, Schleswig-Holstein).
22.–25. 4.	Bielefelder Gründungskongreß des Deutschen Gewerkschaftsbunds (DGB) in der britischen Zone.
18. 5.	Landtagswahlen und Plebiszite über Länderverfassungen in der französischen Besatzungszone (Baden, Württemberg- Hohenzollern, Rheinland-Pfalz).
5. 6.	US-Außenminister Marshall kündigt in der Harvard University ein Hilfsprogramm für den europäischen Wiederaufbau an.
6.–8. 6.	Ministerpräsidentenkonferenz in München über Wirtschafts-, Ernährungs- und Flüchtlingsprobleme. Abreise der Delegation aus der sowjetischen Besatzungszone am Vorabend wegen Uneinigkeit über die Tagesordnung symbolisiert die Teilung Deutschlands.

14. 6. Deutsche Wirtschaftskommission in der Sowjetzone.

25. 6. Konstituierung des Wirtschaftsrats als Parlament des Vereinigten Wirtschaftsgebiets (Bizone) in Frankfurt a. M.

29. 8. Revidierter Industrieplan für die Bizone erlaubt ein Wirtschaftspotential entsprechend dem Stand von 1936.

1. 10. Verordnung der britischen Militärregierung überträgt Entnazifizierung in der britischen Zone deutschen Instanzen.

25.11.–15.12. Fünfte Außenministerkonferenz in London, vorzeitig abgebrochen, weil eine Verständigung der Vier Mächte über die deutsche Frage nicht möglich.

6.–7. 12. Tagung des von der SED organisierten 1. »Deutschen Volkskongresses für Einheit und gerechten Frieden«.

1948

9. 2. »Frankfurt Charta« (von Clay und Robertson am 5. 2. unterzeichnet) in Kraft: Verdoppelung des Wirtschaftsrates von 52 auf 104 Abgeordnete; Errichtung des Länderrats (als Zweiter Kammer und anstelle des Exekutivrats) mit Vetorecht und Recht zur Gesetzesinitiative; Verwaltungsrat aus Direktoren der Verwaltungen mit einem Oberdirektor an der Spitze als Quasi-Regierung des Vereinigten Wirtschaftsgebiets (Bizone).

23. 2.–6. 3. Erste Phase der Londoner Sechsmächte-Konferenz (westliche Besatzungsmächte und Benelux-Staaten): Empfehlung, in Westdeutschland ein föderatives Regierungssystem zu errichten und die drei Westzonen am Marshall-Plan und an der Ruhrkontrolle zu beteiligen.

27. 2. Abschluß der Entnazifizierung in der Ostzone durch Erklärung der SMAD.

17./18. 3. 2. »Deutscher Volkskongreß« beschließt (in den Westzonen nicht erlaubtes) Plebiszit für deutsche Einheit und bestellt »Deutschen Volksrat«.

20. 3. Sprengung des Alliierten Kontrollrats durch Marschall Sokolowskij aus Protest gegen die Londoner Sechsmächte-Konferenz und das antisowjetische Bündnis der Brüsseler Westunion (17. 3. 1948): Ende der Viermächte-Verwaltung Deutschlands.

20. 4.–2. 6. Zweite Phase der Sechsmächte-Konferenz endet mit Londoner Empfehlungen: Die deutschen Ministerpräsidenten sollen von den Militärgouverneuren ermächtigt werden, eine Konstituante (als ersten Schritt der Staatsgründung) einzuberufen. Internationale Ruhrkontrolle und ein militärisches Sicherheitsamt als Dreimächte-Instanz werden als Sicherheitsmaßnahmen in Aussicht genommen.

16. 6. Sowjetischer Vertreter verläßt Alliierte Kommandantur für Berlin.

20. 6. Währungsreform in den drei Westzonen.

23./24. 6. Warschauer Achtmächte-Konferenz unter Führung der Sowjetunion bezichtigt Westmächte der Spaltung Deutschlands und propagiert Friedensvertrag auf der Basis der Potsdamer Vereinbarungen.

1. 7. Übergabe der drei »Frankfurter Dokumente« an die elf westdeutschen Ministerpräsidenten durch die Militärgouverneure der drei Westzonen. Dokument I enthält »Verfassungsrechtliche Bestimmungen«, Dokument II den Auftrag, Vorschläge zur Länderneugliederung zu machen, Dokument III »Grundzüge eines Besatzungsstatuts«.

10.–23. 8. Sachverständigenausschuß (Herrenchiemseer Verfassungskonvent) erstellt im Auftrag der Ministerpräsidenten den Entwurf eines Grundgesetzes.

1. 9. Konstituierung des Parlamentarischen Rats in Bonn (65 Abgeordnete, von den elf Landtagen gewählt, außerdem fünf Vertreter Berlins ohne Stimmrecht). Präsident wird Konrad Adenauer (CDU), Vorsitzender des Hauptausschusses Carlo Schmid (SPD).

1949

19. 3. Billigung einer Verfassung der DDR durch den Deutschen Volksrat.

4. 4./5.–8. 4. Gründung der NATO in Washington, anschließend Deutschlandkonferenz der Außenminister Acheson (USA), Bevin (Großbritannien) und Schuman (Frankreich) beschließt u. a. den Text des Besatzungsstatuts, die weitere Reduzierung der Demontagen, die Einsetzung einer Alliierten Hohen Kommission anstelle der drei Militärregierungen.

22. 4. Ruhrstatut in Kraft: Internationale Kontrolle der Kohle- und Stahlproduktion des Ruhrgebiets durch die westlichen Besatzungsmächte und die Benelux-Länder. Die Westzonen sind durch Militärgouverneure vertreten.

23. 5. Das Grundgesetz für die Bundesrepublik Deutschland wird in der Schlußsitzung des Parlamentarischen Rats feierlich verkündet.

23. 5.–20. 6. Sechste Außenministerkonferenz in Paris. Die Sowjetunion schlägt die Rückkehr zu den Potsdamer Vereinbarungen und die Wiederbelebung des Alliierten Kontrollrats vor, Westmächte offerieren das Besatzungsstatut und den Anschluß der Sowjetzone an die Bundesrepublik.

29./30. 5.	3. »Deutscher Volkskongreß« in der sowjetischen Zone (Wahl des zweiten »Deutschen Volksrats«).
14. 8.	Wahlen zum ersten Deutschen Bundestag.
7. 9.	Konstituierende Sitzung des Bundestages und des Bundesrats.
15. 9.	Bundestag wählt Konrad Adenauer zum Bundeskanzler der Bundesrepublik Deutschland.
21. 9.	Besatzungsstatut für die Bundesrepublik tritt in Kraft. Alliierte Hohe Kommission anstelle der Militärregierungen der drei Westzonen.
7. 10.	Gründung der DDR; »Deutscher Volksrat« wird provisorische Volkskammer, DDR-Verfassung tritt in Kraft.
10. 10.	Sowjetische Kontrollkommission ersetzt SMAD.

1950

15. 10.	Bundestag verabschiedet Richtlinien zum Abschluß der Entnazifizierung in den Ländern der Bundesrepublik.

Deutsche Geschichte der neuesten Zeit
vom 19. Jahrhundert bis zur Gegenwart
Herausgegeben von Martin Broszat, Wolfgang Benz, Hermann Graml in Verbindung mit dem Institut für Zeitgeschichte

Die »neueste« Geschichte setzt ein mit den nachnapoleonischen Evolutionen und Umbrüchen auf dem Wege zur Entstehung des modernen deutschen National-, Verfassungs- und Industriestaates. Sie reicht bis zum Ende der sozial-liberalen Koalition (1982). Die großen Themen der deutschen Geschichte des 19. und 20. Jahrhunderts werden, auf die Gegenwart hin gestaffelt, in dreißig konzentriert geschriebenen Bänden abgehandelt. Ihre Gestaltung folgt einer einheitlichen Konzeption, die die verschiedenen Elemente der Geschichtsvermittlung zur Geltung bringen soll: die erzählerische Vertiefung einzelner Ereignisse, Konflikte, Konstellationen; Gesamtdarstellung und Deutung; Dokumentation mit ausgewählten Quellentexten, Statistiken, Zeittafeln; Workshop-Informationen über die Quellenproblematik, leitende Fragestellungen und Kontroversen der historischen Literatur. Erstklassige Autoren machen die wichtigsten Kapitel dieser deutschen Geschichte auf methodisch neue Weise lebendig.

4501 Peter Burg: Der Wiener Kongreß
Der Deutsche Bund im europäischen Staatensystem
4502 Wolfgang Hardtwig: Vormärz
Der monarchische Staat und das Bürgertum
4503 Hagen Schulze: Der Weg zum Nationalstaat
Die deutsche Nationalbewegung vom 18. Jahrhundert bis zur Reichsgründung
4504 Michael Stürmer: Die Reichsgründung
Deutscher Nationalstaat und europäisches Gleichgewicht im Zeitalter Bismarcks
4505 Wilfried Loth: Das Kaiserreich
Obrigkeitsstaat und politische Mobilisierung
4506 Richard H. Tilly: Vom Zollverein zum Industriestaat
Die wirtschaftlich-soziale Entwicklung Deutschlands 1834 bis 1914
4507 Helga Grebing: Arbeiterbewegung
Sozialer Protest und kollektive Interessenvertretung bis 1914
4508 Hermann Glaser: Bildungsbürgertum und Nationalismus
Politik und Kultur im Wilhelminischen Deutschland
4509 Michael Fröhlich: Imperialismus
Deutsche Kolonial- und Weltpolitik 1880 bis 1914
4510 Gunther Mai: Das Ende des Kaiserreichs
Politik und Kriegführung im Ersten Weltkrieg

4511 Klaus Schönhoven: Reformismus und Radikalismus
Gespaltene Arbeiterbewegung im Weimarer Sozialstaat
4512 Horst Möller: Weimar
Die unvollendete Demokratie
4513 Peter Krüger: Versailles
Deutsche Außenpolitik zwischen Revisionismus und Friedenssicherung
4514 Corona Hepp: Avantgarde
Moderne Kunst, Kulturkritik und Reformbewegungen nach der Jahrhundertwende
4515 Fritz Blaich: Der Schwarze Freitag
Inflation und Wirtschaftskrise
4516 Martin Broszat: Die Machtergreifung
Der Aufstieg der NSDAP und die Zerstörung der Weimarer Republik
4517 Norbert Frei: Der Führerstaat
Nationalsozialistische Herrschaft 1933 bis 1945
4518 Bernd-Jürgen Wendt: Großdeutschland
Außenpolitik und Kriegsvorbereitung des Hitler-Regimes
4519 Hermann Graml: Die Reichskristallnacht
Antisemitismus und Judenverfolgung im Dritten Reich
4520 Hartmut Mehringer: Emigration und Widerstand
Das NS-Regime und seine Gegner
4521 Lothar Gruchmann: Totaler Krieg
Vom Blitzkrieg zur bedingungslosen Kapitulation
4522 Wolfgang Benz: Potsdam 1945
Besatzungsherrschaft und Neuaufbau im Vier-Zonen-Deutschland
4523 Wolfgang Benz: Die Gründung der Bundesrepublik
Von der Bizone zum souveränen Staat
4524 Dietrich Staritz: Die Gründung der DDR
Von der sowjetischen Besatzungsherrschaft zum sozialistischen Staat
4525 Kurt Sontheimer: Die Adenauer-Ära
Die Grundlegung der Bundesrepublik
4526 Manfred Rexin: Die Deutsche Demokratische Republik
Von Ulbricht bis Honecker
4527 Ludolf Herbst: Option für den Westen
Vom Marshallplan bis zum deutsch-französischen Vertrag
4528 Peter Bender: Die »Neue Ostpolitik« und ihre Folgen
Vom Mauerbau bis zur Vereinigung
4529 Thomas Ellwein: Krisen und Reformen
Die Bundesrepublik seit den sechziger Jahren
4530 Helga Haftendorn: Sicherheit und Stabilität
Außenbeziehungen der Bundesrepublik zwischen Ölkrise und NATO-Doppelbeschluß

Personenregister